法 官 智 库 丛 书 | A SERIES OF JUDICIAL WISDOM

上海法院
类案办案要件指南

第 6 册

PRACTICE DIRECTIONS:
THE ESSENTIALS OF SIMILAR JUDICIAL CASES
BY THE PEOPLE'S COURTS OF SHANGHAI

主 编 茆荣华
副主编 陈 昶 郑天衣

人民法院出版社

图书在版编目（CIP）数据

上海法院类案办案要件指南. 第6册 / 茆荣华主编；陈昶，郑天衣副主编. -- 北京 ：人民法院出版社，2022.12

（法官智库丛书）

ISBN 978-7-5109-3425-4

Ⅰ. ①上… Ⅱ. ①茆… ②陈… ③郑… Ⅲ. ①法院—审判—工作—上海—指南 Ⅳ. ①D926.22-62

中国版本图书馆CIP数据核字（2022）第229904号

上海法院类案办案要件指南（第6册）

茆荣华 主编

陈 昶 郑天衣 副主编

策划编辑：林志农

责任编辑：杨佳瑞

执行编辑：白 鸽

出版发行：人民法院出版社

地　　址：北京市东城区东交民巷27号（100745）

电　　话：（010）67550638（责任编辑） 67550558（发行部查询）

65223677（读者服务部）

客服QQ：2092078039

网　　址：http://www.courtbook.com.cn

E-mail：courtpress@sohu.com

印　　刷：三河市国英印务有限公司

经　　销：新华书店

开　　本：787毫米×1092毫米 1/16

字　　数：454千字

印　　张：33.75

版　　次：2022年12月第1版 2022年12月第1次印刷

书　　号：ISBN 978-7-5109-3425-4

定　　价：149.00元

编辑委员会

序　言

法律的生命在于实施，而法律适用统一则是司法公正的重要体现。当前，中国特色社会主义法律体系已经形成，如何促进法律适用统一已成为事关法律有效实施、实现法律功能、赢得社会公信的重点问题。近年来，上海法院认真贯彻落实中央政法工作会议关于“完善统一法律适用机制”的要求，积极推进法律适用统一的机制建设，提出加强案例指导、建立法律适用疑难问题网上咨询系统、编撰类案办案要件指南等“三项工作机制”。其中，编撰类案办案要件指南既是一项推动适法统一的基础性工程，也是一项具有上海经验特色的工作机制，具有重要意义。

编撰类案办案要件指南有助于及时总结审判经验，有效提升审判业务能力。司法实践中，做好案件审理工作，成为一名称职的人民法官，不仅需要审判经验的积累，同时也需要业务能力的提高。通过编撰类案办案要件指南，系统梳理各类案件审理思路，统一裁判规则，提炼案件的审查要点，可以及时总结实践中好的审判经验、裁判方法，既能够为一线法官提供类案审判指引，又能够帮助广大干警提高审判业务能力，尤其是提高办理重大、疑难、复杂和新类型案件的能力。

编撰类案办案要件指南有助于提供裁判行为指引，规范法官自由裁量权。推进司法责任制改革的一项重要内容，就是要坚持有序放权和有效监督有机统一，既要充分尊重独任法官、合议庭等审判组织办案主体地位，又要构建与放权相适应的新型审判监督管理机制，确保法官自由裁量权得到规范有效行使。编撰类案办案要件指南，不仅有助于培养法官正确的法律思维模式和方法，帮助法官准确理解抽象的法律规则和概念，又能为法官提供一定的裁判行为指引，为法官自由裁量权的行使确定相应的边界，有助于实现公正司法。

编撰类案办案要件指南有助于完善适法统一机制，实现类案审判思路、裁判尺度的统一。近年来，智慧法院建设的深入推进，人工智能等新科技与司法工作的深度融合发展，为破解“同案不同判”提供了有力的科技支撑。编撰类案办案要件指南，借力智慧法院建设成果，可以将类案的审查要点、裁判指引等内容嵌入智能化辅助办案系统中，有助于实现对个案裁判结果的校正、衡平，实现类案在审理思路、裁判尺度上的统一。

为切实做好类案办案要件指南工作，上海市高级人民法院专门制订了《类案办案要件指南编撰三年规划 2019—2021》，并于 2019 年 5 月启动了股权转让、融资租赁合同、受贿罪、政府信息公开等 14 个要件指南编写工作。一年多来，高院党组副书记、副院长茆荣华同志，副院长陈昶同志带领三级法院审判业务骨干和调研骨干精心编撰，付出了大量辛劳；严把质量关，每一项类案办案要件指南都历经全市审判业务条线征求意见、高院审判业务庭专业法官会议讨论、高院审判委员会审议等环节。可以说，每一项类案办案要件指南，都凝聚了上海法院的集体智慧。

为了更好地与大家分享研究成果，在人民法院出版社的关心支持下，现决定将类案办案要件指南分批出版，形成《上海法院类案办案要件指南》系列丛书。总体来看，这套丛书具有三个鲜明特色：**一是传承性强。**21 世纪初上海法院曾组织汇编了《实务技能手册》，并相继出版“法官智库”系列丛书，深受一线法官的欢迎。此次编撰类案办案要件指南是对以往优秀传统的有序传承。丛书在编写过程中也充分发挥了原有好的传统，就实践中涌现出的审判经验、裁判方法等及时做好总结提炼。**二是时代性强。**丛书紧扣《中华人民共和国民法典》等最新立法精神，充分结合最高人民法院司法解释的最新规定，并根据上海法院审判情况，确保提炼梳理出符合时代背景的新观点，概括出富有规律性的新认识，及时回应社会发展的新需求。**三是实用性强。**丛书立足服务审判实践的宗旨，坚持以“回应关切问题、解决实际需求”为导向，不仅所选取的类案问题都从全市法院报送的相关问题中严格筛选产生，而且提出的裁判规则、审判指引也历经多层次的征求意见、审查审议，力求给一线法官以充分有效的办案参考，真正成为对办案干警有用、实用、好用的工具书。

靡不有初，鲜克有终；不忘初心，方得始终。追求公平正义，是每位法院工作人员的初心和使命。编撰类案办案要件指南既凝聚了上海法院数十载的审判智慧和经验结晶，也是上海法院追求公平正义的重要步骤。希望通过丛书的编撰出版，为推进法律适用统一提供可复制、可推广的上海经验和上海智慧，为平安中国、法治中国建设作出应有的贡献。

是为序。

刘晓云

中华人民共和国二级大法官

上海市高级人民法院党组书记、院长

2020 年 6 月

前　言

司法责任制改革以来，让审理者裁判、由裁判者负责的同时，加强审判监督管理机制建设，推进法律适用统一，已成为各级法院需要认真面对的重要课题。近年来，上海市高级人民法院高度重视法律适用统一工作，2019 年 3 月确立了推进法律适用统一的“三项机制”，即加强案例指导、建立法律适用疑难问题网上咨询系统、编撰类案办案要件指南，并专门制订了三年编撰规划。2022 年 1 月 ，上海市高级人民法院围绕审判一线新的编撰需求修订完善原定的三年规划，形成全新的《类案办案要件指南编撰五年规划 2019—2023》，力争通过五年时间，形成一批实用性强、可操作的类案办案要件指南，实现常见类案问题全覆盖。

根据《类案办案要件指南编撰五年规划 2019—2023》的安排，自 2019 年 5 月以来，上海市高级人民法院先后开展了三批 51 个类案办案要件指南的编撰工作，涉及立案、民事、商事、金融、刑事、行政、执行、申诉审查等各领域。在编撰过程中，我们遵循了以下工作思路：

一是坚持问题导向和需求导向，确保编撰类案办案要件指南选题的科学性、针对性、典型性。为了保证类案办案要件指南符合审判需要、契合一线需求，我们先后两次面向全市三级法院以及市检察院、市法学会、高校专家学者等广泛征集要件指南的需求，共收集选题建议275个；在此基础上，按照需求程度从高到低进行排序，梳理出关注度高、意见较为集中的类案问题，并结合上海民商事、行政案件智能辅助办案系统相关案由，确定了80个常见问题，并通过专项课题的方式，向全市法院进行招投标，确保编撰工作集结全市法院最优审判调研资源。

二是坚持有用、实用、好用的工具书标准，严格规范类案办案要件指南的编撰体例和格式要求。类案办案要件指南不同于一般的调研课题，旨在为广大一线法官提供管用、好用、实用的业务工具书。为此，上海法院在广泛收集、研究与类案审理相关的书籍、兄弟法院撰写的指引规范以及上海法院曾发布的《实务技能手册》等现有成果基础上，将要件编撰体例按照"总体情况概述—立案审查—原告诉请的审查—被告抗辩的审查——要件事实审查和裁判规则—知识图谱"展开；每部分格式按照"审查要点—注意事项—规范指引—典型案例"展开，强调用项目式、要素式的方式表述，着力突出重点内容。同时，每个要件指南都附有涵盖核心要点的知识图谱，既突出要件指南内容的完整性，符合办案的思路；又突显实用性，利于法官学习和检索，满足审判一线的需求。

三是坚持严把质量管控关，确保类案办案要件指南编撰的高质量和权威性。为确保类案办案要件指南的编撰质量，在要件指南发布之初，上海市高级人民法院便明确责任单位及主持人、高院业务指导部门及指导人员；并要求每个要件指南必须历经全市审判业务条线征求意见、高院审判业务庭专业法官会议讨论、高院审判委员会审议等程序；每个要件指南既要涵盖类案的通识性问题，又要直面办案中存在的难点和痛点问题，就前沿问题和争议问题提出倾向性意见、观点，确保要件指南能集合上海法院智慧、体现上海法院业务水平，对一线法官办案具有参考功能、指导价值。

截至目前，前三批类案办案要件指南均已完成，并逐一经高院审判委员会审议通过。在开展编撰类案办案要件指南过程中，得到了人民法院出版社的高度关注，林志农副总编专程来沪商讨出版事宜，相关责编人员在短时间内为本书的编排、审校付出了大量辛劳，前两批类案办案要件指南成果已汇集成《上海法院类案办案要件指南》5 册出版，第三批类案办案要件指南成果以《上海法院类案办案要件指南》第 6 册、第 7 册等出版。编撰类案办案要件指南，得到了上海市高级人民法院党组的大力支持，党组书记、院长刘晓云同志高度重视类案要件指南编撰工作，在百忙之中为类案办案要件指南系列丛书作序予以肯定，使我们倍感鼓舞。高院审委会的各位委员对每一个类案办案要件都认真把关，积极提出意见建议，充分发挥了审判委员会总结办案经验、研究法律适用、统一裁判尺度的职能作用。各要件指南的责任单位及执笔人、高院相关业务指导部门及指导人员为完成好类案编撰工作付出了大量心血。高院研究室在类案办案要件指南编撰过程中认真做好组织、协调、统筹、把关工作。在此表示衷心的感谢。

推动适法统一是人民法院永恒的话题。编撰类案办案要件指南是上海法院推进适法统一的重要探索。当然，这一探索的成效有待于实践的检验，更有待于今后不断的健全完善，也希望各位读者给我们提出宝贵意见。推动法律适用统一、维护社会公平正义，我们一直在努力。

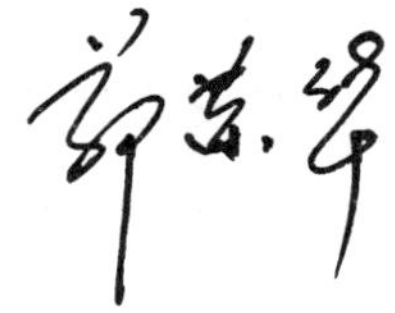

法学博士

上海市高级人民法院党组副书记、副院长

2022 年 11 月

目 录

CONTENTS

金融借款合同纠纷类案办案要件指南

课题组成员

主持人：朱　丹　上海市浦东新区人民法院院长

参与人：包晔弘　上海市浦东新区人民法院副院长

　　　　顾　权　上海市浦东新区人民法院金融审判庭庭长

　　　　余　韬　上海市浦东新区人民法院金融审判庭副庭长

　　　　王朝辉　上海市浦东新区人民法院金融审判庭法官助理

执笔人：王晓雷　上海市浦东新区人民法院金融审判庭法官助理

指导人员

　　　　高　琼　上海铁路运输法院副院长

　　　　　　　　（原上海市高级人民法院金融审判庭审判团队负责人）

▶ 精要导读

一、裁判理念

（一）遵循国家宏观经济政策，服务金融市场发展大局

金融市场的发展与稳定，对市场经济平稳运行，社会秩序和平安宁发挥着核心的作用。人民法院是落实国家宏观经济政策、推动金融法治环境建设的重要主体，需要坚持以新时代发展要求和国家宏观政策为导向，把握好金融借款案件的审理尺度，服务保障上海国际金融中心建设和金融市场发展大局。

（二）规范金融市场秩序，保护消费者合法权益

在金融借款合同纠纷中，常出现诸如不合理收取服务费、咨询费、管理费等情形，严重损害了金融消费者的合法权益。对此，人民法院应当发挥司法的规范、引导作用，促进金融和实体经济实现良性互动，切实维护金融市场秩序的良好运转，维护消费者的合法权益。

（三）鼓励金融业务创新，防范金融行业风险

随着金融市场的蓬勃发展，特别是互联网技术与金融市场的深度融合，给金融市场的勃兴注入新的动力。对于新型金融业务形态，既要依法支持、促进金融创新，也要注意防范法律风险，维护金融安全。在金融借款案件审判中，应在充分尊重契约自由和业务创新的前提下，依法对违反法律规定、损害金融市场稳定的行为进行否定性评价。

（四）提升审判质效，营造良好营商环境

公正高效解决纠纷是良好营商环境的前提和基础。针对金融借款案件数量大、专业性强的特点，人民法院需要积极探索多主体、多渠道的金融纠纷多元化解决机制，进一步落实司法确认、小额诉讼等繁

简分流改革举措，不断提高金融审判质效，为形成更好的法治化营商环境打下基础。

二、重点问题

（一）借款人能否以受疫情影响的不可抗力主张违约免责

鉴于新冠肺炎疫情的整体情况，对于非金钱之债的履行可能构成民法上的不可抗力，但借款人履行金融借款合同之债属于金钱债务，疫情期间，虽然各级政府采取了封控、隔离等一系列防控措施，可能会导致部分地区的银行网点暂停营业，但并不影响借款人通过网银、ATM 转账等方式还款，这些困难一般不属于不能克服的履约障碍。借款人因疫情产生的经济困难会导致履行迟延，但不是履行不能，故借款人一般不能援引疫情作为不可抗力免除违约责任。若借款人因受疫情影响收入减少或失去收入来源的，法院应根据案件的实际情况努力促成案件调解，鼓励金融机构根据金融政策，适当减免违约金、调整还款期限，给予借款人还款的缓冲期，争取借款合同继续履行。

（二）保证人死亡，继承人是否应当在继承遗产范围内承担保证责任

应当区分保证义务是否转化为保证债务。保证义务于保证合同生效时产生，保证债务则发生在主债务到期未清偿及债权人于保证期间内向保证人或债务人主张权利时。债务尚未到期，保证人仅有保证义务，没有保证责任，此时保证人死亡的，保证人的遗产不再用于承担保证责任；若债务已经到期且未获清偿，此时保证人的保证义务已经转化为保证责任，保证人死亡的，其遗产应当用于清偿已经发生的保证责任。

（三）金融机构是否可以向保证人的配偶主张保证责任

实践中，夫妻一方提供担保的情形较为复杂。如保证人配偶一方虽不是《保证合同》中约定的保证人，但是为确认担保行为也在合同的担保人处签字。鉴于其应当能够预见到在“保证人”一栏签字的法

律后果，金融机构可向其主张承担连带保证责任。再如保证人配偶一方签署类似《关于同意执行共同财产的承诺函》等函件或在《保证合同》后附的共有人声明条款处签字，仅表明其知悉配偶作为保证人提供担保的事实。除非该承诺函明确保证人配偶一方同意以夫妻双方共同财产承担连带保证责任或者同意以夫妻共同财产予以共同清偿，否则金融机构不可要求保证人配偶承担连带清偿责任。

（四）如何认定金钱质押的效力

保证金账户需要满足以下条件才属于有效的金钱质押，债权人享有优先受偿权：第一，保证金已完成特定化，即保证金账户与一般经营性账户相区分；第二，保证金账户户名、账户性质等具有与担保有关的明显特征，具有一定的对外公示效力；第三，出质人对保证金账户内资金不享有自由使用的控制力。

（五）出借人放款后短期内（如次日、5日内、15日内）要求借款人预付利息，则该笔利息应否认定为砍头息

应综合考量金融借款合同约定、提前支付利息的时间、金额和金融借款的利率监管政策等因素予以认定。首先，应充分尊重当事人的意思自治。借款发放后短期内提前支付利息的约定通常系出借人变相提高借贷利率的一种手法，但若双方对此达成合意，且已实际履行，则应视为借款人自愿承担相应的实际借贷利率。其次，对于出借人可能规避法律、行政法规禁止性规定的行为，可以通过要求金融借款合同的出借人披露实际利率及对超过法律允许的利率标准予以调整的方式加以规制。人民法院可对借款人的实际用资成本进行必要核算，若借款人因此而最终承担的融资成本明显过高的，则应依法予以适当调整。

（六）合同约定逾期利率在执行利率的基础上上浮50%以上，法院是否可以主动予以调整

金融机构应当严格按照法律及行政监管的相关规定从事借贷业务，《中国人民银行关于人民币贷款利率有关问题的通知》从效力层级上看系部门规章，违反该通知虽不会直接影响合同效力，但是人民法院认为利率过高的，可予以适当的调整，以积极有效的司法干涉规范金融市场的借贷业务秩序，保护消费者的合法权益。

（七）当事人对还款的清偿顺序未作约定，金融借款合同到期后，在借款人欠付本金、利息、实现债权的费用外，还应支付违约金的情形下，其抵充顺序如何认定

应按实现债权的费用→利息→违约金→主债务确定清偿抵充顺序。利息与违约金均系资金占用损失或使用利益，实践中普遍存在违约金、逾期利息、罚息等名词混用的情形，违约金和逾期利息也往往存在重合。因此，金融借款合同中，宜将违约金与利息作同一类概念考虑。从《中华人民共和国民法典》（以下简称《民法典》）第五百六十一条的规定来看，应倾向于保护守约方。由于借款人违约在先，应作有利于债权人的解释，先抵扣违约金再冲抵本金。

（八）借款人提前还款，出借人按照合同约定要求借款人支付提前还款违约金的，人民法院能否支持

可予以支持，但应进行必要的法律规制。首先，借款人的提前还款打乱了出借人的资金安排，将导致出借人无法取得合同约定的全部利息，损害了债权人的期限利益。其行为性质属于违约，出借人应就此承担违约责任。其次，从法律对提前还款行为的规制来看，《民法典》第六百七十七条对提前还款情形下当事人调整利息计算期间的约定明确予以认可，《民法典》第五百三十条也规定债务人应负担提前履行债务给债权人增加的费用，而合同明确约定的提前还款违约金，可视作当事人提前约定了债权人损失的计算方式。从防止金融机构利用强势地位损害借款人合法利益的角度看，法院可通过审查出借人是否履行格式条款的提示说明义务、违约金是否过分高于实际损失等具体事实，综合认定违约金条款的效力及具体赔偿金额。

（九）如何把握金融机构主张合同提前到期

主张合同提前到期的法律后果与解除合同相似，甚至对债务人影响更大，人民法院应审慎认定金融机构提前收贷权利行使的条件，结合债务人逾期还款的期数、金额、债务人逾期的原因、还款能力等，依照《民法典》等法律规定及《贷款通则》等部门规章进行审慎判断。

（十）金融借款合同中同时约定贷款基本利率及还款计划表，但还款计划表背后实际利率更高的，应如何认定贷款利率

利率是金融借款合同的核心要素，关系到借款人合同项下的根本利益。贷款机构负有披露实际贷款利率的义务，若以还款计划表等条款间接约定利率的，应当采取合理方式提请借款人注意，并按照要求予以说明。如未尽到上述义务，则应当以金融借款合同中实际披露的较低利率计收利息。

第一部分　金融借款合同纠纷案件情况概述

一、审理情况

（一）案件数量增长，收结总体平衡

2019—2021 年上海全市共受理金融借款案件 155280 件，其中 2019 年受理 27943 件，结案 27937 件，结案率近 100%；2020 年受理 43846 件，同比增长 56.9%，结案 43438 件，结案率近 100%；2021 年受理 83491 件，同比增长 90.4%，结案 83875 件，结案率 100.5%。整体来看，金融借款案件数量总体居高，收案量常年位居金融商事案件前列，收结案数量保持平衡。近两年受理数量陡增，主要是受新冠肺炎疫情影响，借款违约纠纷大量爆发。

（二）调撤率较高，审理周期较短

从结案方式看，2019—2021 年，判决结案 85771 件，调解结案 5897 件，撤诉结案 40324 件，调撤率相对较高，达 29.8%。主要得益于上海法院推行多元化纠纷解决机制，实行诉前调解与审判工作相协调，并贯彻“调解优先，调判结合”的基本原则。同时，随着繁简分流改革的深入推进，目前金融借款案件主要适用简易程序、小额诉讼程序以及普通程序独任制审理，审理期限较短，审判质效良好。

（三）涉案标的额较大，缺席审判较多

从涉案标的来看，2019—2021 年涉金融借款案件标的额达 24602064 万元，是同期受理案件数量最高的信用卡纠纷案件标的总额的 5.5 倍，涉案标的额常年位居金融商事案件第一位。近年来上海市通过各种形式不断完善司法送达地址确认制度，“送达难”问题有所

缓解，但是缺席审判的案件较多，主要因为被告对诉请的异议较少，到庭参加诉讼需要花费成本，且部分被告还款能力较弱，配合司法审判的积极性不高。

二、案件特点

（一）担保人较多，担保形式多样化

从审理的案件来看，大部分金融借款案件都涉及担保。金融机构的风险防范意识较高，通过担保的方式有效保障交易安全。需要注意的是，“互保”“联保”的情况依然存在，一定程度上放大了行业风险。部分企业为借款人的“经营贷”担保情况复杂，涉及不动产最高额抵押、多个保证人担保、动产浮动抵押、应收账款质押、存单质押、仓单质押等，审理难度较大。

（二）线上借贷增多，电子合同使用率上升

线上签订金融借款合同的案件数量呈直线增长。随着互联网技术的高速发展，电子商务已经和金融业务深度融合，电子签约逐渐成为金融展业的常规业务模式。金融市场具有追求高效便捷的特征，对远程电子签约借款的需求不断攀升，预计未来使用电子签约的占比仍会大幅上升。

（三）涉助贷机构增多，矛盾更加尖锐化

助贷业务作为金融借款业务的新业态，近年来在金融消费市场越发活跃。第三方助贷机构作为金融借款中连接资金提供方和需求方的中介，利用自身的渠道优势，开展客户筛选、款项催收、逾期担保等业务，对金融机构开展贷款业务起到积极作用并提高了小微企业和个人获得融资的便利性。但是，实践中助贷机构也存在诸多违法违规行为，如提供虚假借款人信息、以不同名目收取高额费用等，导致金融借款合同纠纷的矛盾更加尖锐。

（四）原告主张较为统一，诉讼请求模式化

大部分金融借款合同纠纷原告诉请较为模式化，一般为主张所欠

贷款本金、利息、逾期利息、保证人承担保证责任、实现担保物权等，部分原告还向法院主张违约金、律师费、财产保全担保费等。但每个案件根据是否加速到期、是否存在担保、是否有关于实现债权费用的合同约定等不同情况，诉请的项目略有差异。

三、审判原则

（一）规范金融市场秩序，保护消费者合法权益

金融市场交易双方往往存在信息不对称。在金融借款合同纠纷中，经常出现诸如不合理收取服务费、咨询费、管理费等情形，严重损害了消费者的合法权益。对此，人民法院应当发挥司法的规范、引导作用，促进金融和实体经济实现良性循环，有效降低企业融资成本。对变相突破法律红线的行为依法不予支持。发现有关金融机构以“创新”之名行“高利贷”之实的，应当及时向金融监管部门发送司法建议。切实维护金融市场秩序的良好运转，维护消费者的合法权益。

（二）鼓励金融业务创新，防范金融行业风险

随着金融市场的蓬勃发展，特别是互联网技术与金融市场的深度融合，给金融市场注入新的动力。对于新型金融业务形态，既要依法支持，也要防范法律风险。应当充分尊重私法意思自治原则，保护契约自由，不轻易否定金融交易活动的效力。同时，对潜在的金融风险进行适当的司法干预，规范违反法律规定的金融市场行为，实现私法自治与社会公共利益之间的平衡。

（三）提升审判质效，营造良好营商环境

人民法院应当进一步贯彻落实最高人民法院民事诉讼程序繁简分流改革，在金融审判领域将继续围绕司法确认、小额诉讼、简易程序、独任制适用范围、电子诉讼规则等方面改革任务，优化司法资源配置，降低当事人诉讼成本。完善一站式多元解纷平台，不断提高金融审判质效，维护金融市场的良好运转，为进一步优化营商环境打好基础。

第二部分　立案审查

一、对出借人的审查

（一）对出借人主体范围的审查

【审查要点】

1. 出借主体是否具有资质并依法核准登记；

2. 合同约定的出借人和实际放款人与原告是否一致。

【注意事项】

1. 金融借款的出借主体是经中国人民银行批准经营贷款业务，持有中国人民银行颁发的《金融机构法人许可证》或《金融机构营业许可证》，并经工商行政管理部门核准登记的金融机构。主要包括：银行、信用合作社、信托公司、汽车金融公司、消费金融公司、小额贷款公司等。其他法人以及非法人组织、自然人之间的借贷关系一般不属于金融借款法律关系。

2. 对于其他法人以及非法人组织、自然人委托金融机构进行放贷的，应当以民间借贷的法律关系进行处理，而非金融借款法律关系。合同的效力、各方的权利义务均应当受到民间借贷的相关法律、法规、司法解释的规制。人民法院在审理金融借款合同纠纷时应当进行穿透式审查，确定真实的交易目的及法律关系，以实质的法律关系进行处理。

【规范指引】

《贷款通则》

第二十一条　贷款人必须经中国人民银行批准经营贷款业务，持有中国人民银行颁发的《金融机构法人许可证》或《金融机构营业许可证》，并经工商行政管理部门核准登记。

《中华人民共和国银行业监督管理法》

第十九条 未经国务院银行业监督管理机构批准，任何单位或者个人不得设立银行业金融机构或者从事银行业金融机构的业务活动。

《中华人民共和国民法典》

第一百五十三条 违反法律、行政法规的强制性规定的民事法律行为无效。但是，该强制性规定不导致该民事法律行为无效的除外。

违背公序良俗的民事法律行为无效。

【典型案例】

北京长富投资基金与武汉中森华世纪房地产开发有限公司等委托贷款合同纠纷案，《最高人民法院公报》2016年第11期［裁判法院：最高人民法院；案号：（2016）最高法民终124号］

裁判要旨：长富基金、兴业银行武汉分行与中森华房地产公司三方签订《委托贷款合同》，由长富基金提供资金，兴业银行武汉分行根据长富基金确定的借款人、用途、金额、币种、期限、利率等代为发放、协助监督使用并收回贷款，兴业银行武汉分行收取代理委托贷款手续费，并不承担信用风险，实质是长富基金与中森华房地产公司之间的民间借贷，委托贷款合同的效力和长富基金与中森华房地产公司之间约定的权利义务内容均应受相关民间借贷的法律、法规和司法解释的规制。

（二）对原告主体与出借人不一致的审查

【审查要点】

1. 原告与合同约定的出借人是否一致；

2. 若原告并非借款合同约定的出借人，能否证明其为适格原告，如存在债权转让、代位求偿等。

【注意事项】

1. 关于债权转让的通知主体及通知方式我国法律未作具体的规定，实践中存在一定争议。本指南认为，债权受让人对债务人进行债权转让通知符合其现实利益，且实践中也多是受让人以邮件专递、起诉、仲裁或者公告的方式进行通知。司法实践中，对于以邮件专递的方式进行告知的，受让人应当提供债务人确已收到转让通知的证据，如邮寄凭证、签收回执等；对于以公告方式进行告知的，金融资产管理公司受让国有银行债权的，原债权银行在全国或省级有影响力的报刊上发布债权转让的公告或通知的，应当认定债权人履行了通知义务；受让不良债权的普通民事主体，原则上不适用以公告方式履行债权转让的通知义务，对于债务人下落不明的，可以在国家级或债务人所在地的省级有影响力的媒体予以公告。当事人提起诉讼的，法院将诉讼材料送达至被告处视为有效通知。

2. 债权受让人提起诉讼应当提供受让合同等证据证明债权受让的事实以及金额；对于代位求偿，应当提供代偿的证明、权益转让等证据材料证明其具备作为原告主体进行追偿的权利以及其代偿的金额。

二、对借款人的审查

（一）对金融借款合同的签字或盖章并非本人所为的审查

【审查要点】

1. 金融借款合同中的签名或盖章是否与被告一致；

2. 被告能否举证证明借款合同中的签字或盖章不是本人所为；

3. 确定实际借款人应当综合考虑款项支付的对象、实际使用人、实际用途、当事人之间的关系、实际还款人等因素。

【注意事项】

1. 在案件的审理中，当事人可以申请法院委托鉴定机构对合同的签章的真实性进行鉴定，若鉴定申请人在鉴定过程中拒绝配合或者拒绝缴纳鉴定费用，应当承担相应的不利法律后果；

2. 若金融借款合同中的签章系第三人所为，但是所借款项支付至被告的银行账户，并用于生产、生活，原告有权向被告主张权利。

（二）对公司尚未成立时签订金融借款合同的审查

【审查要点】

1. 签订金融借款合同时公司的实际状态；

2. 款项的实际用途。

【注意事项】

1. 公司尚未成立，发起人以设立中的公司名义签订金融借款合同的，公司成立后继承合同项下的权利和义务；公司未能成立的，出借人向全体发起人主张权利的应当予以支持。

2. 公司或其他发起人证明发起人冒用设立中公司的名义签订金融借款合同，转嫁债务的，公司或其他发起人不承担责任，但是出借人为善意的除外。

（三）对实际借款人或保证人死亡的审查

【审查要点】

1. 实际借款人或保证人是否死亡；

2. 被告是否系借款人或保证人的合法继承人或者遗产管理人；

3. 原告主张被告承担的责任，是否超过遗产实际价值。

【注意事项】

1. 借款人出现逾期，保证人死亡的，保证人遗产是否应当用于承担保证责任，实务中存在较大的争议。第一种观点认为：应根据债的一般原理处理保证债务。借款期间保证人死亡的，债权人在保证期间内可以要求保证人的继承人在继承遗产范围内承担保证责任。第二种观点认为：应当区分保证义务是否转化为保证债务。保证义务于保证合同生效时产生，保证债务则发生在主债务到期未清偿及债权人于保证期间内向保证人或债务人主张权利时。债务尚未到期，保证人仅有保证义务，没有保证责任，此时保证人死亡的，保证人的遗产不再用于承担保证责任；若债务已经到期且未获清偿，此时保证人的保证义务已经转化为保证责任，保证人死亡的，其遗产应当用于清偿已经发生的保证责任。本指南认为第二种观点更为合理。

2. 因借款人死亡，继承人放弃继承，债权人主张权利如何处理存在较大的争议。第一种观点认为：继承人放弃继承的，不应当承当还款责任，故人民法院应当驳回债权人的诉请。第二种观点认为：如果确认继承人放弃继承，将导致遗产范围以及遗产是否全部或者部分发生继承的事实难查明，且放弃具有一定的不确定性和随意性，不排除继承人虽表示放弃继承但又实际继承了遗产的情形。故从保障债权人的合法权益的角度出发，应判决继承人在继承遗产范围内清偿债务。第三种观点认为：虽然继承人放弃了继承，继承人不承担清偿债务的责任，但继承人对被继承人生前所负债务仍应以遗产进行清偿，继承人对被继承人的遗产具有妥善保管及协助变价清偿的义务，故应判决在借款人的遗产范围内清偿债务，遗产继承人负有保管遗产及协助清偿的义务。

本指南认为，借款人死亡后，继承人表示放弃继承的，应当兼顾保护债权人债权的实现且避免继承人未继承遗产的情况下陷入累诉。原告主张权利的路径如下：

首先，债权人有证据证明借款人尚有遗产，遗产继承人书面表示放弃继承但是实际占有遗产的，若原告的诉请为请求继承人在继承遗产的范围内承担清偿债务责任的，人民法院应引导当事人调整诉请为请求被告配合就借款人的遗产实现原告的债权。

其次，债权人有证据证明借款人尚有遗产，其继承人表示放弃亦未占有遗产的。人民法院可以依法驳回原告的诉请，并告知，可另案向遗产的实际继承人或者管理人提起诉讼。

最后，债权人无证据证明借款人尚有遗产，借款人的继承人亦表示未继承借款人的遗产，且不会继承借款人的任何遗产的，人民法院可以依法驳回原告的诉讼请求。

【典型案例】

浙江民泰商业银行股份有限公司舟山分行、傅某芬金融借款合同纠纷案［裁判法院：浙江省高级人民法院；案号：（2017）浙民申 250 号］

裁判要旨：在保证法律关系中，保证义务是债权人和保证人通过订立保证合同为保证人设置的民事义务，其内容是保证人可能的债务负担，保证责任则是债务人到期未清偿债务，依照约定或法律规定保证人所承担的民事责任。当保证义务转化为保证责任后，保证人才需要承担保证之债。故保证人的遗产是否应当用来承担保证责任，关键在于保证人死亡时，保证责任是否已经产生。若借款合同尚未到期，债务是否能够得到清偿尚不确定，则保证义务尚未转化为保证责任。

【规范指引】

《中华人民共和国民法典》

第一千一百二十四条 继承开始后，继承人放弃继承的，应当在遗产处理前，以书面形式作出放弃继承的表示；没有表示的，视为接受继承。

受遗赠人应当在知道受遗赠后六十日内，作出接受或者放弃受遗赠的表示；到期没有表示的，视为放弃受遗赠。

第一千一百四十五条 继承开始后，遗嘱执行人为遗产管理人；没有遗嘱执行人的，继承人应当及时推选遗产管理人；继承人未推选的，由继承人共同担任遗产管理人；没有继承人或者继承人均放弃继承的，由被继承人生前住所地的民政部门或者村民委员会担任遗产管理人。

第一千一百四十六条 对遗产管理人的确定有争议的，利害关系人可以向人民法院申请指定遗产管理人。

第一千一百四十七条 遗产管理人应当履行下列职责：

（一）清理遗产并制作遗产清单；

（二）向继承人报告遗产情况；

（三）采取必要措施防止遗产毁损、灭失；

（四）处理被继承人的债权债务；

（五）按照遗嘱或者依照法律规定分割遗产；

（六）实施与管理遗产有关的其他必要行为。

第一千一百六十一条 继承人以所得遗产实际价值为限清偿被继承人依法应当缴纳的税款和债务。超过遗产实际价值部分，继承人自愿偿还的不在此限。

继承人放弃继承的，对被继承人依法应当缴纳的税款和债务可以不负清偿责任。

（四）公司作为借款人被吊销执照或注销登记的审查

【审查要点】

1. 公司被吊销营业执照，成立清算组的，由清算组织负责人代表公司参加诉讼；尚未成立清算组的，由法定代表人代表公司参加诉讼。

2. 债权人向清算组成员主张赔偿责任的，是否能证明清算组成员从事清算事务时，违反法律、行政法规或者公司章程给债权人造成损失。

3. 是否存在未经清算即办理注销登记的情形。

【典型案例】

四川华西集团有限公司与新疆天虹实业有限公司建设工程施工合同纠纷案［裁判法院：最高人民法院；案号:（2015）民一终字第57号］

裁判要旨：吊销企业法人营业执照是工商行政管理机关根据国家工商行政法规对违法的企业法人作出的一种行政处罚。企业法人被吊销营业执照后，应当依法进行清算，清算程序结束并办理工商注销登记后，该企业法人才归于消灭。企业法人被吊销营业执照至被注销登记前，该企业法人仍应视为存续，可以自己的名义进行诉讼活动。

【规范指引】

《中华人民共和国公司法》

第一百八十条 公司因下列原因解散：

（一）公司章程规定的营业期限届满或者公司章程规定的其他解散事由出现；

（二）股东会或者股东大会决议解散；

（三）因公司合并或者分立需要解散；

（四）依法被吊销营业执照、责令关闭或者被撤销；

（五）人民法院依照本法第一百八十二条的规定予以解散。

第一百八十三条 公司因本法第一百八十条第（一）项、第（二）

项、第（四）项、第（五）项规定而解散的，应当在解散事由出现之日起十五日内成立清算组，开始清算。有限责任公司的清算组由股东组成，股份有限公司的清算组由董事或者股东大会确定的人员组成。逾期不成立清算组进行清算的，债权人可以申请人民法院指定有关人员组成清算组进行清算。人民法院应当受理该申请，并及时组织清算组进行清算。

《最高人民法院关于适用〈中华人民共和国公司法〉若干问题的规定（二）》

第二十条　公司解散应当在依法清算完毕后，申请办理注销登记。公司未经清算即办理注销登记，导致公司无法进行清算，债权人主张有限责任公司的股东、股份有限公司的董事和控股股东，以及公司的实际控制人对公司债务承担清偿责任的，人民法院应依法予以支持。

公司未经依法清算即办理注销登记，股东或者第三人在公司登记机关办理注销登记时承诺对公司债务承担责任，债权人主张其对公司债务承担相应民事责任的，人民法院应依法予以支持。

（五）公司作为被告破产的审查

【审查要点】

1. 借款人的破产案件是否已经由法院受理。

2. 借款人的破产案件已经由法院受理的，已经开始尚未结束的有关借款人的金融借款案件，应当裁定中止审理，在管理人接管债务人的财产和诉讼事务后继续进行。

3. 人民法院受理破产申请后，有关债务人的民事诉讼只能向受理破产案件申请的法院提起。

4. 借款人进入破产程序后，债权人可以在破产程序中申报债权，也可以向人民法院起诉，请求保证人承担担保责任。

【注意事项】

《中华人民共和国企业破产法》第二十一条规定："人民法院受理破产申请后，有关债务人的民事诉讼，只能向受理破产申请的人民法院提起。”此处的“有关债务人”指在诉讼中具有独立的诉讼请求权的债务人；债权人仅对借款合同的保证人提起诉讼的，不属于受理债务人破产申请的法院集中管辖的范围。

【规范指引】

《中华人民共和国企业破产法》

第二十条　人民法院受理破产申请后，已经开始而尚未终结的有关债务人的民事诉讼或者仲裁应当中止；在管理人接管债务人的财产后，该诉讼或者仲裁继续进行。

第二十一条　人民法院受理破产申请后，有关债务人的民事诉讼，只能向受理破产申请的人民法院提起。

第四十四条　人民法院受理破产申请时对债务人享有债权的债权人，依照本法规定的程序行使权利。

第四十五条　人民法院受理破产申请后，应当确定债权人申报债权的期限。债权申报期限自人民法院发布受理破产申请公告之日起计算，最短不得少于三十日，最长不得超过三个月。

第四十六条　未到期的债权，在破产申请受理时视为到期。

附利息的债权自破产申请受理时起停止计息。

《最高人民法院关于适用〈中华人民共和国民法典〉有关担保制度的解释》

第二十三条　人民法院受理债务人破产案件，债权人在破产程序中申报债权后又向人民法院提起诉讼，请求担保人承担担保责任的，人民法院依法予以支持。

担保人清偿债权人的全部债权后，可以代替债权人在破产程序中受偿；在债权人的债权未获全部清偿前，担保人不得代替债权人在破产程序中受偿，但是有权就债权人通过破产分配和实现担保债权等方式获得清偿总额中超出债权的部分，在其承担担保责任的范围内请求债权人返还。

债权人在债务人破产程序中未获全部清偿，请求担保人继续承担担保责任的，人民法院应予支持；担保人承担担保责任后，向和解协议或者重整计划执行完毕后的债务人追偿的，人民法院不予支持。

【典型案例】

中国信达资产管理股份有限公司新疆维吾尔自治区分公司诉石河子经济技术开发区财政局保证合同纠纷案［裁判法院：最高人民法院；案号:（2017）最高法民终84号］

裁判要旨：债权人仅对借款合同的保证人提起诉讼的，不属于受理债务人破产申请的法院集中管辖的范围。

三、对于管辖权及主管的审查

（一）约定管辖的审查

【审查要点】

1. 金融借款合同中是否有关于管辖法院的约定。

2. 管辖条款是否明确，是否属于本辖区管辖。

3. 约定的管辖是否违反级别管辖和专属管辖的规定。

4. 对于金融借款合同中约定的管辖条款与担保合同中约定的管辖不一致的，应当以金融借款合同中的约定为准。只起诉担保人的，以担保合同中的约定为准。

【注意事项】

1. 协议管辖必须采取书面（合同、信件和数据电文等）的形式且不得违反级别管辖和专属管辖的规定，否则协议的管辖条款无效。双方当事人可以在合同中约定与争议有实际联系地点的一个或多个人民法院管辖，但是约定的法院必须明确具体，不可以推定，当事人可向其中一个人民法院提起诉讼。所谓与争议有实际联系的地点:（1）原告或被告的住所地。自然人住所地为户籍地，户籍地与经常居住地不一致的，由经常居住地法院管辖；法人或非法人组织的住所地为主要办事机构所在地，主要办事机构不能确定的，注册地或登记地为住所地。（2）合同的履行地。合同对履行地有约定的依约定，没有约定或约定不明的，接收货币一方所在地为合同履行地。（3）合同的签订地。若合同中明确约定具体签订地，则以合同中约定为准。若合同中未约定具体的签订地，双方当事人签字或盖章地又不在同一地点的，应当认定最后一方的签字或盖章之地点为合同签订地。采用数据电文形式订立合同的，收件人的主营业地为合同签订地，没有主营业地的，其住所地为合同成立的地点，当事人另有约定的按照其约定。（4）标的物的所在地。理论上，争议实际联系地并不限于上述几个联系点，对于有证据佐证的其他地点，也可以认为与争议具有实际联系的地点，对于连接点的确定应当尽量尊重当事人的意愿。

2. 主体发生继受的，管辖协议的效力及于其继受人。具体说来，对于自然人订立的管辖协议，其效力及于其继受人；对于法人，效力及于其合并、分立的权利义务继受人；发生注销情形的，其效力及于对债权、债务承担责任的当事人。

3. 管辖协议中约定由一方当事人住所地人民法院管辖，协议签订后当事人住所地变更的，由签订管辖协议时的住所地人民法院管辖；当事人约定在某一地域范围内的管辖法院，纠纷发生后涉案标的超出该院级别管辖范围，该约定表明双方当事人意愿在该法院所在地进行诉讼，地域管辖是明确的，应当认定双方当事人选择的地域管辖有效，并结合级别管辖标准确定具体的管辖法院。

【规范指引】

《中华人民共和国民事诉讼法》

第三十五条 合同或者其他财产权益纠纷的当事人可以书面协议选择被告住所地、合同履行地、合同签订地、原告住所地、标的物所在地等与争议有实际联系的地点的人民法院管辖，但不得违反本法对级别管辖和专属管辖的规定。

《最高人民法院关于适用〈中华人民共和国民事诉讼法〉的解释》

第三条 公民的住所地是指公民的户籍所在地，法人或者其他组织的住所地是指法人或者其他组织的主要办事机构所在地。

法人或者其他组织的主要办事机构所在地不能确定的，法人或者其他组织的注册地或者登记地为住所地。

第四条 公民的经常居住地是指公民离开住所地至起诉时已连续居住一年以上的地方，但公民住院就医的地方除外。

第十八条 合同约定履行地点的，以约定的履行地点为合同履行地。

合同对履行地点没有约定或者约定不明确，争议标的为给付货币的，接收货币一方所在地为合同履行地；交付不动产的，不动产所在地为合同履行地；其他标的，履行义务一方所在地为合同履行地。即时结清的合同，交易行为地为合同履行地。

合同没有实际履行，当事人双方住所地都不在合同约定的履行地的，由被告住所地人民法院管辖。

第二十九条 民事诉讼法第三十五条规定的书面协议，包括书面合同中的协议管辖条款或者诉讼前以书面形式达成的选择管辖的协议。

第三十条 根据管辖协议，起诉时能够确定管辖法院的，从其约定；不能确定的，依照民事诉讼法的相关规定确定管辖。

管辖协议约定两个以上与争议有实际联系的地点的人民法院管辖，原告可以向其中一个人民法院起诉。

第三十二条 管辖协议约定由一方当事人住所地人民法院管辖，协议签订后当事人住所地变更的，由签订管辖协议时的住所地人民法院管辖，但当事人另有约定的除外。

第三十三条 合同转让的，合同的管辖协议对合同受让人有效，但转让时受让人不知道有管辖协议，或者转让协议另有约定且原合同相对人同意的除外。

《中华人民共和国民法典》

第四百九十二条 承诺生效的地点为合同成立的地点。

采用数据电文形式订立合同的，收件人的主营业地为合同成立的地点；没有主营业地的，其住所地为合同成立的地点。当事人另有约定的，按照其约定。

第四百九十三条　当事人采用合同书形式订立合同的，最后签名、盖章或者按指印的地点为合同成立的地点，但是当事人另有约定的除外。

《中华人民共和国企业破产法》

第二十一条　人民法院受理破产申请后，有关债务人的民事诉讼，只能向受理破产申请的人民法院提起。

【典型案例】

张某江、秦某珍买卖合同纠纷案［裁判法院：最高人民法院；案号：（2016）最高法民辖终 284 号］

裁判要旨：争议解决条款是当事人依据意思自治原则选择争议解决方式的约定，性质上属于当事人之间关于争议解决方式达成的契约，在没有禁止性规定的情况下，应最大程度上尊重当事人的意思自治，这符合现代民事纠纷合意解决机制的价值理念。因此，应根据当事人在约定条款中的真实意思表示，对条款中仲裁或诉讼管辖约定的效力分别作出认定，约定部分无效的，并不当然导致争议解决条款整体无效。因此，如果当事人关于诉讼管辖的约定是有效的，则应当根据当事人的约定确定管辖法院。

（二）法定管辖的审查

【审查要点】

1. 金融借款合同中是否有关于管辖的有效约定；

2. 金融借款合同对管辖没有约定或约定不明的，由被告的住所地或者合同的履行地人民法院管辖。

【规范指引】

《中华人民共和国民事诉讼法》

第二十一条　最高人民法院管辖下列第一审民事案件：

（一）在全国有重大影响的案件；

（二）认为应当由本院审理的案件。

第二十三条　下列民事诉讼，由原告住所地人民法院管辖；原告住所地与经常居住地不一致的，由原告经常居住地人民法院管辖：

（一）对不在中华人民共和国领域内居住的人提起的有关身份关系的诉讼；

（二）对下落不明或者宣告失踪的人提起的有关身份关系的诉讼；

（三）对被采取强制性教育措施的人提起的诉讼；

（四）对被监禁的人提起的诉讼。

（三）对级别管辖的审查

【审查要点】

1. 除法律明确规定由中级人民法院、高级人民法院和最高人民法院管辖的一审案件以外，其他的第一审民事案件一律由基层人民法院管辖。

2. 中级人民法院管辖的一审民事案件：

（1）重大涉外案件；

（2）在本辖区有重大影响的案件；

（3）最高人民法院确定由中级人民法院管辖的民事案件。

3. 高级人民法院管辖在本辖区有重大影响的第一审民事案件。

4. 最高人民法院管辖的一审案件：

（1）在全国有重大影响的案件；

（2）认为应当由本院审理的案件。

【注意事项】

结合最高人民法院 2019 年 4 月 30 日发布的《关于调整高级人民法院和中级人民法院管辖第一审民事案件标准的通知》及 2021 年 9 月 17 日发布的《关于调整中级人民法院管辖第一审民事案件标准的通知》：

1. 高级人民法院管辖诉讼标的额 50 亿元（人民币）以上（包含本数）或者其他在本辖区有重大影响的第一审民事案件；

2. 当事人住所地均在或均不在受理法院所处省级行政辖区的，中级人民法院管辖的诉讼标为 5 亿元以上的一审民事案件；

3. 当事人一方所在地不在受理法院所处省级行政辖区的，中级人民法院管辖诉讼标的额为 1 亿元以上的第一审民事案件。

（四）对仲裁条款的审查

【审查要点】

1. 金融借款合同中是否约定仲裁条款；

2. 仲裁条款是否有效。

【注意事项】

1. 对仲裁机构约定不明确的，若仲裁协议对仲裁机构的名称约定不准确，但是能确定具体的仲裁机构的，仲裁条款有效；若不能确定具体的仲裁机构，亦未说明具体的仲裁事项和仲裁委员会，当事人也无法达成补充协议的，该仲裁条款无效。

2. 双方达成有效书面仲裁协议，一方当事人提起诉讼的，人民法院告知原告向仲裁机构申请仲裁。

【规范指引】

《最高人民法院关于适用〈中华人民共和国仲裁法〉若干问题的解释》

第四条 仲裁协议仅约定纠纷适用的仲裁规则的，视为未约定仲裁机构，但当事人达成补充协议或者按照约定的仲裁规则能够确定仲裁机构的除外。

第五条 仲裁协议约定两个以上仲裁机构的，当事人可以协议选择其中的一个仲裁机构申请仲裁；当事人不能就仲裁机构选择达成一致的，仲裁协议无效。

四、多份借款合同一并起诉的审查

【审查要点】

1. 原、被告主体是否一致；

2. 是否是基于同一法律关系产生的纠纷。

【规范指引】

《中华人民共和国民事诉讼法》

第五十五条 当事人一方或者双方为二人以上，其诉讼标的是共同的，或者诉讼标的是同一种类、人民法院认为可以合并审理并经当事人同意的，为共同诉讼。

共同诉讼的一方当事人对诉讼标的有共同权利义务的，其中一人的诉讼行为经其他共同诉讼人承认，对其他共同诉讼人发生效力；对诉讼标的没有共同权利义务的，其中一人的诉讼行为对其他共同诉讼人不发生效力。

【典型案例】

1. 中国华融资产管理股份有限公司广西壮族自治区分公司与桂林市联坤商贸开发有限公司金融不良债权追偿纠纷案［裁判法院：最高人民法院；案号：（2016）最高法民辖终 283 号］

裁判要旨：债权人将多份金融借款债权转让，受让人基于债权转让关系提起诉讼的，属于单一诉讼的范围，并非若干独立诉请的合并，级别管辖可以按照受让债权确定管辖。

2. 中国华融资产管理股份有限公司辽宁省分公司与辽宁铜业集团有限公司金融借款合同纠纷案［裁判法院：最高人民法院；案号：（2017）最高法民辖终 169 号］

裁判要旨：将多个借款合同纠纷合并到一个诉讼中进行审理和裁判，符合诉的客观合并条件，有利于节约诉讼成本，方便当事人诉讼，也方便法院进行审理和裁判，关于级别管辖的问题，可以按照合并后的数额一并进行计算确定管辖。

第三部分　原告诉请的审查

一、借款本金的审查

【审查要点】

1. 放款凭证记载的金额；

2. 是否存在预先在本金中扣除利息的情形，若有，应当在借款本金中予以扣除；

3. 审查借款人的还款流水，结合债务人还款情况等，确认尚欠金额是否与原告主张金额一致。

【注意事项】

金融借款案件中，缺席审判的案件数量较多，在缺少借款人抗辩的情况下，法院应当强化对欠款金额等相关证据的审查，确保出借人将所借款项支付至借款人指定的银行账户，对出借人预先扣除的不合理费用以及借款人偿还的款项应当进行扣减。

【典型案例】

中国华融资产管理股份有限公司、上海农村商业银行股份有限公司宝山支行与上海智富茂城置业有限公司等金融借款合同纠纷案，《最高人民法院公报》2021 年第 9 期［裁判法院：最高人民法院；案号：（2019）最高法民终 78 号］

裁判要旨：商业银行收取中间费用应当遵循依法合规、平等自愿、息费分离、质价相符的原则。商业银行利用其优势地位捆绑贷款强制客户订立中间业务合同而未提供实质性服务的，属变相收取利息，背离了民法平等、自愿、公平原则，增加了企业融资成本，属于《商业银行收费行为执法指南》规定的“只收费不服务”情形。

二、借款利息、逾期利息、违约金诉请的审查

（一）对借款利息、逾期利息、违约金无约定或约定不明的审查

【审查要点】

1. 金融借款合同中是否对利息有明确约定。

2. 没有约定的，视为没有利息。约定不明且无法达成补充协议的，综合当事人的交易方式、市场利率等因素确定利息。

3. 若合同中约定了期内的利息但是未约定逾期利息，出借人可以主张借款人自逾期还款之日按照期内的利息支付资金占用期间的损失；若

合同中未约定期内利率，原告主张自逾期之日起以银行间同业拆借中心公布的一年期市场贷款利率的一倍主张资金占用损失的，可予以支持。

4. 借款合同中是否对违约金有明确约定，没有约定或约定不明的，不予支持。

【注意事项】

1. 实践中，有的金融借款合同中约定贷款基本利率，同时约定具体执行利率以还款计划表为准，但是还款计划表只有应还款项的金额及还款期间等，且应还金额的实际利息比合同约定的基本利率高的情形。本指南认为，贷款人应当向借款人明确披露实际利率，并以借款合同中实际披露的利率计收利息。

2. 逾期利息的计算时间。逾期利息的起算时间应当自借款人逾期还款的次日开始计算，加速到期的，以加速到期日的次日开始计算；截止时间一般为判决生效日或款项实际清偿日，具体以债权人的诉请为准。

3. 外币问题。（1）利率标准。我国实行开放式外币利率体制，各种外币贷款利率及计息方式由金融机构根据国际金融市场利率的变动及资金成本、风险差异自行确定。但是贷款利率及逾期利率不能超过司法保护上限。（2）实践中对金融机构单方面调整贷款利率存在较大争议。本指南认为，若金融借款合同中约定，贷款利率由出借人根据国际市场的状况在自行制定基准利率的基础上自行调整的，人民法院在认定出借人自行调整外币贷款利率时，应当结合格式条款的裁判规则、调整标准是否超过法律保护上限、调整后是否及时履行通知义务等综合认定。

【典型案例】

中原信托有限公司诉田某、周某金融借款合同纠纷案［裁判法院：上海金融法院；案号：（2020）沪 74 民终 1034 号］

裁判要旨：出借人应当向借款人明确披露借款合同的实际利率。《还款计划表》仅载明了每期还款本息额和剩余本金额，未载明实际利率或能够反映实际利率的利息计算方式，甚至未载明利息总额或其计算公式。一般人若不具备会计或金融专业知识，难以通过短时阅看而自行发现实际利率与合同首部载明利率存在差别，亦难以自行验算实际利率。因此，系争《还款计划表》不足以揭示借款合同的实际利率，出借人未尽到明确披露实际利率的义务，其主张按照《还款计划表》收取利息缺乏法律依据。借款人主张以11.88%为年利率，以剩余本金为基数计算利息，符合一般理性人对利息、利率的通常理解，也符合交易习惯和诚信原则，应予支持。

【规范指引】

《中华人民共和国民法典》

第六百七十六条 借款人未按照约定的期限返还借款的，应当按照约定或者国家有关规定支付逾期利息。

第六百八十条 禁止高利放贷，借款的利率不得违反国家有关规定。

借款合同对支付利息没有约定的，视为没有利息。

借款合同对支付利息约定不明确，当事人不能达成补充协议的，按照当地或者当事人的交易方式、交易习惯、市场利率等因素确定利息；自然人之间借款的，视为没有利息。

（二）对利息、逾期利息及违约金计收标准的审查

【审查要点】

1. 对利息、逾期利息及违约金的收取方式和金额是否与金融借款合同的约定一致；

2. 出借人主张的利息、逾期利息、违约金是否超过司法保护的上限。

【注意事项】

1.《中国人民银行关于人民币贷款利率有关问题的通知》第三条“逾期贷款的罚息利率在借款额合同中载明的贷款利率水平上加收30%—50%”的规定，属于人民银行对银行业内部制定的管理性文件，不能作为确认金融机构与其他民事主体之间签订的贷款合同是否有效的法律依据。

2. 实践中存在金融借款合同中约定以期内逾期利息为基数计收逾期利息的情况，我们认为，逾期利息的计收标准高于期内利息，具有对借

款人逾期还款的惩罚性，故期内产生的逾期利息不得再计收逾期利息。

3. 对于金融借款合同约定的利息利率或者逾期利率超过法律保护的上限，且借款人已经实际清偿的部分，人民法院应当按照合同约定的还款顺序予以扣除，合同没有约定的，按照其他费用、利息、本金的顺序予以扣减。

【规范指引】

《最高人民法院关于进一步加强金融审判工作的若干意见》

2. 严格依法规制高利贷，有效降低实体经济的融资成本。金融借款合同的借款人以贷款人同时主张的利息、复利、罚息、违约金和其他费用过高，显著背离实际损失为由，请求对总计超过年利率 24% 的部分予以调减的，应予支持，以有效降低实体经济的融资成本。规范和引导民间融资秩序，依法否定民间借贷纠纷案件中预扣本金或者利息、变相高息等规避民间借贷利率司法保护上限的合同条款效力。

三、对承担担保责任的审查

（一）对仅起诉保证人的审查

【审查要点】

1. 合同中约定保证人承担保证责任的方式；

2. 出借人在仅起诉保证人时，为便于查明事实，必要时可追加借款人为共同被告或者第三人。

【注意事项】

若是连带责任保证，债权人可以直接起诉保证人；若是一般保证，需满足出借人申请法院强制执行后依然没有实现债权，才得以直接单独向一般保证人主张权利。

【规范指引】

《最高人民法院关于适用〈中华人民共和国民法典〉有关担保制度的解释》

第二十六条　一般保证中，债权人以债务人为被告提起诉讼的，人民法院应予受理。债权人未就主合同纠纷提起诉讼或者申请仲裁，仅起诉一般保证人的，人民法院应当驳回起诉。

一般保证中，债权人一并起诉债务人和保证人的，人民法院可以受理，但是在作出判决时，除有民法典第六百八十七条第二款但书规定的情形外，应当在判决书主文中明确，保证人仅对债务人财产依法强制执行后仍不能履行的部分承担保证责任。

债权人未对债务人的财产申请保全，或者保全的债务人的财产足以清偿债务，债权人申请对一般保证人的财产进行保全的，人民法院不予准许。

（二）对保证人的配偶主张担保责任的审查

【审查要点】

1. 保证人的配偶是否有共同承担保证责任的意思表示；

2. 若保证人的配偶仅仅是知悉担保事宜，或者配偶仅在知情、同意书上签名的，不构成共同担保。

【注意事项】

实践中，夫妻一方提供担保的情形较为复杂。如保证人配偶一方虽不是《保证合同》中约定的保证人，但是为确认担保行为也在合同的担保人处签字，鉴于其应当能够预见到在“保证人”一栏签字的法律后果，金融机构可向其主张承担连带保证责任。再如保证人配偶一方签署类似《关于同意执行共同财产的承诺函》等函件或在《保证合同》后附的共有人声明条款处签字，仅表明其知悉配偶作为保证人提供担保的事实。除非该承诺函明确保证人配偶一方同意以夫妻双方共同财产承担连带保证责任或者同意以夫妻共同财产予以共同清偿，否则金融机构不可要求保证人配偶承担连带清偿责任。

【典型案例】

阜新银行股份有限公司大连分行与赵某金融借款合同纠纷案［裁判法院：最高人民法院；案号：（2019）最高法民申 2216 号］

裁判要旨：当事人依约在借款合同“担保人”处签字成为约定保

证人，虽然该合同中未记载该保证人的配偶也系担保人，但其配偶亦在合同“担保人”处签字，且认可该签字行为是作为配偶对约定保证人提供担保行为的确认。因此，即使保证人的配偶并非该借款合同的保证人，但因约定保证人的担保行为所负债务应认定为夫妻共同债务，即应由约定保证人与其配偶共同对债权人所欠债务承担连带保证责任。

（三）公司承担担保责任的审查

【审查要点】

1. 公司签订担保合同时是否进行了必要的形式审查。为公司股东或者实际控制人提供关联担保的，债权人应当对股东（大）会决议进行审查；非关联担保的，债权人应对董事会决议或股东（大）会决议进行形式审查。

2. 是否属于越权代理。构成越权代理的，按照越权代理的规则进行处理。

3. 对上市公司提供担保的，不仅要审查符合形式要件的董事会或者股东大会决议，还要审查对外担保信息的披露情况。上市公司对外披露的子公司以及股票在国务院批准的其他全国性证券交易场所交易的公司在提供对外担保时亦是如此。

【注意事项】

1. 越权代表签订担保合同的，应当区分订立合同时债权人是否是善意。实践中对“善意”的认定存在一定争议。本指南认为，应当结合债权人是否尽到了形式上的审查注意义务，其审查标准不宜过于严苛。一般包括：一是审查股东或者董事的身份是否属实；二是在关联担保中，应当回避的股东是否参与了表决。至于公司以机关决议系法定代表人伪造或者变造、决议程序违法、签章（名）不实、担保金额超过法定限额等抗辩债权人为非善意的，不予支持，除非有证据证明债权人明知决议系伪造或者变造。

2. 人民法院在审理中发现存在担保合同无效的情形时，应当主动向权利人进行释明告知其法律后果，若权利人要求担保人根据过错承担赔偿责任的，人民法院应当予以准许；若权利人坚持要求担保人承担担保责任的，人民法院在依法查清案件事实并厘清各方过错责任的基础上可径行依法判决担保人根据过错大小承担相应的赔偿责任。

四、夫妻共同债务的审查

【审查要点】

1. 夫妻关系是否在存续期间；

2. 金融借款合同有无夫妻双方共同签名或者夫妻一方事后追认的共同意思表示；

3. 是否属于夫妻一方在婚姻关系存续期间以个人名义为家庭日常生活需要所负的债务，或者夫妻一方在婚姻关系存续期间以个人名义超出家庭日常生活需要所负的债务，是否能够证明该债务用于夫妻共同生活、共同生产经营。

【注意事项】

人民法院在处理夫妻共同债务纠纷时不能单一、机械地加以认定，应当充分考虑地区的经济发展状况、家庭成员构成、夫妻共同生活的状态（如借款的名义、工作收入情况等），结合一般社会生活习惯作出认定和裁判。

【规范指引】

《中华人民共和国民法典》

第一千零六十四条 夫妻双方共同签名或者夫妻一方事后追认等共同意思表示所负的债务，以及夫妻一方在婚姻关系存续期间以个人名义为家庭日常生活需要所负的债务，属于夫妻共同债务。

夫妻一方在婚姻关系存续期间以个人名义超出家庭日常生活需要所负的债务，不属于夫妻共同债务；但是，债权人能够证明该债务用于夫妻共同生活、共同生产经营或者基于夫妻双方共同意思表示的除外。

五、主张合同提前到期的审查

【审查要点】

1. 金融借款合同对合同提前到期是否有明确约定，且发生合同约定的导致合同提前到期违约情形；

2. 债权人有无通过合理、有效的方式对债务人进行债务提前到期的通知。

【注意事项】

1. 主张合同提前到期的法律后果与解除合同相似甚至对债务人影响更大，人民法院应审慎认定金融机构提前收贷权利行使的条件，应当结合债务人逾期还款的期数、金额、债务人逾期的原因、还款能力等，依照《民法典》《贷款通则》等法律、行政法规、部门规章的相关精神进行谨慎判定。

2. 实践中，债权人主张合同提前到期的方式较多。本指南认为，金融借款合同有约定的从约定，未作约定或约定不明的，债权人以邮寄提前到期通知书的方式主张债务提前到期的，应当提供债务人有效签收提前到期通知书的邮寄凭证，并以债务人签收之日为提前到期日；以诉讼方式的，自诉状副本送达债务人时作为提前到期日。若当事人下落不明，以公告送达诉状等诉讼材料的，自公告期满视为合同提前到期。

【规范指引】

《中华人民共和国民法典》

第四百六十五条 依法成立的合同，受法律保护。

依法成立的合同，仅对当事人具有法律约束力，但是法律另有规定的除外。

第六百七十三条 借款人未按照约定的借款用途使用借款的，贷款人可以停止发放借款、提前收回借款或者解除合同。

六、支付律师费、保全担保费、保全保险费等费用的审查

【审查要点】

金融机构主张债务人承担律师费、财产保全担保费等费用的，应当符合必要性原则、合理性原则并实际支付。

【注意事项】

1. 合同对律师费、保全担保费、保全保险费等费用有明确约定，且已实际支付的，对合理部分可予支持。无合同依据一般不予支持，该笔费用不受借款利率司法保护上限的限制。

2. 实践中，存在很多风险代理或者分阶段付款的情形，在案件审理中，人民法院应当审查相关费用的实际发生情况，对于已经实际发生的部分委托代理费用可予以支持，未实际发生的不予支持。

3. 债权人主张律师费、保全担保费、保全保险费等费用产生的利息损失，人民法院一般不予支持。

【典型案例】

1. 上海静安协和房地产有限公司、陆家嘴国际信托有限公司金融借款合同纠纷案［裁判法院：最高人民法院；案号：（2019）最高法民终 1503 号］

裁判要旨：讼争合同虽约定律师费由败诉方承担，但并未约定律师费的具体计算方式、金额上限、聘请律师人数等信息，约定并不明确，故应由法院依据实际支付的律师费、案件难易程度、胜诉结果等综合衡量后加以确定。首先，原告现仅实际支付了部分律师费，其他费用尚未实际支付。其次，根据委托合同，原告支付大部分费用需满足获得生效法律文书、启动执行、执行终结等条件。现上述约定情形并未出现，原告是否需实际支付尚属不确定，其部分损失尚未实际发生。

2. 上海同丰房地产开发有限公司、渤海国际信托股份有限公司金融借款合同纠纷案［裁判法院：最高人民法院；案号：（2019）最高法民终 9 号］

裁判要旨：涉案《贷款合同》《抵押合同》《保证合同》对实现债权的费用均有明确约定，原告在申请财产保全时按照相关规定缴纳了保险费，并向一审法院提交了付款凭证，现要求被告予以支付，有合同和事实依据，应当予以支持。

七、以被告提前还款为由，主张违约责任的诉请审查

【审查要点】

1. 合同中对于违约责任有明确约定；

2. 借款人存在合同约定的违约行为；

3. 出借人因提前还款受有损失；

3. 出借人主张的违约责任与损失相当且不超过法律保护的上限。

【注意事项】

1. 实践中，对金融借款合同中约定借款人提前归还借款的，出借人有权收取一定比例的提前还款违约金的认定存在争议。第一种观点认为:《民法典》第五百三十条虽赋予债务人在不损害债权人利益的前提下，享有提前履行债务的权利，但具体到借款合同而言，《民法典》第六百七十七条的规定表明，双方可对提前返还借款时的利率进行事先约定。由此可见，在明确约定还款期限的情况下，借款人提前还款即使未损害出借人的利益，对合同约定的违约金亦可合理视为双方对融资利率的一种变更约定，该约定属于当事人之间的意思自治，且不违反法律、行政法规的强制性规定，应属合法有效。如若约定的违约金过高的，可根据当事人的申请予以适当调整。第二种观点认为：根据《民法典》的相关规定，提前还款不损害出借人权益的，出借人得拒绝借款人提前履行债务，出借人只能要求借款人承担因提前履行债务而给其实际增加的费用。在未区分提前还款是否损害出借人权益或增加其实际费用的情况下，合同均约定借款人需支付一定的违约金，该约定不当限制了借款人的提前还款权利，加重了借款人的义务，且属于格式条款，出借人未能举证证明其对格式条款尽到提示说明义务且提

前还款造成其实际损失的，对出借人违约金的诉讼主张应不予支持。

本指南认为，第一种观点更为合理，但是应进行必要的法律规制。

首先，借款人的提前还款打乱了出借人的资金安排，将导致出借人无法取得合同约定的全部利息，损害了债权人的期限利益。其行为性质属于违约，出借人应就此承担违约责任。其次，从法律对提前还款行为的规制来看，《民法典》第六百七十七条对提前还款情形下当事人调整利息计算期间的约定明确予以认可，《民法典》第五百三十条也规定债务人应负担提前履行债务给债权人增加的费用，而合同明确约定的提前还款违约金，可视作当事人提前约定了债权人损失的计算方式。且提前还款应承担违约责任亦符合国际惯例。

从防止金融机构利用强势地位约定高额违约金损害借款人利益的角度看，法院可通过审查出借人是否履行格式条款的提示说明义务、违约金是否过分高于实际损失等具体事实，综合认定违约金条款的效力及具体赔偿金额。

2. 对提前还款的利息支付，当事人有约定的依约定，若无约定，借款人仅需按实际借期计算利息。

【规范指引】

《中华人民共和国民法典》

第五百三十条 债权人可以拒绝债务人提前履行债务，但是提前履行不损害债权人利益的除外。

债务人提前履行债务给债权人增加的费用，由债务人负担。

第六百七十五条 借款人应当按照约定的期限返还借款。对借款期限没有约定或者约定不明确，依据本法第五百一十条的规定仍不能确定的，借款人可以随时返还；贷款人可以催告借款人在合理期限内返还。

第六百七十七条 借款人提前返还借款的，除当事人另有约定外，应当按照实际借款的期间计算利息。

第四部分　被告抗辩的审查

一、对借款人抗辩的审查

（一）对无力还款的抗辩审查

【审查要点】

1. 借款人无力还款原因是否仅为经营不善、收入减少等；

2. 借款人无力还款原因是否构成不可抗力；

3. 当事人争议能否调解。

【注意事项】

无力还款是金融借款纠纷中最常见的借款人抗辩理由。受新冠肺炎疫情的影响，部分企业、个人停工停产、收入减少，影响金融借款合同的正常履行。对于借款人能否以受疫情影响主张不可抗力免责的问题，实践中存在争议。本指南认为，不可抗力是不能预见、不能避免且不能克服的客观情况。鉴于新冠肺炎疫情的整体情况，对于非金钱之债的履行可能构成民法上的不可抗力，但借款人履行金融借款合同的债属于金钱债务，在疫情期间，虽然各级政府采取了一系列防控措施，可能会导致部分地区的银行网点暂停营业，但并不影响借款人通过网银、ATM 转账等方式还款，这些困难一般不属于不能克服的履约障碍。而借款人因疫情产生的经济困难会导致履行迟延，但不是履行不能，故借款人一般不能援引疫情作为不可抗力免除责任。值得注意的是，若借款人因受疫情影响收入减少或失去收入来源的，法院应根据案件的实际情况努力促成案件调解，鼓励金融机构根据金融政策，适当减免违约金、调整还款期限，给予借款人还款的缓冲期，争取借款合同继续履行。

【规范指引】

《中华人民共和国民法典》

第一百八十条　因不可抗力不能履行民事义务的，不承担民事责任。法律另有规定的，依照其规定。

不可抗力是不能预见、不能避免且不能克服的客观情况。

（二）对被告非实际借款人的审查

【审查要点】

1. 出借人和名义借款人签订借款合同，实际交由第三人使用的，如果出借人对于借名贷款的事实不知情，根据合同相对性原则，名义借款人为借款合同的相对人，应由名义借款人承担偿还责任；

2. 名义借款人将用户名、密码、手机号等身份验证信息交给实际借款人，由实际借款人在线办理借款手续的，在出借人与名义借款人之间成立借款合同，由名义借款人承担偿还责任；

3. 如名义借款人向出借人披露了实际用款人，各方的真实意思表示仅为实际用款人借名义借款人的名义借款，名义借款人并不实际参与借款合同的履行，也不享受借款利益，应认定实际用款人为借款人并承担偿还责任；

4. 在名义借款人不知情且无过错的情况下，被冒用身份订立借款合同的，名义借款人无需承担还款责任。

【注意事项】

1. 实践中，有些案件的实际借款人的确定较为复杂，人民法院确定实际借款人应当注意以下几点：

（1）与出借人签订借款合同的相对方是否是借款人本人；

（2）出借人在发放贷款时的支付对象是名义借款人，还是实际用款人；

（3）名义借款人收到借款后是否交由实际用款人使用；

（4）还款主体是名义借款人还是实际用款人；

（5）名义借款人与实际用款人是否就借名贷款达成过协议；

（6）名义借款人与实际用款人之间的关系；

（7）银行等金融机构是否知道或应当知道第三人是实际借款人。

2. 存在借名贷款的，担保人求偿权的行使对象，也不应仅机械地根据合同的相对性确定为合同的相对方，而应当在对借款、担保合同订立的背景、原因行为等进行审理的基础上，根据当事人缔约真意、权利义务相一致原理、委托代理理论等，适度突破合同相对性来确定追偿对象。

【规范指引】

《中华人民共和国民法典》

第一百三十六条 民事法律行为自成立时生效，但是法律另有规定或者当事人另有约定的除外。

行为人非依法律规定或者未经对方同意，不得擅自变更或者解除民事法律行为。

第九百二十五条 受托人以自己的名义，在委托人的授权范围内与第三人订立的合同，第三人在订立合同时知道受托人与委托人之间的代理关系的，该合同直接约束委托人和第三人；但是，有确切证据证明该合同只约束受托人和第三人的除外。

【典型案例】

中国农业银行股份有限公司拉萨市康昂东路支行与西藏华西药业集团有限公司、成都达义物业有限责任公司借款合同纠纷案［裁判法院：最高人民法院；案号：（2010）民二终字第69号］

裁判要旨：实际借款的用途不是用于自身的生产经营项目而是转借给他人使用，其只能表明借款人的借款目的，并不能由此免除借款人的合同义务，除非证明出借人明知款项转借给实际借款人。根据合同约定的借款用途以及合同关系的相对性，作为流动资金借款，无论借款人将其直接用于自身的生产项目或是转借给他人抑或是代人清偿债务，均不能当然地构成免除向贷款人偿还借款合同义务的事实根据。

（三）对债权债务已经消灭的抗辩

1. 债务已获清偿或部分清偿

【审查要点】

（1）借款人向出借人归还款项的流水凭证；

（2）还款计划表中借款人应还款项的金额；

（3）如有其他人代偿的，要有代为还款的凭证；

（4）借贷双方之间有无就应还款项协商进行一定减免。

【注意事项】

（1）实践中，存在借款人向第三方平台履行还款义务的情形，人民法院应当审查第三人平台与出借人之前有无委托收款的约定、出借人与借款人约定的还款方式等，若出借人与第三方平台无委托收款的约定且借款人未按出借人的指示进行还款的，借款人支付款项的行为不视为履行合同项下的义务。

（2）关于当事人对还款的清偿顺序未作约定，借款到期后，在借款人欠付本金、利息、实现债权的费用外，还应支付违约金的情形下，其抵充顺序如何认定。本指南倾向认为应按实现债权的费用→利息→违约金→主债务确定清偿抵充顺序。利息与违约金均系资金占用损失或使用利益，实践中普遍存在违约金、逾期利息、罚息等名词混用的情形，违约金和逾期利息也往往存在重合。因此，金融借款合同中，宜将违约金与利息作同一类概念考虑。从《民法典》第五百六十一条的规定来看，应倾向于保护守约方。由于借款人违约在先，应作有利于债权人的解释，先抵扣违约金再冲抵本金。

【规范指引】

《中华人民共和国民法典》

第五百六十一条 债务人在履行主债务外还应当支付利息和实现债权的有关费用，其给付不足以清偿全部债务的，除当事人另有约定外，应当按照下列顺序履行：

（一）实现债权的有关费用；

（二）利息；

（三）主债务。

2. 债务已由实物抵偿

【审查要点】

（1）双方有无达成以物抵债的合意；

（2）物权是否实际发生转移；

（3）当事人协议以物抵债是否损害其他债权人的利益。

【规范指引】

《中华人民共和国民法典》

第五百六十九条　当事人互负债务，标的物种类、品质不相同的，经协商一致，也可以抵销。

3. 债权已被转让

【审查要点】

（1）是否有债权转让合同；

（2）债权转让的通知是否已经到达债务人；

（3）是否存在不得进行债权转让的情形；

（4）是否存在与债权相关的从权利，且该从权利是否专属于债权人本人。

【注意事项】

（1）实践中，存在出借人将不良债权进行转让后又以诉讼的方式向债务人主张债权的情形，该种情形若非债务人提出抗辩特别是缺席审理的情况下极易导致错判。人民法院在审理中可以依职权追加债权受让方作为案件的第三人，以查明案件事实。

（2）实践中存在大量金融债权的出让人和受让人以登报公告的方式通知债务人。一般债权人不能仅以已登报公告为由主张已通知债务人。只有明确无其他有效通知方式的情况下，才能以公告的方式进行通知。

4. 债务已由第三人承担

【审查要点】

（1）原始债务是否具有可转移性；

（2）第三人与债权人之间是否就债务的转移达成一致的意思表示；

（3）涉案债务是否存在法律、行政法规规定的应当办理批准、登记等条件的情形，若有，其条件是否成就；

（4）原债务人是否因债务的转移而完全脱离原债权债务关系。

【规范指引】

《中华人民共和国民法典》

第五百五十一条 债务人将债务的全部或者部分转移给第三人的，应当经债权人同意。

债务人或者第三人可以催告债权人在合理期限内予以同意，债权人未作表示的，视为不同意。

第五百五十二条 第三人与债务人约定加入债务并通知债权人，或者第三人向债权人表示愿意加入债务，债权人未在合理期限内明确拒绝的，债权人可以请求第三人在其愿意承担的债务范围内和债务人承担连带债务。

（四）对合同效力的抗辩审查

1. 被告借款时系无民事行为能力或限制民事行为能力人

【审查要点】

（1）借款人借款时的年龄及精神状况；

（2）被告有无借款时为无民事行为能力人或限制行为能力人的相关证明，如鉴定报告、已生效民事判决书、残疾人证等。

【注意事项】

（1）实践中，存在借款人或者担保人以委托代理的方式，委托他人代为借款或为他人的借款提供担保，并出具公证书。金融机构据此办理贷款或担保。后发生纠纷，借款人或担保人抗辩其为无民事行为能力人或限制行为能力人，主张合同无效。对此，有观点认为，公证书具有一定的公信力，金融机构根据合法有效的公证书办理贷款业务具有一定的合理性，属于善意的相对人，其权益应当受到法律的保护；亦有观点认为，作为金融机构具有较高的注意义务，仅有公证书文件并不能说明尽到了相应的审慎义务，不能认定为善意的相对人，应当承担不利后果。

本指南认为，应结合公证书的具体内容进行判定，如果公证书仅公证了授权办理借款业务或者办理担保业务，只能够证明授权委托的事实，金融机构还应对借款人或者担保人的具体情况进行必要审查，否则属于未尽到合理注意义务。

（2）关于无民事行为能力人或限制行为能力人的监护人将无民事行为能力人或限制行为能力人的财产设立担保的认定。本指南认为，我国法律确立了“最有利于被监护人”的监护原则。在处理该问题时应当充分考量是否为被监护人的利益而以被监护人的名义处分其财产。判断监护人的处分行为是否为了被监护人的利益，不应仅仅以被监护人财产的得失作为判断标准，而应当考虑家庭生活的综合因素，以一个处于与监护人同等情境下的理性人的判断为标准。

2. 被告抗辩金融借款合同未生效

【审查要点】

（1）金融借款合同有无附生效期限或生效条件，及所附条件是否合法有效；

（2）生效期限是否届满、生效条件是否成就；

（3）主张未生效的具体情形是否属于生效要件。

【注意事项】

（1）实践中，部分金融借款合同中约定了借款人申请金融机构发放贷款的条件，如借款人需提供借款用途证明、基础交易合同等。此类要求是否构成借款合同生效要件，实践中存在一定争议。对此我们认为，此类要求仅为金融机构审核借款申请的内容之一，并不构成借款合同生效要件。只要双方就借款本身已达成合意，即便借款人未能提供相应材料，金融机构也可以放款，相关借款合同生效。

（2）金融机构对借款人偿还能力欠缺必要审查是否影响合同效力问题。金融机构在签订借款合同时，应对借款人、担保人的偿还能力、信用级别、借款用途、还款方式等进行审查。我国法律并未规定违反贷款审查义务的民事责任，商业银行发放贷款的审查义务属于内部管理性规范，并不会当然导致金融借款合同无效，具体还要审查是否存在法律、行政法规规定的合同无效的情形。人民法院在审理案件过程中发现金融机构怠于履行审查义务的，可以通过发送司法建议等方式督促金融机构进行整改或者将相关信息告知相关监管部门进行监督管理。

（五）借款人对格式条款抗辩的审查

1. 格式条款的识别

【审查要点】

（1）条款是否为金融机构预先拟定并反复使用且未与借款人协商。

（2）不合理免除或减轻己方责任、加重对方责任、限制对方主要权利的格式条款无效，即便尽到了提示说明的义务，也不能构成无效的豁免。

（3）免责条款不仅应从形式上进行认定，还应当从条款内容的实质进行判断。格式条款是否属于“合理”可以根据公平原则与诚信原则，结合当事人的类型、合同的性质、商业习惯等确定条款的约定是否导致双方当事人权利义务的失衡。

【注意事项】

格式条款是否存在无效情形，人民法院应当依职权进行审查；格式条款不属于合同的内容，需要当事人提出抗辩，人民法院不宜主动审查。

2. 未尽提示义务

【审查要点】

（1）格式条款提供方对格式条款采取了合理的方式进行提示，并举证证明尽到合理的说明义务；

（2）提示说明义务应当满足实质性标准；

（3）提供格式条款方未履行提示说明义务，致使对方没有注意到或者理解与其有重大利害关系的条款的，对方主张该条款不属于合同内容的，人民法院应予支持。

【注意事项】

（1）若仅在合同中约定当事人在合同中签字即视为对合同内容全部知悉，并不能说明尽到了合理的提示义务。若合同提供方未履行提示说明义务，但有证据证明相对人注意到合同的此类条款并理解条款的含义的，无权主张该条款不属于合同的内容。

（2）实践中，合同提供方多以加黑字体的方式履行提示义务，字体加黑方式能够引起消费者合理注意的前提是该条款与其他条款字体明显不同，合同文本如果每一页均有多条黑体标示条款，黑体标示条款明显多于非黑体字条款，那么经过字体加黑的格式条款与其他条款并无明显区别，就不能起到提请消费者合理注意的作用。

3. 未尽明确说明义务

【审查要点】

（1）合同提供方应当提示说明的范围包括免责条款的概念、内容以及法律后果；

（2）应当采取符合借款人认知能力的方式，以书面或口头形式向借款人作出一般理性人能够理解的解释说明。

【注意事项】

提示和说明义务应当在借款合同订立之前或者订立合同时履行，事后履行已经对当事人缔约选择没有影响，应当认定未履行该项义务。合同成立后再履行提示与说明义务，即使对方同意并接受，也只是相当于双方就此达成了补充协议，应按补充协议对待。

【规范指引】

《中华人民共和国民法典》

第四百九十六条 格式条款是当事人为了重复使用而预先拟定，并在订立合同时未与对方协商的条款。

采用格式条款订立合同的，提供格式条款的一方应当遵循公平原则确定当事人之间的权利和义务，并采取合理的方式提示对方注意免除或者减轻其责任等与对方有重大利害关系的条款，按照对方的要求，对该条款予以说明。提供格式条款的一方未履行提示或者说明义务，致使对方没有注意或者理解与其有重大利害关系的条款的，对方可以主张该条款不成为合同的内容。

第四百九十七条 有下列情形之一的，该格式条款无效：

（一）具有本法第一编第六章第三节和本法第五百零六条规定的无效情形；

（二）提供格式条款一方不合理地免除或者减轻其责任、加重对方责任、限制对方主要权利；

（三）提供格式条款一方排除对方主要权利。

第四百九十八条 对格式条款的理解发生争议的，应当按照通常理解予以解释。对格式条款有两种以上解释的，应当作出不利于提供格式条款一方的解释。格式条款和非格式条款不一致的，应当采用非格式条款。

（六）对超过诉讼时效的抗辩

【审查要点】

1. 人民法院应当根据借款人的抗辩审查诉讼时效是否超过 3 年；

2. 诉讼时效届满后，借款人同意还款或者已经还款的不得再以诉讼时效进行抗辩；

3. 是否发生诉讼时效中断的情形，即出借人向借款人提出履行请求、借款人同意履行义务、出借人提起诉讼或者申请仲裁、与提起诉讼与仲裁具有同等效力的其他情形等；

4. 是否超过 20 年的最长诉讼时效。

【注意事项】

1. 实践中，债权人请求债务人履行债务的方式较多，本指南认为，有效的债务履行请求如下：以邮政专递的方式进行催收的，需要按照合同中约定的送达地址或者其他借款人能够签收的地址寄送催收函，并保存邮寄的催收函件内容及寄送的回执；以电话、信息等方式进行催收的，应当保存通信记录，将电话录音或信息截屏作为视听资料进行举证；以上门催收的方式进行催收的，应当要求借款人签字确认，借款人拒绝配合的，可由两名无利害关系的见证人签字证明，也可以通过录音录像的方式进行证据固定；以公告方式进行催收的，债务人下落不明，债权人可以在国家级或债务人所在地的省级有影响力的媒体予以公告催收。

2. 对方当事人为法人或者其他组织的，签收人可以是其法定代表人、主要负责人、负责收发信件的部门或者被授权主体；对方当事人为自然人的，签收人可以是自然人本人、同住具有完全民事行为能力的近亲属或者被授权的主体。

3. 债权人以邮件进行催收，且在封面上有明确记载“催款函”的，至于内容是否与记载相一致，举证责任不在债权人，如果债务人不能举出相反证据证明邮寄内容不是催款函，催收行为有效。

4. 作为金融机构，按照法律规定或者合同约定从对方当事人账户扣收欠款的，发生诉讼时效中断的法律效果。

5. 当事人在一审期间未提出诉讼时效的抗辩，在二审期间提出的，人民法院不支持，但是基于新的证据能够证明出借人的请求权已经过了诉讼时效的除外。

【典型案例】

1. 无锡泰富投资发展有限公司与邓匡林金融借款合同纠纷案［裁判法院：最高人民法院；案号：（2019）最高法民申 820 号］

裁判要旨：通过快递封面记载“催款函”的信件且证实对方签收，在被告未举证证明快递中的信件不是催款函的情况下，诉讼时效发生中断。

2. 中国农业发展银行乾安县支行与江苏索普（集团）有限公司、上海儒仕实业有限公司金融借款合同纠纷案［裁判法院：最高人民法院；

案号:（2016）最高法民终 40 号］

裁判要旨：是否提前收回贷款系出借人的权利，即便发生有权收回贷款的情形，且出借人应当知情，究竟何时决定提前收回的权利亦在出借人，只有出借人决定提前收回并通知借款人时，诉讼时效才开始计算，保证期间亦开始计算。

3. 潼关县鑫龙投资有限公司与渭南市华州区鸿力房地产开发有限公司等民间借贷合同纠纷案［裁判法院：最高人民法院；案号:（2021）最高法民申 2434 号］

裁判要旨：债权人在诉讼时效内拨打债务人手机的方式主张债权，即使接电话的人并非债务人本人，但是足以证明债权人主张债权的事实，应当认定案涉借款诉讼时效于拨打电话之日中断，并应当从次日起重新计算。

4. 招商银行股份有限公司长沙分行与周某玉金融借款合同纠纷案［裁判法院：最高人民法院；案号:（2021）最高法民申 1227 号］

裁判要旨：案涉诉讼时效的法律适用是本案重点审查的问题。根据原审法院查明的事实，原告于 2014 年 1 月 24 日向一审法院提起诉讼，要求保证人承担保证责任，从此时起开始计算保证合同的诉讼时效。在该案审理过程中，原告以被告下落不明为由向一审法院申请撤回对被告的起诉。一审法院于 2015 年 8 月 31 日裁定准予撤诉，并于 2015 年 11 月 18 日将（2014）长中民二初字第 00192-1 号民事裁定书送达原告。二审判决据此认定，原告向被告主张权利的诉讼时效从 2015 年 11 月 18 日重新开始计算。

【规范指引】

《最高人民法院关于审理民事案件适用诉讼时效制度若干问题的规定》

第十二条 权利人向人民调解委员会以及其他依法有权解决相关民事纠纷的国家机关、事业单位、社会团体等社会组织提出保护相应民事权利的请求，诉讼时效从提出请求之日起中断。

《中华人民共和国民法典》

第一百八十九条 当事人约定同一债务分期履行的，诉讼时效期间自最后一期履行期限届满之日起计算。

第一百九十二条 诉讼时效期间届满的，义务人可以提出不履行义务的抗辩。

诉讼时效期间届满后，义务人同意履行的，不得以诉讼时效期间届满为由抗辩；义务人已经自愿履行的，不得请求返还。

第一百九十三条 人民法院不得主动适用诉讼时效的规定。

第一百九十五条 有下列情形之一的，诉讼时效中断，从中断、有关程序终结时起，诉讼时效期间重新计算：

（一）权利人向义务人提出履行请求；

（二）义务人同意履行义务；

（三）权利人提起诉讼或者申请仲裁；

（四）与提起诉讼或者申请仲裁具有同等效力的其他情形。

第二十八条 无民事行为能力或者限制民事行为能力的成年人，由下列有监护能力的人按顺序担任监护人：

（一）配偶；

（二）父母、子女；

（三）其他近亲属；

（四）其他愿意担任监护人的个人或者组织，但是须经被监护人住所地的居民委员会、村民委员会或者民政部门同意。

第二十九条 被监护人的父母担任监护人的，可以通过遗嘱指定监护人。

第三十条 依法具有监护资格的人之间可以协议确定监护人。协议确定监护人应当尊重被监护人的真实意愿。

（七）对借款本金抗辩的审查

1. 未足额交付款项的抗辩审查

【审查要点】

（1）金融借款合同关于借款本金、利息、还款期限的约定；

（2）出借人有无交付款项的证明，如转账凭证、借款借据等；

（3）出借人预扣保证金、服务费、手续费、提前收取利息的金额是否与约定的一致。

【注意事项】

实践中，存在助贷机构利用借款人的身份信息办理并支配银行卡，助贷机构将出借方交付的款项在扣除一定的费用后交付至借款人。发生纠纷时，借款人多以未实际收到足额的款项进行抗辩。对此人民法院应当着重审查出借人与助贷机构之间有无关联、借款人与助贷机构之间有无相关服务费的约定进行判定。

2. 对预先扣除利息、保证金、服务费等抗辩审查

【审查要点】

（1）审查合同中约定的借款本金、利息、保证金、服务费等费用及支付期限等；

（2）放款凭证中所载实际发放的款项是否与金融借款合同约定的金额相一致；

（3）借款人主张的预先扣除利息、保证金的金额是否与双方约定的利息、保证金金额相一致，以及预先扣除利息、保证金的金额、形式是否合理；

（4）合同中对服务费、咨询费、顾问费、管理费等相关费用是否有明确的约定，金融机构是否举证证明实际提供了相关的服务内容以及服务内容的价值与收费相当。

【注意事项】

（1）若收取服务费主体为原告，一般应对顾问费等抗辩一并审查。若收费主体并非原告，应区分情况处理：若被告提供的证据可初步证明其抗辩事由成立且有可能影响金融借款合同纠纷案件处理结果的，应一并审查；反之可不一并审查，并告知当事人可另循途径解决。

（2）如处理相关服务费用涉及第三方权益的，一般应视情形将该第三方列为案件当事人参加诉讼为宜。若当事人提出追加被告或案外

人申请作为第三人的，人民法院应依法对申请进行审查后作出是否追加处理；若当事人虽未提出追加申请，人民法院认为确有必要追加的，可依职权通知第三方作为无独立请求权第三人参加诉讼；若对服务费支付的事实各方均无异议，但债权人拒绝将服务费冲抵借款本息的，因服务费最终处理与第三方存在利害关系，人民法院仍应将第三方列为第三人；各方对服务费支付的事实以及冲抵均无异议，相关第三方不作为第三人参加诉讼不影响其合法权益的，人民法院也可不追加其为第三人参加诉讼。

（3）被告提出服务费的抗辩，应当举证证明支付了服务费，且就未获得质价相符的服务初步举证；在被告尽初步举证证明责任的前提下，费用收取方对其已提供了服务合同约定的质价相符的相应服务承担举证证明责任，否则应当承担不利后果。人民法院可针对具体案件情况，审查收取服务费的必要性和合理性，并参考市场公允价格，综合实际提供的服务数量、质量及借款合同关联度等因素合理酌定服务费的具体金额。必要时，若具备条件的，可委托相关专业机构或有专门知识的人提供专业支持。

（4）若原告未实际提供服务或者提供的服务质价不符，则全部或者多收部分费用予以抵扣。抵扣方式如下：当事人对抵扣达成一致的，按照约定的顺序抵扣，但不得损害他人合法权益。若当事人未就抵扣达成一致，支付服务费当时债务人无欠息的，则该笔费用应当首先冲抵本金；支付服务费当时债务人已有欠息的，借款合同对还款顺序有约定的依约处理，借款合同对还款顺序没有约定的，则应先抵扣利息，余额部分再抵扣本金。

【典型案例】

（1）中国华融资产管理股份有限公司、上海农村商业银行股份有限公司宝山支行与上海智富茂城置业有限公司等金融借款合同纠纷案，《最高人民法院公报》2021 年第 9 期［裁判法院：最高人民法院；案号：（2019）最高法民终 78 号］

裁判要旨：商业银行收取中间费用应当遵循依法合规、平等自愿、息费分离、质价相符的原则。商业银行利用其优势地位捆绑贷款强制客户订立中间业务合同而未提供实质性服务的，属变相收取利息，背离了民法平等、自愿、公平原则，增加了企业融资成本，属于《商业银行收费行为执法指南》规定的“只收费不服务”情形。

（2）广安市万佳房地产开发有限责任公司与达州银行股份有限公司万源市支行金融借款合同纠纷案［裁判法院：最高人民法院；案号：（2019）最高法民终2004号］

裁判要旨：原被告之间虽然签订《财务顾问协议》约定由原告为被告提供投资管理业务的交易结构设计、咨询、建议等服务，但原告未能证明其向被告提供了何种服务、何时提供的服务。因此，财务顾问费符合变相收取“砍头息”的特征，应当在本金中予以扣除。

3. 对前期借款本息结算后计入后期借款本金的抗辩审查

【审查要点】

（1）前期借款的债权凭证；

（2）结算后有无重新出具债权凭证；

（3）前期借款有无约定利息以及约定的利率有无超过法律保护的上限；

（4）借款人依据新的借款凭证在借款期限届满后应支付的利息之和是否超过借款本金以最初本金为基数、以法定利率上限计算的整个借款期间的利息之和。

（八）对利息、逾期利息、违约金金额的抗辩审查

【审查要点】

1. 金融借款合同中有无就利息、逾期利息、违约金等相关费用作出明确约定；

2. 合同中关于相关息费的计算标准是否超过法律的保护上限；

3. 合同中有关逾期利息的计算基数是否包括前期已产生的逾期利息（即计收逾期利息的复利）；

4. 出借人有无向借款人收取除了本金、利息、逾期利息、违约金之外的其他费用，如有，应计入借款人的综合借款成本。

【注意事项】

1. 对被告有关利息、逾期利息、违约金金额抗辩的审查，往往涉及大量、复杂的金额计算。金融机构作为出借人，对借款人的还款情况及逾期支付情况充分了解，并具有较高的金额计算能力。为此，金融机构应在诉讼中完整、清晰、准确地提供金额计算方式及计算结果，以供借款人核对及法院审查。

2. 为防止“高利贷”，法律规定借款人的综合借款成本应不超过年利率24%，超出部分法院不予支持。在金融借款纠纷中，通常合同约定的期内利率及逾期利率不超过此上限，但需要注意是否存在其他借款成本，如违约金、服务费、手续费等，此类费用应在利率上限中予以综合计算。

3. 根据监管规定，银行有权收取利息的复利。但在金融借款纠纷中需特别注意，部分金融机构将借款人前一期欠付的本金、利息、逾期利息作为下一期逾期利息的计算基数。对此我们认为，逾期利率一般高于期内利率，逾期利息本身就是作为借款人逾期还款的违约结果，如以欠付的逾期利息作为后期逾期利息的计算基数，则存在对违约行为重复评价的障碍，也不符合公平原则。为此，金融机构不得将已产生的逾期利息再作为计算逾期利息或违约金的基数。

（九）对律师费、保全费、保全保险费等费用抗辩的审查

【审查要点】

1. 金融借款合同中有无约定律师费、保全费、保全保险费等费用承担主体；

2. 相关费用是否实际支付，原告应当提供如合同、发票、支付凭证等证据；

3. 原告主张的律师费、保全费、保全保险费等费用是否符合收取标准。

【注意事项】

1. 关于原告主张律师费等费用时是否需要提供支付凭证，对此我们认为，部分金融机构与律师服务机构签订的合同约定，律师费实际应根据案件处理进度及结果支付。在原告未实际支付律师费的情况下，后续实际发生的律师费金额可能发生变化。为维护借款人合法权益，原则上原告主张律师费时，应提供支付凭证等实际发生的证据。

2. 关于合理律师费的标准，一方面应根据律师服务收费标准确定相应上限；另一方面法院应结合案件实际复杂程度、律师服务内容等情况，酌情判断原告主张的律师费是否过高。

3. 金融借款合同纠纷中原告主张律师费、保全费、保全保险费不受金融借款年利率 24% 的限制。

（十）对夫妻共同债务的抗辩审查

1. 对主张属于夫妻共同债务的抗辩审查

【审查要点】

（1）基于共同意思表示所负债务。如是否属于“夫妻共同签字”或者“事后追认”的情形；若夫妻双方共同偿还借款或者所借款项支付至非举债方账户的，可以推定夫妻有共同举债的合意。

（2）是否为夫妻日常生活需要所负的债务。判断所负债务是否为满足日常生活所需，应当根据金额的大小，结合负债家庭的经济水平、夫妻双方的职业、收入等因素综合认定，并在判决书中载明判断和推理的过程。

（3）是否用于夫妻共同生产、经营所负的债务。如所负债务用于夫妻双方共同从事的商业活动；或者虽然是单方从事的商业活动，但所获收益由夫妻共享。

2. 被告主张不属于夫妻共同债务的抗辩的审查

【审查要点】

（1）是否为债务人单方面举债且所负债务与夫妻之间的共同生活、共同生产经营无关；

（2）债务发生时夫妻关系是否已经破裂或者离异；

（3）所负债务是否系夫妻一方用于赌博、吸毒等违法犯罪活动；

（4）夫妻之间是否存在财产相互独立且债权人明知的；

（5）合同中是否明确约定，夫妻一方所负债务为个人债务；

（6）夫妻一方是否存在与第三人恶意串通、虚构债务的情形；

（7）是否存在伪造结婚证件、冒名签署合同或者假冒签名的情形。

二、对担保人抗辩的审查

（一）对担保合同效力的审查

1. 担保主体不适格的抗辩审查

【审查要点】

（1）担保人是否系完全民事行为能力人；

（2）是否属于法律禁止提供担保的主体。

2. 债权人未履行审慎监管义务的抗辩审查

【审查要点】

金融机构在办理贷款业务应履行审慎监管义务，系国务院规范性文件及行业的规定，违反此项义务并不会必然导致金融借款合同、担保合同无效，还需审查是否存在法律规定的其他合同无效的情形。

【典型案例】

中国信达资产管理股份有限公司黑龙江省分公司与哈尔滨四海数控科技股份有限公司、刘某丽金融借款合同纠纷案［裁判法院：最高人民法院；案号:（2014）民二终字第251号］

裁判要旨：担保合同是一种以保障债权人实现债权为目的的单务合同。在债务人不履行到期债务时，债权人有权要求保证人按约定履行债务或承担责任。在担保法律关系中，保证人应是基于对债务人利益考虑及对债务人履约能力信任而向债权人作出的承诺。债务人是否如约履行合同义务，是保证人是否承担保证责任关键。被告是否履行封闭运行管理义务是债权人对贷款风险进行防范和控制手段，如债权人不履行封闭管理义务，则导致其贷款不能收回风险加大，使债权人处于一种不利状态，但并不影响债务人利益，亦不超出保证人承担责任预期。银行作为政策性银行分支机构，应按国务院及中国人民银行相关文件规定，对粮食收购贷款进行封闭运行管理，以实现对贷款风险的防范和控制，否则即应按相关文件规定承担相应责任。但法定义务是直接依据法律规定产生的义务，国务院规范性文件及行业规定，均非法律范畴，在法律无明确规定情形下，不能将之涉及事项直接认定为法定义务。

3. 金融借款合同无效导致担保合同无效的抗辩审查

【审查要点】

金融借款合同是否存在法律规定的合同无效的情形。

【注意事项】

借款人采取欺诈手段，骗取贷款的，并不当然导致金融借款合同无效，若无法律规定合同无效的事由，出借人可以请求人民法院撤销合同或者请求借款人继续履行合同。借款人或担保人以此主张合同无效的，人民法院不予支持。

【典型案例】

1. 中国民生银行股份有限公司泉州分行与泉州市永顺纺织实业有限公司金融借款纠纷案［裁判法院：最高人民法院；案号:（2020）最高法民申 6254 号］

裁判要旨：案涉《综合授信合同》《流动资金贷款借款合同》《最高额抵押合同》等合同依法有效。首先，上述案涉合同均是当事人真实意思表示，且不违反法律、行政法规的强制性规定，应属合法有效。担保人主张民生银行泉州分行工作人员与本案其他担保人涉嫌刑事犯罪，可能导致案涉合同无效，但并未提供证据证明，且目前尚无公安机关予以立案受理，对该项主张不予采纳。其次，即使相关人员涉嫌犯罪，行为人以法人、非法人组织或者他人名义订立合同的行为涉嫌刑事犯罪或者刑事裁判认定其构成犯罪，合同相对人请求该法人、非法人组织或者他人承担民事责任的，民商事案件与刑事案件应当分别审理，因此，原判决的处理并无不当。

2. 靖江市润元农村小额贷款有限公司、陆某武、江苏天盛工程设备制造有限公司与潘冬英金融借款合同纠纷案［裁判法院：最高人民法院；案号：(2014) 民申字第 1544 号］

裁判要旨：案涉借款合同是否有效，应当依照《中华人民共和国合同法》的规定进行判断，并不因为陆某构成骗取贷款罪而必然导致其与润元公司签订的借款合同无效。陆某以加盖伪造印章的方式，提供虚假证明文件，骗取润元公司贷款的行为，在刑法上，构成骗取贷款罪，应当据此承担刑事责任；但在合同法上，其行为构成单方欺诈。根据《中华人民共和国合同法》第五十四条第二款之规定，润元公司享有撤销权。因润元公司未按照该条规定主张撤销案涉借款合同，故二审判决认定借款合同有效并无不当。

4. 担保范围超过主债务导致超出部分无效的抗辩审查

【审查要点】

(1) 担保的范围是否与主债务相一致；

(2) 有无另行约定担保的违约条款；

(3) 人民法院在受理债务人破产案件后，担保人所担保的债务也应当自人民法院受理破产申请之日起停止计息。

【规范指引】

《中华人民共和国民法典》

第六百九十一条　保证的范围包括主债权及其利息、违约金、损害赔偿金和实现债权的费用。当事人另有约定的，按照其约定。

《中华人民共和国企业破产法》

第四十六条　未到期的债权，在破产申请受理时视为到期。

附利息的债权自破产申请受理时起停止计息。

《最高人民法院关于适用〈中华人民共和国民法典〉有关担保制度的解释》

第三条　当事人对担保责任的承担约定专门的违约责任，或者约定的担保责任范围超出债务人应当承担的责任范围，担保人主张仅在债务人应当承担的责任范围内承担责任的，人民法院应予支持。

担保人承担的责任超出债务人应当承担的责任范围，担保人向债务人追偿，债务人主张仅在其应当承担的责任范围内承担责任的，人民法院应予支持；担保人请求债权人返还超出部分的，人民法院依法予以支持。

第二十二条 人民法院受理债务人破产案件后，债权人请求担保人承担担保责任，担保人主张担保债务自人民法院受理破产申请之日起停止计息的，人民法院对担保人的主张应予支持。

（二）对保证责任方式的抗辩审查

【审查要点】

1. 担保合同中有无明确约定保证的方式；

2. 若没有直接约定保证责任的方式，需要对当事人的意思表示进行解释；

3. 若担保合同中对担保的方式没有约定或者约定不明的，应当认定为一般保证。

【注意事项】

若保证合同约定，在主债务人“到期不能履行”或“到期无法偿还”等在主债务到期后，主债务人客观上不能履行债务时，保证人才承担保证责任的，保证人承担的责任应解释为一般保证；在主债务人“不履行到期债务时”承担保证责任的，表明保证人不享有先诉抗辩权，保证人承担的责任应解释为连带保证。

【规范指引】

《中华人民共和国民法典》

第六百八十六条 保证的方式包括一般保证和连带责任保证。

当事人在保证合同中对保证方式没有约定或者约定不明确的，按照一般保证承担保证责任。

第六百八十七条 当事人在保证合同中约定，债务人不能履行债务时，由保证人承担保证责任的，为一般保证。

一般保证的保证人在主合同纠纷未经审判或者仲裁，并就债务人财产依法强制执行仍不能履行债务前，有权拒绝向债权人承担保证责任，但是有下列情形之一的除外：

（一）债务人下落不明，且无财产可供执行；

（二）人民法院已经受理债务人破产案件；

（三）债权人有证据证明债务人的财产不足以履行全部债务或者丧失履行债务能力；

（四）保证人书面表示放弃本款规定的权利。

《最高人民法院关于适用〈中华人民共和国民法典〉有关担保制度的解释》

第二十五条 当事人在保证合同中约定了保证人在债务人不能履行债务或者无力偿还债务时才承担保证责任等类似内容，具有债务人应当先承担责任的意思表示的，人民法院应当将其认定为一般保证。

当事人在保证合同中约定了保证人在债务人不履行债务或者未偿还债务时即承担保证责任、无条件承担保证责任等类似内容，不具有债务人应当先承担责任的意思表示的，人民法院应当将其认定为连带责任保证。

（三）对被告抗辩非担保人的审查

1. 被告抗辩担保合同并非本人签订的，应当承担举证责任；

2. 担保人在空白合同上签字的，在确定签字的真实性的情况下，担保人原则上应在借款范围内承担担保责任。

【典型案例】

施某程、方某民间借贷合同纠纷案［裁判法院：最高人民法院；案号：（2017）最高法民申 3858 号］

裁判要旨：担保人签字真实的前提下，即使担保人所签的是一份空白合同，该空白合同上的签名将会产生授权对方当事人补记合同空白内容的法律后果，担保人应在借款范围内承担保证责任。

（四）对保证期间已过的抗辩审查

【审查要点】

1. 保证合同中有无约定保证期间，约定的保证期间早于主债务履行期限或者与主债务履行期限同时届满的，视为没有约定；

2. 没有约定或者约定不明的，保证期间为主债务履行期限届满之日 6 个月内；

3. 保证期间届满后担保人不再承担保证责任；

4. 法院应主动审查保证期间是否已经过。

【注意事项】

1. 法院在审理涉担保案件时应当将保证期间是否届满以及债权人是否在保证期间行使权利等事实作为案件的基本事实予以查明，不以当事人提出抗辩为前提。

2. 债权人未在保证期间行使权利，保证责任消灭。保证责任消灭后，除订立新的保证合同外，保证人不再承担保证责任。需要注意的是，保证期间届满后，债权人书面通知保证人要求承担保证责任或清偿债务，保证人在催款通知书上签字的，人民法院不得认定保证人继续承担保证责任，但是该催款通知内容符合法律关于担保合同成立的规定，并经保证人签字认可，能够认定成立新的保证合同的，担保人应当按照新保证合同承担责任。

3. 关于债权人在保证期间内行使权利的方式，应参考债权转让的有效通知方式。

【规范指引】

《中华人民共和国民法典》

第六百九十二条　保证期间是确定保证人承担保证责任的期间，不发生中止、中断和延长。

债权人与保证人可以约定保证期间，但是约定的保证期间早于主债务履行期限或者与主债务履行期限同时届满的，视为没有约定；没有约定或者约定不明确的，保证期间为主债务履行期限届满之日起六个月。

债权人与债务人对主债务履行期限没有约定或者约定不明确的，保证期间自债权人请求债务人履行债务的宽限期届满之日起计算。

（五）对擅自加重保证责任抗辩的审查

【审查要点】

1. 债权人与债务人确定的保证范围、保证期间等与保证合同中约定的是否一致；

2. 保证人是否对变更后的保证内容进行书面确认；

3. 未经保证人书面同意，减轻债务的，保证人对减轻后的债务承担保证责任，对加重部分不承担保证责任。

【注意事项】

1. 债权人和债务人变更主债权合同的履行期限，不影响保证期间；

2. 主债务变更的，保证人保证责任项下的债务总额不得增加，同时，各单项支付义务也不得增加。

【规范指引】

《中华人民共和国民法典》

第六百九十五条　债权人和债务人未经保证人书面同意，协商变更主债权债务合同内容，减轻债务的，保证人仍对变更后的债务承担保证责任；加重债务的，保证人对加重的部分不承担保证责任。

债权人和债务人变更主债权债务合同的履行期限，未经保证人书面同意的，保证期间不受影响。

（六）对借新还旧抗辩的审查

【审查要点】

1. 有无约定借款的实际用途；

2. 前后借款的时间、金额等情况表明确属借新还旧；

3. 担保人免责的借新还旧要求新旧贷款的债权人为同一人。

【注意事项】

借新还旧的，在旧贷消灭时，抵押权应当归于消灭，但在双方并没有注销登记并缴销他项权利证书的情况下，抵押权在其所担保的主债权消灭后并不必然发生随之消灭的法律后果，抵押登记仍然发生法律效力。只要担保人同意继续为新贷款提供担保，不要求重新办理登记的，旧的担保物权可自动担保新贷的债权，且信贷担保的优先顺位不变。

【规范指引】

《最高人民法院关于适用〈中华人民共和国民法典〉有关担保制度的解释》

第十六条 主合同当事人协议以新贷偿还旧贷，债权人请求旧贷的担保人承担担保责任的，人民法院不予支持；债权人请求新贷的担保人承担担保责任的，按照下列情形处理：

（一）新贷与旧贷的担保人相同的，人民法院应予支持；

（二）新贷与旧贷的担保人不同，或者旧贷无担保新贷有担保的，人民法院不予支持，但是债权人有证据证明新贷的担保人提供担保时对以新贷偿还旧贷的事实知道或者应当知道的除外。

主合同当事人协议以新贷偿还旧贷，旧贷的物的担保人在登记尚未注销的情形下同意继续为新贷提供担保，在订立新的贷款合同前又以该担保财产为其他债权人设立担保物权，其他债权人主张其担保物权顺位优先于新贷债权人的，人民法院不予支持。

【典型案例】

中国农业银行股份有限公司顺德容桂支行诉佛山市顺德区容桂容山实业发展总公司、广州市东迅房地产发展有限公司、佛山市顺德区永诚建筑工程有限公司借款合同纠纷案［裁判法院：最高人民法院；案号：民提字第 119 号］

裁判要旨：借款人将从银行所借款项用于偿还其欠付另一家银行的到期贷款，且这两家银行都属于某总银行下属分行的，担保人对该借款用途不知情的，应认定为实质用于借新还旧，担保人免责。

（七）对担保物权未有效设立的抗辩审查

【审查要点】

1. 不动产抵押的是否办理抵押登记。

2. 以动产质押的是否完成交付；以权利质押的，具有权利凭证的，是否完成交付；没有权利凭证的，是否完成质押登记。

3. 以金钱设立质押的是否符合质物特定化的要求。

【注意事项】

1. 除最常见的房地产抵押需要登记以外，下列抵押物抵押权也自登记时设立，未办理抵押登记的，债权人不享有抵押权：建设用地使用权，以招标、拍卖、公开协商等方式取得荒地等土地承包经营权，正在建造的建筑物。其余抵押物自抵押合同生效时设立，是否登记不影响抵押权的设立。

2. 设立质押的交付，必须满足质权人完成对质押物的占有，若仅交付质押清单、靠远程监控质物或监控人系出质人委托的，不视为交付。出质人未交付质押物的，质权不成立，但不影响质押合同的效力。

3. 关于保证金账户是否构成金钱质押，实践中争议较大。我们认为，保证金账户需要满足以下条件才能构成金钱质押，债权人享有优先受偿权：第一，保证金已完成特定化，即保证金账户与一般经营性账户相区分；第二，保证金账户户名、账户性质等具有与担保有关的明显特征，具有一定的对外公示效力；第三，出质人对保证金账户内资金不享有自由使用的控制力。

第五部分　要件事实审查和裁判规则

一、金融借款关系的认定及裁判规则

借款合同成立与生效的认定

【审查要点】

1. 双方当事人是否就合同的主要条款达成合意；

2. 有无当事人另行约定或法律另有规定的除外情形。

【注意事项】

《民法典》第四百七十条规定合同的内容系指导性条款，当事人可以参照各类合同的示范文本订立合同。就金融借款合同而言，当事人将借贷双方的身份及借款的金额等主要条款达成一致，合同即成立并生效。

【规范指引】

《中华人民共和国民法典》

第五百零二条　依法成立的合同，自成立时生效，但是法律另有规定或者当事人另有约定的除外。

依照法律、行政法规的规定，合同应当办理批准等手续的，依照其规定。未办理批准等手续影响合同生效的，不影响合同中履行报批等义务条款以及相关条款的效力。应当办理申请批准等手续的当事人未履行义务的，对方可以请求其承担违反该义务的责任。

依照法律、行政法规的规定，合同的变更、转让、解除等情形应当办理批准等手续的，适用前款规定。

二、金融借款金额的认定及裁判规则

（一）预扣利息

【审查要点】

1. 合同中约定的借款金额与放款金额是否一致；

2. 是否存在预先扣除利息的情形；

3. 对其他类似的规避法律关于“预先扣除利息”规定的行为，应给予否定性评价。

【注意事项】

1. “砍头息”的形式多样，除法律明确规定的在放款本金中预先扣除相应的利息情形外，还有诸如以服务费等名目预先扣除或要求借款人另行支付服务费用但是却不能举证证明实际提供服务；金融机构在放款时预扣保证金，但却未采用特户、封金等形式将保证金进行特定化等。法院在审理中应当灵活把握，保护借款人的合法权益。

2. 实践中对于出借人放款后短期内（有的约定当日、次日，有的是 5 日内、15 日内）要求借款人预付利息，该笔利息应否认定为砍头息存在较大的争议。

第一种观点认为，应遵循“实际支配 + 使用”的判断标准，从实质性角度认定是否构成“砍头息”。由于借款合同双方往往交易地位实质不平等，立法和司法对于借款合同的意思自治在利率和本金确定方面进行了干预，此种干预不得以当事人意思排除。如果合同约定实质性影响了借款人实际支配本金的范围，导致借款人利用本金创造经济效益的资金条件受到限制，其行为性质与“预扣利息后交付本金”在本质上并无二致。根据法律目的解释，亦应认为该种行为属于《民法典》第六百七十条的规制情形，超额收取的利息部分应作为“砍头息”在本金中扣除。如果仅以放款金额与合同约定金额是否一致作为“砍头息”的认定标准，而不从实质性角度判断，可能会被借款人利用来恶意规避法律。

第二种观点认为，如果借款人并未按照约定方式、时间支付利息，而在第一个利息结算日之前支付其他利息，均应认定为“砍头息”。此外，出借人和借款人签订合同时，双方实际地位并非平等，对其中违规行为应当进行司法审查。实践中，在贷款发放的初始阶段，出借人往往要求借款人支付手续费、服务费等各种名目的费用，对此应当根据合同约定以及是否有对价，从严认定是否属于“砍头息”。若有证据证明第三方和出借人存在关联关系，亦应考虑是否存在“砍头息”的情形。

第三种观点认为，规制“砍头息”的法律手段有两种，第一种是从本金中将预先支付的利息扣除，第二种是由出借人向借款人补偿其所丧失的期限利益。由于《民法典》选择了第一种较为严厉的规制手段，以严格限制“砍头息”，为贯彻《民法典》的立法目的，应将短期内支付利息的行为认定为“砍头息”。此外，在认定短期内预先支付利息的行为是否属于“砍头息”时，也应当考虑借款人收到借款至支付利息这一期间的时间长短。

倾向性意见认为，应综合考量合同约定、提前支付利息的时间、金额和金融借款的利率监管政策等因素予以认定。首先，应充分尊重当事人的意思自治。借款发放后短期内提前支付利息的约定通常系出借人变相提高借贷利率的一种手法，但若双方对此达成合意，且已实际履行，则应视为借款人自愿承担相应的实际借贷利率。其次，对于出借人可能规避法律、行政法规禁止性规定的行为，可以通过要求金融借款合同的出借人披露实际利率及对超过法律允许的利率标准予以调整的方式加以规制。人民法院可对借款人的实际用资成本进行必要核算，若借款人因此而最终承担的融资成本明显过高的，则应依法予以适当调整。

【法律规范】

《中华人民共和国民法典》

第六百七十条 借款的利息不得预先在本金中扣除。利息预先在本金中扣除的，应当按照实际借款数额返还借款并计算利息。

【典型案例】

1. 平果恒峰房地产开发有限公司、华融前海财富管理股份有限公司金融借款合同纠纷案［裁判法院：最高人民法院；案号：（2020）最高法民终1137号］

裁判要旨：借款人与出借人以其真实意思表示签订《财务顾问服务协议》，就服务内容以及服务费用进行约定，后借款人又出具《确认书》确认借款人已经按约提供了财务顾问服务，并承诺支付服务费。若无相反的证据推翻，一般不应认定为砍头息。

2. 渤海信托与神州公司金融借款合同纠纷案［裁判法院：最高人民法院；案号：（2020）最高法民终140号］

裁判要旨：虽然《贷款合同》明确约定"借款人已支付的贷款利息不受借款人执行还本计划、借款人提前还款及信托提前终止情形的影响，已收取的上述贷款利息不予退还且不予抵扣"，但本案神州公司收到3亿元贷款本金后的第二天，即向渤海信托支付了该笔利息，神州公司实际使用的贷款本金是297625333元，其对已支付的2374666.67元并未享有使用并创造经济效益的期限利益。因此，案涉贷款本金数额的认定，应从3亿元中扣除该部分款项。本案债务人于次日支付利息的情况虽然不同于《中华人民共和国合同法》第二百条规定的"利息预先扣除"的情形，但实质上无区别，可视为"非典型"的"利息预先扣除"，也即"非典型"的"砍头息"，应当按照实际借款数额返还借款并计算利息。故神州公司上诉提出的应将该款项从3亿元本金中扣除的主张，应予以支持。

3. 上海华宸未来资产管理有限公司与滁州中普置业有限公司金融借款合同纠纷案［裁判法院：最高人民法院；案号：（2020）最高法民终281号］

裁判要旨：预先在本金中扣除利息的，人民法院应当将实际出借的金额认定为本金。所谓"预先扣除"是指出借人向借款人出借款项的所有权时，转让数额低于合同约定的情形。涉案借款合同约定部分利息于实际放款后 3 日内一次性支付，其系借款人在收到借款后，按照合同约定的利息支付方式支付利息的行为，系其支配、控制所借款项的表现，不违反法律规定，故本案并不存在借款的利息预先在本金中扣除的情形。

（二）借款本金的认定

【审查要点】

1. 一般情况下，债权凭证载明的金额即为借款本金；

2. 若约定预先在本金中扣除利息的，借款本金为实际放款的金额；

3. 对于咨询费、服务费等，应审查出借人是否实际为借款人提供了相应的服务以及提供相关服务的价值，若没实质提供或提供的服务质价不相当，则有关预扣的咨询费、服务费等均应全部或部分在借款本金中扣除。

（三）利息、逾期利息及违约金等的认定

【审查要点】

1. 有无关于利息、逾期利息及违约金的合同约定；

2. 若对利息约定不明且无法达成补充协议的，人民法院应当结合借贷合同的内容，当地或者当事人的交易方式、交易习惯、市场利率等因素确定利息；

3. 利息、逾期利息及违约金均不得超过法律保护的上限。

【注意事项】

1. 实践中存在合同中既约定违约金又约定逾期利息，关于二者能否一并主张存在一定的争议。本指南认为，在有合同明确约定的情况下，可以同时主张，但是不得超过法律保护的利率上限。

2. 对违约金约定过高抗辩在实务中较为常见。人民法院在认定违约金是否过高时，还应当结合合同的履行情况、当事人的过错程度以及预期利益等综合因素，根据公平原则和诚信原则予以衡量。具体而言：首先法院应查明实际损失，确定基本标准。其次应考虑合同的履行情况。接近履行完毕的合同和尚未履行的合同，违约所造成的结果存在

较大区别。如合同已经接近履行完毕，此时主张合同约定的全部违约金，显属不公平合理。最后应考虑当事人的过错程度。法院应当综合考虑被告属于故意或者重大过失，如借款人经营状况良好，具有较好的还款能力，经催告后依然拒绝履行合同项下的还款义务；还是属于一般的过失，如借款人由于市场经济波动，出现还款能力较弱的情况。

3. 关于违约金的举证责任问题，应当按照"谁主张，谁举证"原则，由违约方承担证明违约金过高的举证责任。但是囿于违约方举证能力有限，且守约方更了解违约造成损失的事实和相关证据，具有较强的举证能力，因此，守约方也要提供相应的证据。

4. 合同约定逾期利率在执行利率的基础上上浮 50% 以上，法院是否可以主动调整，实务中存有争议。第一种观点认为：金融机构应当严格按照中国人民银行的相关规定从事借贷业务，且《中国人民银行关于人民币贷款利率有关问题的通知》从效力层级上看系部门规范性文件，违反该通知虽不会直接影响合同效力，但是人民法院认为利率过高的，可予以适当调整，以积极有效的司法干涉规范金融市场的借贷业务秩序，保护消费者的合法权益；第二种观点认为，《中国人民银行关于人民币贷款利率有关问题的通知》系中国人民银行对银行业内部制定的管理性文件，若无其他影响合同效力及违背合同当事人真实意思表示的情形，人民法院应当尊重意思自治。本指南倾向认为第一种观点较为合理。

5. 关于逾期利息是否能作为计收逾期利息的基数，一种观点认为，如果合同中约定的逾期利息计算基数包括先前的逾期利息，基于并未有明确的禁止性规定，应予准许。另一种观点认为，逾期利息本具有一定的惩罚性质，若在逾期利息基础上再行计收逾期利息，意味对借款人的违约行为进行了双重惩罚，不尽合理，法院应予以主动调整。本指南倾向于后一种观点。

【典型案例】

中国华融资产管理股份有限公司湖北省分公司与湖北德立房地产

开发有限公司、鄂州市天华物宝矿业有限责任公司等债权转让合同纠纷案［裁判法院：最高人民法院；案号：(2016) 最高法民终 493 号］

裁判要旨：《中国人民银行关于人民币贷款利率有关问题的通知》系中国人民银行对银行业内部制定的管理性文件，不能作为确认银行与其他民事主体之间签订的信贷合同是否有效的法律依据。借款人主张银行针对逾期还款案逾期利率加收超过 50% 罚息利率计收利息的，违反了该通知属于无效，没有法律依据。

【规范指引】

《中华人民共和国民法典》

第五百八十五条 当事人可以约定一方违约时应当根据违约情况向对方支付一定数额的违约金，也可以约定因违约产生的损失赔偿额的计算方法。

约定的违约金低于造成的损失的，人民法院或者仲裁机构可以根据当事人的请求予以增加；约定的违约金过分高于造成的损失的，人民法院或者仲裁机构可以根据当事人的请求予以适当减少。

当事人就迟延履行约定违约金的，违约方支付违约金后，还应当履行债务。

第六百七十四条 借款人应当按照约定的期限支付利息。对支付利息的期限没有约定或者约定不明确，依据本法第五百一十条的规定仍不能确定，借款期间不满一年的，应当在返还借款时一并支付；借款期间一年以上的，应当在每届满一年时支付，剩余期间不满一年的，应当在返还借款时一并支付。

第六百七十六条 借款人未按照约定的期限返还借款的，应当按照约定或者国家有关规定支付逾期利息。

第六百七十七条 借款人提前返还借款的，除当事人另有约定外，应当按照实际借款的期间计算利息。

第六百八十条 禁止高利放贷，借款的利率不得违反国家有关规定。

借款合同对支付利息没有约定的，视为没有利息。

借款合同对支付利息约定不明确，当事人不能达成补充协议的，按照当地或者当事人的交易方式、交易习惯、市场利率等因素确定利息；自然人之间借款的，视为没有利息。

三、金融借款中担保的认定和裁判规则

（一）对于保证期间的认定

【审查要点】

1. 合同中有无保证期间的约定，没有约定或约定不明的，保证期间为主债务履行期届满之日起6个月；

2. 主张保证责任是否发生在合同约定的保证期间；

3. 主债务履行期限没有约定或者约定不明的，保证期间自债权人请求债务人履行债务的宽限期限届满之日起计算。

【注意事项】

1. 法院保证期间是否届满，应当主动进行审查。

2. 在连带共同保证中，债权人在保证期间内对部分承担连带责任共同保证人请求承担保证责任，其法律效果不能及于全部保证人，其他保证人可以保证期间届满债权人未行使权利拒绝承担保证责任。在一般共同保证中，只要债权人在保证期间内对债务人提起诉讼或者申请仲裁，则所有保证人不得以保证期间届满为由拒绝承担保证责任。

3. 实践中对保证期间届满后保证人在催款通知上签字的法律后果存有争议，本指南认为，除非能够认定成立新的保证合同，按照新的保证合同承担责任。只有当保证人以书面形式明确表示为债权人提供担保，才能认定债权人与保证人之间产生了新的保证合同关系，否则即便保证人在债权人发出承担保证责任书、催收逾期债务通知书上签字、盖章或按指印，或者与债权人重新签订还款协议或者以口头方式答应承担保证责任等，也不能认定为保证人重新提供了担保。

【规范指引】

《中华人民共和国民法典》

第六百九十二条 保证期间是确定保证人承担保证责任的期间，不发生中止、中断和延长。

债权人与保证人可以约定保证期间，但是约定的保证期间早于主债务履行期限或者与主债务履行期限同时届满的，视为没有约定；没有约定或者约定不明确的，保证期间为主债务履行期限届满之日起六个月。

债权人与债务人对主债务履行期限没有约定或者约定不明确的，保证期间自债权人请求债务人履行债务的宽限期届满之日起计算。

第六百九十三条 一般保证的债权人未在保证期间对债务人提起诉讼或者申请仲裁的，保证人不再承担保证责任。

连带责任保证的债权人未在保证期间请求保证人承担保证责任的，保证人不再承担保证责任。

第六百九十四条 一般保证的债权人在保证期间届满前对债务人提起诉讼或者申请仲裁的，从保证人拒绝承担保证责任的权利消灭之日起，开始计算保证债务的诉讼时效。

连带责任保证的债权人在保证期间届满前请求保证人承担保证责任的，从债权人请求保证人承担保证责任之日起，开始计算保证债务的诉讼时效。

第六百九十五条 债权人和债务人未经保证人书面同意，协商变更主债权债务合同内容，减轻债务的，保证人仍对变更后的债务承担保证责任；加重债务的，保证人对加重的部分不承担保证责任。

债权人和债务人变更主债权债务合同的履行期限，未经保证人书面同意的，保证期间不受影响。

《最高人民法院关于适用〈中华人民共和国民法典〉有关担保制度的解释》

第二十九条 同一债务有两个以上保证人，债权人以其已经在保证期间内依法向部分保证人行使权利为由，主张已经在保证期间内向其他保证人行使权利的，人民法院不予支持。

同一债务有两个以上保证人，保证人之间相互有追偿权，债权人未在保证期间内依法向部分保证人行使权利，导致其他保证人在承担保证责任后丧失追偿权，其他保证人主张在其不能追偿的范围内免除保证责任的，人民法院应予支持。

第三十条 最高额保证合同对保证期间的计算方式、起算时间等有约定的，按照其约定。

最高额保证合同对保证期间的计算方式、起算时间等没有约定或者约定不明，被担保债权的履行期限均已届满的，保证期间自债权确定之日起开始计算；被担保债权的履行期限尚未届满的，保证期间自最后到期债权的履行期限届满之日起开始计算。

前款所称债权确定之日，依照民法典第四百二十三条的规定认定。

第三十一条 一般保证的债权人在保证期间内对债务人提起诉讼或者申请仲裁后，又撤回起诉或者仲裁申请，债权人在保证期间届满前未再行提起诉讼或者申请仲裁，保证人主张不再承担保证责任的，人民法院应予支持。

连带责任保证的债权人在保证期间内对保证人提起诉讼或者申请仲裁后，又撤回起诉或者仲裁申请，起诉状副本或者仲裁申请书副本已经送达保证人的，人民法院应当认定债权人已经在保证期间内向保证人行使了权利。

第三十二条 保证合同约定保证人承担保证责任直至主债务本息还清时为止等类似内容的，视为约定不明，保证期间为主债务履行期限届满之日起六个月。

第三十三条 保证合同无效，债权人未在约定或者法定的保证期间内依法行使权利，保证人主张不承担赔偿责任的，人民法院应予支持。

第三十四条 人民法院在审理保证合同纠纷案件时，应当将保证期间是否届满、债权人是否在保证期间内依法行使权利等事实作为案件基本事实予以查明。

债权人在保证期间内未依法行使权利的，保证责任消灭。保证责任消灭后，债权人书面通知保证人要求承担保证责任，保证人在通知书上签字、盖章或者按指印，债权人请求保证人继续承担保证责任的，人民法院不予支持，但是债权人有证据证明成立了新的保证合同的除外。

（二）对于担保范围的认定

【审查要点】

1. 合同中对担保范围有无明确约定；

2. 合同约定的担保责任范围是否大于主债务；

3. 若无合同约定，则担保范围包括：主债权、利息、违约金、损害赔偿金、保管担保财产和实现担保物权的费用。

【注意事项】

1. 实践中担保责任范围大于主债务的情形较为多样，不仅指金额高于主债务，诸如对保证责任约定专门的违约责任、担保责任的履行期先于主债务履行届满等，亦属于担保责任范围大于主债务。

2. 实践中合同约定的担保范围与登记范围不一致的情形较为常见，人民法院可根据《最高人民法院关于适用〈中华人民共和国民法典〉时间效力的若干规定》第一条的规定，适用相应的法律、司法解释的规定进行判决。《民法典》施行后的抵押合同引发的纠纷，若抵押合同约定与不动产登记簿不一致的，应以不动产登记簿记载的内容为准。

【规范指引】

《中华人民共和国民法典》

第三百八十九条　担保物权的担保范围包括主债权及其利息、违约金、损害赔偿金、保管担保财产和实现担保物权的费用。当事人另有约定的，按照其约定。

第六百九十一条　保证的范围包括主债权及其利息、违约金、损害赔偿金和实现债权的费用。当事人另有约定的，按照其约定。

《最高人民法院关于适用〈中华人民共和国民法典〉有关担保制度的解释》

第三条 当事人对担保责任的承担约定专门的违约责任，或者约定的担保责任范围超出债务人应当承担的责任范围，担保人主张仅在债务人应当承担的责任范围内承担责任的，人民法院应予支持。

担保人承担的责任超出债务人应当承担的责任范围，担保人向债务人追偿，债务人主张仅在其应当承担的责任范围内承担责任的，人民法院应予支持；担保人请求债权人返还超出部分的，人民法院依法予以支持。

第四十七条 不动产登记簿就抵押财产、被担保的债权范围等所作的记载与抵押合同约定不一致的，人民法院应当根据登记簿的记载确定抵押财产、被担保的债权范围等事项。

（三）对担保主体的认定

【审查要点】

1. 一般情况下，具备完全民事行为能力的民事主体均可作为担保主体提供担保；

2. 是否有法律特别规定的主体，如机关法人、居民委员会、村民委员会、以公益为目的的非营利性学校、幼儿园、医疗机构、养老机构等。

【规范指引】

《中华人民共和国民法典》

第六百八十三条 机关法人不得为保证人，但是经国务院批准为使用外国政府或者国际经济组织贷款进行转贷的除外。

以公益为目的的非营利法人、非法人组织不得为保证人。

《最高人民法院关于适用〈中华人民共和国民法典〉有关担保制度的解释》

第五条 机关法人提供担保的，人民法院应当认定担保合同无效，但是经国务院批准为使用外国政府或者国际经济组织贷款进行转贷的除外。

居民委员会、村民委员会提供担保的，人民法院应当认定担保合同无效，但是依法代行村集体经济组织职能的村民委员会，依照村民委员会组织法规定的讨论决定程序对外提供担保的除外。

第六条 以公益为目的的非营利性学校、幼儿园、医疗机构、养老机构等提供担保的，人民法院应当认定担保合同无效，但是有下列情形之一的除外：

（一）在购入或者以融资租赁方式承租教育设施、医疗卫生设施、养老服务设施和其他公益设施时，出卖人、出租人为担保价款或者租金实现而在该公益设施上保留所有权；

（二）以教育设施、医疗卫生设施、养老服务设施和其他公益设施以外的不动产、动产或者财产权利设立担保物权。

登记为营利法人的学校、幼儿园、医疗机构、养老机构等提供担保，当事人以其不具有担保资格为由主张担保合同无效的，人民法院不予支持。

（四）对于担保方式的认定

1. 对于保证方式的认定

【审查要点】

（1）合同中对保证方式有无明确约定；

（2）约定不明或者没有约定的，按照一般保证承担保证责任；

（3）若保证合同虽未明确约定保证方式，但具有债务人应当先承担责任或债务人不能履行债务或者无力偿还债务时才承担保证责任的，为一般责任保证。

【注意事项】

实践中对于担保合同约定担保人以个人资产作抵押为债权提供担保的责任认定存有争议，本指南认为，个人资产作为集合概念，通常处于变化之中，不具有特定性，不满足担保物的特定要求，在无事后就抵押物进行特定化的情况下，不能起到抵押担保的作用。但是若该种担保符合保证的规定，当事人应当承担相应的保证责任。

【规范指引】

《最高人民法院关于适用〈中华人民共和国民法典〉有关担保制度的解释》

第三十六条 第三人向债权人提供差额补足、流动性支持等类似承诺文件作为增信措施，具有提供担保的意思表示，债权人请求第三人承担保证责任的，人民法院应当依照保证的有关规定处理。

第三人向债权人提供的承诺文件，具有加入债务或者与债务人共同承担债务等意思表示的，人民法院应当认定为民法典第五百五十二条规定的债务加入。

前两款中第三人提供的承诺文件难以确定是保证还是债务加入的，人民法院应当将其认定为保证。

第三人向债权人提供的承诺文件不符合前三款规定的情形，债权人请求第三人承担保证责任或者连带责任的，人民法院不予支持，但是不影响其依据承诺文件请求第三人履行约定的义务或者承担相应的民事责任。

2. 对于抵押担保的认定

【审查要点】

（1）具有符合书面形式要件的抵押担保合同；

（2）提供抵押担保主体及抵押物适格；

（3）不动产完成抵押登记。

【注意事项】

（1）实务中，金融机构在办理担保业务时通常会签订纸质书面合同，但是存在担保合同保存不善或合同约定不明确的情形，法院不宜轻易认定担保无效，对于书面合同应当采取扩张解释，不仅包括合同书、信件等传统意义上的书面形式，还包括电报、电传、传真，以及以电子数据交换、电子邮件等方式能够有形地表现所载内容，并可以随时调取查用的数据电文等形式。

（2）以法律规定不得设立抵押的财产办理抵押的，抵押合同并非当然无效，还应当结合法律规定合同无效的情形综合认定合同的效力。如当事人以所有权、使用权不明或者有争议的财产进行抵押的，应当按照无权处分的规定进行处理；抵押设立时抵押财产被依法查封或者扣押的，并不影响合同的效力；以违法建筑抵押的，抵押合同无效，但是在一审法庭辩论结束前已经办理合法手续的除外；当事人以建设用地使用权依法设立抵押的，抵押人以土地存在违法的建筑物主张抵押合同无效的，人民法院不予支持。

（3）在最高额抵押担保中，主债权确定后至实际清偿期间产生的逾期利息、罚息均系基于主债权产生，应仍属于抵押担保财产范围。

【规范指引】

《中华人民共和国民法典》

第三百九十五条 债务人或者第三人有权处分的下列财产可以抵押：

（一）建筑物和其他土地附着物；

（二）建设用地使用权；

（三）海域使用权；

（四）生产设备、原材料、半成品、产品；

（五）正在建造的建筑物、船舶、航空器；

（六）交通运输工具；

（七）法律、行政法规未禁止抵押的其他财产。

抵押人可以将前款所列财产一并抵押。

第三百九十六条 企业、个体工商户、农业生产经营者可以将现有的以及将有的生产设备、原材料、半成品、产品抵押，债务人不履行到期债务或者发生当事人约定的实现抵押权的情形，债权人有权就抵押财产确定时的动产优先受偿。

第三百九十七条 以建筑物抵押的，该建筑物占用范围内的建设用地使用权一并抵押。以建设用地使用权抵押的，该土地上的建筑物一并抵押。

抵押人未依据前款规定一并抵押的，未抵押的财产视为一并抵押。

第三百九十九条 下列财产不得抵押：

（一）土地所有权；

（二）宅基地、自留地、自留山等集体所有土地的使用权，但是法律规定可以抵押的除外；

（三）学校、幼儿园、医疗机构等为公益目的成立的非营利法人的教育设施、医疗卫生设施和其他公益设施；

（四）所有权、使用权不明或者有争议的财产；

（五）依法被查封、扣押、监管的财产；

（六）法律、行政法规规定不得抵押的其他财产。

第四百条 设立抵押权，当事人应当采用书面形式订立抵押合同。

抵押合同一般包括下列条款：

（一）被担保债权的种类和数额；

（二）债务人履行债务的期限；

（三）抵押财产的名称、数量等情况；

（四）担保的范围。

第四百零一条 抵押权人在债务履行期限届满前，与抵押人约定债务人不履行到期债务时抵押财产归债权人所有的，只能依法就抵押财产优先受偿。

第四百零二条 以本法第三百九十五条第一款第一项至第三项规定的财产或者第五项规定的正在建造的建筑物抵押的，应当办理抵押登记。抵押权自登记时设立。

第四百零三条 以动产抵押的，抵押权自抵押合同生效时设立；未经登记，不得对抗善意第三人。

第四百一十一条 依据本法第三百九十六条规定设定抵押的，抵押财产自下列情形之一发生时确定：

（一）债务履行期限届满，债权未实现；

（二）抵押人被宣告破产或者解散；

（三）当事人约定的实现抵押权的情形；

（四）严重影响债权实现的其他情形。

第四百一十七条 建设用地使用权抵押后，该土地上新增的建筑物不属于抵押财产。该建设用地使用权实现抵押权时，应当将该土地上新增的建筑物与建设用地使用权一并处分。但是，新增建筑物所得的价款，抵押权人无权优先受偿。

【典型案例】

（1）中国工商银行股份有限公司宣城龙首支行诉宣城柏冠贸易有限公司、江苏凯盛置业有限公司等金融借款合同纠纷案，最高法院指导案例95号［裁判法院：安徽省高级人民法院；案号：（2014）皖民二终字第00395号］

裁判要旨：当事人另行达成协议将最高额抵押权设立前已经存在的债权转入该最高额抵押担保的债权范围，只要转入的债权数额仍在该最高额抵押担保的最高债权额限度内，即使未对该最高额抵押权办理变更登记手续，该最高额抵押权的效力仍然及于被转入的债权，但不得对第三人产生不利影响。

（2）温州银行股份有限公司宁波分行诉浙江创菱电器有限公司等金融借款合同纠纷案，最高法院指导案例57号［裁判法院：浙江省宁波市中级人民法院；案号：（2014）浙甬商终字第369号］

裁判要旨：在有数份最高额担保合同情形下，具体贷款合同中选择性列明部分最高额担保合同，如债务发生在最高额担保合同约定的决算期内，且债权人未明示放弃担保权利，未列明的最高额担保合同的担保人也应当在最高债权限额内承担担保责任。

3. 对质押担保合同的认定

【审查要点】

（1）具有书面形式要件的质押担保合同。

（2）提供质押担保主体及质押物适格。

（3）动产质押需要完成交付；权利质押，有权利凭证的需要交付权利凭证，没有权利凭证的需要完成登记程序。

（4）保证金质押有效设立应当具备要式合同、质押财产特定化、转移占有。

【注意事项】

（1）实务中，关于保证金质押账户的特定化以及资金的特定化存有较大争议。首先，就质押的保证金账户是否必须是《人民币银行结算账户管理办法》中的专用存款账户，还是出质人的既有的一般账户在满足不做日常结算之用时也可以满足特定化；其次，保证金账户的名称是否必须有"保证金""特户"等特定的前缀，以区分一般的银行账户。本指南认为，保证金账户的特定化是指设立专门的保证金账户且与质押人的其他财产相区分，同时保证金账户内的资金能够专款专用，款项的存入和扣划均系用于担保债权的偿还或者在担保债权被偿还之后退还给出质人。根据《人民币银行结算账户管理办法》第十三条对专用存款账户的规定，保证金账户需要采取保证金账户这一专用账户形式，使得其具有外部上的识别性，能够与一般结算账户、基本账户相区分。资金的特定化是指保证金仅能用担保，不能用于普通的结算业务，且与质押人的其他财产相区分。若保证金账户以利息的增加或者进行担保业务结算导致账户浮动，该种浮动均与保证业务相对应，不属于非保证业务的结算，不影响保证金账户特定化的要求。

（2）实践中，存在保证金质押未有效设立的情形，其法律后果存在较大的争议。第一种观点认为，保证金质押未有效设立的，应当将扣除保证金后的放款金额作为实际借款金额，并以此作为计算利息以及逾期利息的基数。第二种观点认为，保证金功能价值在于担保债权的实现，在其未有效设立的情况下，若债务尚未清偿完毕，应当将保证金按照约定或者法定的清偿顺序进行债务清偿，但是不具有受偿的优先顺位。若债务已经清偿完毕的，应当将相应的款项返还至债务人。第三种观点认为，应当根据个案进行具体分析，若未以特定化的方式设立保证金质押，而是出借人直接在放款本金中将该金额予以扣除的，可以认定为“砍头息”，并将该款项直接在放款本金中予以扣除；若仅仅是设立保证金质押的形式要件存在瑕疵，不应轻易认定为“砍头息”。本指南倾向于第三种观点。

4. 增信措施的认定

【审查要点】

（1）具有提供担保意思表示的，依照保证的有关规定处理；

（2）具有加入债务或者与债务人共同承担债务等意思表示的，依照债务加入的有关规则处理；

（3）若根据合同约定难以确定是保证还是债务加入的，应当将其认定为保证；

（4）既不符合保证，也不符合债务加入的构成要件的，债权人可以依据承诺性文件要求第三人履行约定的义务或者承担相应的民事责任。

【注意事项】

实务中，增信措施的约定纷繁复杂，认定其法律性质存在一定的困难。本指南认为，认定增信措施，首先应从协议所使用的文字词句出发。如果承诺函或协议明确使用“保证”或“债务加入”的措辞，应依其表述进行定性；如果通过文义解释无法识别债务加入与保证，则应根据二者的本质区别，综合个案案情探求当事人之真意。保证的从属性贯穿于其发展的各个方面，而债务加入仅在产生上具有从属性，在其他方面则具有相当程度的独立性。如果第三人履行债务并不以债务人届期未履行为前提，而是直接表明第三人代替债务人履行，则可以直接认定为债务加入。

5. 非典型担保

【审查要点】

（1）具有提供担保的意思表示；

（2）是否采用相应的方式进行担保公示。

（五）对实现担保物权的审查

【审查要点】

1. 担保合同有效成立；

2 完成必要的法定程序；

3. 合同届期未履行或发生当事人约定的实现担保物权的情形。

【规范指引】

《中华人民共和国民法典》

第四百一十条 债务人不履行到期债务或者发生当事人约定的实现抵押权的情形，抵押权人可以与抵押人协议以抵押财产折价或者以拍卖、变卖该抵押财产所得的价款优先受偿。协议损害其他债权人利益的，其他债权人可以请求人民法院撤销该协议。

抵押权人与抵押人未就抵押权实现方式达成协议的，抵押权人可以请求人民法院拍卖、变卖抵押财产。

抵押财产折价或者变卖的，应当参照市场价格。

第四百三十六条 债务人履行债务或者出质人提前清偿所担保的债权的，质权人应当返还质押财产。

债务人不履行到期债务或者发生当事人约定的实现质权的情形，质权人可以与出质人协议以质押财产折价，也可以就拍卖、变卖质押财产所得的价款优先受偿。

质押财产折价或者变卖的，应当参照市场价格。

【典型案例】

中信银行股份有限公司东莞分行诉陈志华等金融借款合同纠纷案，最高人民法院指导案例168号［裁判法院：最高人民法院；案号：（2019）最高法民再155号］

裁判要旨：以不动产提供抵押担保，抵押人未依抵押合同约定办理抵押登记的，不影响抵押合同的效力。债权人依据抵押合同主张抵押人在抵押物的价值范围内承担违约赔偿责任的，人民法院应予支持。抵押权人对未能办理抵押登记有过错的，相应减轻抵押人的赔偿责任。

（六）应收账款质押的认定及裁判规则

1. 应收账款质押的生效

【审查要点】

（1）债权人要提供符合形式要件的质押合同；

（2）是否办理质押登记；

（3）有无应收账款的基础合同等相关要素，证明应收账款的真实存在；

（4）应收账款的债务人是否明确表示确认应收账款的存在；

（5）应收账款设立质权有无通知应收账款债务人。

【注意事项】

应收账款质押具有天然的金钱给付属性，债务人不履行到期债务的，应收账款质权人可直接就应收账款进行优先受偿。

2. 提供质押的应收账款的范围

【审查要点】

（1）应收账款是否满足法律规定的形式要件；

（2）以将有的应收账款进行质押的，质权人应当举证证明将有的应收账款在办理质押登记时具有合理的期待利益，且债权范围可合理识别。

【注意事项】

《民法典》第四百四十条及第七百六十一条规定的应收账款债权人可以就现有的或将有的应收账款作为质押合同的标的，但是并未进一步列举可以进行质押担保的应收账款的范围，亦未正面列举不能作为质押的应收账款的类型。实践中，当事人以约定的应收账款超越金融监管部门发布的监管规定范围为由主张应收账款质押合同无效的，人民法院应当参考中国人民银行发布的《动产和权利担保统一登记办法》，结合《民法典》第一百五十三条第二款的规定认定合同的效力。

3. 应收账款质权的实现

【审查要点】

（1）应收账款项下的债务是否已经到期。主债权早于应收账款到期的，待应收账款到期后，质权人可以就应收账款行使质权；主债权晚于应收账款到期的，质权人可以将应收账款进行提存或设置监管账户，或在代位物上实现担保物权。

（2）应收账款质押合同中约定的应收账款范围大于登记载明范围的，债权人有权在登记载明的范围内行使质权；登记载明范围大于合同约定的，债权人有权在合同约定的范围内行使质权。

（3）应收账款债务人主张抵消的，应当审查应收账款债务人接到质权人通知的时间、对应收账款债权及主债权到期时间以及应收账款债务人的债权与质押应收账款是否基于同一合同产生。

（七）公司对外担保的效力认定及裁判规则

1. 担保效力的认定

【审查要点】

（1）担保合同符合法律规定的形式要件；

（2）订立担保合同时对公司权力机关的决议进行了必要的形式审查；

（3）一人公司（包括自然人设定的公司及母公司的全资子公司）对外担保的，采用一般合同成立的认定方式；

（4）上市公司对外担保的，还应当审查上市公司公开披露的关于担保事项已经有权机关决议通过的信息。

【注意事项】

（1）我国法律对于“实际控制人”没有明确的规定，实务中存在一定的争议。本指南认为，“实际控制人”通常指通过投资关系、协议或者其他安排实际直接支配公司的行为。“投资关系”指通过直接或间接投资控制公司；“协议”是指通过契约取得公司控制权，如托管协议、控制协议等；“其他安排”是一个兜底性的说法，涵盖了除以上两种方式之外的隐蔽控制方式，实务中通常指因没有履行或没有适当履行法定任职程序而产生的事实上控制公司（通常出现在封闭性的小公司）、通过亲属等关系以及公司特殊状态下临时指定的管理人等。

（2）债权人对公司机关决议内容的审查一般限于形式审查，只要尽到必要的注意义务即可，标准不宜太过严苛。公司以机关决议系法定代表人伪造或者变造、决议程序违法、签章（名）不真实、担保金额超过法定的限额等事由抗辩债权人非善意的，人民法院不予支持。

（3）法定代表人以公司名义与债务人约定加入债务并通知债权人或者向债权人表示愿意加入债务的，其债权人的审查义务依照公司对外担保规则处理。

【典型案例】

（1）广东南粤银行股份有限公司重庆沙坪坝支行与雷士照明（中国）有限公司、重庆恩纬西实业发展有限公司等金融借款合同纠纷案［裁判法院：最高人民法院；案号：（2018）最高法民申 206 号］

裁判要旨：债权人对担保人提供的股东会决议上所加盖股东印章的真实性没有进一步审查的义务，担保人的股东会决议以及法定代表人的行为是否超越权限均为其公司内部行为，不能因此而否定其对外所提供担保之效力。

（2）上饶银行股份有限公司吉安分行与吉安市吉州区安桐物业服务有限公司金融借款合同纠纷案［裁判法院：最高人民法院；案号：（2021）最高法民申 3801 号］

裁判要旨：案涉《最高额抵押合同》虽加盖了抵押人公司公章及法定代表人个人印章，但无本人签字，且贷款银行自认未与抵押人公司法定代表人面签。签订案涉抵押合同时，贷款银行在明知抵押人公司法定代表人、持股 50% 的股东不在公司，盖章人仅为公司监事及持股 50% 的股东，且双方已解除婚姻关系等事实的情况下，未要求其出具相关授权材料，故贷款银行在签订案涉抵押合同过程中未尽到必要的注意和审查义务，案涉抵押合同应属无效。

2. 担保合同无效的裁判规则

【审查要点】

（1）是否存在法律规定的担保合同无效的情形。

（2）担保合同存在无效情形的，应当向权利人释明诉请的法律后果。若权利人变更诉请为请求担保人承担损失赔偿责任，人民法院可依法判决；若当事人拒绝变更诉请，人民法院在查明案件事实及各方过错责任的基础上，可依法判决担保人承担过错范围内的损失赔偿责任。

（3）债权人主张担保人承担损害赔偿责任的，按照《最高人民法院关于适用〈中华人民共和国民法典〉有关担保制度的解释》第十七条的规定处理。

（4）法院在判决中应当体现担保人承担相应的赔偿责任后有权向债务人进行追偿。

【注意事项】

法院在审理担保合同无效案件认定担保人过错时，应当结合担保合同的订立时间、内容，担保人在主合同商谈过程中所扮演的角色等多方面加以综合考虑。首先，担保合同无效的，担保人过错的认定和其他合同无效的情形一致，如合同违反效力性强制性规定、无权处分担保标的物等；其次，主合同无效，担保合同无效的，因担保人不是主合同的当事人，对主合同的效力没有审查的义务。因此，只有当担保人的过错与主合同的订立有关时，担保人才承担责任。

四、金融借款中夫妻共同债务的认定和裁判规则

（一）夫妻共同债务的认定

【审查要点】

1. 夫妻共同债务需满足具有夫妻共同举债的意思表示或用于夫妻共同生活抑或共同生产、经营活动。

2. 法院在认定夫妻共同债务时，既要避免认定夫妻共同债务的标准过于严苛，又要避免过于宽松。应尽量平衡债权人和未举债配偶一

方利益，合理界定市场经营风险与婚姻家庭稳定之间的界限。

【注意事项】

1. 共同举债的意思表示。夫妻双方的合意可以明示或默示的方式：

（1）明示的意思表示包括夫妻双方共同签订借款合同或夫妻一方以书面、邮件、短信或者微信等方式表示合意；非举债方以夫妻共同名下的财产或个人名下的财产为借款设立抵押，借款后有过归还借款等追认行为。

（2）默示意思表示指作出能够推断出共同负债的行为。如借款实际汇入配偶名下实际控制的账户等。非举债方事后知晓但是未作出追认的，不能认为就债务达成了夫妻共同负债的合意。

2. 夫妻为共同生活所负债务的认定。一般包括以下债务：

（1）因购置家庭生活用品、支付家庭生活开支所负的债务；

（2）修建、购买、装修房屋所负的债务；

（3）夫妻为继承遗产或接受赠与所负的债务；

（4）为履行抚养教育子女所支出的教育、医疗、资助子女结婚等以及赡养扶助父母等义务所负的债务；

（5）夫妻一方或双方为治疗疾病所负的债务；

（6）从事双方同意的文化教育、文娱体育活动所负的债务；

（7）未成年子女对他人侵权所负的债务；

（8）夫妻协议约定为共同债务的情形以及其他在日常家庭生活中发生的债务。

3. 为共同生产、经营所负的债务的认定：

（1）双方共同从事个体工商业、农村承包经营所负的债务；

（2）双方共同从事投资或者其他金融证券交易活动所负的债务；

（3）经双方同意由一方经营且收入用于共同生活所负的债务；

（4）夫妻一方用夫妻共同财产投资，以个人名义从事生产、经营活动，或虽由一方独自筹资但收益用于共同生活所负的债务等。

4. 典型的夫妻个人债务。一般包括以下几类：

（1）夫妻一方婚前的债务。比如因婚前购买住房（且该住房不用于共同居住的）而负的债务。

（2）捐助他人所负的债务，而双方未就此达成合意。

（3）因遗嘱继承所负的债务，而相关遗嘱中明确遗产仅归一方所有；受赠方因赠与合同所负的债务，合同中明确约定赠与之财产仅归一方所有。

（4）因沉迷于非法活动或明显不利于家庭的活动所负的债务，例如参与赌博、吸食毒品、无节制地喝酒。

（5）夫妻双方约定由个人负担的债务，且债权人知晓的；

（6）夫妻一方个人不合理的开支。

5. 一方担保之债是否为夫妻共同债务：

（1）一方对外提供担保所负的债务，原则上不属于夫妻共同债务。

（2）若配偶一方以“共有人身份”在担保合同上签字或者举债方被授予代理权的情况下进行签字所负的债务属于夫妻共同债务。

（3）在有偿担保的情形下，债务人向担保人支付一定数额的服务费时，担保人可以从中获益，获益用于夫妻共同生活的，担保债务为夫妻债务。担保人与他人签订联保协议，约定联保当事人间有为未来的借贷相互提供担保的义务。担保人已经依据联保协议获取的银行的贷款的，该贷款用于经营的，担保人因此前为联保其他当事人提供担保所负的债务为夫妻债务。若一方能证明其不知道且不同意该担保，并且该担保债务获得的利益并未用于夫妻共同生活的，不推定为夫妻共同债务。需要注意的是，现实生活中，在夫妻一方对外投资经营的情况下，基于婚后法定共同财产制，另一方受益的情况是常态，而由于生产经营的风险巨大，如果只有较少的受益而负担巨额债务的，亦存在权利义务失衡的质疑。人民法院应当结合权利义务的平衡因素综合认定。

6. 婚前个人负债能否转化为夫妻共同债务：原则上夫妻一方婚前个人所负债务不能因婚姻关系的发生而转移，债权人亦不得就一方婚前个人债务向债务人配偶主张债权。但是如果一方婚前债务与婚后夫妻共同生活有必然的联系，即若一方婚前所负债务中的资金、财物已经转化为婚后夫妻共同财产或已成为婚后夫妻共同的物质生活条件的，则婚前一方所负债务即转化为夫妻共同债务，应当由夫妻共同连带偿还。以下情形可能导致夫妻一方婚前债务转化为婚后共同债务：（1）婚前举债一方的配偶在婚后向债权人作出承诺，自愿承担债务人的婚前债务，这种情况在性质上属于意定之债；（2）一方婚前按揭贷款买房，婚后夫妻双方使用的；（3）一方婚前举债购置大量结婚用品，婚后为夫妻双方共同生活所需的；（4）一方婚前借款装修房屋，该房屋供夫妻双方婚后共同居住或共同使用的。但为了防止债务人与债权人恶意串通损害债务人配偶的利益，债权人需提供充分的证据证明婚前所欠债务是用于婚后家庭共同生活。法院在审查证据时要对证据的内容与形式、证据的证明力、证据的盖然性予以全方位、多角度的考量。即要从一方婚前债务与婚后共同生活的因果关系来判断，综合审查债务人举债的目的、用途及婚后生活的需要等诸多因素。

7. 关于借款人将借款用于炒股、炒期货等，本指南认为，炒股、炒期货等属于理财的一种方式，无论最终盈利还是亏损，其目的一般在于增加共同的家庭财富，且该理财款项与家庭财产往往会交织在一起，故原则上应考虑认定为夫妻共同债务。

（二）夫妻共同债务的举证责任分配

【审查要点】

1. 共签共认之债。债权人需举证证明夫妻共同举债的意思表示，即提交夫妻双方共同签字的借款合同、欠条，或夫妻一方事后追认的证据，如电话录音、短信、微信记录、邮件等。

2. 满足夫妻日常生活所需之债。夫妻关系存续期间发生的债务原则上推定为夫妻共同之债，债权人只需提供该债务为家庭日常生活需要所负的初步证据，如存在债权债务关系、债权金额符合当地普通居民的家庭日常消费标准或水平、债权人尽到了审慎注意义务等。不需要举证证明所借款项实际用于家庭日常生活。若配偶抗辩债务不属于夫妻共同债务的，应由其举证证明并非用于家庭日常生活。

3. 超出夫妻日常生活所需之债。原则上不属于夫妻共同债务，债权人若主张夫妻共同债务，需要举证证明用于夫妻共同生活或者生产经营，或者债务系基于夫妻双方共同的意思表示。

【注意事项】

夫妻在婚姻关系存续期间以一方名义所负房贷、车贷，是否属于夫妻共同债务，实践中存在一定争议。

第一种观点认为，房屋系用于居住，车辆系用于出行，故属于“为家庭日常生活需要所负债务”，属于夫妻共同债务。

第二种观点认为，房屋、车辆都属于价值较高的财产，且满足日常居住、出行等生活需要并非以购买房屋、车辆为前提，故不宜推定为满足家庭日常生活需要，需债权人举证上述贷款购买的房屋及车辆之具体用途。若债权人能举证证明贷款所购房屋、车辆系用于夫妻共同居住、出行的，则可以认定为用于夫妻共同生活；若债权人能举证证明贷款所购房屋、车辆系用于夫妻经营使用的，则可以认定为用于夫妻共同生产经营；若债权人无法举证证明用途的，则不能认定为夫妻共同债务。

第三种观点认为，在考虑贷款购买房屋车辆之用途的基础上，需进一步考虑房屋及车辆的归属。即若债权人能够举证证明贷款所购房屋、车辆系用于夫妻共同生活或者共同生产经营的，可以认定为夫妻共同债务；同时，若该房屋、车辆系由夫妻共同购买、登记于夫妻共同名下或者属于夫妻共同财产的，也可视情形推定所负房贷、车贷系基于夫妻的共同意思表示，亦可认定为夫妻共同债务。

本指南倾向于第三种观点。

【规范指引】

《中华人民共和国民法典》

第一千零六十二条 夫妻在婚姻关系存续期间所得的下列财产，为夫妻的共同财产，归夫妻共同所有：

（一）工资、奖金、劳务报酬；

（二）生产、经营、投资的收益；

（三）知识产权的收益；

（四）继承或者受赠的财产，但是本法第一千零六十三条第三项规定的除外；

（五）其他应当归共同所有的财产。

夫妻对共同财产，有平等的处理权。

第一千零六十三条 下列财产为夫妻一方的个人财产：

（一）一方的婚前财产；

（二）一方因受到人身损害获得的赔偿或者补偿；

（三）遗嘱或者赠与合同中确定只归一方的财产；

（四）一方专用的生活用品；

（五）其他应当归一方的财产。

第一千零六十四条 夫妻双方共同签名或者夫妻一方事后追认等共同意思表示所负的债务，以及夫妻一方在婚姻关系存续期间以个人名义为家庭日常生活需要所负的债务，属于夫妻共同债务。

夫妻一方在婚姻关系存续期间以个人名义超出家庭日常生活需要所负的债务，不属于夫妻共同债务；但是，债权人能够证明该债务用于夫妻共同生活、共同生产经营或者基于夫妻双方共同意思表示的除外。

第一千零六十五条 男女双方可以约定婚姻关系存续期间所得的财产以及婚前财产归各自所有、共同所有或者部分各自所有、部分共同所有。约定应当采用书面形式。没有约定或者约定不明确的，适用本法第一千零六十二条、第一千零六十三条的规定。

夫妻对婚姻关系存续期间所得的财产以及婚前财产的约定，对双方具有法律约束力。

夫妻对婚姻关系存续期间所得的财产约定归各自所有，夫或者妻一方对外所负的债务，相对人知道该约定的，以夫或者妻一方的个人财产清偿。

第一千零八十九条 离婚时，夫妻共同债务应当共同偿还。共同财产不足清偿或者财产归各自所有的，由双方协议清偿；协议不成的，由人民法院判决。

【典型案例】

1. 阜新银行股份有限公司大连分行及大连易林经贸有限公司、大连北美能源有限公司、鞍山北美新热电环保有限公司、黄某、乔某、赵某金融借款合同纠纷案［裁判法院：最高人民法院；案号：(2019）最高法民申 2216 号］

裁判要旨：案涉《最高额保证合同》《授信额度表》的签订时间在赵某与乔某的婚姻关系存续期间，虽未记载赵某为担保人，但赵某作为乔某的配偶，在《最高额保证合同》的担保人处签字。赵某亦认可该签字行为是作为配偶对乔某提供担保行为的确认。乔某是案涉借款合同的保证人，赵某与乔某是夫妻关系。即使赵某并非案涉相关借款合同的保证人，乔某因担保行为所负债务亦应认定为夫妻共同债务。

2. 天津滨海农村商业银行股份有限公司广开支行与天津市博祥置业发展有限公司、董某、贾某甄、孙某、于某、孙某华、王某梅等金融借款合同纠纷案［裁判法院：最高人民法院；案号：(2019）最高法民申 2976 号］

裁判要旨：董某作为涉案借款人的法定代表人，不仅与农商行广开支行签订《个人最高额保证合同》，自愿承担连带保证责任，且其配偶贾某甄亦在《个人最高额保证合同》中保证人配偶处签字。原判决据此认定董某的保证债务为夫妻共同债务，判令贾某甄亦对涉案借款承担连带清偿责任并无不当。《最高人民法院民一庭关于夫妻一方对外担保之债能否认定为夫妻共同债务的复函》针对的是夫妻一方对外担保的情况，本案中董某、贾某甄夫妇均在保证合同上签字，自非夫妻一方对外担保之情形，贾某甄依据该复函主张原判决适用法律错误，本院不予支持。

五、债权转让的审查及认定

（一）管辖法院的确定

【审查要点】

1. 金融机构与借款人、担保人之间的基础合同是否存在管辖协议；

2. 转让协议对管辖法院是否存在新的约定，借款人、担保人是否同意新的管辖约定；

3. 金融机构与借款人、担保人之间的基础合同中，是否存在关于“发生债权转让，借款人、担保人同意债权由受让人住所地法院管辖”的约定；

4. 金融机构与借款人、担保人之间是否存在仲裁约定。

【注意事项】

1. 应根据金融机构与借款人、担保人之间的管辖协议确定管辖法院。受让人以不知道有管辖协议为由主张不适用原管辖协议的，应提供充分证据。不同于管辖协议，对于仲裁约定，受让人若明确反对，即不受仲裁约定的约束。

2. 金融借款合同中约定，发生债权转让的，债务人同意债权纠纷由受让人住所地法院管辖的，债权受让人可在其住所地法院提起诉讼，也可以选择向金融借款合同约定的管辖法院提起诉讼。

【规范指引】

《最高人民法院关于适用〈中华人民共和国民事诉讼法〉的解释》

第三十三条　合同转让的，合同的管辖协议对合同受让人有效，但转让时受让人不知道有管辖协议，或者转让协议另有约定且原合同相对人同意的除外。

《最高人民法院关于适用〈中华人民共和国仲裁法〉若干问题的解释》

第九条　债权债务全部或者部分转让的，仲裁协议对受让人有效，但当事人另有约定、在受让债权债务时受让人明确反对或者不知有单独仲裁协议的除外。

【典型案例】

上海新黄浦投资管理有限公司与奥瑞德光电股份有限公司等金融借款合同纠纷案［裁判法院：上海市高级人民法院；案号：（2020）沪民辖终132号］

裁判要旨：债权转让合同生效后，因原信托贷款债权债务关系的履行发生纠纷，应以原法律关系确定案由为金融借款合同纠纷，并以原信托贷款合同约定的管辖法院确定法院管辖权。

（二）债权转让特殊裁判规则

1. 法律关系的认定

【审查要点】

（1）受让人与债权人之间是否存在债权转让协议，受让款是否已经支付；

（2）受让人是否为担保人，其与债权人之间是否存在担保法律关系；

（3）受让人是否为保险公司，与债权人或债务人之间是否存在保险合同。

【注意事项】

（1）若受让人与金融机构或借款人、担保人之间存在其他法律关系，不能仅凭债权转让协议或权益转让书等权利转让凭证确定当事人之间的法律关系，应审慎审查实际构成的法律关系。

（2）实践中，存在部分保证人以债权受让人身份提起诉讼，隐瞒其与金融机构之间的保证法律关系。人民法院在审理该类纠纷时，对于同一受让人非通过不良债权挂牌竞价、拍卖等公开竞争场合购买不良债权的，应要求该受让人说明其与金融机构之间是否存在其他法律关系。

（3）对于非融资担保公司进行融资担保业务，并收取费用的，若该业务属于经常性业务，应认定非融资担保公司与债务人签订的融资担保协议无效，非融资担保公司无权收取担保费等相关费用，应在债权追偿范围内进行抵扣。

（4）信托、资管产品到期后，将信托、资管产品项下财产原状分配，应认定为债权转让。

（5）人民法院对不良债权转让具有合理怀疑的，可以依职权主动审查不良债权转让合同的效力，将原债权人列为第三人，同时主动要求受让人在起诉时提供债权转让文件、受让价款支付凭证等证据，避免存在不良债权转让合同无效情形。

【规范指引】

《最高人民法院关于适用〈中华人民共和国民法典〉有关担保制度的解释》

第十四条 同一债务有两个以上第三人提供担保，担保人受让债权的，人民法院应当认定该行为系承担担保责任。受让债权的担保人作为债权人请求其他担保人承担担保责任的，人民法院不予支持；该担保人请求其他担保人分担相应份额的，依照本解释第十三条的规定处理。

《最高人民法院关于如何理解最高人民法院法发〔2009〕19号〈会议纪要〉若干问题的请示之答复》

我院于2009年4月3日发布的法发〔2009〕19号《关于审理涉及金融不良债权转让案件工作座谈会纪要》（以下简称《纪要》）所要解决的问题实质是如何解决和化解计划经济时期形成的历史遗留问题。其主要目的在于规范金融不良债权转让行为，维护企业和社会稳定，防止国有资产流失，保障国家经济安全。根据《纪要》的精神和目的，涉及非国有企业债务人的金融不良债权转让纠纷案件，亦应参照适用《纪要》的规定。债务人未对不良债权转让合同的效力提出异议，但案件的事实和相关证据情况能够引发人民法院对不良债权转让合同效力产生合理怀疑的，人民法院可以依职权主动审查不良债权转让合同的效力。

【典型案例】

晋城银行股份有限公司与中融新大集团有限公司、山东物流集团有限公司金融借款合同纠纷案［裁判法院：上海市高级人民法院；案

号：（2021）沪民辖终 95 号］

裁判要旨：信托公司出具信托财产原状分配通知书，并告知债务人向信托财产委托人履行相关合同项下的义务，上述法律行为符合债权转让的特征，委托人依法承继信托公司在相关合同中的权利义务。

2. 债权范围的认定

【审查要点】

（1）债权转让协议关于受让范围的约定；

（2）是否存在最高额抵押担保，原最高额抵押担保合同中是否允许在最高额抵押担保的债权确定前进行部分债权转让。

【注意事项】

（1）虽然金融借款利率与民间借贷利率存在利差，但非金融机构受让人受让金融债权的，仍应以原借款合同约定计算相关利息、逾期利息等。

（2）被告关于非金融资产管理公司法人、自然人受让国有银行为债权人、国有企业为债务人的不良债权，受让人仅能向国有企业债务人主张以原借款合同本金为基数、计算至不良债权受让日之前的利息的抗辩，因不属于《最高人民法院关于审理涉及金融不良债权转让案件工作座谈会纪要》规定的特殊范围，应不予支持。

（3）保证人履行保证责任后，向借款人追偿的，仅能以保证人实际清偿金额为限向借款人追偿，其向其他保证人追偿的范围，依据《最高人民法院关于适用〈中华人民共和国民法典〉有关担保制度的解释》第十三条的规定处理。对于融资担保公司与借款人、反担保人之间约定相关违约金的，应尊重合同约定。

（4）担保人代借款人偿还借款，即使向出借人代偿的利息、违约金、服务费等费用超过了司法利率保护上限，也仅能在司法保护利率范围内向债务人追偿。

（5）保险人承担保险责任后，仅能以保险金为限且不得超过法律保护上限向借款人、担保人主张保险人代位求偿。

【规范指引】

《中华人民共和国民法典》

第四百零七条 抵押权不得与债权分离而单独转让或者作为其他债权的担保。债权转让的，担保该债权的抵押权一并转让，但是法律另有规定或者当事人另有约定的除外。

第四百二十一条 最高额抵押担保的债权确定前，部分债权转让的，最高额抵押权不得转让，但是当事人另有约定的除外。

第五百四十五条 债权人可以将债权的全部或者部分转让给第三人，但是有下列情形之一的除外：

（一）根据债权性质不得转让；

（二）按照当事人约定不得转让；

（三）依照法律规定不得转让。

当事人约定非金钱债权不得转让的，不得对抗善意第三人。当事人约定金钱债权不得转让的，不得对抗第三人。

第五百四十七条 债权人转让债权的，受让人取得与债权有关的从权利，但是该从权利专属于债权人自身的除外。

受让人取得从权利不因该从权利未办理转移登记手续或者未转移占有而受到影响。

《最高人民法院关于审理涉及金融不良债权转让案件工作座谈会纪要》

九、关于受让人收取利息的问题

会议认为，受让人向国有企业债务人主张利息的计算基数应以原借款合同本金为准；受让人向国有企业债务人主张不良债权受让日之后发生的利息的，人民法院不予支持。但不良债权转让合同被认定无效的，出让人在向受让人返还受让款本金的同时，应当按照中国人民银行规定的同期定期存款利率支付利息。

3. 债权转让通知的认定

【审查要点】

（1）债权转让是否有效通知借款人、担保人；

（2）原债权人通知借款人、担保人债权转让的事实后，单方撤销该转让通知的，是否经过受让人同意；

（3）银行不良债权发生转让后，在全国或省级有影响的报纸上发布的有催收内容的债权转让公告、通知或发布催收公告的主体，是否为银行和金融资产管理公司。

【注意事项】

（1）发生债权转让后，非金融资产管理公司受让债权的，原则上应对债务人进行通知，在穷尽送达手段无法通知债务人时，选择在全国或省级有影响的报纸上发布催收公告，发生诉讼时效中断的法律后果。若债务人能够举证证明其在金融借款合同中预留的联系地址、送达地址、住址等可以有效送达，受让人怠于送达，而径行公告的，不发生诉讼时效中断的后果。

（2）发生债权转让，受让人必须明确向保证人主张保证责任，才发生保证期间转化为诉讼时效的效果。保证人仅在未主张保证责任的债权转让通知上签字，不能认定受让人向保证人主张保证责任。另外，保证期间经过后，保证人在债权转让、催收回执上签字，因缺乏承担保证责任的意思表示，保证人不承担保证责任。

【规范指引】

《中华人民共和国民法典》

第五百四十六条 债权人转让债权，未通知债务人的，该转让对债务人不发生效力。

债权转让的通知不得撤销，但是经受让人同意的除外。

《最高人民法院对〈关于贯彻执行最高人民法院“十二条”司法解释有关问题的函〉的答复》

信达、华融、长城、东方资产管理公司：

依据我院《关于审理涉及金融资产管理公司收购、管理、处置国有银行不良贷款形成的资产的案件适用法律若干问题的规定》（以下简称《规定》）第十条规定，为了最大限度地保全国有资产，金融资产管理公司在全国或省级有影响的报纸上发布的有催收内容的债权转让公告或通知所构成的诉讼时效中断，可以溯及至金融资产管理公司受让原债权银行债权之日；金融资产管理公司对已承接的债权，可以在上述报纸上以发布催收公告的方式取得诉讼时效中断（主张权利）的证据。关于涉及资产管理公司清收不良资产的诉讼案件，其“管辖问题”应按《规定》执行。

《最高人民法院关于甘肃省高级人民法院就在诉讼时效期间债权人依法将主债权转让给第三人保证人是否继续承担保证责任等问题请示的答复》

一、在诉讼时效期间，凡符合《中华人民共和国合同法》第八十一条和《中华人民共和国担保法》第二十二条规定的，债权人将主债权转让给第三人，保证债权作为从权利一并转移，保证人在原保证担保的范围内继续承担保证责任。

二、按照《关于适用〈中华人民共和国担保法〉若干问题的解释》第三十六条第一款的规定，主债务诉讼时效中断，连带保证债务诉讼时效不因主债务诉讼时效中断而中断。按照上述解释第三十四条第二款的规定，连带责任保证的债权人在保证期间内要求保证人承担保证责任的，自该要求之日起开始计算连带保证债务的诉讼时效。《最高人民法院对〈关于贯彻执行最高人民法院“十二条”司法解释有关问题的函〉的答复》是答复四家资产管理公司的，其目的是为了最大限度地保全国有资产。因此，债权人对保证人有公告催收行为的，人民法院应比照适用《最高人民法院关于审理涉及金融资产公司收购、管理、处置国有银行不良贷款形成的资产的案件适用法律若干问题的规定》第十条的规定，认定债权人对保证债务的诉讼时效中断。

4. 偿还的认定

【审查要点】

（1）债权转让后，债务人向原债权人清偿的，债权转让是否通知债务人；

（2）发生债权转让，原债权人单方撤销该转让通知，债务人是否在受让人同意撤销前向受让人清偿。

【注意事项】

债权转让通知到达债务人即对债务人发生效力，由于通知存在时间差异，借款人或担保人分别向不同主体（原债权人、受让人）进行清偿，若借款人或担保人具有善意的，应发生债权消灭的后果。若原债权人或受让人主张债务人属于恶意清偿的，应承担举证责任。

【规范指引】

《中华人民共和国民法典》

第五百四十六条　债权人转让债权，未通知债务人的，该转让对债务人不发生效力。

债权转让的通知不得撤销，但是经受让人同意的除外。

六、电子借款合同的审查及认定

（一）借款人审查

1. 借款人身份的审查

【审查要点】

（1）金融机构是否提供被告系实际借款人的初步证据；

（2）借款是否已经实际发放。

【注意事项】

（1）不同于线下金融借款，线上借款虽为借款人带来了便捷，但也为冒名借款埋下风险，金融机构具有贷前审查的法定义务，应加强对借款人信息的审查，避免出现冒名借款现象。实践中，电子借款合同中往往约定司法送达条款，若存在借款人身份信息被冒用，司法送达地址、联系方式亦非该名义借款人，该借款人难以通过应诉保障自身权利，为倾斜保护金融消费者，因金融机构保存相关证据，应采用举证责任倒置，要求金融机构尽可能提供借款人的信息。

（2）电子借款合同系线上签署，金融机构无法直接识别借款人的身份，需要借助一定的技术手段，通常采用线下加线上的手段能够较大幅度提高证明力。其中：①针对传统银行利用既有线下业务，开展线上业务。可以通过借款人线下领用的U盾、K宝等秘钥识别客户信息，因秘钥通常由该客户直接保管，且金融机构在客户申领秘钥时，对客户身份进行过识别，故该证据证明力更强。也可以通过借款人线下申请借款，线上发放借款形式，确认借款人信息。②对于纯线上业务。通常而言，金融机构至少应审核身份证复印件、借款人实名手机号验证码、借款人实名线下开立银行卡等信息确定借款人身份。在此基础上可以通过要求借款人向特定账户进行银行转账、人脸识别等手段加强身份认证的力度。但通过人脸识别技术确认借款人身份的，应提供相应人脸识别报告，以确定人像识别对比的范围、人像比对相似度等情况。

【规范指引】

《中华人民共和国民法典》

第六百六十七条　借款合同是借款人向贷款人借款，到期返还借款并支付利息的合同。

2. 借款合同签署的审查

【审查要点】

电子签约的合同是否系借款人本人签署。

【注意事项】

（1）应着重审查借款人的签约意向与签约内容，金融机构应对此承担举证责任。若金融机构审查了借款人信息，且向借款人实名开立的账户发放的借款数额与纸质合同、电子合同均一致时，足以证明系该借款人或其授权人签署了借款合同。

（2）金融机构虽将借款发放至借款人账户中，但无证据足以证明借款人本人或授权他人签署过借款合同，则双方之间不存在借款合同关系，金融机构仅能以不当得利要求借款人返还相应钱款。

（3）鉴于借款人通过线上签署合同的目的是获得融资资金，对于复用签名、点击确认，而非逐一签名的系列合同，金融机构需证明借款人知悉并同意签署除借款合同外的其他合同，否则在借款人不追认的情形下，其他合同不对借款人发生效力。

【规范指引】

《中华人民共和国民法典》

第六百六十七条　借款合同是借款人向贷款人借款，到期返还借款并支付利息的合同。

（二）电子借款合同内容的审查

【审查要点】

金融机构提交给法院的合同内容是否与借款人所签署的合同内容一致。

【注意事项】

1. 关于借款合同的举证，一种观点认为：金融机构提供借款合同即可，法院仅对借款合同进行形式审查，在借款人未抗辩的情况下，金融机构无须证明借款合同完整、可靠、未篡改。另一种观点认为：因金融机构存储借款合同，具有篡改借款合同的能力，因此，金融机构应举证证明其提供的借款合同系完整、可靠和未篡改的。本指南认为第二种观点更合理。

2. 从证明力角度而言，在签署时即对电子借款合同数据进行公证的，该证据证明力较高；运用区块链技术将电子借款合同数据进行加密存储的证据，证明力亦较高；由金融机构自行保存、提取的电子借款合同数据证明力最弱。

3. 借款人认为纸质借款合同内容与当时签署的电子合同内容不一致的，应由借款人提供相应证据。

【规范指引】

《最高人民法院关于民事诉讼证据的若干规定》

第十五条第二款　当事人以电子数据作为证据的，应当提供原件。电子数据的制作者制作的与原件一致的副本，或者直接来源于电子数据的打印件或其他可以显示、识别的输出介质，视为电子数据的原件。

第九十三条　人民法院对于电子数据的真实性，应当结合下列因素综合判断：

（一）电子数据的生成、存储、传输所依赖的计算机系统的硬件、软件环境是否完整、可靠；

（二）电子数据的生成、存储、传输所依赖的计算机系统的硬件、软件环境是否处于正常运行状态，或者不处于正常运行状态时对电子数据的生成、存储、传输是否有影响；

（三）电子数据的生成、存储、传输所依赖的计算机系统的硬件、软件环境是否具备有效的防止出错的监测、核查手段；

（四）电子数据是否被完整地保存、传输、提取，保存、传输、提取的方法是否可靠；

（五）电子数据是否在正常的往来活动中形成和存储；

（六）保存、传输、提取电子数据的主体是否适当；

（七）影响电子数据完整性和可靠性的其他因素。

人民法院认为有必要的，可以通过鉴定或者勘验等方法，审查判断电子数据的真实性。

第九十四条 电子数据存在下列情形的，人民法院可以确认其真实性，但有足以反驳的相反证据的除外：

（一）由当事人提交或者保管的于己不利的电子数据；

（二）由记录和保存电子数据的中立第三方平台提供或者确认的；

（三）在正常业务活动中形成的；

（四）以档案管理方式保管的；

（五）以当事人约定的方式保存、传输、提取的。

电子数据的内容经公证机关公证的，人民法院应当确认其真实性，但有相反证据足以推翻的除外。

七、刑民交叉案件的审查及认定

（一）刑民交叉案件分别审理

【审查要点】

1. 民事案件与刑事案件是否存在同一事实；

2. 民事案件与刑事案件是否存在同一主体；

3. 是否属于涉众性经济犯罪。

【规范指引】

《全国法院民商事审判工作会议纪要》

128.【分别审理】同一当事人因不同事实分别发生民商事纠纷和涉嫌刑事犯罪，民商事案件与刑事案件应当分别审理，主要有下列情形：

（1）主合同的债务人涉嫌刑事犯罪或者刑事裁判认定其构成犯罪，债权人请求担保人承担民事责任的；

（2）行为人以法人、非法人组织或者他人名义订立合同的行为涉嫌刑事犯罪或者刑事裁判认定其构成犯罪，合同相对人请求该法人、非法人组织或者他人承担民事责任的；

（3）法人或者非法人组织的法定代表人、负责人或者其他工作人员的职务行为涉嫌刑事犯罪或者刑事裁判认定其构成犯罪，受害人请求该法人或者非法人组织承担民事责任的；

（4）侵权行为人涉嫌刑事犯罪或者刑事裁判认定其构成犯罪，被保险人、受益人或者其他赔偿权利人请求保险人支付保险金的；

（5）受害人请求涉嫌刑事犯罪的行为人之外的其他主体承担民事责任的。

审判实践中出现的问题是，在上述情形下，有的人民法院仍然以民商事案件涉嫌刑事犯罪为由不予受理，已经受理的，裁定驳回起诉。对此，应予纠正。

129.【涉众型经济犯罪与民商事案件的程序处理】2014 年颁布实施的《最高人民法院最高人民检察院公安部关于办理非法集资刑事案件适用法律若干问题的意见》和 2019 年 1 月颁布实施的《最高人民法院最高人民检察院公安部关于办理非法集资刑事案件若干问题的意见》规定的涉嫌集资诈骗、非法吸收公众存款等涉众型经济犯罪，所涉人数众多、当事人分布地域广、标的额特别巨大、影响范围广，严重影响社会稳定，对于受害人就同一事实提起的以犯罪嫌疑人或者刑事被告人为被告的民事诉讼，人民法院应当裁定不予受理，并将有关材料移送侦查机关、检察机关或者正在审理该刑事案件的人民法院。受害人的民事权利保护应当通过刑事追赃、退赔的方式解决。正在审理民商事案件的人民法院发现有上述涉众型经济犯罪线索的，应当及时将犯罪线索和有关材料移送侦查机关。侦查机关作出立案决定前，人民法院应当中止审理；作出立案决定后，应当裁定驳回起诉；侦查机关未及时立案的，人民法院必要时可以将案件报请党委政法委协调处理。除上述情形人民法院不予受理外，要防止通过刑事手段干预民商事审判，搞地方保护，影响营商环境。

当事人因租赁、买卖、金融借款等与上述涉众型经济犯罪无关的民事纠纷，请求上述主体承担民事责任的，人民法院应予受理。

【典型案例】

1. 恒丰银行股份有限公司南通分行与宁波银行股份有限公司深圳分行合同纠纷案［裁判法院：最高人民法院；案号：(2018）最高法民终 243 号］

裁判要旨：恒丰银行南通分行上诉主张的本案涉嫌票据诈骗犯罪的当事人（游某策、蒋某平、湛某红及戴某斌）既非《转贴现合同》的签约主体，又非案涉承兑汇票的签章人，恒丰银行南通分行提交的证据不足以证明宁波银行深圳分行承办人涉嫌票据诈骗，以及恒丰银行南通分行、宁波银行深圳分行签订、履行《转贴现合同》涉嫌票据诈骗。本案审理的是恒丰银行南通分行与宁波银行深圳分行之间的合同纠纷，涉嫌票据诈骗刑事犯罪法律关系与《转贴现合同》法律关系的主体、权利义务、法律责任均不相同，不属于同一法律关系。综上，恒丰银行南通分行关于“本案是票据诈骗案件应中止审理或者移送刑事侦查部门处理”的上诉主张，无事实和法律依据，本院不予支持。

2. 江山市江建房地产开发有限责任公司与雷某程、吴某旺、俞某貂、江西四季青生态科技有限公司民间借贷纠纷案［裁判法院：最高人民法院；案号：(2016）最高院民申 425 号］

裁判要旨：借款人涉嫌或构成刑事犯罪时，出借人起诉担保人的，应适用“民刑分离”的原则。最高人民法院认为，对于借款人是否涉嫌犯罪的认定，不影响担保责任的认定与承担。在由第三人提供担保的民间借贷中，就法律关系而言，存在出借人与借款人之间的借款关系以及出借人与第三方的担保关系两种法律关系，而借款人涉嫌犯罪或者被生效判决认定有罪，并不涉及担保法律关系。刑事案件的犯罪嫌疑人或犯罪人仅与民间借贷纠纷中的借款人重合，而出借人要求担保人承担担保责任的案件，其责任主体与刑事案件的责任主体并不一致。因此，借款人涉嫌或构成刑事犯罪时，出借人起诉担保人的，应适用“民刑分离”的原则。

3. 赤峰元宝山农村商业银行股份有限公司、赤峰民杰汽车有限责任公司、朝阳跃航汽车贸易有限公司借款合同纠纷案［裁判法院：最高人民法院；案号：（2015）民二终字第 52 号］

裁判要旨：银行违法发放贷款，在程序上不影响金融借款法律关系民事案件的审理。最高人民法院认定，赤峰市公安局红山区分局作出的立案告知书，表明元宝山农商行涉嫌违法发放贷款罪。元宝山农商行是否因破坏金融管理秩序被追究刑事责任，不影响元宝山农商行提起民事诉讼主张收回授信借款的权利，民杰汽车公司是否承担到期还款义务，跃航汽车公司是否承担担保责任，属于民事案件审理范围。一审法院依据《最高人民法院关于在审理经济纠纷案件中涉及经济犯罪嫌疑若干问题的规定》第十一条裁定驳回元宝山农商行起诉，适用法律错误。

4. 汇丰银行（中国）有限公司武汉分行与中铝华中铜业有限公司债权转让合同纠纷案［裁判法院：最高人民法院；案号：（2015）民二终字第 282 号］

裁判要旨：借款人涉嫌骗取贷款的，在程序上不影响金融借款合同纠纷民事案件的审理。最高人民法院认定，黄石市公安局立案侦查的鑫鹏公司骗取汇丰银行武汉分行贷款一案与本案在事实认定上虽有交叉，但鑫鹏公司涉嫌构成刑事犯罪之事实并不能否定汇丰银行武汉分行与中铝华中铜业公司之间存在的民事关系，依据《中华人民共和国民事诉讼法》第一百一十九条的规定，汇丰银行武汉分行对中铝华中铜业公司提起的诉讼符合受理条件，人民法院依法应当受理。至于中铝华中铜业公司是否需要承担民事责任，应通过实体审理作出认定。

（二）中止审理

【审查要点】

金融借款案件是否必须以相关刑事案件的审理结果为依据。

【注意事项】

以刑事案件的审理结果为依据，应达到刑事案件的结果对金融借款案件的审理结果产生重要影响。若仅在审理中发现犯罪线索，则应继续审理并将犯罪线索移送公安机关，不能裁定驳回原告起诉或中止审理。

【规范指引】

《全国法院民商事审判工作会议纪要》

130.【民刑交叉案件中民商事案件中止审理的条件】人民法院在审理民商事案件时，如果民商事案件必须以相关刑事案件的审理结果为依据，而刑事案件尚未审结的，应当根据《民事诉讼法》第 150 条第 5 项的规定裁定中止诉讼。待刑事案件审结后，再恢复民商事案件的审理。如果民商事案件不是必须以相关的刑事案件的审理结果为依据，则民商事案件应当继续审理。

《中华人民共和国民事诉讼法》

第一百五十三条 有下列情形之一的，中止诉讼：

（一）一方当事人死亡，需要等待继承人表明是否参加诉讼的；

（二）一方当事人丧失诉讼行为能力，尚未确定法定代理人的；

（三）作为一方当事人的法人或者其他组织终止，尚未确定权利义务承受人的；

（四）一方当事人因不可抗拒的事由，不能参加诉讼的；

（五）本案必须以另一案的审理结果为依据，而另一案尚未审结的；

（六）其他应当中止诉讼的情形。

中止诉讼的原因消除后，恢复诉讼。

【典型案例】

中国铁路物资沈阳有限公司与天津市长芦盐业总公司买卖合同纠纷案［裁判法院：最高人民法院；案号：（2015）民二终字第335号］

裁判要旨：虽然涉嫌构成犯罪已经被公安机关立案侦查，但民事诉讼有关独立事实已经在本案查清，无须再以该刑事案件的结果为依据时，民事诉讼不宜中止审理。最高人民法院认为，在审判实践中，无论是先刑后民，还是先民后刑，都不应当绝对化和扩大化，有些民事案件的审理确实需要以刑事案件的结果为前提，而有些刑事案件却必须以民事案件为依据，也有些民事案件与刑事案件的审理可以各自独立，互不关涉。在民商事案件审理中，重要的是运用民事审判规则分析相关证据进而认定相关事实，如果能够依据相关事实和法律进行审理的，并非一定要等待刑事案件的处理结果。因此，在审理民刑交叉案件时，应当坚持具体案件具体分析的实事求是的态度予以判定。本案长芦公司作为原告，以买卖合同纠纷为由起诉沈阳公司，要求支付4900万元货款，故本案应当以沈阳公司应否支付货款以及是否支付了货款为核心。经查，虽然张榕涉嫌构成票据诈骗罪已经被公安机关立案侦查，但有关本案4900万元汇票背书、收取、再背书等独立事实已经在本案查清，无须再以该刑事案件的结果为依据。对于冷强涉嫌的国有公司工作人员失职罪一案，是因包括本案4900万元在内共计8400万元的货款问题而被沈阳公司举报形成，冷强所涉刑事犯罪不仅不影响本案民事案件的审理，反之本案的审理结果将有利于刑事案件的处理。因此，本案不存在中止审理的情形。

（三）金融借款合同无效

【审查要点】

1. 刑事违法行为是否致使金融借款合同无效；

2. 金融借款合同是否符合《民法典》第一百四十六条、第一百五十三条等关于合同无效的情形。

【典型案例】

1. 兴业银行广州分行与深圳市机场股份有限公司借款合同纠纷案［裁判法院：最高人民法院；案号：（2008）民二终字第 124 号］

裁判要旨：行为人私刻单位公章或者擅自使用单位公章、业务介绍信、盖有公章的空白合同书对外签订合同涉嫌犯罪，合同无效，但单位可能因过失承担部分责任。最高人民法院认为，本案所涉基本授信合同及相关贷款合同系以合法的形式掩盖非法目的，上述合同无效并无不妥，本院予以维持。上述情形之所以能够发生，崔某先利用其特殊的身份参与骗贷活动固然系主要原因，但也与深圳机场公司规章制度不健全、用人失察、对公司高级管理人员监管不力密不可分，故深圳机场公司在本案中具有明显过错，应依法对兴业银行广州分行的损失承担主要的赔偿责任。

2. 兴业银行股份有限公司南昌分行、江西金灶资源再生利用有限公司金融借款合同纠纷案［裁判法院：最高人民法院；案号：（2020）最高法民申 4709 号］

裁判要旨：根据已生效的江西省抚州市中级人民法院（2016）赣 10 刑终 155 号刑事裁定确认的事实，案涉《借款合同》系金灶公司及其法定代表人周可军与兴业银行南昌分行专门负责信贷业务的工作人员黄某恶意串通为骗取银行贷款而订立的，黄某为案涉贷款能够顺利发放，授意金灶公司伪造虚假的购销合同，黄某、金灶公司、周可军已被认定构成骗取贷款罪而受到刑事制裁。因此，原审判决认定兴业银行南昌分行在案涉《借款合同》的订立和履行过程中存在对其有关业务负责人管理不当的过错，该合同应属以合法形式掩盖非法目的的无效合同，有事实和法律依据，并无不当。

（四）金融借款合同有效

【审查要点】

1. 刑事案件认定的犯罪金额与民事案件认定的当事人应承担责任是否相同；

2. 受害人是否收到刑事退赃。

【注意事项】

1. 实践中存在刑事案件认定的犯罪金额与合同中约定金额不一致的情形，如刑事案件处理中未将利息、逾期利息、违约金等为违法犯罪金额，债权人可依据金融借款合同约定向借款人、保证人主张权利。

2. 刑事退赔与受害人提起的民事诉讼虽具有牵连，但并非受害人提起民事诉讼的前置程序。受害人有权依据合同约定向相对人主张权利，受害人在法院判决前，收到刑事退赔的，应调减相应诉请，或法院依职权进行调整；受害人在法院判决生效前，未收到刑事退赔的，则应由法院在执行程序中协调刑事执行与民事执行，避免出现双重受偿。

【典型案例】

1. 富禄德（天津）家纺工业有限公司、中国银行股份有限公司天津河北支行金融借款合同纠纷案［裁判法院：最高人民法院；案号：（2019）最高法民申 11 号］

裁判要旨：民刑交叉，刑事退赔不影响受害人提起的民事诉讼判决结果。单位责任人员以单位名义骗取银行贷款，生效刑事判决判定其构成骗取贷款罪并应向银行退赔，但这一刑事判决不影响银行通过民事诉讼程序向单位主张债权的判决结果。在执行中法院对刑事退赔和民事执行应予以协调，单位也可在民事执行程序中对刑事退赔款项主张扣减，以避免形成事实上对银行的重复给付。

2. 中国中轻国际控股公司、中国远大集团有限责任公司进出口代理合同纠纷案［裁判法院：最高人民法院；案号：（2017）最高法民申 1914 号］

裁判要旨：在民事诉讼的被告方不是刑事诉讼当事人的情形下，

尽管刑事案件确定了追赃，但对于刑事被害人对刑事被告人之外的民事主体提起的民事诉讼，人民法院应予受理和审理，但应避免民事权利人（同时为刑事被害人）双重受偿。在民事案件审理过程中，赃款追回并给予民事原告方（同时为刑事被害人）的，追赃款应从民事责任人的责任范围中扣减。在民事案件执行过程中，对于刑事追赃与民事责任，应依据实体责任的认定进行综合处理。在民事责任人已全部承担民事责任情况下，应将追赃款返还给民事责任人。

继承纠纷类案办案要件指南

课题组成员

主持人：尹学新　上海市徐汇区人民法院副院长

参与人：徐　磊　上海市徐汇区人民法院民事审判庭副庭长（主持工作）

执笔人：何　倩　上海市徐汇区人民法院民事审判庭审判团队负责人

程　龙　上海市徐汇区人民法院民事审判庭法官助理

指导人员

余冬爱　上海市高级人民法院民事审判庭庭长

张　洁　上海市高级人民法院民事审判庭审判团队负责人

李　烨　上海市高级人民法院民事审判庭审判员

陈卓雅　上海市高级人民法院民事审判庭审判员

▶ 精要导读

一、裁判理念

（一）依法保护自然人的继承权，实现财产的有序代际传递

国家依法保护自然人的私有财产权，自然人可以依照法律规定继承他人的遗产，自然人死亡后其遗产可由其继承人依法继承。自然人继承权平等，男女继承权平等，非婚生子女与婚生子女继承权平等，养子女与生子女继承权平等，同一顺序继承人继承权平等、同一顺序继承人继承财产一般均等。要通过法定继承、遗嘱继承、遗赠、遗赠扶养协议、遗产管理人等多种制度正确适用，实现自然人财产的有序代际传递。

（二）充分尊重自然人的真实意思，保护自然人的遗嘱自由

自然人依法享有订立遗嘱的自由，人民法院在审理继承纠纷过程中，一方面要根据《民法典》继承编关于遗嘱形式要件和实质要件的规定，通过证据规则发现法律真实；另一方面也要在发现法律真实的基础上，最大限度贴近客观真实，以充分尊重自然人的真实意思，有效保护其遗嘱自由。保护自然人的遗嘱自由，还意味着对于不符合法律规定形式要件和实质要件的遗嘱，应当依法否定其效力。

（三）发挥继承制度养老育幼功能，体现继承制度的伦理价值

在依法保护公民继承权、尊重自然人遗嘱自由的前提下，要准确适用法律，恰当适用体现继承制度价值导向的法律规范，发挥继承制度养老育幼的功能，以实现其伦理价值。如对有扶养能力和有扶养条件的继承人，不尽扶养义务的，分配遗产时，应当不分或者少分；丧偶儿媳对公婆、丧偶女婿对岳父母尽了主要赡养义务的，可以作为第一顺序继承人；遗产分割时，应当保留胎儿的继承份额；遗嘱应当为

缺乏劳动能力又没有生活来源的继承人保留必要的遗产份额。

（四）鼓励自然人发扬互谅互助的精神，促进家庭的团结和睦

继承纠纷的主体一般为相互有亲缘关系的自然人，因此在审理继承纠纷时，应当鼓励家庭成员之间发扬互谅互助的精神，一方面通过多元纠纷化解机制，缓和当事人矛盾对立，促进家庭成员间的团结和睦；另一方面要通过裁判规则的引导，鼓励当事人互相帮助。如对被继承人尽到主要扶养义务的人或者与被继承人共同生活的人，分配遗产时可以多分；对于继承人以外的依靠被继承人扶养的人，或者继承人以外的对被继承人扶养较多的人，可以分给适当的遗产。

二、重点问题

（一）如何认定继父母与继子女形成扶养关系

应以继父母对继子女的抚养作为是否形成扶养关系的基本依据，而继子女对继父母的赡养应作为遗产分配的依据。如果已经形成扶养关系的继子女有赡养能力而未对继父母进行赡养，则可以少分或者不分遗产；如果未形成扶养关系的继子女赡养了继父母的，则可以酌分遗产。至于继父母抚养继子女多久才能认定为形成扶养关系，虽然尚无统一标准，但时间过短的，不宜认定为形成扶养关系。

（二）如何认定继承人尽到主要扶养义务从而在分配遗产时对其多分

尽到主要扶养义务应满足两个条件，一是与其他继承人相比，对被继承人照顾较多；二是根据社会一般观念，被继承人的赡养、扶养主要依靠该继承人进行。尽到主要扶养义务应根据生活上的照料、经济上的支持、精神上的慰藉等方面表现综合判定。生活上的照料如对被继承人的衣、食、住、行进行照顾，协助被继承人就医，对被继承人进行陪护或者护理等；经济上的支持如定期或者不定期给予被继承人赡养、扶养费用，承担被继承人生活或者就医的费用；精神上的慰藉包括定期或者不定期地探望被继承人，给予被继承人心灵上的关怀。

（三）受遗赠人有《民法典》第一千一百二十五条规定的行为而丧失受遗赠权后是否适用继承宽恕制度

从《民法典》第一千一百二十五条本身来看，第三款规定受遗赠人有本条第一款规定的行为，丧失受遗赠权，显然将其与第一款、第二款中的继承人区别开来，因此受遗赠人并不适用继承宽恕制度。当然，如果受遗赠人仅有该条第一款第三项至第五项的行为，被继承人在事后重新订立遗嘱，明确表示将遗产赠与受遗赠人的，则根据新订立的遗嘱，受遗赠人享有获得遗产的权利。

（四）继承人根据《民法典》第一千一百二十五条第一款的规定丧失继承权，那么其是否丧失对祖父母或者外祖父母的代位继承权

代位继承人如绝对丧失对自己父母的继承权，亦丧失代位继承权。主要原因在于代位继承人一般只能继承其父母有权继承的遗产份额，本质上代位继承权还是来源于其父母，且认定丧失继承权的人同时丧失代位继承权，更有利于尊重各被继承人的真实意愿，更符合丧失继承权制度的目的，更有利于满足社会公众对公平正义的期待，从而更有利于弘扬社会主义核心价值观。

（五）形式上存在瑕疵的遗嘱，结合查明的事实，如能认定其真实性，能否认定为有效

对于不符合法定形式的遗嘱一般应认定无效。遗嘱作为死因民事法律行为、单方民事法律行为，为了确保行为人意思表示的真实，法律对遗嘱规定了较为严格的形式要件，即只能按照《民法典》规定的类型立遗嘱，并且须符合相应的形式要件，否则会影响遗嘱的效力。但对于形式上仅仅存在轻微瑕疵的遗嘱，如果能够给予证据补强或者合理解释，可以认定为有效，以尊重被继承人的真实意思。

（六）通过遗嘱设立居住权，登记是其对抗要件还是生效要件

通过遗嘱设立居住权的，登记仅为其对抗要件，而非生效要件。从法律规定来看，遗嘱设立居住权，应当与因继承发生的物权变动保持体系上的一致性。将登记作为遗嘱设立居住权的对抗要件，可以有效平衡遗嘱人、遗嘱继承人的利益和交易安全。当然，由于遗赠具有特殊性，对于受遗赠取得居住权的，我们更倾向于登记作为其生效要件。

（七）共同遗嘱的效力如何认定

由于法律并未专门规定共同遗嘱，对此，应当适用《民法典》总则编关于民事法律行为的一般规定进行处理。如果共同遗嘱存在相互牵制、相互制约的内容，则对于该相互牵制和制约的部分，一方当事人死亡后，另一方不得单独变更或者撤销。如果共同遗嘱并不存在相互牵制和制约，而仅仅具有意思表示的相互性和一致性的，一方死亡后，另一方得单独变更或者撤销其意思表示。同时，认定遗嘱内容是否存在相互牵制、相互制约，应当综合考虑共同遗嘱签订的时间、背景、财产来源及归属、共同遗嘱人一贯的意志等，最大限度尊重当事人的真实意思表示，平衡公民的遗嘱自由与保护被继承人的真实意思。

（八）遗产涉及动拆迁的能否在继承纠纷中一并处理权属问题

遗产涉及动拆迁的，如果被继承人和继承人以外的人同时作为被安置人，且动拆迁后取得的不动产权属和权利份额清晰，可将其他被安置人列为第三人，以正确确定遗产范围；但如果不动产权属或者权利份额不清晰，或者当事人或利害关系人对动拆迁取得的不动产权属、权利份额存有异议，一般不宜在同一案件中处理，不宜追加利害关系人作为第三人，应向当事人或者利害关系人释明，告知其另案确权或者析产后，再行继承。

（九）当事人要求在继承纠纷中一并处理骨灰、骨灰盒，要求分割抚恤金、丧葬费或者要求分担治丧费用、墓穴费用的，能否一并处理

骨灰或者骨灰盒不属于遗产，不属于继承纠纷的处理范围；在特定情况下属于具有人格象征意义的特定物，继承人可协商处理，协商不成告知当事人另案提起原物返还纠纷、其他所有权纠纷或者其他人格权纠纷进行处理。实践中，基于诉讼便利的角度，对于当事人要求分割抚恤金、丧葬费或者分担治丧费用、墓穴费用的，法院往往一并

处理。但对于部分当事人要求其他继承人分担自己已垫付的治丧费用或者墓穴费用的，如果当事人均一致同意在同一案件中一并处理，法院可以一并处理；如果有部分当事人存在重大异议，因该部分纠纷本质上不是继承纠纷，则法院应该引导当事人另案诉讼进行处理。

第一部分　继承纠纷类案总体情况概述

一、案件概况

2017年至2021年，上海法院累计受理各类继承纠纷51229件，年均10245.8件；审结50840件，年均10168件。受新冠肺炎疫情影响，2020年收案有所减少，为8502件，其余年份均稳定在1万件左右，收结案总体平稳。从收案数据来看，继承纠纷中法定继承纠纷、遗嘱继承纠纷占比分别为83.52%、11.32%，二者占全部继承纠纷的绝大部分。此外，近五年的继承纠纷中，涉外，涉港、澳、台案件年均收案492件，占全部继承纠纷的4.84%。

二、案件分类

根据《最高人民法院关于印发修改后的〈民事案件案由规定〉的通知》，继承纠纷可分为法定继承纠纷、遗嘱继承纠纷、被继承人债务清偿纠纷、遗赠纠纷、遗赠扶养协议纠纷、遗产管理纠纷六大类。其中法定继承纠纷还包括转继承纠纷和代位继承纠纷。

（一）法定继承

法定继承，是指由法律直接规定继承人的范围、继承的先后顺序以及遗产分配原则的一种继承方式，具有法定性和强行性。法定继承制度最能体现一个国家的伦理亲缘观念，主要包括继承人范围和继承顺序两大方面的规定。法定继承人的范围是以婚姻、血缘和家庭关系为基本因素，同时参考我国的具体情况而确定的，我国现阶段对法定继承人的范围规定仅限于法定的近亲属，即配偶、子女、父母，兄弟姐妹、祖父母、外祖父母。依据继承人和被继承人之间的血缘、姻亲关系的亲疏及生活关系的依赖程度，《民法典》继承编将法定继承人划分为两种继承顺序，第一顺序为配偶、子女和父母，第二顺序为兄弟姐妹、祖父母、外祖父母。另外两项法定继承制度是转继承和代位继承。

1. 转继承是指继承人在继承开始后、遗产分割前死亡，其所应继承的遗产份额转由其继承人承受的法律制度。《民法典》第一千一百五十二条规定，继承开始后，继承人于遗产分割前死亡，并没有放弃继承的，该继承人应当继承的遗产转给其继承人，但是遗嘱另有安排的除外。该规定，不仅厘清了转继承的是“该继承人应当继承的遗产”，还增加了但书条款，最大限度地尊重被继承人处分遗产的自由。

2. 代位继承也被称为“间接继承”，是指相对于本位继承而言，具有法定继承权的人先于被继承人死亡时，由其直系晚辈血亲按照该继承人的继承地位和顺序，继承被继承人遗产的制度。代位继承对于保障遗产在各支系中合理分配、实现财产的传承、发挥遗产育幼功能等方面具有重大作用。《民法典》第一千一百二十八条对代位继承制度作出了重大修改，增加了第二款即兄弟姐妹的子女可以代位继承。据此，代位继承人包括两类：一类是被继承人子女的直系晚辈血亲；一类是被继承人兄弟姐妹的子女。值得注意的是，因兄弟姐妹是第二顺序继承人，只能在没有第一顺序继承人继承的情况下，被继承人的兄弟姐妹才有资格继承，其子女也才可能发生代位继承。

（二）遗嘱继承

遗嘱继承是与法定继承相对应的一种继承方式，是指于继承开始后，继承人按照被继承人生前所立的合法有效的遗嘱继承被继承人遗产的法律制度。《民法典》第一千一百三十三条规定，自然人可以依照本法规定立遗嘱处分个人财产，并可以指定遗嘱执行人。该条确认了遗嘱自由，体现了对个人合法财产的保护。与法定继承相比，遗嘱继承充分尊重被继承人的意愿，是民法意思自治原则在《民法典》继承编的体现。但要使遗嘱有效须符合一定的实质要件，包括遗嘱人立遗嘱时必须具有完全民事行为能力、遗嘱处分的是个人财产、应当为缺乏劳动能力又没有生活来源的继承人保留必要份额。除此之外，立遗嘱还需要符合法定的形式要件，包括自书遗嘱、代书遗嘱、打印遗嘱、录音录像遗嘱、口头遗嘱、公证遗嘱六种形式。各种形式的遗嘱均需满足形式要件和实质要件的规定，才能发生法律效力。

（三）被继承人债务清偿

《民法典》第一千一百六十一条规定了被继承人债务清偿的原则，即继承人以所得遗产实际价值为限清偿被继承人依法应当缴纳的税款和债务。超过遗产实际价值部分，继承人自愿偿还的不在此限。这一规定反映了限定继承规则以及民法上的公平原则。所谓限定继承，是指继承人清偿被继承人的遗产债务只以遗产的实际价值为限，超过遗产实际价值的部分，继承人不负清偿责任。也就是说，继承人对被继承人的债务承担的是有限清偿责任，而非无限清偿责任。当然，若继承人自愿偿还超过遗产实际价值部分的债务，属于继承人意思自治的体现，法律对此并不进行干预。

（四）遗赠

遗赠是指，被继承人通过遗嘱方式将其遗产的一部分或全部赠与法定继承人以外的个人或者组织，并于遗嘱人死亡时发生法律效力的行为。遗嘱继承和遗赠虽然都是通过遗嘱来处分财产，但实际上是两种不同的继承方式。遗嘱继承中的受益人是被继承人的法定继承人，而遗赠中的受益人，则可以是法定继承人以外的自然人，也可以是国家、集体或组织。遗赠也须符合一定的条件才能发生效力。主要包括以下几点：一是遗赠人须有完全的民事行为能力。二是遗赠人须为缺乏劳动能力又没有生活来源的继承人保留必要的遗产份额。三是遗赠人所立的遗嘱符合法律规定的形式要件。四是受遗赠人须为国家、集体、组织或者法定继承人以外的自然人。

（五）遗赠扶养协议

遗赠扶养协议是指，遗赠人与扶养人订立的，以扶养人承担遗赠人的生养死葬等义务、扶养人在遗赠人死亡后根据约定取得其遗产权利为内容的协议。在我国遗产继承的方式中，相较于其他遗产继承方式，如遗赠扶养协议与法定继承、遗嘱继承、遗赠同时存在且存在冲突的情况下，遗赠扶养协议效力最高。遗赠扶养协议就其本质而言是一种有偿的双务合同，扶养人承担约定的义务并享有受遗赠的权利，遗赠人享有被扶养权利的同时负有将遗产赠给扶养人的义务。而法定继承人和遗嘱继承人或者受遗赠人取得遗产是无偿的，所以在遗产分配上，遗赠扶养协议具有优先于法定继承、遗嘱继承和遗赠的效力。

（六）遗产管理

遗产管理制度，是指在继承开始后遗产处置完成前，有关主体依据法律规定或有关机关的指定，以维护遗产价值和遗产权利人合法利益为宗旨，对被继承人的遗产实施管理、清算的制度。遗产管理人是对死者的财产进行妥善保存和管理分配的人。遗产管理制度是为了保障遗产的完整性和安全性，公平、有序地分配遗产，使遗产上各项权利得以实现的一项综合性制度。遗产管理制度不仅有利于管理和保全遗产，维护遗产权利人的利益，也有利于实现遗产公平分配，保障交易安全。作为《民法典》继承编新增的制度之一，该制度的具体运行有待司法实践进一步探索。

三、继承纠纷的处理原则

继承法的原则，是指反映继承法规则的基础性原理和价值准则。《民法典》继承编没有用专门条文集中规定继承的基本原则，因此关于对继承编基本原则的认识，学界有很大的分歧，有“三原则说”“五原则说”等，但基本上围绕以下六种原则。

（一）保护自然人私有财产原则

保护自然人私有财产原则是《中华人民共和国宪法》保护公民私有财产继承权在继承法中的体现，是我国继承立法的宗旨和出发点，是《民法典》继承编的首要原则。其主要内涵包括：任何自然人死亡时遗留下来的合法财产或财产权利，都可以作为遗产由其继承人依法继承；任何自然人都享有依法取得遗产和处分遗产的权利，任何人不得加以限制和干涉。

（二）继承权平等原则

继承权平等原则是《民法典》总则编平等原则在继承编中的体现，它不仅包括男女继承权平等，也包括非婚生子女与婚生子女继承权平等、养子女与亲生子女继承权平等、同一顺序继承人继承权平等、同一顺序继承人继承财产一般均等，继承权平等的要求贯穿于继承的始终。继承权平等尤其是男女平等原则，摆脱了封建宗法、男尊女卑、重男轻女等封建思想的影响，切实保障了女性的权益。为此，同一顺序的继承人不论男女，不因性别而受到歧视性待遇，都享有平等的继承权。在遗嘱继承中，无论男女都有按照个人意愿设立遗嘱处分个人财产的平等权利。在代位继承中，晚辈直系血亲不论男女都有继承权。同时，各个继承人对遗产的期待权是平等的，任何继承人不得剥夺其他继承人的继承权。

（三）养老育幼、照顾病残原则

养老育幼、照顾病残是中华民族传统美德在继承法上的体现，具有很强的伦理性，对实现家庭抚养职能、帮助弱者、减轻社会负担具有重要作用。该原则对特定的弱势群体予以特殊照顾，是对继承平等原则和遗嘱自由的限制，有利于实现实质平等和社会正义。它的主要内容表现为：有扶养能力和有扶养条件的继承人，不尽扶养义务的，分配遗产时，应当不分或者少分；丧偶儿媳对公婆，丧偶女婿对岳父母，尽了主要赡养义务的，作为第一顺序继承人；遗产分割时，应当保留胎儿的继承份额；遗嘱应当为缺乏劳动能力又没有生活来源的继承人保留必要的遗产份额。

（四）互谅互让、团结和睦原则

为了促进家庭成员间的团结和睦，遗产分割时，各继承人应当本着互谅互让、团结和睦的精神，协商处理继承问题。该原则主要表现在两个方面：第一，法定继承时应当均分，但是各个继承人的情况各有不同，有时经过协商处理后，对经济困难的继承人给予适当照顾，更有利于家庭和睦。第二，对生活有特殊困难又缺乏劳动能力的继承人，在分配遗产时，应当予以照顾。

（五）权利义务相一致原则

权利与义务是相对而言的，没有无义务的权利，也没有无权利的义务。如在法定继承中，法定继承人的范围首先是基于有相互扶养关系的人的范围来确定，同时涵盖了有扶养关系的继子女与继父母、继兄弟姐妹；丧偶儿媳对公婆、丧偶女婿对岳父母，尽到主要赡养义务，作为第一顺序继承人；在遗产分配时，对被继承人尽到主要扶养义务的继承人相较于其他继承人，可以多分；有扶养能力和扶养条件的继承人，不尽扶养义务的，不分或者少分；继承人以外的对被继承人扶养较多的人，可以分得适当的遗产。上述内容均在一定程度上体现了权利义务相一致的要求。

（六）限定继承原则

限定继承即对继承人继承遗产债务责任的限定，继承人仅在所得遗产价值的限度内对被继承人的债务进行清偿。该原则一方面保护了继承人的合法权利，使其承担有限责任，避免了债务无休止的追偿。另一方面也保护了债权人的利益，使其能在被继承人所留遗产范围内得到清偿，保障了交易安全，避免出现“人死账烂”的不利影响。同时，该原则充分体现了对继承人选择权的尊重，继承人可以选择放弃继承，免受清偿债务之烦扰。目前，我国《民法典》设立遗产管理人制度，赋予了除继承人以外的社会组织的遗产管理资格，更加有利于债权人债务得到清偿和减轻继承人负担。该原则主要表现在：继承人仅以实际继承到的财产承担债务清偿责任，超过的部分，继承人有权拒绝清偿；除人身专属性的债权因死亡消灭外，其他属于被继承人的债权，继承人有权主张，属于被继承人债务的，也应继续履行；债务未清偿的，继承人不得擅自处分、隐匿、转移财产。

四、近年来继承纠纷的特点

（一）法定继承与遗嘱继承经常同案交织

为避免继承人间产生遗产纷争或者提前保护好特定继承人的利益，越来越多的被继承人愿意设立遗嘱。但遗嘱人往往缺乏专业知识，所立遗嘱可能有效也可能无效，或者部分有效、部分无效，由此也会导致法定继承与遗嘱继承同案交织。具体表现为：一是被继承人遗嘱无效或者部分无效，遗嘱继承部分或者全部转化为法定继承。二是被继承人的遗嘱有效，但各个继承人一致表示不按遗嘱处理，要求按法定继承处理或者按继承人共同约定处理。三是审理过程中，部分法定继承人突然提交遗嘱，使得案件转化为遗嘱继承。该三种同案交织情形反映出遗嘱继承人和法定继承人之间的矛盾冲突，双方心理的不平衡，对养老、啃老的争论也使得此类案件矛盾更容易激化。

（二）遗产范围和遗产数额均在逐步扩大

1985 年《中华人民共和国继承法》以具体列举的方式规定了遗产范围，《民法典》则以概括的方式规定了遗产范围，即遗产是自然人死亡时遗留的个人合法财产。依照法律规定或者根据其性质不得继承的遗产，不得继承。《民法典》的规定能更全面地涵盖遗产范围，适应了市场经济发展和社会生活变化所带来的多种财产形态，比如网络虚拟财产可以纳入遗产范围。司法实践中，遗产的形式不再局限于传统的房产、车辆、基金、股票等，也出现了互联网平台基金、虚拟货币等。随着时代发展，遗产的形式将会更加多元。同时，由于生活水平的提高，遗产数额也在逐步增加。当然，房产是主要的继承标的，尤其是在高房价背景下，法院审理的大标的额继承案件往往涉及房产，并且在城市更新过程中，不少继承案件涉及房屋征收利益的分割。

（三）涉外和涉港澳台案件数量较多、复杂程度不断增加

近年来，在上海，涉外和涉港澳台继承纠纷案件数量约占全部继承纠纷的 4.84%。与一般继承案件相比，涉外和涉港澳台继承案件还存

在审理周期长、调解率低、送达手续烦琐等问题。例如，在法律文书送达方面，由于部分继承人居住在境外，相关法律文书需通过专门的司法协助方式进行送达，不仅手续烦琐，而且周期较长，有的还需当事人另外支付送达费用、翻译费用等。在调解方面，涉外和涉港澳台案件继承人不居住在境内，法院无法与其直接取得联系。即使在成功送达相关法律文书的情况下，大部分在境外的当事人也不会参加庭审或调解。由于当事人本人未到场，也无授权委托的代理人，法院便无法组织调解。

（四）涉案遗产与他人财产时常混同

实践中，继承人往往与被继承人甚至与继承人以外的人共有财产，因此在遗产分割时，经常出现继承人的财产与涉案遗产混同。因此在处理时，容易导致一些问题：一是夫妻共同财产与遗产混同。我国夫妻财产关系多为共同共有，实践中被继承人设立遗嘱时，错把夫妻共同财产作为自己遗产处分的案例很多，导致遗嘱部分无效。二是被继承人的遗产与继承人或者案外人的财产混同，甚至权属不清，往往在继承之前需要进行权属确认和析产。三是继承人与被继承人债权债务混同，被继承人遗产上的债权、债务关系由继承人承继时，区分哪些可以继承较为困难，可能会出现超出遗产范围清偿债务或者行使权利、履行义务的情况。四是继承人与被继承人共有房产且共同居住时，经常会出现共有房产的继承人想获得房屋完整所有权，但无力向其他继承人支付高额折价款，导致后续执行难的情况。

第二部分　立案审查

一、继承纠纷主体的审查

（一）被继承人身份的审查

【审查要点】

当事人起诉时，除需有明确的被告外，一般还需提交证明被继承人死亡的初步证据，以证明被继承人死亡，继承开始。同案中，有多个被继承人的，个别被继承人缺乏死亡证明的，如能通过其他材料推断其确已死亡的，应当立案受理。如无任何证据证明被继承人死亡，应告知当事人予以补正。

【规范指引】

《中华人民共和国民事诉讼法》

第一百二十二条　起诉必须符合下列条件：

（一）原告是与本案有直接利害关系的公民、法人和其他组织；

（二）有明确的被告；

（三）有具体的诉讼请求和事实、理由；

（四）属于人民法院受理民事诉讼的范围和受诉人民法院管辖。

（二）继承人、受遗赠人范围的审查

【审查要点】

一般可以通过户口簿、户籍事项证明、出生医学证明、独生子女证等身份关系证明，审查被继承人与继承人之间的关系及继承人范围。

无上述材料的，可通过干部履历表、个人履历表、职工履历表、入党志愿书等个人档案材料或者亲属关系公证书等材料，审查继承人范围。

当事人无法提供上述材料，但提供遗嘱、家庭协议、产检记录、就医记录或者相关单位或组织的证明等初步证据，证明其与被继承人之间存在亲属关系的，应当立案受理，相关身份关系应在审理中进行查明。

【规范指引】

《中华人民共和国民法典》

第一千一百二十七条 遗产按照下列顺序继承：

（一）第一顺序：配偶、子女、父母；

（二）第二顺序：兄弟姐妹、祖父母、外祖父母。

继承开始后，由第一顺序继承人继承，第二顺序继承人不继承；没有第一顺序继承人继承的，由第二顺序继承人继承。

本编所称子女，包括婚生子女、非婚生子女、养子女和有扶养关系的继子女。

本编所称父母，包括生父母、养父母和有扶养关系的继父母。

本编所称兄弟姐妹，包括同父母的兄弟姐妹、同父异母或者同母异父的兄弟姐妹、养兄弟姐妹、有扶养关系的继兄弟姐妹。

第一千一百二十八条 被继承人的子女先于被继承人死亡的，由被继承人的子女的直系晚辈血亲代位继承。

被继承人的兄弟姐妹先于被继承人死亡的，由被继承人的兄弟姐妹的子女代位继承。

代位继承人一般只能继承被代位继承人有权继承的遗产份额。

第一千一百二十九条 丧偶儿媳对公婆，丧偶女婿对岳父母，尽了主要赡养义务的，作为第一顺序继承人。

第一千一百三十条 同一顺序继承人继承遗产的份额，一般应当均等。

对生活有特殊困难又缺乏劳动能力的继承人，分配遗产时，应当予以照顾。

对被继承人尽了主要扶养义务或者与被继承人共同生活的继承人，

分配遗产时，可以多分。

有扶养能力和有扶养条件的继承人，不尽扶养义务的，分配遗产时，应当不分或者少分。

继承人协商同意的，也可以不均等。

第一千一百三十一条 对继承人以外的依靠被继承人扶养的人，或者继承人以外的对被继承人扶养较多的人，可以分给适当的遗产。

第一千一百三十三条 自然人可以依照本法规定立遗嘱处分个人财产，并可以指定遗嘱执行人。

自然人可以立遗嘱将个人财产指定由法定继承人中的一人或者数人继承。

自然人可以立遗嘱将个人财产赠与国家、集体或者法定继承人以外的组织、个人。

自然人可以依法设立遗嘱信托。

【注意事项】

受遗赠人提起诉讼或者申请以当事人身份参与诉讼的，一般应提交遗赠的初步证据；虽无遗赠初步证据，但有其他证据证明其对被继承人尽到照顾义务或与被继承人存在紧密关系的，可以作为适格主体。

（三）第三人范围的审查

【审查要点】

继承人以外的其他人员，与被继承人无继承关系，但与被继承人存在房屋共有或者与遗产处理有其他利害关系的，可在继承案件中将其列为第三人。

【规范指引】

《中华人民共和国民事诉讼法》

第五十九条 对当事人双方的诉讼标的，第三人认为有独立请求权的，有权提起诉讼。

对当事人双方的诉讼标的，第三人虽然没有独立请求权，但案件处理结果同他有法律上的利害关系的，可以申请参加诉讼，或者由人民法院通知他参加诉讼。人民法院判决承担民事责任的第三人，有当事人的诉讼权利义务。

前两款规定的第三人，因不能归责于本人的事由未参加诉讼，但有证据证明发生法律效力的判决、裁定、调解书的部分或者全部内容错误，损害其民事权益的，可以自知道或者应当知道其民事权益受到损害之日起六个月内，向作出该判决、裁定、调解书的人民法院提起诉讼。人民法院经审理，诉讼请求成立的，应当改变或者撤销原判决、裁定、调解书；诉讼请求不成立的，驳回诉讼请求。

【注意事项】

遗产涉及动拆迁的，如果被继承人和继承人以外的人同时作为被安置人，且动拆迁后取得的不动产权属和权利份额清晰，可将其他被安置人列为第三人，以正确确定遗产范围；但如果不动产权属或者权利份额不清晰，当事人或者利害关系人对动拆迁取得的不动产权属、权利份额存有异议，一般不宜在同一案件中处理，不宜追加利害关系人作为第三人，应向当事人或者利害关系人释明，告知其另案确权或者析产后，再行继承。

（四）遗漏继承人、受遗赠人的处理

【审查要点】

立案后，发现遗漏继承人、受遗赠人的，应当告知当事人补充相关身份关系材料，当事人申请追加该继承人或者受遗赠人参加诉讼的，应当根据当事人申请及法律规定追加其为共同原告或者被告。

当事人不申请追加，法院可依职权通知其参加诉讼，如继承人中有既不愿参加诉讼，又不表示放弃实体权利的，应当追加其为共同原告。

受遗赠人曾明确表示接受遗赠或者在诉讼中表示接受遗赠的，应当列其为共同原告或者被告。

【规范指引】

《最高人民法院关于适用〈中华人民共和国民法典〉继承编的解释（一）》

第四十四条 继承诉讼开始后，如继承人、受遗赠人中有既不愿参加诉讼，又不表示放弃实体权利的，应当追加为共同原告；继承人已书面表示放弃继承、受遗赠人在知道受遗赠后六十日内表示放弃受遗赠或者到期没有表示的，不再列为当事人。

【注意事项】

继承人明示放弃继承、受遗赠人放弃接受遗赠或者未在法定期间内表示接受遗赠的，可以不再列为当事人。实践中，个别继承人放弃继承后或者个别受遗赠人放弃受遗赠后反悔，有些案件除了原告以外其他继承人均放弃继承，导致上述制度执行时存在一定障碍，部分法院基于程序性权利保护和诉讼便利的角度，对于放弃继承的当事人，或者未在法定期间内表示接受遗赠或者放弃接受遗赠的受遗赠人，在判决时仍然将其列为当事人。

二、管辖的审查

（一）被继承人死亡时住所地的审查

【审查要点】

认定被继承人死亡时住所地，应以其户口簿、身份证或户籍证明上记录的地址为准。被继承人死亡时的经常居所地与户籍地不一致的，死亡时的经常居所地视为住所地；当事人以被继承人的经常居所地作为住所地提起继承诉讼的，应当审查被继承人的实际居住状况，以确定案件的管辖。

【规范指引】

《中华人民共和国民法典》

第二十五条 自然人以户籍登记或者其他有效身份登记记载的居所为住所；经常居所与住所不一致的，经常居所视为住所。

《中华人民共和国民事诉讼法》

第三十四条第三项 下列案件，由本条规定的人民法院专属管辖：

（三）因继承遗产纠纷提起的诉讼，由被继承人死亡时住所地或者主要遗产所在地人民法院管辖。

【注意事项】

实践中，有观点认为，被继承人死亡时住所地就是指被继承人死亡时户籍地，而不包括被继承人死亡时的经常居住地。对此，本指南倾向于认为，由于《民法典》和《中华人民共和国民事诉讼法》对自然人的住所地有明确规定，因此在确定管辖时，不应将被继承人死亡时住所地限定为户籍地。

（二）被继承人死亡时主要遗产所在地的审查

【审查要点】

被继承人主要遗产所在地在起诉时一般难以客观确定，如果当事人有初步证据证明被继承人有遗产在受诉法院辖区，受诉法院即可立案受理。立案受理后，发现被继承人主要遗产在他地，且当事人所主张的遗产主要系他地遗产，受诉法院可根据当事人管辖权异议或者依职权裁定移送有管辖权的人民法院审理。

【规范指引】

《中华人民共和国民事诉讼法》

第三十四条第三项 下列案件，由本条规定的人民法院专属管辖：

（三）因继承遗产纠纷提起的诉讼，由被继承人死亡时住所地或者主要遗产所在地人民法院管辖。

（三）管辖冲突的处理

【审查要点】

同一当事人或不同当事人分别向被继承人死亡时住所地或者主要遗产所在地法院提起继承诉讼的，由先立案的法院管辖。后立案的法院发现有关法院先立案的情况后，应当在 7 日内裁定将案件移送先立案的法院审理。

当事人在继承案件审结后，就其他遗产向其他有管辖权的法院提起诉讼的，不属于管辖冲突，新立案法院应当审理，不得以前案由其他法院审理为由裁定移送。

【注意事项】

继承纠纷不适用不动产专属管辖，如不动产系被继承人主要遗产，可以该不动产所在地作为主要遗产所在地确定管辖。

第三部分　原告诉请的审查

一、法定继承纠纷诉请的审查

【审查要点】

对法定继承诉讼请求的审查，应当围绕遗产范围、所在、数额或者价值、继承方式进行：

1. 当事人要求继承的遗产应在被继承人名下，如不在被继承人名下的，需提交证据证明归属于被继承人或者被继承人与他人共有，并说明遗产的所在。

2. 当事人要求继承遗产的，应当明确遗产的价值、继承方式，未明确的，法院应当释明，引导其明确其诉讼请求。

3. 当事人要求继承银行存款、保险、养老保险个人账户内资产、公积金个人账户内资产的，或者要求分割抚恤金的，如无法明确具体数额，应当提交财产线索，并在立案后补充提交；当事人无法获取的，可申请调查令查询或者申请法院依职权查询，待查询完毕后，应要求当事人明确诉讼请求。

4. 当事人要求继承的财产如尚不具备继承的条件，比如与案外人存在权属尚未明确等情形，应当释明，引导当事人另案提起析产之诉、权属确认之诉，然后再起诉继承。

【规范指引】

《最高人民法院关于适用〈中华人民共和国民事诉讼法〉的解释》

第九十条 当事人对自己提出的诉讼请求所依据的事实或者反驳对方诉讼请求所依据的事实，应当提供证据加以证明，但法律另有规定的除外。

在作出判决前，当事人未能提供证据或者证据不足以证明其事实主张的，由负有举证证明责任的当事人承担不利的后果。

【注意事项】

原告诉讼请求中涉及标的如果在法律上属于不得继承的遗产或者尚不具备继承条件的，应当引导当事人变更或者撤回诉讼请求，当事人拒不变更或者撤回的，可根据法律规定判决驳回其诉讼请求。

二、遗嘱继承纠纷诉请的审查

【审查要点】

当事人要求遗嘱继承的，应当注意审查是否提交遗嘱，遗嘱是否具备基本的形式要件，遗嘱所涉遗产与当事人的诉请是否存在对应关系。

1. 当事人要求遗嘱继承，应提交相应遗嘱；当事人无法提交遗嘱的，应说明遗嘱的所在；遗嘱存于他处时，当事人无法自行获取的，提出诉请的一方可在立案后申请调查令调取；无法通过调查令的方式获取的，可申请法院调取。

2. 当事人提交遗嘱的，应审查该遗嘱与当事人所提诉请之间有无对应关系，遗嘱所涉遗产范围是否明确，如遗嘱所涉遗产范围不明确，法院应当释明，引导当事人明确诉请。

3. 遗嘱存在无效情形或者不满足遗嘱的基本形式要件的，应当围绕遗嘱的真实性、遗嘱人的遗嘱能力、代书人或者见证人是否具备资格、遗嘱是否存在欺诈或者胁迫等情形组织当事人进行举证；遗嘱系自书遗嘱的，当事人可以申请鉴定；遗嘱系代书遗嘱的，当事人可申请代书人、见证人出庭作证；遗嘱系公证遗嘱的，当事人可申请调取公证遗嘱的内档材料；遗嘱系录音、录像遗嘱，打印遗嘱，口头遗嘱的，当事人应当说明遗嘱的录制或者打印、见证的基本过程，当事人可以申请相关见证人出庭作证。

4. 遗嘱未为缺乏劳动能力又无生活来源的继承人保留必要份额，遗嘱部分无效，但相关当事人对缺乏劳动能力又无生活来源负有举证责任。

5. 审查发现遗嘱无权处分他人财产，法院应当就该无效情形进行释明，引导当事人明确或者变更诉讼请求，防止侵害他人的诉讼权利和实体权利。

三、遗赠纠纷诉请的审查

【审查要点】

受遗赠人包括国家、集体、组织以及继承人以外的自然人，而不能是法定继承人以内的人。孙子女、外孙子女不是法定继承人，如遗嘱遗留给孙子女、外孙子女的，则应当按照遗赠处理。

受遗赠人先于被继承人死亡的，其受遗赠权消灭，遗产应按照法定继承处理。被继承人死亡后，受遗赠人表示接受遗赠后并在遗产分割前死亡的，其接受遗赠的权利转移给他的继承人，受遗赠人的继承人以自己的名义起诉接受遗赠的，应当立案受理。

【注意事项】

审查遗赠纠纷时，应当注意审查受遗赠人是否在法定期间范围内接受了遗赠，是否提交了相应的证据，以为后期的实体审理和认定做好准备。

四、遗赠扶养协议纠纷诉请的审查

【审查要点】

扶养人基于遗赠扶养协议提起诉讼的，应当提交遗赠扶养协议，其诉请与遗赠扶养协议的内容一般要对应。如扶养人要求继承的财产与遗赠扶养协议无关或者超出遗赠的范畴，其相关诉请可能系酌分遗产请求。

1. 除继承人明确放弃继承外，扶养人应当以全体继承人为被告提起诉讼，当事人的诉讼主体地位可参照法定继承纠纷确定。

2. 扶养人如系负有法定扶养义务的人，不能作为遗赠扶养协议处理，相关协议可以作为附义务的遗嘱处理，案由应当确定为遗嘱继承纠纷或法定继承纠纷。

3. 遗赠人如无法定继承人或者其他近亲属的，遗赠人死亡后，扶养人因继承遗产发生争议，可以将遗产管理人或者遗赠人生前所在的集体经济组织列为被告。

五、遗产管理纠纷诉请的审查

【审查要点】

当事人就遗产管理事项发生实体争议，如遗产管理人侵吞、窃取遗产或者不当管理遗产造成遗产价值毁损、灭失，继承人、被继承人的债权人等利害关系人可以向人民法院提起诉讼；当事人就遗产管理人的指定发生争议的，应向人民法院提起特别程序，申请指定遗产管理人。

【注意事项】

《民法典》颁布以后，最高人民法院对《民事案件案由规定》作了修改，新增了遗产管理纠纷和申请指定遗产管理人两个三级案由，两个案由分别规定于婚姻家庭、继承纠纷和非讼程序两个一级案由之下。在审理、审查过程中，应当区分实体争议和非讼争议，准确确定案由。

六、被继承人债务清偿纠纷诉请的审查

【审查要点】

对于被继承人债务，应当区分被继承人生前所负债务和因继承或者遗产管理所发生的债务，前者应以被继承人债务名义用遗产来进行清偿，后者的义务主体系继承人。审查诉请时，应当注意审查债务系

被继承人个人债务还是家庭债务、系被继承人的债务还是继承人的债务，以免遗漏当事人。

【注意事项】

实践中，遗产债务的清偿主要有两种形式：一是先清偿债务，后再由继承人、受遗赠人分割剩余遗产，对于此种情况，各继承人、受遗赠人与债权人达成一致的，可予准许；二是先由各继承人继承遗产，尔后由债权人起诉各继承人，根据各继承人继承遗产的数额，要求各继承人在继承遗产范围内对被继承人的债务承担清偿责任。实际处理中，由于被继承人债务清偿纠纷往往难以完全查明被继承人遗产范围和遗产数额，如各继承人未放弃继承，法院一般直接判决各继承人在继承遗产范围内对被继承人债务承担清偿责任。

七、其他诉请的审查（骨灰、墓穴、抚恤金、丧葬费、治丧费用等）

【审查要点】

当事人在继承案件中要求处理骨灰、安葬的诉讼请求，由于不属于继承案件的处理范畴，应向当事人予以释明。当事人要求分割抚恤金、丧葬费的，可在继承案件中一并处理。但是对于当事人要求其他继承人分担治丧费用或者墓穴费用的，则应该在个案中进行审查。

【注意事项】

骨灰或者骨灰盒不属于遗产，不属于继承案件的处理范围；在特定情况下属于具有人格象征意义的特定物，继承人可协商处理，协商不成的，告知当事人另案提起原物返还纠纷、其他所有权纠纷或者其他人格权纠纷进行处理。

实践中，基于诉讼便利的角度，对于当事人要求分割抚恤金、丧葬费的，法院往往一并处理。但对于部分当事人要求其他继承人分担自己已垫付的治丧费用或者墓穴费用的，如果当事人均一致同意在同一案件中一并处理，法院可以一并处理；但如果有部分当事人存在重大异议，因该部分纠纷本质上不是继承纠纷，则应该引导当事人另案诉讼进行处理。

【典型案例】

李某喜等与李某珍等其他人格权纠纷案［裁判法院：上海市第二中级人民法院；案号：（2020）沪02民终6702号］

裁判要旨：当事人主张其已将涉案骨灰盒妥善安葬，但并未提供充足证据证明其声称的骨灰盒安葬地与两位死者之间的亲缘关系，且未能提供证据证明该安葬地的确认经过了死者其他子女的协商同意，故其行为有违善良风俗，侵犯了其他继承人祭奠的权利，应交还涉案骨灰盒，由相关当事人妥善安置并落葬。

第四部分　被告抗辩的审查

一、对主体的抗辩审查

（一）被继承人死亡时间的抗辩审查

【审查要点】

被继承人的死亡时间决定继承的顺序、遗产的范围及相关财产在死亡时间点的价值，被告如对被继承人的死亡时间提出抗辩，应注意审查当事人提交死亡证明及相关证据材料的真实性。

【注意事项】

在继承案件中，部分当事人会对被继承人名下银行存款及交易明细等提出查询请求，故需正确认定被继承人的死亡时间，并在此基础上确定相关财产系被继承人个人处分还是他人无权处分、相关财产系被继承人个人财产还是夫妻共同财产。

（二）继承人范围的抗辩审查

【审查要点】

继承人的范围直接决定当事人主体是否适格，被告如对继承人范围提出抗辩，应注意审查是否系法定继承人，如相关人员以受遗赠人、遗赠扶养人、酌分遗产人参与诉讼，应当作出合理说明或者提交相应的初步证据。

在继承纠纷中，如遇部分继承人或被继承人早年移居国外、失联、早年死亡等情况时，可能出现无法查明代位继承人或者转继承人的情形。对于此种情况，除了要求当事人提交相关证据外，必要时应当依职权调取被继承人或者相关继承人的人事档案、户籍档案，或者通过涉外取证程序，调查继承人的范围。

被告抗辩继承人、受遗赠人存在丧失继承权情形的，应当承担举证责任。

【注意事项】

在个别案件中，被继承人家庭情况复杂，当事人众多，其中个别继承人失联，无法确认其具体住址、是否在世，在穷尽调查手段仍无法确定的情况下，可将其追加为当事人，其应继承的份额在判决时予以保留。

二、对遗产的抗辩审查

（一）遗漏遗产的抗辩审查

【审查要点】

被告认为涉案遗产不限于原告诉请的遗产的，应当提交证据加以证明或者提交财产线索。但因继承纠纷应当全面查明被继承人遗产范围，故被告的主张不作为反诉，一般应一并处理。

【规范指引】

《最高人民法院关于适用〈中华人民共和国民事诉讼法〉的解释》

第一百一十二条 书证在对方当事人控制之下的，承担举证证明责任的当事人可以在举证期限届满前书面申请人民法院责令对方当事人提交。

申请理由成立的，人民法院应当责令对方当事人提交，因提交书证所产生的费用，由申请人负担。对方当事人无正当理由拒不提交的，人民法院可以认定申请人所主张的书证内容为真实。

《最高人民法院关于民事诉讼证据的若干规定》

第十八条 双方当事人无争议的事实符合《最高人民法院关于适用〈中华人民共和国民事诉讼法〉的解释》第九十六条第一款规定情形的，人民法院可以责令当事人提供有关证据。

【注意事项】

当事人仅提供财产线索，但由于财产线索不够具体，导致相关财产无法查明的，由提出该主张的一方承担举证不能的责任。但有证据证明该财产为另一方当事人所掌控，该当事人无正当理由拒不提交财产所在、价值等证据材料的，可认定该当事人隐匿、转移遗产。

（二）遗产性质的抗辩审查

【审查要点】

被告对遗产性质提出抗辩的，应作出合理说明或者提交证据加以证明，遗产涉及家庭共有、夫妻共有或者与其他人按份共有等情形时，当事人提起析产之诉的，继承纠纷应中止审理；或者向原告释明，待析产以后，另行提起诉讼分割遗产。当事人对遗产性质和范围无异议，要求在继承纠纷中一并析产的，且财产共有人均系继承纠纷的当事人，为避免当事人的诉累，可一并处理。

【审查要点】

除夫妻共同财产以外，当事人对登记于被继承人名下的不动产主张享有权属或者权利份额的，一般应另案提起所有权确认之诉主张，当事人另案诉讼的，继承纠纷应当中止。

三、对继承方式的抗辩审查

（一）对遗嘱的抗辩审查

【审查要点】

当事人对遗嘱的有无提出抗辩的，应当根据证据材料内容从实质角度审查，而不能简单以证据材料的名称和形式认定。当事人对遗嘱效力提出抗辩的，应根据双方的诉讼请求分配举证责任。

（二）对遗赠的抗辩审查

【审查要点】

当事人对受遗赠人是否接受遗赠、接受遗赠的意思表示是否在法定期间内作出提出抗辩的，一般应由受遗赠人就上述情况举证加以证明。但对于受遗赠人是否知道或者应当知道遗赠，一般应由主张该事实的当事人承担举证责任；该当事人举证证明受遗赠人知道或者应当知道遗赠的，受遗赠人如予以否认，则受遗赠人承担进一步的举证责任。

（三）对酌分遗产的抗辩审查

【审查要点】

酌分遗产人要求酌分遗产的，对其依靠被继承人扶养或者对被继承人扶养较多负有举证责任。当事人以受遗赠人身份参加诉讼，经查遗赠无效的，可向当事人进行释明，其主张自己依靠被继承人扶养或者对被继承人扶养较多的，可酌分遗产。

【典型案例】

黄某诉南车集团浦镇车辆厂继承纠纷案［裁判法院：江苏省南京市中级人民法院；案号：（2015）宁民终字第2447号］

裁判要旨：当事人不是被继承人的合法继承人，不能以继承人或受遗赠人的身份继承被继承人的遗产。但被继承人生前无直系亲属在旁照顾，当事人作为其朋友，在被继承人生前对其照顾较多，不仅在生活起居上对被继承人进行了照料，在精神上也对其给予了慰藉，在其身故后亦承担了丧葬的义务，可以适当取得被继承人的遗产。

第五部分　要件审查及裁判规则

一、继承纠纷的一般处理原则和裁判规则

继承自被继承人死亡时开始，继承纠纷的处理涉及被继承人死亡时间的认定、继承人范围及其继承资格的认定、受遗赠人和酌分遗产人资格的认定、遗产范围的认定以及遗产价值的认定等方面的司法认定。

（一）被继承人死亡时间的认定

【审查要点】

自然人的死亡分为自然死亡、意外死亡和宣告死亡，如系自然死亡，有死亡证明的，一般应以死亡证明为准；如系意外死亡，无法确定具体死亡时间，但有死亡推断证明的，则以推断的死亡时间为准；如系宣告死亡，系因意外事件被宣告死亡的，则以意外事件发生时间为其死亡时间；如系因下落不明满4年被宣告死亡的，则以法院宣告其死亡之日作为其死亡时间；如当事人无法提供具体死亡证明，则可以根据户籍档案、人事档案等相关档案资料记载的死亡时间认定其死亡时间。

【规范指引】

《中华人民共和国民法典》

第十五条　自然人的出生时间和死亡时间，以出生证明、死亡证明记载的时间为准；没有出生证明、死亡证明的，以户籍登记或者其他有效身份登记记载的时间为准。有其他证据足以推翻以上记载时间的，以该证据证明的时间为准。

第四十八条　被宣告死亡的人，人民法院宣告死亡的判决作出之日视为其死亡的日期；因意外事件下落不明宣告死亡的，意外事件发生

之日视为其死亡的日期。

第一千一百二十一条第一款 继承从被继承人死亡时开始。

《最高人民法院关于适用〈中华人民共和国民法典〉继承编的解释（一）》

第一条 继承从被继承人生理死亡或者被宣告死亡时开始。

宣告死亡的，根据民法典第四十八条规定确定的死亡日期，为继承开始的时间。

【注意事项】

当事人应当提交被继承人的死亡证明或者能够证明被继承人死亡的其他材料，当事人未提交的，法院应当一次性告知当事人补交。

实践中存在多份证据材料记载被继承人死亡时间不一致的情况，对此，应当按照《民法典》第十五条进行审查。被继承人因下落不明被宣告死亡，但当事人有证据证明其自然死亡时间与宣告死亡时间不一致的，因宣告死亡系法律推定，应以其自然死亡时间为准。

【典型案例】

杨某妮与郭某政法定继承纠纷案［裁判法院：上海市第二中级人民法院；案号:（2021）沪02民终1171号］

裁判要旨：三位相互具有继承关系的被继承人在同一事件中死亡，就该三位被继承人死亡先后顺序事实的审查，应结合全案证据，根据《居民死亡医学证明书》《死亡通知单》以及客观记载急诊抢救信息的《门急诊自费病历卡》综合审查认定。

（二）被继承人的认定

【审查要点】

被继承人死亡后即丧失民事主体资格，成为被继承人；有相互继承关系的被继承人，以各自的死亡时间先后，确定继承的顺序。

相互有继承关系的数人在同一事件中死亡，能够确定死亡时间的，应当查明死亡先后顺序；难以确定死亡时间的，推定没有其他继承人的人先死亡。都有其他继承人，辈分不同的，推定长辈先死亡；辈分相同的，推定同时死亡，相互不发生继承。

如“被继承人”虽因意外事件下落不明或者因其他原因下落不明，但尚未被宣告死亡，则其不具备被继承人的身份，应告知当事人先行申请宣告死亡，再行继承。

【规范指引】

《中华人民共和国民法典》

第一千一百二十一条第二款 相互有继承关系的数人在同一事件中死亡，难以确定死亡时间的，推定没有其他继承人的人先死亡。都有其他继承人，辈份不同的，推定长辈先死亡；辈份相同的，推定同时死亡，相互不发生继承。

【注意事项】

被继承人的认定，在单一被继承人案件中一般不成问题，但在多名被继承人的案件中，往往可能存在争议。如被继承人相互之间具有继承关系，但死亡时间较早，当事人难以直接举证证明，则应当综合全案证据，正确认定死亡顺序，并据此认定被继承人之间的继承关系。

（三）法定继承人的认定

【审查要点】

法定继承人的认定，应依据《民法典》继承编关于继承顺序的规定进行审查，按照配偶、父母、子女优先于兄弟姐妹、祖父母、外祖父母的基本规则认定。同时，应审查拟制血亲是否具备被继承人资格。

1. 第一顺序法定继承人包括配偶、父母、子女。

2. 第二顺序法定继承人包括兄弟姐妹、祖父母、外祖父母。

3. 父母包括生父母、养父母和有抚养关系的继父母，继父母继承了继子女遗产的，不影响其继承生子女的遗产。

4. 子女包括婚生子女、非婚生子女、养子女和有扶养关系的继子女，继子女继承了继父母遗产的，不影响其继承生父母的遗产。

5. 兄弟姐妹包括养兄弟姐妹，养子女与生子女之间、养子女与养子女之间，系养兄弟姐妹，双方可以互为第二顺序继承人；但被收养人与其亲兄弟姐妹之间的权利义务关系，因收养关系的成立而消除，不能互为第二顺序继承人。

6. 兄弟姐妹还包括继兄弟姐妹，继兄弟姐妹之间的继承权，因继兄弟姐妹之间的扶养关系而发生；没有扶养关系的，不能互为第二顺序继承人；但继兄弟姐妹之间相互继承了遗产的，不影响其继承亲兄弟姐妹的遗产。

7. 对公婆尽到主要赡养义务的丧偶儿媳、对岳父母尽到主要赡养义务的丧偶女婿，作为第一顺序继承人。

【规范指引】

《中华人民共和国民法典》

第一千一百二十六条 继承权男女平等。

第一千一百二十七条 遗产按照下列顺序继承：

（一）第一顺序：配偶、子女、父母；

（二）第二顺序：兄弟姐妹、祖父母、外祖父母。

继承开始后，由第一顺序继承人继承，第二顺序继承人不继承；没有第一顺序继承人继承的，由第二顺序继承人继承。

本编所称子女，包括婚生子女、非婚生子女、养子女和有扶养关系的继子女。

本编所称父母，包括生父母、养父母和有扶养关系的继父母。

本编所称兄弟姐妹，包括同父母的兄弟姐妹、同父异母或者同母异父的兄弟姐妹、养兄弟姐妹、有扶养关系的继兄弟姐妹。

第一千一百二十九条 丧偶儿媳对公婆，丧偶女婿对岳父母，尽了主要赡养义务的，作为第一顺序继承人。

《最高人民法院关于适用〈中华人民共和国民法典〉继承编的解释（一）》

第十条 被收养人对养父母尽了赡养义务，同时又对生父母扶养较多的，除可以依照民法典第一千一百二十七条的规定继承养父母的遗产外，还可以依照民法典第一千一百三十一条的规定分得生父母适当的遗产。

第十一条 继子女继承了继父母遗产的，不影响其继承生父母的遗产。

继父母继承了继子女遗产的，不影响其继承生子女的遗产。

第十二条 养子女与生子女之间、养子女与养子女之间，系养兄弟姐妹，可以互为第二顺序继承人。

被收养人与其亲兄弟姐妹之间的权利义务关系，因收养关系的成立而消除，不能互为第二顺序继承人。

第十三条 继兄弟姐妹之间的继承权，因继兄弟姐妹之间的扶养关系而发生。没有扶养关系的，不能互为第二顺序继承人。

继兄弟姐妹之间相互继承了遗产的，不影响其继承亲兄弟姐妹的遗产。

【典型案例】

邵某与邵某官、邵某仙、邵某芳、朱某珍法定继承纠纷案［裁判法院：上海市第一中级人民法院；案号：（2014）沪一中民一（民）终字第 3032 号］

裁判要旨：继承人先于被继承人死亡，其他继承人主张该继承人生前未对被继承人尽到赡养义务，并遗弃、虐待被继承人，进而该继承人的子女不能取得代位继承权的，应当举证加以证明。丧偶儿媳主张其对被继承人尽到主要赡养义务的，应当提交证据证明其履行了对老年人经济上供养、生活上照料和精神上慰藉的义务。丧偶儿媳在上述义务上履行缺位，在被继承人无遗嘱指定的情况下，对被继承人的遗产不享有继承权，其要求以第一顺序继承人身份继承被继承人的遗产，不予支持。

（四）代位继承人的认定

【审查要点】

被继承人的子女先于被继承人死亡，该子女的晚辈直系血亲可以代位继承，其中包括被继承人的养子女的生子女、已形成扶养关系的继子女的生子女、被继承人亲生子女的养子女、被继承人养子女的养子女、与被继承人已形成扶养关系的继子女的养子女，均可以代位继承。

被继承人的兄弟姐妹先于被继承人死亡的，被继承人的兄弟姐妹的子女可以代位继承。但如果被继承人于《民法典》施行前死亡的，仅在被继承人的遗产无人继承且无人受遗赠的情况下，其兄弟姐妹的子女方可代位继承。

【规范指引】

《中华人民共和国民法典》

第一千一百二十八条 被继承人的子女先于被继承人死亡的，由被继承人的子女的直系晚辈血亲代位继承。

被继承人的兄弟姐妹先于被继承人死亡的，由被继承人的兄弟姐妹的子女代位继承。

代位继承人一般只能继承被代位继承人有权继承的遗产份额。

《最高人民法院关于适用〈中华人民共和国民法典〉继承编的解释（一）》

第十五条 被继承人的养子女、已形成扶养关系的继子女的生子女可以代位继承；被继承人亲生子女的养子女可以代位继承；被继承人养子女的养子女可以代位继承；与被继承人已形成扶养关系的继子女的养子女也可以代位继承。

《最高人民法院关于适用〈中华人民共和国民法典〉时间效力的若干规定》

第十四条 被继承人在民法典施行前死亡，遗产无人继承又无人受遗赠，其兄弟姐妹的子女请求代位继承的，适用民法典第一千一百二十八条第二款和第三款的规定，但是遗产已经在民法典施行前处理完毕的除外。

【注意事项】

被继承人养子女的继子女、被继承人继子女的继子女能否代位继承，因《民法典》和相关司法解释没有规定，实践中存在一定的争议。

对此，本指南倾向于认为，由于《最高人民法院关于适用〈中华人民共和国民法典〉继承编的解释（一）》[以下简称《民法典继承编解释（一）》]第十五条没有规定养子女的继子女和继子女的继子女可以代位继承，因此不宜作扩大解释。

（五）转继承的认定

【审查要点】

所谓转继承，是指继承开始后，继承人于遗产分割前死亡，并没有放弃继承的，该继承人应当继承的遗产转给其继承人。继承人的继承人范围审查，应当单独进行，以防止遗漏当事人。

【规范指引】

《中华人民共和国民法典》

第一千一百五十二条　继承开始后，继承人于遗产分割前死亡，并没有放弃继承的，该继承人应当继承的遗产转给其继承人，但是遗嘱另有安排的除外。

（六）遗嘱继承人的认定

【审查要点】

遗嘱继承人一般是指遗嘱指定的继承人，遗嘱继承人应当是法定继承人以内的人，这也是区分遗嘱继承和遗赠的标准。

【规范指引】

《中华人民共和国民法典》

第一千一百三十三条第一款、第二款　自然人可以依照本法规定立遗嘱处分个人财产，并可以指定遗嘱执行人。

自然人可以立遗嘱将个人财产指定由法定继承人中的一人或者数人继承。

（七）受遗赠人的认定

【审查要点】

受遗赠人非法定继承人，被继承人立遗嘱将遗产留给孙子女或者外孙子女的，应按照遗赠处理。

【规范指引】

《中华人民共和国民法典》

第一千一百三十三条第三款　自然人可以立遗嘱将个人财产赠与国家、集体或者法定继承人以外的组织、个人。

【注意事项】

受遗赠人可以是国家、集体、组织或者继承人以外的其他自然人，祖父母、外祖父母通过遗嘱将财产遗留给孙子女、外孙子女的，应作为遗赠处理。

（八）酌分遗产人的认定

【审查要点】

酌分遗产人系法定继承人以外的人，应重点审查其是否满足酌分遗产人的条件，包括依靠被继承人扶养的人和对被继承人扶养较多的人两类。

对被继承人扶养较多的人，不能是负有法定赡养义务的人，如果负有法定赡养义务的人尽到较多赡养义务，应按照《民法典》第一千一百三十条多分，而非基于第一千一百三十一条。

【规范指引】

《中华人民共和国民法典》

第一千一百三十一条　对继承人以外的依靠被继承人扶养的人，或者继承人以外的对被继承人扶养较多的人，可以分给适当的遗产。

【注意事项】

与 1985 年《中华人民共和国继承法》相比，《民法典》对依靠被继承人扶养的人酌分遗产，取消了缺乏劳动能力又无生活来源的限制，放宽了认定标准。

【典型案例】

裘人某与黄秋某法定继承纠纷案［裁判法院：上海市第二中级人民法院；案号：（2013）沪二中民一（民）终字第 2117 号］

裁判要旨：被继承人的法定继承人未尽到赡养义务，法定继承人以外的人对被继承人晚年生活有所照顾和安慰，相对于未尽到赡养义务的继承人来说已达到“对被继承人扶养较多”，故可以酌情分得遗产。

（九）遗产范围的认定

【审查要点】

遗产包括被继承人名下独有的个人财产，被继承人与他人共有的财产，以及第三人代被继承人持有的财产。遗产不仅包括实体财产，还包括财产性权利。

1. 遗产包括自然人的工资、投资所得等收入、房屋等不动产、存款、基金、林木、牲畜、家禽、文物、图书资料、著作权、专利权中的财产权以及其他合法财产。

2. 遗产应具有合法性，被继承人通过犯罪等不法手段获取的财产，不得作为遗产。

3. 遗产是被继承人的个人财产，自然资源利用权、宅基地使用权、公房承租权不属于自然人的个人财产，不能作为遗产；但基于利用自然资源产生的收益、土地上生长的农作物、宅基地上的房屋等可以作为遗产。

4. 土地承包经营权一般系家庭承包，不是被继承人个人承包，故一般不作为遗产，对于承包的权利和承包合同可依据相关法律及集体组织的相关规定进行流转和承继，由家庭成员继续承包；承包人死亡时尚未取得的承包收益，可以由发包单位或者接续承包人折价补偿，其价额作为遗产。

5. 自然人的丧葬费、抚恤金、死亡赔偿金不是遗产，自然人生前取得的扶养费、赡养费、抚养费、伤残赔偿金、残疾人生活费等可以作为遗产。

6. 虚拟财产是否可以作为遗产，需要根据虚拟财产的性质、价值、来源、是否可以流转等综合予以认定，法律不予禁止的可以作为遗产进行继承。一般认为，虚拟财产需要具备财产的三大属性，即可支配性、价值和使用价值，虚拟财产只要具备上述属性，即可视为财产。

当然由于虚拟财产的种类越来越多，在法律、行政法规和司法解释尚未作出明确规定之前，在具体案件中将其作为遗产认定时应当慎重。

7. 被继承人合法拥有的债权，可以继承。

8. 被继承人与其他人共有的财产，应当首先进行析产，先分出他人财产，然后才能继承。

9. 被继承人与家庭成员共有的财产，如果其他家庭成员亦是继承人，且当事人对财产权属无异议的，可以在继承纠纷中一并析产并继承。

10. 被继承人与案外人共同共有的房产，或者其他家庭成员对财产权属存有异议，则应当另案提起共有物分割之诉或者所有权确认之诉，待权属明确后方得继承。

【规范指引】

《中华人民共和国民法典》

第一千一百二十二条 遗产是自然人死亡时遗留的个人合法财产。

依照法律规定或者根据其性质不得继承的遗产，不得继承。

《最高人民法院关于适用〈中华人民共和国民法典〉继承编的解释（一）》

第二条 承包人死亡时尚未取得承包收益的，可以将死者生前对承包所投入的资金和所付出的劳动及其增值和孳息，由发包单位或者接续承包合同的人合理折价、补偿。其价额作为遗产。

【注意事项】

1. 对于上海、北京等城市，目前还保有一定数量的公有住房，其产权归属于国家或者国有企业所有，但承租人享有承租权，由于公有住房承租权不是产权，公有住房不得作为承租人的遗产继承。承租权的承继、转移和消灭，由当事人根据国家法律、政策及相关地方的公有住房管理规定，通过公有住房管理部门办理。

2. 已经签订商品房买卖合同，尚未取得产权登记的预售商品房，如果商品房办理了预售登记，买受人死亡的，预售登记项下的权利可以继承。

3. 虽然被继承人合法拥有的债权可以继承，但并不意味着所有债权均可以在继承案件中一并处理，只有当债权已为生效法律文书所确认，才能在继承案件中分割，如果尚未被生效法律文书确认，相关继承人应当另案基于合同、侵权、无因管理、不当得利等提起诉讼，待债权确定以后才可以继承。

【典型案例】

李某荣、李某琴、李某玲与李某春、李某全、李某海继承纠纷案［裁判法院：北京市第二中级人民法院;（2012）二中民再终字第16532号］

裁判要旨：被继承人死亡时遗留的农村宅基地上的院落和房屋已被拆除，则院落和房屋不具备作为被继承人的遗产进行继承的现实可能性，但农村旧村改造中宅基地使用权转化的政策权益可以作为继承客体。

（十）遗产价值的认定

【审查要点】

1. 对于适宜直接分割的遗产，优先采用直接分割方式处理。不适宜分割的遗产，可以采用折价、共有等方式处理。

2. 确定遗产的价值是遗产分割和折价的前提，遗产的价值可以采用当事人协商一致、评估、审计、询价、按照市场价等方式确定。

3. 当事人对遗产价值达成一致的，应审查是否符合自愿原则，是否与通常的价值出现明显背离。当事人协商一致确定遗产价值的，如发现非出于当事人自愿，应当释明，并由当事人重新协商确认或者委托评估、审计。

4. 对于股票、基金价值的认定，可以积极引导当事人协商确定分割时点及其价值，当事人无法达成一致的，可以采用共有方式处理。当事人不愿意共有的，可以参照一段时间的平均成交价酌情确定其价值。

5. 被继承人作为被保险人的，如其指定了受益人，则保险金归受益人所有。有下列情况的，可以作为被继承人的遗产：没有指定受益人或者指定不明导致受益人无法确定的；受益人先于被保险人死亡，没有其他受益人的；受益人依法丧失受益权或者放弃受益权，没有其他受益人、被保险人也未指定其他受益人的。

【规范指引】

《中华人民共和国民法典》

第一千一百五十六条　遗产分割应当有利于生产和生活需要，不损害遗产的效用。

不宜分割的遗产，可以采取折价、适当补偿或者共有等方法处理。

【注意事项】

1. 对于被继承人配偶作为被保险人的保险，如果是使用夫妻共同财产购买的，一般属于夫妻共同财产，保险的现金价值可以分割，现金价值应以保险公司确认的现金价值为准。

2. 分割遗产时，尤其是折价分割时，一般应当以分割时遗产的价值作为分割依据；特定情形下，如遗产被掌控遗产的继承人侵吞、窃取或者损毁造成价值贬损时，也可以被贬损之前的遗产价值作为分割依据。

【典型案例】

洪某与洪某连、吴某贤、吴某峰、叶某、吴某琦、洪某峰、杨某群、洪某豪分家析产、代位继承纠纷案［裁判法院：上海市高级人民法院；案号：（2018）沪民再29号］

裁判要旨：动迁安置房屋补偿金系按动迁时评估报告为准所确定，当事人继承的也是上述房屋中的部分补偿金，当事人单独主张其继承部分应按起诉时的市场价格确定，无事实和法律依据，不予支持。

（十一）无主财产的认定

【审查要点】

无主财产的认定，应当注意审查被继承人有无法定继承人、遗嘱继承人、酌分遗产人等情形，有无其他对被继承人尽到较多照顾义务的人。

无人受领的遗产主要包括三种情形：一是没有法定继承人、遗嘱继承人或者受遗赠人的遗产；二是虽有法定继承人、遗嘱继承人，但均放弃继承或者丧失继承权的遗产；三是虽有受遗赠人但放弃接受遗赠或者丧失受遗赠权的遗产。

【规范指引】

《中华人民共和国民法典》

第一千一百六十条 无人继承又无人受遗赠的遗产，归国家所有，用于公益事业；死者生前是集体所有制组织成员的，归所在集体所有制组织所有。

第一千一百四十五条 继承开始后，遗嘱执行人为遗产管理人；没有遗嘱执行人的，继承人应当及时推选遗产管理人；继承人未推选的，由继承人共同担任遗产管理人；没有继承人或者继承人均放弃继承的，由被继承人生前住所地的民政部门或者村民委员会担任遗产管理人。

【注意事项】

申请认定无人受领的遗产，应按照《中华人民共和国民事诉讼法》第一百九十八条、第一百九十九条、第二百条规定的认定无主财产的程序处理。由自然人、法人或者其他组织向遗产所在地法院提起申请，由人民法院公告，逾期一年仍无人受领的，判归国家或者集体经济组织所有。

对于无主财产，实践中，对收归国有由谁提起、谁来管理、怎么上交均无明确的规定。鉴于《民法典》将民政部门和村民委员会作为遗产管理人，本指南倾向于认为，如被继承人无继承人或者继承人放弃继承，则被继承人生前所在地民政部门或者村民委员会可以作为无主财产认定的提起主体，也可以作为收归国家或者集体所有后的管理主体。

【典型案例】

重庆市巴南区安澜镇巴联村村民委员会申请认定财产无主案［裁判法院：重庆市巴南区人民法院；案号：(2010)巴民特字第5号］

裁判要旨：涉案死者生前无法定继承人，其去世后留下的遗产经人民法院公告仍无人认领，应认定该遗产为无主财产，死者生前为集体经济组织成员，故该遗产为村民委员会集体所有。

二、法定继承的认定和裁判规则

（一）法定继承顺序的认定和裁判规则

【审查要点】

法定继承人遵从第一顺序优先于第二顺序的基本规定。具体审查时，要注意重点审查继承开始时间、被继承人之间相互关系、继承人继承资格、遗产范围、财产分割等方面的问题。

1. 继承开始后，由第一顺序继承人继承，第二顺序不继承；如被继承人虽然无在世的第一顺序继承人，但其子女存在晚辈直系血亲，则不发生第二顺序的继承，而是发生代位继承。

2. 没有第一顺序继承人继承的，由第二顺序继承人继承。

3. 配偶的认定要根据《民法典》继承编、婚姻家庭编或者根据行为时有效的法律规定处理，配偶包括已取得结婚登记的配偶和在 1994 年 2 月 1 日《婚姻登记管理条例》公布实施之前即已经形成事实婚姻的配偶；事实婚姻需具备结婚的实质要件，属于婚姻无效情形的，不能按照事实婚姻处理。

4. 夫妻离婚诉讼期间，一方死亡的，另一方亦享有继承权，但对被继承人未尽到扶养义务的，可以按照《民法典》第一千一百三十条的规定处理。

5. 子女包括婚生子女、非婚生子女、养子女以及形成扶养关系的继子女；继承权男女平等，上述不同种类的子女继承权平等，同一顺序继承人继承遗产的份额，一般应当均等；但继承权平等并不意味着财产分配结果完全均等，具体继承份额仍可根据《民法典》第一千一百三十条规定予以调整；非婚生子女的身份如难以直接认定，有生物学鉴定条件的，可以进行鉴定。

6. 父母包括生父母、养父母和形成扶养关系的继父母；生父母将子女送养他人的，其与生子女的父母子女关系解除，对被送养子女的财产不享有继承权。

7. 兄弟姐妹包括养兄弟姐妹，继兄弟姐妹；但被收养人与其亲兄弟姐妹之间的权利义务关系，因收养关系的成立而消除，不能互为第二顺序继承人；养兄弟姐妹、继兄弟姐妹的子女，如满足《民法典》第一千一百二十八条第二款规定的，对其本人享有代位继承权。

8. 祖父母、外祖父母对孙子女、外孙子女的财产享有继承权，同样孙子女、外孙子女对祖父母、外祖父母的财产享有代位继承权；《民法典》继承编虽然将孙子女、外孙子女排除在法定继承人范围以外，但通过代位继承保障其相关继承的权利。

【规范指引】

《中华人民共和国民法典》

第一千一百二十七条 遗产按照下列顺序继承：

（一）第一顺序：配偶、子女、父母；

（二）第二顺序：兄弟姐妹、祖父母、外祖父母。

继承开始后，由第一顺序继承人继承，第二顺序继承人不继承；没有第一顺序继承人继承的，由第二顺序继承人继承。

本编所称子女，包括婚生子女、非婚生子女、养子女和有扶养关系的继子女。

本编所称父母，包括生父母、养父母和有扶养关系的继父母。

本编所称兄弟姐妹，包括同父母的兄弟姐妹、同父异母或者同母异父的兄弟姐妹、养兄弟姐妹、有扶养关系的继兄弟姐妹。

《最高人民法院关于适用〈中华人民共和国民法典〉继承编的解释（一）》

第十条 被收养人对养父母尽了赡养义务，同时又对生父母扶养较多的，除可以依照民法典第一千一百二十七条的规定继承养父母的遗产外，还可以依照民法典第一千一百三十一条的规定分得生父母适当的遗产。

第十一条 继子女继承了继父母遗产的，不影响其继承生父母的遗产。

继父母继承了继子女遗产的，不影响其继承生子女的遗产。

第十二条 养子女与生子女之间、养子女与养子女之间，系养兄弟姐妹，可以互为第二顺序继承人。

被收养人与其亲兄弟姐妹之间的权利义务关系，因收养关系的成立而消除，不能互为第二顺序继承人。

第十三条 继兄弟姐妹之间的继承权，因继兄弟姐妹之间的扶养关系而发生。没有扶养关系的，不能互为第二顺序继承人。

继兄弟姐妹之间相互继承了遗产的，不影响其继承亲兄弟姐妹的遗产。

【注意事项】

实践中还存在被继承人死亡后，其配偶解除与双方所收养子女之间的收养关系的情形，对此，因被继承人死亡时，该收养子女仍系被继承人法律意义上的子女，继承已经开始，则在收养关系解除后，该子女仍可以请求分割被继承人的遗产。

【典型案例】

李某、郭某阳与郭某和、童某某继承纠纷案［裁判法院：江苏省南京市秦淮区人民法院；案号:（2006）秦民一初字第 14 号］

裁判要旨：夫妻关系存续期间，双方一致同意利用他人的精子进行人工授精并使女方怀孕后，男方反悔，而女方坚持生育该子女，不论该子女是否在夫妻关系存续期间出生，皆应视为婚生子女。如果夫妻一方订立的遗嘱中未为胎儿保留遗产份额，因违反 1985 年《中华人民共和国继承法》第十九条规定，该部分遗嘱内容无效。分割遗产时，应当为胎儿保留继承份额。

（二）丧偶儿媳、丧偶女婿继承资格的认定和裁判规则

【审查要点】

丧偶儿媳和丧偶女婿的继承权，以尽到主要赡养义务为前提。

1. 尽到主要赡养义务是指，对被继承人生活提供了主要经济来源，或者在劳务等方面给予了主要扶助；丧偶儿媳或者丧偶女婿未能尽到主要赡养义务，但相较于其他继承人对被继承人扶养较多的，可以分配给其适当遗产。

2. 是否尽到主要赡养义务，举证责任在提出该请求的一方，法院在诉讼中发现丧偶儿媳或者丧偶女婿尽到主要赡养义务，但未作为当事人参与诉讼的，应当对相关当事人予以释明，必要时可依职权追加其作为当事人参加诉讼。

3. 丧偶儿媳对公婆、丧偶女婿对岳父母遗产的继承权不受其是否再婚的影响。

4. 丧偶儿媳对公婆、丧偶女婿对岳父母的遗产享有继承权，不影响其子女的代位继承权。

5. 作为第一顺序继承人的丧偶儿媳和丧偶女婿，其继承权同其他继承人平等，其分得的遗产一般应与其他继承人大致均等。

【规范指引】

《中华人民共和国民法典》

第一千一百二十九条　丧偶儿媳对公婆，丧偶女婿对岳父母，尽了主要赡养义务的，作为第一顺序继承人。

《最高人民法院关于适用〈中华人民共和国民法典〉继承编的解释（一）》

第十八条　丧偶儿媳对公婆、丧偶女婿对岳父母，无论其是否再婚，依照民法典第一千一百二十九条规定作为第一顺序继承人时，不影响其子女代位继承。

第十九条　对被继承人生活提供了主要经济来源，或者在劳务等方面给予了主要扶助的，应当认定其尽了主要赡养义务或主要扶养义务。

（三）继子女继承资格的认定和裁判规则

【审查要点】

继子女的继承权，以形成扶养关系为前提。

1. 扶养关系的认定较为复杂。最高人民法院组织编写的《中华人民共和国民法典婚姻家庭编继承编理解与适用》[①] 一书中认为，形成扶养关系一般应当以继父母对未成年继子女履行了抚养义务为基本条件，主要包括继子女受继父母经济上的供养，继子女受继父母生活上的抚养、教育两个方面。

2. 继父或者继母与生母或者生父结婚时，继子女已经成年的，原则上不形成扶养关系；但继子女无行为能力、限制行为能力，且主要依靠继父母扶养的，在继父母去世时，可以分得适当遗产。

3. 虽未形成扶养关系，但继子女对继父母赡养较多的，可以作为酌分遗产人分得遗产。

4. 继子女继承了继父母的遗产的，不影响其继承生父母的遗产。

5. 继父母继承了继子女的遗产的，不影响其继承生子女的遗产。

6. 需要指出的是，继子女与继父母的扶养关系效力，并不当然及于继子女与生子女兄弟姐妹之间，继子女与生子女相互之间的继承权取决于他们之间是否形成扶养关系，没有扶养关系的，不能互为第二顺序的继承人；继兄弟姐妹之间发生继承的，不影响其继承亲兄弟姐妹的遗产。

【规范指引】

《中华人民共和国民法典》

第一千零七十二条 继父母与继子女间，不得虐待或者歧视。

继父或者继母和受其抚养教育的继子女间的权利义务关系，适用本法关于父母子女关系的规定。

第一千一百二十七条 遗产按照下列顺序继承：

---

① 最高人民法院民法典贯彻实施工作领导小组主编：《中华人民共和国民法典婚姻家庭编继承编理解与适用》，人民法院出版社2020年版。

（一）第一顺序：配偶、子女、父母；

（二）第二顺序：兄弟姐妹、祖父母、外祖父母。

继承开始后，由第一顺序继承人继承，第二顺序继承人不继承；没有第一顺序继承人继承的，由第二顺序继承人继承。

本编所称子女，包括婚生子女、非婚生子女、养子女和有扶养关系的继子女。

本编所称父母，包括生父母、养父母和有扶养关系的继父母。

本编所称兄弟姐妹，包括同父母的兄弟姐妹、同父异母或者同母异父的兄弟姐妹、养兄弟姐妹、有扶养关系的继兄弟姐妹。

《最高人民法院关于适用〈中华人民共和国民法典〉继承编的解释（一）》

第十一条 继子女继承了继父母遗产的，不影响其继承生父母的遗产。

继父母继承了继子女遗产的，不影响其继承生子女的遗产。

第十三条 继兄弟姐妹之间的继承权，因继兄弟姐妹之间的扶养关系而发生。没有扶养关系的，不能互为第二顺序继承人。

继兄弟姐妹之间相互继承了遗产的，不影响其继承亲兄弟姐妹的遗产。

【注意事项】

实践中，对于继父母与继子女扶养关系的认定存在两种观点：一种观点认为，只有当继父母对继子女进行抚养、同时继子女对继父母进行了赡养时，双方才形成扶养关系，继子女才对继父母享有继承权。另一种观点认为，认定双方构成扶养关系，应主要根据继父母对继子女的抚养作为依据，已经形成扶养关系的继子女对继父母的赡养应该作为其分得遗产的考量因素，继子女不赡养继父母的，对继父母的遗产不分或者少分。本指南倾向于采纳第二种观点，即以抚养作为是否形成扶养关系的基本依据，而继子女对继父母的赡养作为遗产分配的依据，如果形成扶养关系的继子女有赡养能力未对继父母进行赡养，则可以少分或者不分遗产；如果未形成扶养关系的继子女赡养了继父母的，则可以酌分遗产，至于继父母抚养继子女多久才能认定为形成扶养关系，虽然实践中尚无统一标准，但时间过短的，不宜认定为形成扶养关系。

【典型案例】

邹某蕾与高某、孙某等法定继承纠纷案［裁判法院：上海市第二中级人民法院；案号:（2017）沪 02 民终 10068 号］

裁判要旨：离婚中，作为继父母的一方对受其抚养教育的继子女，明确表示不继续抚养的，应视为继父母与继子女关系自此解除。继父母去世时，已经解除关系的继子女以符合《中华人民共和国继承法》中规定的“具有抚养关系的继子女”情形为由，主张对继父母遗产进行法定继承的，人民法院不予支持。

（四）养子女继承资格的认定和裁判规则

【审查要点】

养子女能否成为继承人取决于其与被继承人之间的收养关系是否成立或者收养关系是否解除。收养关系成立以后，养子女与其生父母及其亲兄弟姐妹之间的权利义务关系消除，养子女因此丧失对其生父母及其亲兄弟姐妹的财产继承权：

1. 收养关系成立以后，养子女与养父母建立拟制血亲关系，从而取得对养父母财产的法定继承权。

2. 收养关系成立后，养子女与生父母的父母子女关系消除，从而丧失对生父母财产的法定继承权。

3. 收养关系是否成立，一般应根据《民法典》第一千一百零五条的规定或者行为时有效的法律认定，未办理收养登记的，不能成立法律上的父母子女关系。

4. 对于因历史原因形成的事实收养，应区分不同时间节点，按照当时的法律、法规和司法解释的相关规定认定是否构成父母子女关系。如 1992 年 4 月 1 日《中华人民共和国收养法》生效以前，因社会公认以收养关系而长期共同生活的，可认定为收养关系。另可根据《司法部关于办理收养法实施前建立的事实收养关系公证的通知》（司发通〔1993〕125号）处理，该通知虽然系对收养关系公证的规定，但规定“收养关系自当事人达成收养协议或因收养事实而共同生活时成立”。如1992年4月1日以后私自收养但未办理登记的，一般不应认定为建立收养关系。此外，《民政部、公安部、司法部、卫生部、人口计生委关于解决国内公民私自收养子女有关问题的通知》（民发〔2008〕132号），也否定了事实收养的法律效力。

5. 对于实践中养子女与养父母关系并未解除，但对生父母尽到较多赡养义务的情形，可按照《民法典》第一千一百三十一条将其作为酌分遗产人，分给其适当的遗产。

6. 养子女与生子女之间、养子女与养子女之间，系养兄弟姐妹，可以互为第二顺序继承人。

7. 收养关系的解除，应当按照《民法典》婚姻家庭编第五章第三节或者行为时有效的法律、法规和司法解释认定。对于1999年4月1日以前通过事实解除方式解除收养关系的，可以认定为收养关系已解除。对于1998年修正的《中华人民共和国收养法》生效以后，当事人主张事实解除但未办理解除登记的，除非该收养关系于1999年4月1日前也是以事实收养方式建立，否则也不宜认定为解除收养关系。但是，如养子女确实与养父母长期未共同生活，相互之间互相不尽赡养和扶养义务，虽然当事人之间仍具有继承权，但可以根据《民法典》第一千一百三十条第四款对其不分或者少分遗产。

【规范指引】

《中华人民共和国民法典》

第一千一百零五条 收养应当向县级以上人民政府民政部门登记。收养关系自登记之日起成立。

收养查找不到生父母的未成年人的，办理登记的民政部门应当在登记前予以公告。

收养关系当事人愿意签订收养协议的，可以签订收养协议。

收养关系当事人各方或者一方要求办理收养公证的，应当办理收养公证。

县级以上人民政府民政部门应当依法进行收养评估。

第一千一百一十一条 自收养关系成立之日起，养父母与养子女间的权利义务关系，适用本法关于父母子女关系的规定；养子女与养父母的近亲属间的权利义务关系，适用本法关于子女与父母的近亲属关系的规定。

养子女与生父母以及其他近亲属间的权利义务关系，因收养关系的成立而消除。

第一千一百二十七条 遗产按照下列顺序继承：

（一）第一顺序：配偶、子女、父母；

（二）第二顺序：兄弟姐妹、祖父母、外祖父母。

继承开始后，由第一顺序继承人继承，第二顺序继承人不继承；没有第一顺序继承人继承的，由第二顺序继承人继承。

本编所称子女，包括婚生子女、非婚生子女、养子女和有扶养关系的继子女。

本编所称父母，包括生父母、养父母和有扶养关系的继父母。

本编所称兄弟姐妹，包括同父母的兄弟姐妹、同父异母或者同母异父的兄弟姐妹、养兄弟姐妹、有扶养关系的继兄弟姐妹。

《最高人民法院关于适用〈中华人民共和国民法典〉继承编的解释（一）》

第十条 被收养人对养父母尽了赡养义务，同时又对生父母扶养较多的，除可以依照民法典第一千一百二十七条的规定继承养父母的遗产外，还可以依照民法典第一千一百三十一条的规定分得生父母适当的遗产。

第十二条 养子女与生子女之间、养子女与养子女之间，系养兄弟姐妹，可以互为第二顺序继承人。

被收养人与其亲兄弟姐妹之间的权利义务关系，因收养关系的成立而消除，不能互为第二顺序继承人。

【典型案例】

王某甲、王某乙与费某法定继承纠纷案［裁判法院：上海市松江区人民法院；案号：（2006）松民一（民）初字第1194号］

裁判要旨：养父母与成年养子女关系恶化、无法共同生活的，可以协议解除收养关系。继承开始后，继承人放弃继承的，应当在遗产处理前，作出放弃继承的表示，没有表示的，视为接受继承。对生活有特殊困难且缺乏劳动能力的继承人，分配遗产时，应当予以照顾。

（五）对生活有特殊困难又缺乏劳动能力的认定和裁判规则

【审查要点】

继承人同时满足“生活有特殊困难”和“缺乏劳动能力”两个条件的，分配遗产时可以对其多分。

1. 关于“生活有特殊困难”的认定，一般应根据其财产状况、收入状况、当地生活消费水平综合认定，对于无独立生活来源、收入水平在当地最低收入标准以下或者其收入难以维持最基本的生活水平的，可以认定为“生活有特殊困难”。

2. 对于“缺乏劳动能力”的认定，一般应根据其年龄、身体状况、工作状况等进行认定，对于年幼、年迈、严重残疾、患有重大疾病导致劳动能力部分丧失或者完全丧失的，可以认定为“缺乏劳动能力”。

【规范指引】

《中华人民共和国民法典》

第一千一百三十条第二款　对生活有特殊困难又缺乏劳动能力的继承人，分配遗产时，应当予以照顾。

【注意事项】

对于同时满足上述两个条件的继承人，可对其适当多分，至于多分比例，应当根据继承人身体状况、年龄、需要、遗产的多少等因素，在个案中酌情确定。

【典型案例】

安某岳等与安某继承纠纷案［裁判法院：浙江省嵊州市人民法院；案号:（2000）嵊民初字第9号］

裁判要旨：两原告在法院审理时年龄分别为57岁、53岁，又有其他子女可以照顾，而被告尚年幼，且正在读书，在父母双亡后，其既缺乏劳动能力，又无其他生活来源，因此，对于被告在遗产继承时应该予以照顾，所占份额可不与其他继承人相等。

（六）尽到主要扶养义务或者与被继承人共同生活的认定和裁判规则

【审查要点】

尽到主要扶养义务除与其他继承人之间进行比较，也要根据社会一般认知进行判断。与被继承人共同生活不是多分的充分条件。

【规范指引】

《中华人民共和国民法典》

第一千一百三十条第三款 对被继承人尽了主要扶养义务或者与被继承人共同生活的继承人，分配遗产时，可以多分。

【注意事项】

1. 尽到主要扶养义务应满足两个条件，一是与其他继承人相比，对被继承人照顾较多；二是根据社会一般观念，被继承人的赡养、扶养主要依靠该继承人进行。

2. 尽到主要扶养义务应根据生活上的照料、经济上的支持、精神上的慰藉等方面表现综合判定。生活上的照料如对被继承人的衣、食、住、行进行照顾，协助被继承人就医，对被继承人进行陪护或者护理等；经济上的支持如定期或者不定期给予被继承人赡养费用，承担被继承人生活或者就医的费用；精神上的慰藉包括定期或者不定期探望被继承人。

3. 与被继承人共同生活的人，在分配遗产时可以多分，但如果其并未对被继承人尽到赡养义务，甚至虐待、遗弃被继承人，可以视情况对其少分直至剥夺其继承权。

【典型案例】

马某贵与马某云、马某珍法定继承纠纷案［裁判法院：新疆生产建设兵团十二师三坪垦区人民法院；案号：（2013）三垦民初字第43号］

裁判要旨：与被继承人共同生活并且尽了主要赡养义务的子女，依法可以多分遗产，但不能剥夺其他子女继承遗产的权利。

（七）继承人不尽扶养义务的认定和裁判规则

【审查要点】

对有扶养能力和有扶养条件的认定，应综合继承人的收入状况、经济条件、家庭状况等因素判断。

1. 继承人主观上具备扶养被继承人的意愿，但客观上不具备扶养能力和扶养条件的，不能按照本款处理。如继承人本身家庭经济困难，需要社会救济，或者继承人本人身患重病，无法在劳务上对被继承人加以扶助，则对其分配遗产时不能少分；相反，如果其满足《民法典》第一千一百三十条第二款的规定，还可以对其进行多分。

2. 继承人主观上具备扶养被继承人的意愿，客观上具备扶养能力和扶养条件，但被继承人因有劳动能力和固定的收入，明确表示不要求其扶养的，分配遗产时，一般不应因此影响该继承人的份额。

【规范指引】

《中华人民共和国民法典》

第一千一百三十条第四款 有扶养能力和有扶养条件的继承人，不尽扶养义务的，分配遗产时，应当不分或者少分。

【典型案例】

曹某甲与曹某乙、吴某芬法定继承纠纷案［裁判法院：上海市第二中级人民法院；案号：（2018）沪02民终4189号］

裁判要旨：继承人继承时，不分或者少分遗产系对其继承权利的剥夺或者限制，必须满足较高的条件，法院认定时也必须有充分的依据。虽然原告与父母曾发生过争吵和矛盾，但被告并未提供充分有效的证据证明原告存在不分或者少分遗产的情形，对其据此要求对原告不分或者少分的请求，不予支持。

三、丧失继承权的认定和裁判规则

（一）继承权绝对丧失的认定和裁判规则

【审查要点】

继承权丧失分为绝对丧失和相对丧失，继承人有故意杀害被继承人或者为争夺遗产杀害其他继承人的情形的，为继承权绝对丧失。即使被继承人事后表示宽恕或者立遗嘱将财产遗留给该继承人，该继承人的继承资格也不得恢复。

1. 继承人故意杀害被继承人的，不论是既遂还是未遂，均应当确认其丧失继承权，系法律对该类行为的绝对否定评价。

2. 继承人故意杀害被继承人的是指杀害行为，行为人可能构成故意杀人、故意伤害、放火、爆炸、投放危险物质等罪名，而不单指故意杀人罪。

3. 继承人故意杀害被继承人，应当认定其具有行为能力，如行为人系无行为能力人，由于其无法认识到行为的性质，并不导致其继承权丧失。

4. 继承人因过失导致被继承人死亡的，不属于故意杀害被继承人，不导致继承权丧失。

5. 为争夺遗产而杀害其他继承人，应认定其主观目的，行为人基于其他目的杀害其他继承人的，不导致继承权丧失。

6. 继承人为争夺遗产杀害其他继承人的，其行为可以发生在继承开始之前，也可以发生在继承开始以后，继承人在遗产分割以后为侵吞、窃取其他继承人的财产的，不导致继承权丧失，也不会导致继承财产回转。

7. 继承人有《民法典》第一千一百二十五条第一款第一项、第二项规定的行为的，被继承人以遗嘱的形式指定该继承人继承的，可以确认遗嘱无效，并确认其丧失继承权。

【规范指引】

《中华人民共和国民法典》

第一千一百二十五条第一款第一项、第二项　继承人有下列行为之一的，丧失继承权：

（一）故意杀害被继承人；

（二）为争夺遗产而杀害其他继承人；

《最高人民法院关于适用〈中华人民共和国民法典〉继承编的解释（一）》

第五条　在遗产继承中，继承人之间因是否丧失继承权发生纠纷，向人民法院提起诉讼的，由人民法院依据民法典第一千一百二十五条的规定，判决确认其是否丧失继承权。

第七条　继承人故意杀害被继承人的，不论是既遂还是未遂，均应当确认其丧失继承权。

【典型案例】

汪某祥与汪某浩、汪某君、汪某琴、汪某美、刘某珍、刘某林法定继承纠纷案［裁判法院：上海市第一中级人民法院；案号：（2020）沪01民终4707号］

裁判要旨：故意杀害被继承人的，丧失继承权。公安机关虽将继承人列为致被继承人死亡的犯罪嫌疑人，但该继承人是精神疾病患者，公安机关经侦查也未认定其是在认知清楚情况下故意致被继承人死亡，根据现有证据无法认定其行为构成“故意杀害被继承人”，故该继承人不因此丧失继承权。

（二）遗弃被继承人或者虐待被继承人情节严重的认定和裁判规则

【审查要点】

1. 继承人遗弃被继承人是指对被继承人负有抚养、扶养、赡养义务，而拒不抚养、扶养或者赡养的行为。

2. 继承人虐待被继承人是指对被继承人采用打骂、捆绑、冻饿、限制人身自由、强迫过度劳动等方式，从肉体和精神上摧残、折磨被继承人的行为。

【规范指引】

《中华人民共和国民法典》

第一千一百二十五条第一款第三项 继承人有下列行为之一的，丧失继承权：

（三）遗弃被继承人，或者虐待被继承人情节严重；

《最高人民法院关于适用〈中华人民共和国民法典〉继承编的解释（一）》

第六条 继承人是否符合民法典第一千一百二十五条第一款第三项规定的“虐待被继承人情节严重”，可以从实施虐待行为的时间、手段、后果和社会影响等方面认定。

虐待被继承人情节严重的，不论是否追究刑事责任，均可确认其丧失继承权。

【注意事项】

1. 从字面理解，遗弃被继承人，似乎并不要求情节严重，但实际上遗弃行为本身就是情节恶劣的行为；实践中如故意将年老、年幼、残疾的被继承人赶出家门或者放任无自主生活能力的被继承人自生自灭的，均属于遗弃行为。

2. 虐待被继承人要求达到情节严重的程度，但不要求达到犯罪程度，情节严重的判断可结合实施虐待行为的时间、手段、后果、社会影响等方面认定。实践中长期采用辱骂、殴打、饥饿、关禁闭、强迫过度劳动等方式折磨或惩罚被继承人的，应认定为情节严重；因虐待导致被继承人重伤、死亡或者严重肢体残疾的，亦应认定为情节严重。

3. 对于与被继承人长期共同生活，且对被继承人尽到主要扶养义务的，偶尔与被继承人间发生口角、冲突，甚至偶尔行为过激有肢体冲突的，一般不应认定为情节严重。

【典型案例】

高某与宋某、金某法定继承纠纷案［裁判法院：上海市金山区人民法院；案号:（2005）金民一（民）初字第1250号］

裁判要旨：丧失继承权情形中遗弃的构成须符合一定的条件，在被继承人生前与配偶、子女关系本就不和睦的情况下，认定其行为构成遗弃更应慎重，即应注意区分不尽照顾义务与遗弃的界限。被继承人被确诊患有肺癌，被继承人的亲戚要求两被告尽照顾义务，虽然经过所在镇司法科、村民委员会多次调处，直至被继承人死亡，两被告仍未履行照顾义务。继承人遗弃被继承人，依法应当剥夺两被告对被继承人的继承权。

（三）伪造、篡改、隐匿或者销毁遗嘱情节严重的认定和裁判规则

【审查要点】

伪造遗嘱严重侵害其他继承人的利益，篡改、隐匿、销毁遗嘱不仅仅侵害其他继承人的利益，更直接违背被继承人的真实意志。是否构成情节严重，应综合行为的主观目的、行为手段、行为结果综合判断。

【规范指引】

《中华人民共和国民法典》

第一千一百二十五条第一款第四项　继承人有下列行为之一的，丧失继承权：

（四）伪造、篡改、隐匿或者销毁遗嘱，情节严重；

《最高人民法院关于适用〈中华人民共和国民法典〉继承编的解释（一）》

第九条　继承人伪造、篡改、隐匿或者销毁遗嘱，侵害了缺乏劳动能力又无生活来源的继承人的利益，并造成其生活困难的，应当认定为民法典第一千一百二十五条第一款第四项规定的“情节严重”。

【注意事项】

1. 伪造、篡改、隐匿或者销毁遗嘱，侵害了缺乏劳动能力又无生活来源的继承人利益，并造成其生活困难的，应认定为情节严重。

2. 虽然《民法典继承编解释（一）》第九条仅仅规定了一种情形构成情节严重，但如果出现与该种情形性质一致的其他情形，亦应认定为情节严重。

3. 继承人在诉讼过程中存在伪造、篡改、隐匿或者销毁遗嘱的行为，虽尚未达到情节严重的程度，但扰乱了司法秩序的，可以根据《中华人民共和国民事诉讼法》第一百一十四条规定，对其罚款或者拘留。

【典型案例】

唐某诉丁某某法定继承纠纷案［裁判法院：上海市第二中级人民法院；案号：（2017）沪02民终10895号］

裁判要旨：在遗嘱无法进行笔迹鉴定的情况下，应当综合双方当事人的陈述、证人证言和其他在案证据，查明遗嘱的来源、遗嘱形式和内容是否有悖常理。现有证据证明证人系虚假陈述，涉案遗嘱涉嫌伪造，当事人在面临诉讼不利后果的情况下，向法院申请撤回上诉，二审法院依法裁定不予准许。

（四）以欺诈、胁迫手段迫使或者妨碍被继承人设立、变更或者撤回遗嘱情节严重的认定和裁判规则

【审查要点】

所谓欺诈，是指行为人以虚构事实或者隐瞒真相的方式，导致被继承人陷入错误的认识，并基于此作出违背真实意愿的意思表示。

所谓胁迫，是指行为人以暴力或者以其他方法，威胁被继承人，迫使其作出违背真实意愿的意思表示。

【规范指引】

《中华人民共和国民法典》

第一千一百二十五条第一款第五项 继承人有下列行为之一的，丧

失继承权：

（五）以欺诈、胁迫手段迫使或者妨碍被继承人设立、变更或者撤回遗嘱，情节严重。

【注意事项】

采用欺诈、胁迫手段迫使或者妨碍被继承人的行为，可以是要求其设立遗嘱，也可以是对原有遗嘱的变更，还可以是要求其撤回遗嘱，其手段行为与被继承人的相关遗嘱行为具备因果关系。如果能认定继承人有上述行为，但被继承人设立、变更、撤回遗嘱系出于其个人自愿，比如被继承人另立遗嘱予以确认，则不宜认定为该项规定的情节严重。

（五）继承宽恕制度的适用和裁判规则

【审查要点】

继承宽恕制度应重点审查继承人有无悔改表现，被继承人的宽恕是否出于自愿。

【规范指引】

《中华人民共和国民法典》

第一千一百二十五条第二款 继承人有前款第三项至第五项行为，确有悔改表现，被继承人表示宽恕或者事后在遗嘱中将其列为继承人的，该继承人不丧失继承权。

【注意事项】

1. 继承人应当确有悔改表现，如被继承人虽然口头表示悔改，但事后查实其仍有《民法典》第一千一百二十五条第一款第三项至第五项对应的行为的，不应认定为确有悔改表现，在该种情形下，即使被继承人宽恕，也并不必然导致继承权恢复。

2. 被继承人宽恕可以是口头的，可以是书面的，亦可以是事后在其遗嘱中将其列为继承人，但有该三种情形的继承人，对此负有举证责任。

（六）受遗赠人丧失受遗赠权的认定和裁判规则

【审查要点】

受遗赠人有《民法典》第一千一百二十五条规定的行为的，其受遗赠权绝对丧失且不可恢复。

【规范指引】

《中华人民共和国民法典》

第一千一百二十五条第三款　受遗赠人有本条第一款规定行为的，丧失受遗赠权。

【注意事项】

受遗赠人虽无上述行为，但遗赠违反公序良俗和社会公德的，遗赠无效。

对于受遗赠人丧失受遗赠权后能否适用继承宽恕制度的问题，实践中可能存在一定的争议，但本指南倾向于认为，从《民法典》第一千一百二十五条本身来看，第三款规定受遗赠人有本条第一款规定的行为丧失受遗赠权，显然将其与第一款、第二款中的继承人区别开来，因此受遗赠人并不适用继承宽恕制度。当然，如果受遗赠人仅有该条第一款第三项至第五项的行为，被继承人在事后重新订立遗嘱，明确表示将遗产赠与受遗赠人的，则根据新订立的遗嘱，受遗赠人享有获得遗产的权利。

【典型案例】

张某英与蒋某芳遗赠纠纷案［裁判法院：四川省泸州市中级人民法院；案号：（2001）泸民一终字第621号］

裁判要旨：遗赠人的遗赠行为虽系其真实意思表示，但其内容和目的违反了法律规定和公序良俗，损害了社会公德，破坏了公共秩序，应属无效民事行为。

四、代位继承的认定和裁判规则

（一）代位继承人的认定和一般裁判规则

【审查要点】

所谓代位继承，是指被继承人的子女或者兄弟姐妹先于被继承人死亡时，由被继承人的死亡子女的直系血亲或者死亡兄弟姐妹的子女继承其应继承的遗产份额的制度。也即代位继承包括第一顺序的代位继承和第二顺序的代位继承。

1. 被继承人的孙子女、外孙子女、曾孙子女、外曾孙子女都可以代位继承，代位继承人不受辈数的限制，但被继承人的孙子女、外孙子女尚在时，曾孙子女、外曾孙子女不得继承。

2. 被继承人的子女先于被继承人死亡，若其子女的遗产一直未分割，则其应继承自子女的遗产份额，仍可根据代位继承规则由其子女的晚辈直系血亲代位继承。

【规范指引】

《中华人民共和国民法典》

第一千一百二十八条第一款、第二款 被继承人的子女先于被继承人死亡的，由被继承人的子女的直系晚辈血亲代位继承。

被继承人的兄弟姐妹先于被继承人死亡的，由被继承人的兄弟姐妹的子女代位继承。

《最高人民法院关于适用〈中华人民共和国民法典〉继承编的解释（一）》

第十四条 被继承人的孙子女、外孙子女、曾孙子女、外曾孙子女都可以代位继承，代位继承人不受辈数的限制。

【注意事项】

代位继承人系未成年人，则相关权利由其法定代理人代为行使，但其法定代理人行使继承权、受遗赠权时，不得损害被代理人的利益。

【典型案例】

李某与黄家某代位继承纠纷案［裁判法院：湖北省宜昌市中级人民法院；案号：（2013）鄂宜昌中民再终字第29号］

裁判要旨：法定代理人一般不能代理被代理人放弃继承权、受遗赠权，不得损害被代理人的利益，明显损害被代理人利益的，其代理行为无效。

（二）兄弟姐妹子女代位继承的认定和裁判规则

【审查要点】

被继承人的兄弟姐妹先于被继承人死亡的，应根据被继承人死亡是在《民法典》施行之前还是之后，确定其兄弟姐妹的子女是否可以代位继承。

【规范指引】

《中华人民共和国民法典》

第一千一百二十八条第二款　被继承人的兄弟姐妹先于被继承人死亡的，由被继承人的兄弟姐妹的子女代位继承。

《最高人民法院关于适用〈中华人民共和国民法典〉时间效力的若干规定》

第十四条　被继承人的孙子女、外孙子女、曾孙子女、外曾孙子女都可以代位继承，代位继承人不受辈数的限制。

【注意事项】

1. 被继承人在《民法典》施行前死亡的，仅在遗产无人继承又无人受遗赠时，方由先于其死亡的兄弟姐妹的子女代位继承。

2. 被继承人在《民法典》施行后死亡的，如无第一顺序继承人，则先于其死亡的兄弟姐妹的子女可以同其他第二顺序的继承人共同继承。

【典型案例】

肖某湘与肖某法定继承纠纷案［裁判法院：上海市徐汇区人民法院；案号：（2020）沪0104民初30512号］

裁判要旨：被继承人在《民法典》施行前死亡，且其存在第二顺位的继承人，则其遗产不属于无人继承又无人受遗赠的情况，故其他兄弟姐妹的子女不能依据《民法典》第一千一百二十八条第二款、第三款主张代位继承权。

（三）代位继承遗产份额的认定和裁判规则

【审查要点】

1. 代位继承人一般只能继承被代位继承人有权继承的遗产份额，但不排除在特殊情况下对代位继承人多分。

2. 代位继承人缺乏劳动能力又没有生活来源，或者对被继承人尽到主要赡养义务的，分配遗产时，可以多分。

3. 继承人丧失继承权的，其晚辈直系血亲不得代位继承。如该代位继承人缺乏劳动能力又没有生活来源，或者对被继承人尽赡养义务较多的，可以适当分给遗产。

【规范指引】

《中华人民共和国民法典》

第一千一百二十八条第三款 代位继承人一般只能继承被代位继承人有权继承的遗产份额。

《最高人民法院关于适用〈中华人民共和国民法典〉继承编的解释（一）》

第十六条 代位继承人缺乏劳动能力又没有生活来源，或者对被继承人尽过主要赡养义务的，分配遗产时，可以多分。

第十七条 继承人丧失继承权的，其晚辈直系血亲不得代位继承。如该代位继承人缺乏劳动能力又没有生活来源，或者对被继承人尽赡养义务较多的，可以适当分给遗产。

【注意事项】

实践中，继承人根据《民法典》第一千一百二十五条第一款的规定，丧失继承权，那么其是否丧失对祖父母或者外祖父母的代位继承权，这一问题存在一定争议。一种观点认为，代位继承人如绝对丧失对自己父母的继承权，亦丧失了代位继承权；另一种观点认为，代位继承权是固有权利，其丧失应以法律的明确规定为条件，即使丧失了对自己父母的继承权，也并不因此自然丧失代位继承权。对此，本指南倾向于认为，代位继承人一般只能继承其父母有权继承的遗产份额，本质上权利还是来源于其父母，且认定丧失继承权的人同时丧失代位继承权，更有利于尊重各个被继承人的真实意愿，更符合丧失继承权制度的目的，更有利于满足社会公众对公平正义的期待，从而更有利于弘扬社会主义核心价值观。

【典型案例】

闫鹏某与闫某京代位继承纠纷案［裁判法院：北京市朝阳区人民法院；案号：（2013）朝民初字第 38119 号］

裁判要旨：我国继承法在确立代位继承的性质上采用“代表权利说”，即代位继承人继承被继承人的遗产，是代表被代位继承人的地位参与继承，取得被代位继承人应继承的份额。如果被代位继承人生前已放弃继承或者被剥夺继承权，其子女无权代位继承。同理，被代位继承人应得的遗产份额所考量的因素，同样适用于代位继承中代位继承人份额的确定。即确定代位继承人的遗产份额时，应考虑被代位继承人对于被继承人是否尽到了主要的赡养义务。

（四）养子女、继子女代位继承的认定和裁判规则

【审查要点】

对于养子女、形成扶养关系的继子女等，其继承权一般与生子女无异，但对于继子女的继子女，其继承权可能有所限制。

被继承人的养子女、已形成扶养关系的继子女的生子女可以代位继承；被继承人亲生子女的养子女可以代位继承；被继承人养子女的养子女可以代位继承；与被继承人已形成扶养关系的继子女的养子女也可以代位继承。

【规范指引】

《最高人民法院关于适用〈中华人民共和国民法典〉继承编的解释（一）》

第十四条　被继承人的孙子女、外孙子女、曾孙子女、外曾孙子女都可以代位继承，代位继承人不受辈数的限制。

第十五条　被继承人的养子女、已形成扶养关系的继子女的生子女可以代位继承；被继承人亲生子女的养子女可以代位继承；被继承人养子女的养子女可以代位继承；与被继承人已形成扶养关系的继子女的养子女也可以代位继承。

【注意事项】

被继承人继子女的继子女是否能够代位继承存在争议，因《民法典继承编解释（一）》在列举时并未列举该项，且拟制血亲本身具有特殊性，本指南倾向于认为被继承人继子女的继子女无代位继承权。

五、转继承的认定和裁判规则

【审查要点】

转继承是指继承开始以后，继承人于遗产分割前死亡，且没有放弃继承的，该继承人应当继承的遗产转给其继承人。

【规范指引】

《中华人民共和国民法典》

第一千一百五十二条　继承开始后，继承人于遗产分割前死亡，并没有放弃继承的，该继承人应当继承的遗产转给其继承人，但是遗嘱另有安排的除外。

【注意事项】

转继承不仅存在于法定继承中，还存在于遗嘱继承中，如遗嘱继承人在被继承人死亡后遗产分割前死亡，则相应遗产份额由该遗嘱继承人的继承人转继承。

审查转继承时，不仅应当审查继承人的继承人范围，还应审查继承人所应继承的遗产份额是属于其个人财产还是属于其与配偶的夫妻共同财产，并在此基础上要求相关当事人明确继承所得的性质、分割方式及最终归属，以免遗漏审查要点，违反辩论原则。

六、遗嘱继承的认定和裁判规则

（一）遗嘱继承的一般裁判规则

【审查要点】

1. 遗嘱继承的前提是存在遗嘱，除公证遗嘱外，一般不以是否存在以“遗嘱”命名的文件为前提，对遗嘱有无的认定应当以证据实质内容为依据。

2. 遗嘱继承的审查重点在于遗嘱的效力，对遗嘱效力的判断应当综合遗嘱形式要件和实质要件两方面加以判断。

3. 适用遗嘱继承的条件是遗嘱合法有效，且无遗赠扶养协议，继承发生以后，遗嘱继承人未放弃继承。

4. 遗嘱人对遗嘱所涉财产应为有权处分，处分与他人共有的财产的，部分无效；处分国家、集体和其他人财产的，遗嘱对该部分的处分无效。

5. 遗嘱人立遗嘱时应具备完全行为能力，无行为能力人或者限制行为能力人所立的遗嘱无效。

6. 遗嘱人受胁迫、欺骗所立的遗嘱无效。

7. 伪造的遗嘱无效。

8. 遗嘱被篡改的，篡改的内容无效。

9. 遗嘱损害国家利益、社会公共利益或者违反公序良俗的无效。

【规范指引】

《中华人民共和国民法典》

第一千一百三十三条　自然人可以依照本法规定立遗嘱处分个人财产，并可以指定遗嘱执行人。

自然人可以立遗嘱将个人财产指定由法定继承人中的一人或者数

人继承。

自然人可以立遗嘱将个人财产赠与国家、集体或者法定继承人以外的组织、个人。

自然人可以依法设立遗嘱信托。

第一千一百三十四条 自书遗嘱由遗嘱人亲笔书写，签名，注明年、月、日。

第一千一百三十五条 代书遗嘱应当有两个以上见证人在场见证，由其中一人代书，并由遗嘱人、代书人和其他见证人签名，注明年、月、日。

第一千一百三十六条 打印遗嘱应当有两个以上见证人在场见证。遗嘱人和见证人应当在遗嘱每一页签名，注明年、月、日。

第一千一百三十七条 以录音录像形式立的遗嘱，应当有两个以上见证人在场见证。遗嘱人和见证人应当在录音录像中记录其姓名或者肖像，以及年、月、日。

第一千一百三十八条 遗嘱人在危急情况下，可以立口头遗嘱。口头遗嘱应当有两个以上见证人在场见证。危急情况消除后，遗嘱人能够以书面或者录音录像形式立遗嘱的，所立的口头遗嘱无效。

第一千一百三十九条 公证遗嘱由遗嘱人经公证机构办理。

第一千一百四十条 下列人员不能作为遗嘱见证人：

（一）无民事行为能力人、限制民事行为能力人以及其他不具有见证能力的人；

（二）继承人、受遗赠人；

（三）与继承人、受遗赠人有利害关系的人。

【注意事项】

1. 遗嘱继承的争议一般包括：一是遗嘱是否满足规定的形式要件，二是遗嘱人有无立遗嘱的能力，三是遗嘱内容是否有效，四是遗嘱之间是否存有冲突。具体审查标准和处理方式详见具体遗嘱的效力认定和裁判规则。

2. 实践中，对于不符合法定形式的遗嘱一般认定为无效。遗嘱作为以死亡为生效要件的民事法律行为、单方民事法律行为，为了确保行为人意思表示的真实，法律对遗嘱规定了较为严格的形式要件，即只能按照《民法典》规定的类型立遗嘱，并且须符合相应的形式要件，否则会影响遗嘱的效力。

3. 通过遗嘱设立居住权的，登记仅为其对抗要件，而非生效要件。主要理由如下：从法律规定来看，遗嘱设立居住权，应当与因继承发生的物权变动保持体系上的一致性。将登记作为遗嘱设立居住权的对抗要件，可以有效平衡遗嘱人、遗嘱继承人的利益和交易安全。当然，由于遗赠具有特殊性，对于受遗赠取得居住权的，我们更倾向于认为登记作为其生效要件。

【典型案例】

车某与万某等遗嘱继承纠纷案［裁判法院：江苏省无锡市南长区人民法院；案号：（2009）南民一初字第 1627 号］

裁判要旨：虽然以协议形式出现，但实质内容是自然人对死后财产分配处理的法律文件，因符合遗嘱特征，应当认定为遗嘱而非分产协议。基于委托执行遗产分割意愿而将作为遗产的不动产转移到遗嘱执行人或者指定管理人名下，取得不动产登记的遗嘱执行人或指定管理人仅是名义上的不动产所有权人，并不享有真正的完全所有权。

（二）自书遗嘱的要件及其效力认定和裁判规则

【审查要点】

自书遗嘱应重点审查遗嘱是否系其本人书写，遗嘱上的签字及日期是否齐备，遗嘱内容是否系有权处分。

1. 自书遗嘱应当由遗嘱人亲笔书写，伪造的遗嘱无效；部分由遗嘱人书写、部分由他人代书的遗嘱，无效或者部分无效；遗嘱被篡改的，篡改的内容无效。

2. 遗嘱应由遗嘱人亲笔签名，遗嘱人未签名的，遗嘱无效。

3. 遗嘱无署期或者署期不全，遗嘱的主干内容记载了署期，可以认定有效；但如果只记录了年或者年、月，但未标明日的，且无法通过上述方式确定形成时间的，本指南倾向于认定无效。

4. 遗嘱内容的书写日期与落款日期不一致的，如果均系被继承人亲笔书写，一般应认定为有效。

【规范指引】

《中华人民共和国民法典》

第一千一百三十四条 自书遗嘱由遗嘱人亲笔书写，签名，注明年、月、日。

《最高人民法院关于适用〈中华人民共和国民法典〉继承编的解释（一）》

第二十七条 自然人在遗书中涉及死后个人财产处分的内容，确为死者的真实意思表示，有本人签名并注明了年、月、日，又无相反证据的，可以按自书遗嘱对待。

第二十八条 遗嘱人立遗嘱时必须具有完全民事行为能力。无民事行为能力人或者限制民事行为能力人所立的遗嘱，即使其本人后来具有完全民事行为能力，仍属无效遗嘱。遗嘱人立遗嘱时具有完全民事行为能力，后来成为无民事行为能力人或者限制民事行为能力人的，不影响遗嘱的效力。

【注意事项】

自书遗嘱的真实性难以确认时，可以通过笔迹鉴定确认自书遗嘱的真实性。因当事人无法提供对比样本导致自书遗嘱无法鉴定或者无法得出鉴定意见时，应当综合遗嘱来源、当事人的陈述、遗嘱发现的过程、遗嘱的内容以及被继承人的一贯生活状况综合判定遗嘱的真实性。

【典型案例】

曹某与葛某某、沈某某法定继承纠纷案［裁判法院：上海市徐汇区人民法院；案号：（2012）徐民一（民）初字第5236号］

裁判要旨：被继承人的“遗书”的内容，并未对遗产的处分作出明确安排，意思表示不够完整、清晰，无法从其推出对于遗产的具体意见，不应认定为遗嘱，其遗产仍应按法定继承方式继承。“遗书”内容写明部分继承人具有一定数额遗产的处理权，则在法定继承的前提下，酌情考虑遗产具体分割时对该继承人予以多分。

（三）代书遗嘱的要件及其效力认定和裁判规则

【审查要点】

代书遗嘱应重点审查遗嘱人是否出于自愿，代书人、见证人有无利害关系，遗嘱人、代书人、见证人是否均签名。

1. 代书遗嘱应当符合法律规定的形式要件，对其形式要件的审查应当严格把握，对于欠缺形式要件的，一般不宜认定为有效。

2. 代书遗嘱应有两个或者两个以上的见证人在场见证，其中一人代书，仅有一名见证人的，该代书遗嘱无效。

3. 代书人、见证人应在遗嘱上签名，仅按捺手印但未签字的，除代书人、见证人能够到庭说明情况外，一般不宜认定为有效。

4. 代书人、见证人、遗嘱人应在遗嘱上注明签字年、月、日，或者应就立遗嘱时间和见证情况作出说明，否则不宜认定为有效。

5. 代书人代书、见证人见证与遗嘱人口述遗嘱应当具备同步性，即上述过程应当基本发生在同一时空，代书人、见证人对遗嘱人身份进行核实，代书人应如实记录遗嘱人的遗嘱内容，并交由遗嘱人阅看或者对其宣读，并由代书人、见证人和遗嘱人签字确认。

6. 代书人、见证人应当同步见证代书遗嘱的形成过程，代书人一人独立代书、见证后由另一见证人签字确认的，该遗嘱无效。

7. 代书人、见证人应为完全行为能力人，且不能是继承人、受遗赠人本人。

8. 代书人、见证人本人或者其近亲属不应与继承人、受遗赠人存在利害关系，一般是指代书人、见证人不能是法定继承人范围内的人，包括第一顺序和第二顺序的法定继承人，也不能是受遗赠人。

【规范指引】

《中华人民共和国民法典》

第一千一百三十五条　代书遗嘱应当有两个以上见证人在场见证，由其中一人代书，并由遗嘱人、代书人和其他见证人签名，注明年、月、日。

第一千一百四十条　下列人员不能作为遗嘱见证人：

（一）无民事行为能力人、限制民事行为能力人以及其他不具有见证能力的人；

（二）继承人、受遗赠人；

（三）与继承人、受遗赠人有利害关系的人。

【注意事项】

诉讼中，代书人、见证人一般应出庭作证，对遗嘱的形成过程，遗嘱的形成时间，代书人、见证人、遗嘱人签字的真实性等作出说明，并接受当事人的询问。代书人、见证人无正当理由拒不到庭作证，导致遗嘱真实性或者合法性存疑的，一般不宜认定遗嘱有效。

实践中，对于代书人、见证人是否与案件存在利害关系的认定，存在一定的争议，本指南倾向于认为，继承人的配偶、子女，继承人或者受遗赠人的债权人、债务人，共同经营的合伙人，也应视为与继承人、受遗赠人有利害关系，一般不宜作为遗嘱的代书人和见证人。

【典型案例】

瞿某凤、瞿某华与瞿某永、瞿某鹏、瞿某跃继承纠纷案［裁判法院：上海市虹口区人民法院；案号：（2017）沪0109民初19198号］

裁判要旨：律师在代书、见证的过程中不符合时空一致性要求，且无法提供证据证明该遗嘱内容系被继承人真实的意思表示，故代书遗嘱无效。

（四）录音录像遗嘱的要件及其效力认定和裁判规则

【审查要点】

录音录像遗嘱关于见证人资格的审查规则同代书遗嘱，不同之处在于录音录像遗嘱一般由遗嘱人口述，且应记录见证人的姓名或者肖像。

1. 录音遗嘱中记录见证人姓名的，一般应由见证人本人口述其本人姓名。

2. 录像遗嘱中应记录见证人的肖像，未记录见证人的肖像，但记录了见证人的姓名，且由见证人本人口述其本人姓名的，可以认定为有效。

【规范指引】

《中华人民共和国民法典》

第一千一百三十七条　以录音录像形式立的遗嘱，应当有两个以上见证人在场见证。遗嘱人和见证人应当在录音录像中记录其姓名或者肖像，以及年、月、日。

【注意事项】

对录音录像遗嘱的形成时间有异议，可以委托相关鉴定机构对其形成的原始时间进行鉴定；对遗嘱是否确系遗嘱人本人所述或者见证人是否确实在场有异议的，可以委托相关鉴定机构对录音、录像的真实性进行鉴定，必要时还可以对相关人员的声纹进行鉴定。

【典型案例】

朱某强、李某香、任某珠、任某与章某莲、章德某、章某仙、章仁某、章建某、章某宏分家析产、法定继承、遗嘱继承纠纷案［裁判法院：上海市第二中级人民法院；案号：（2021）沪02民终4973号］

裁判要旨：代书遗嘱形式不符合法律规定，故无效。当事人在代书遗嘱过程拍摄的视频只是反映了代书遗嘱的环境和过程，并非属于正式的录音录像遗嘱，故其认为相关视频系录音录像遗嘱，无法律和事实依据，法院不予采纳。

（五）打印遗嘱的要件及其效力认定和裁判规则

【审查要点】

打印遗嘱关于见证人资格的审查规则同代书遗嘱，不同的是打印遗嘱并不要求遗嘱由见证人电脑记录和打印，遗嘱人自行电脑记录和打印，见证人对整个过程进行见证的亦可。

1. 打印遗嘱的见证人应当在遗嘱的每一页上签名并注明年、月、日，见证人仅在遗嘱的最后一页签名并注明年、月、日的，一般应认定未签名部分无效；如未签名部分和签名部分不可分或者签名部分并无遗嘱的实质内容的，则遗嘱整体无效。

2. 打印遗嘱如系双面打印，遗嘱人、见证人仅在第二页签字和注明日期的，如果经确认未签名部分与原始电子文稿一致，原始电子文稿形成时间戳或修改时间与打印遗嘱形成时间相同的，可认定该遗嘱有效。

3. 遗嘱人手写遗嘱并签字，后交由其他人电脑誊写后打印的，应当按照打印遗嘱的要件审查认定，手写遗嘱可按照前述自书遗嘱的要件审查认定。

4. 遗嘱人手写遗嘱但未签字，后交由其他人电脑誊写后打印的，但无见证人见证的，打印遗嘱无效；手写遗嘱不符合自书遗嘱的形式要件，亦应认定为无效。

【规范指引】

《中华人民共和国民法典》

第一千一百三十六条　打印遗嘱应当有两个以上见证人在场见证。遗嘱人和见证人应当在遗嘱每一页签名，注明年、月、日。

（六）口头遗嘱的要件及其效力认定和裁判规则

【审查要点】

口头遗嘱的订立应满足在危急情况下这一条件，审查重点在于危急情况的认定。

1. 口头遗嘱关于见证人的条件同代书遗嘱。

2. 危急情况应指发生了危及遗嘱人自身安全的自然灾害、社会事件或者遗嘱人受重伤、生重病等足以导致遗嘱人客观上没有可能或者没有能力以其他方式订立遗嘱的状态。对于遗嘱人虽患病需要手术，在手术前有足够时间订立遗嘱，其在手术前仅口头作出遗产安排，但却在手术中出现意外情况导致死亡的，不应认定为危急情况。

【规范指引】

《中华人民共和国民法典》

第一千一百三十八条　遗嘱人在危急情况下，可以立口头遗嘱。口头遗嘱应当有两个以上见证人在场见证。危急情况消除后，遗嘱人能够以书面或者录音录像形式立遗嘱的，所立的口头遗嘱无效。

【注意事项】

危急情况消除以后，遗嘱人能够以其他方式订立遗嘱的，应当以其他方式重新订立遗嘱，口头遗嘱无效。实践中，随着手机、移动电脑的普及，已经极大便利了被继承人订立录音录像遗嘱，故对口头遗嘱应作严格认定。

【典型案例】

刘甲与刘乙、刘丙遗嘱纠纷案［裁判法院：上海市第二中级人民法院；案号：（2002）沪二中民一（民）终字第2228号］

裁判要旨：遗嘱人在危急情况下，可以立口头遗嘱。口头遗嘱应当有两个以上的见证人在场见证。危急情况解除后，遗嘱人能够用书面或者录音形式立遗嘱的，所立的口头遗嘱无效。

（七）公证遗嘱的要件及其效力认定和裁判规则

【审查要点】

公证遗嘱的效力认定审查重点是公证程序是否符合法律规定、遗嘱人有无行为能力、遗嘱人意愿是否真实。

1. 遗嘱公证应由遗嘱人本人办理，其他人不得代办，遗嘱人一般应亲自至公证机构办理，本人亲自至公证机构有困难的，可以请求公证机构至其住所或者临时处所办理。

2. 遗嘱公证的管辖并不适用于不动产专属管辖，遗嘱人就不动产办理遗嘱公证的，可以由当事人住所地、经常居住地、行为地公证机构管辖。

3. 遗嘱公证应当由两名公证人员共同办理，两人一般应为公证员，或者至少一人是公证员，另一人可以是公证处工作人员，公证由公证员办理，另一人作见证。

4. 遗嘱人认为公证书存在错误的，可以自收到公证书之日起一年内向公证机构提出复查；继承人认为公证书存在错误的，可以自知道或者应当知道该公证事项之日起一年内向公证机构提出复查。

5. 公证机构认为公证书基本内容违法、与事实不符或者严重违反法定程序的，应当作出撤销公证书的处理决定。

6. 公证遗嘱被撤销的，则公证处提交的遗嘱自始无效。如被继承人在公证过程中曾向公证处提交过遗嘱或者遗嘱草稿，则可按照自书、代书、录音录像遗嘱、打印遗嘱等规定对其自己提供的遗嘱进行形式和实质审查，认定是否具备法律效力。

【规范指引】

《中华人民共和国民法典》

第一千一百三十九条 公证遗嘱由遗嘱人经公证机构办理。

《公证程序规则》

第十一条 当事人可以委托他人代理申办公证，但申办遗嘱、遗赠扶养协议、赠与、认领亲子、收养关系、解除收养关系、生存状况、委托、声明、保证及其他与自然人人身有密切关系的公证事项，应当由其本人亲自申办。

公证员、公证机构的其他工作人员不得代理当事人在本公证机构申办公证。

第十四条 公证事项由当事人住所地、经常居住地、行为地或者事实发生地的公证机构受理。

涉及不动产的公证事项，由不动产所在地的公证机构受理；涉及不动产的委托、声明、赠与、遗嘱的公证事项，可以适用前款规定。

第六十三条 公证机构进行复查，应当对申请人提出的公证书的错误及其理由进行审查、核实，区别不同情况，按照以下规定予以处理：

（一）公证书的内容合法、正确、办理程序无误的，作出维持公证书的处理决定；

（二）公证书的内容合法、正确，仅证词表述或者格式不当的，应当收回公证书，更正后重新发给当事人；不能收回的，另行出具补正公证书；

（三）公证书的基本内容违法或者与事实不符的，应当作出撤销公证书的处理决定；

（四）公证书的部分内容违法或者与事实不符的，可以出具补正公证书，撤销对违法或者与事实不符部分的证明内容；也可以收回公证书，对违法或者与事实不符的部分进行删除、更正后，重新发给当事人；

（五）公证书的内容合法、正确，但在办理过程中有违反程序规定、缺乏必要手续的情形，应当补办缺漏的程序和手续；无法补办或者严重违反公证程序的，应当撤销公证书。

被撤销的公证书应当收回，并予以公告，该公证书自始无效。

公证机构撤销公证书或出具补正公证书的，应当于撤销决定作出或补正公证书出具当日报地方公证协会备案，并录入全国公证管理系统。

《遗嘱公证细则》

第四条　遗嘱公证由遗嘱人住所地或者遗嘱行为发生地公证处管辖。

第五条　遗嘱人申办遗嘱公证应当亲自到公证处提出申请。

遗嘱人亲自到公证处有困难的，可以书面或者口头形式请求有管辖权的公证处指派公证人员到其住所或者临时处所办理。

第六条　遗嘱公证应当由两名公证人员共同办理，由其中一名公证员在公证书上署名。因特殊情况由一名公证员办理时，应当有一名见证人在场，见证人应当在遗嘱和笔录上签名。

见证人、遗嘱代书人适用《中华人民共和国继承法》第十八条[①]的规定。

---

① 编者注：对应《民法典》第一千一百四十条。

【注意事项】

录音录像并非公证遗嘱的必要条件，一般不宜以缺乏录音录像认定遗嘱无效；公证机构有录音录像，当事人以录音录像中公证机构程序不规范、表述不严谨等对公证遗嘱的效力提出异议的，可参照《公证程序规则》和《遗嘱公证细则》审查，除严重违反公证程序外，一般不宜认定遗嘱无效。

（八）多份遗嘱的效力认定和裁判规则

【审查要点】

应先行审查每一份遗嘱的效力，对于多份遗嘱均有效的，应重点审查遗嘱内容是否互相抵触。

1. 被继承人可以撤回、变更自己所立的遗嘱，不仅包括明示撤回、变更，还包括默示撤回、变更。

2. 遗嘱人实施与遗嘱内容相反的民事法律行为，视为对遗嘱内容的撤回。具体可以参照《最高人民法院关于贯彻执行〈中华人民共和国继承法〉若干问题的意见》第三十九条精神处理，遗嘱人生前的行为与遗嘱的意思表示相反，而使遗嘱处分的财产在继承开始前灭失、部分灭失或者所有权转移、部分转移的，遗嘱视为被撤回或者部分撤回。

3. 被继承人于《民法典》施行前死亡的，关于其遗嘱效力及是否冲突的认定，应适用《中华人民共和国继承法》的规定。

4. 被继承人的多份遗嘱均系在《民法典》施行前订立，则对于多份遗嘱之间的冲突裁判，应当依据《中华人民共和国继承法》第二十条处理。

5. 被继承人在《民法典》施行之前立有公证遗嘱，在《民法典》施行后又立有新的遗嘱，应当依据《民法典》第一千一百四十二条处理，即公证遗嘱不具有优先性。

【规范指引】

《中华人民共和国民法典》

第一千一百四十二条 遗嘱人可以撤回、变更自己所立的遗嘱。

立遗嘱后，遗嘱人实施与遗嘱内容相反的民事法律行为的，视为对遗嘱相关内容的撤回。

立有数份遗嘱，内容相抵触的，以最后的遗嘱为准。

《最高人民法院关于适用〈中华人民共和国民法典〉时间效力的若干规定》

第二十三条 被继承人在民法典施行前立有公证遗嘱，民法典施行后又立有新遗嘱，其死亡后，因该数份遗嘱内容相抵触发生争议的，适用民法典第一千一百四十二条第三款的规定。

【典型案例】

陈甲与陈乙析产、继承纠纷案［裁判法院：上海市闸北区人民法院；案号：（2005）闸民一（民）初字第3518号］

裁判要旨：（1）被继承人的子女先于被继承人死亡的，被继承人子女的晚辈直系血亲享有代位继承权。（2）公证机关对年老体弱的遗嘱人进行遗嘱公证，公证过程未进行录音录像的，不影响该公证遗嘱的实质内容。（3）虽为程序上有瑕疵的公证遗嘱，但该公证遗嘱是被继承人对属于个人的合法财产以遗嘱形式进行的处分，如无相反证据足以推翻该公证遗嘱的，则该公证遗嘱应当合法有效。（4）对于建筑面积较小不宜分割的房产进行遗产分割，应当有利于生产、生活需要，不损害遗产的效用。

（九）共同遗嘱的认定和裁判规则

【审查要点】

共同遗嘱，又称联合遗嘱、共立遗嘱，是指两个或者两个以上的遗嘱人共同订立同一份遗嘱。我国法律及司法解释并未对共同遗嘱作出规定，但实践中经常能够遇到共同遗嘱，审判实践亦倾向于承认共同遗嘱的效力。共同遗嘱的审查，应当注重审查以下内容：

如果共同遗嘱形式上是代书遗嘱、录音录像遗嘱、打印遗嘱的，则应当分别按照代书遗嘱、录音录像遗嘱、打印遗嘱的认定规则，确认其是否有效。

【注意事项】

实践中，争议较大的是，如果共同遗嘱人其中一位死亡了，另一遗嘱人是否有权变更或者撤销其在共同遗嘱中作出的意思表示？

一种观点认为，虽然共同遗嘱是两人共同所立，但只是将两个主体对自己遗产处分的意思表示载于同一份文书，个人对自己的财产仍有处分权利。立遗嘱人中的一方要求撤销、变更该遗嘱的，无论另一方同不同意或是另一方已死亡的，其均可以撤销、变更遗嘱中属于其个人的财产部分，遗嘱其余部分仍有效力。若其中涉及共有和不可分割部分的，可通过析产、折价补偿等方式，将其个人的权属明晰后，予以变更、撤销。

另一种观点认为，共同遗嘱可以经立遗嘱人合意而变更或撤销。若一方单独要求变更或撤销共同遗嘱，则需采取明示方式通知另一方。一方变更、撤销的范围应仅限于其独立的财产以及共有财产中属于其个人的部分。若财产存在不可分割性，一方的变更、撤销的意思并不产生相应的效力。若订立共同遗嘱的一方已经死亡或丧失行为能力，则另一方应仅能就其个人独立的、独有的财产予以处理，不得对共同遗嘱中涉及的共有财产、不可分割财产作出新的处理。

还有一种观点认为，共同遗嘱的特征就在于共同的意思表示，若允许单方任意撤销或变更其遗嘱内容，则共同遗嘱就失去了价值。因此，共同遗嘱应限制立遗嘱人单方变更、撤销遗嘱的权利，如存在一方已经死亡或遗嘱所附条件已经成就时，共同遗嘱的立遗嘱人不得单方变更或撤销遗嘱。若双方约定共同遗嘱不得变更和撤销，则也应当尊重当事人的意思表示，限制立遗嘱人的变更、撤销行为。

对此，本指南倾向于认为，由于法律并未专门规定共同遗嘱，对此，应当适用《民法典》总则编关于法律行为的一般规定进行处理。如果共同遗嘱存在相互牵制、相互制约的内容，则对于该相互牵制和制约的部分，一方当事人死亡后，另一方不得单独变更或者撤销。如果共同遗嘱并不存在相互牵制和制约，而仅仅具有意思表示的相互性和一致性的，一方死亡后，另一方得单独变更或者撤销其意思表示。同时，认定遗嘱内容是否存在相互牵制、相互制约，应当综合考虑共同遗嘱签订的时间、背景、财产来源及归属、共同遗嘱人一贯的意志等，最大限度尊重当事人的真实意思表示，平衡自然人的遗嘱自由与保护被继承人的真实意思。

（十）附义务遗嘱的认定和裁判规则

【审查要点】

遗嘱或者遗赠可以附义务，遗嘱继承或者遗赠附有义务的，继承人或者受遗赠人应当履行义务。

但是遗嘱所附义务系限制他人再婚等人身权利的，所附义务部分无效。

【规范指引】

《中华人民共和国民法典》

第一千一百四十四条　遗嘱继承或者遗赠附有义务的，继承人或者受遗赠人应当履行义务。没有正当理由不履行义务的，经利害关系人或者有关组织请求，人民法院可以取消其接受附义务部分遗产的权利。

【典型案例】

张某军与蔡某珍遗赠纠纷案［裁判法院：江苏省无锡市中级人民法院；案号：（2013）锡民终字第0453号］

裁判要旨：婚姻自由是我国宪法规定的一项公民基本权利，是我国的基本婚姻制度，具体而言体现为婚姻自主权这一人格权利，即自然人有权在法律规定的范围内，自主自愿决定本人的婚姻，不受其他任何人强迫与干涉。遗嘱的遗赠条款所附义务限制受遗赠人的再婚权利，所附义务部分无效。

（十一）保留必要份额的认定和裁判规则

【审查要点】

审查的重点在于缺乏劳动能力和生活来源的认定。

1.缺乏劳动能力的认定，与《民法典》第一千一百三十条第二款一致，即一般应根据其年龄、身体状况、工作状况等进行认定，对于年迈、严重残疾、患有重大疾病导致劳动能力部分丧失或者完全丧失的，可以认定为“缺乏劳动能力”。

2. 缺乏生活来源一般应指没有稳定的收入和经济来源，依靠其自身收入和资产持有状况远不足以维持基本生活水平。但如果继承人虽然缺乏稳定的收入，但其自身持有一定的大额资产，依靠资产收益或者处分闲置资产足以长期维持其基本生活需要的，则一般不宜认定其缺乏生活来源。

3. 保留份额的多少，应当根据遗产的价值、当地经济发展水平以及基本生活水平综合判定，如根据上述因素仍难以判定，可以参照法定继承条件下其应当继承的份额认定。

【规范指引】

《中华人民共和国民法典》

第一千一百四十一条　遗嘱应当为缺乏劳动能力又没有生活来源的继承人保留必要的遗产份额。

【注意事项】

诉讼中，当事人提出保留必要份额的诉讼请求，提出请求的一方应当就缺乏劳动能力和生活来源进行举证，必要时可以委托司法鉴定机构或劳动部门对其进行劳动能力鉴定，但当事人明显不具备劳动能力的，可由法院直接认定。

【典型案例】

李某、郭某阳与郭某和、童某英继承纠纷案［裁判法院：江苏省南京市秦淮区人民法院；案号：（2006）秦民一初字第14号］

裁判要旨：通过人工授精所生的子女与夫妻双方或者一方没有血缘关系，但只要是经过夫妻双方同意进行人工授精所生的子女，应视为夫妻双方的婚生子女。继承人年幼，其法定抚养人没有固定收入，生活来源缺乏保障，依法应当为该继承人保留必要的遗产份额，以保证其生活所需和健康成长。遗嘱未为其保留必要的遗产份额的，应认定为部分无效。

七、遗赠纠纷的认定和裁判规则

（一）受遗赠人范围的认定和裁判规则

【审查要点】

受遗赠人应当是国家、集体、组织或者法定继承人以外的自然人。

1. 被继承人的子女先于被继承人死亡，被继承人立遗嘱将遗产遗留给孙子女、外孙子女的，因孙子女、外孙子女并非法定继承人，且遗嘱继承中并不存在代位继承，故该遗嘱仍应认定为遗赠，适用遗赠的处理规则。

2. 如第一项所述情形，孙子女、外孙子女未在法定期间内接受遗赠的，应认定其丧失受遗赠的权利，但该孙子女、外孙子女仍可以按照法定继承的规定代位继承其父母应继承的份额。

【规范指引】

《中华人民共和国民法典》

第一千一百二十四条 继承开始后，继承人放弃继承的，应当在遗产处理前，以书面形式作出放弃继承的表示；没有表示的，视为接受继承。

受遗赠人应当在知道受遗赠后六十日内，作出接受或者放弃受遗赠的表示；到期没有表示的，视为放弃受遗赠。

第一千一百三十三条 自然人可以依照本法规定立遗嘱处分个人财产，并可以指定遗嘱执行人。

自然人可以立遗嘱将个人财产指定由法定继承人中的一人或者数人继承。

自然人可以立遗嘱将个人财产赠与国家、集体或者法定继承人以外的组织、个人。

自然人可以依法设立遗嘱信托。

【注意事项】

受遗赠人基于受遗赠取得遗产，但被继承人的配偶对遗赠财产享有居住利益的，可以对抗房屋所有权人的排除妨害请求权。

【典型案例】

高某与张某菊遗赠纠纷案［裁判法院：江苏省南通市中级人民法院；案号：（2014）通中民终字第 0169 号］

裁判要旨：在夫妻一方死亡，另一方无固定经济来源又无其他居住条件的情况下，因婚姻关系产生的居住权，并不因夫妻一方的去世而消灭。

（二）接受遗赠时间的认定和裁判规则

【审查要点】

受遗赠人应当在规定的时间范围内接受遗赠，审查的重点在于何为知道受遗赠。

1. 继承纠纷中，当事人对受遗赠人接受遗赠的时间提出异议的，应举证证明受遗赠人于何时知道该遗赠。

2.“知道”可以是“明确知道”也可以是“应当知道”，但对于“应当知道”的推定必须谨慎，对证据也应严格审查。

3. 受遗赠人在遗赠人死亡后才知道遗赠的存在，接受遗赠时间的起算点应自其知道之日起算。

4. 受遗赠人在遗赠人生前即知道遗嘱的存在，由于遗嘱在被继承人生前并不生效，受遗赠人即使接受遗赠，被继承人仍可以在其生前修改遗嘱，生前即表示接受意义并不大，故在此情形下接受遗赠时间的起算点应自被继承人死亡、遗嘱生效之日起计算。受遗赠人在遗赠人死亡后才知道遗赠的，应从其知道或者应当知道之日起计算。

【规范指引】

《中华人民共和国民法典》

第一千一百二十四条第二款 受遗赠人应当在知道受遗赠后六十日内，作出接受或者放弃受遗赠的表示；到期没有表示的，视为放弃受遗赠。

【注意事项】

实践中，个别受遗赠人虽然没有以语言或者文字的方式明确表示接受遗赠，但已以占有、使用等方式支配遗产，则可视为其表示接受遗赠。

（三）接受遗赠方式的认定和裁判规则

【审查要点】

受遗赠人应当在规定的时间范围内接受遗赠，审查的重点在于以何种方式作出受遗赠。

1. 一般应由受遗赠人本人作出接受遗赠的意思表示或者由受其委托的人作出接受遗赠的意思表示。

2. 接受遗赠需为明示接受，明示可以是书面的也可以是口头的。实践中，受遗赠人通常通过写信、打电话、发短信、发电子邮件等方式接受遗赠，还有个别当事人通过登报的方式接受遗赠。当事人口头表示接受遗赠的，应当提交证据加以证明。

3. 受遗赠人可以向继承人的一部或者全部作出接受遗赠的意思表示，并不要求向全部继承人均作出接受的意思表示。

【规范指引】

《中华人民共和国民法典》

第一千一百二十四条第二款　受遗赠人应当在知道受遗赠后六十日内，作出接受或者放弃受遗赠的表示；到期没有表示的，视为放弃受遗赠。

八、遗产的分割方式和裁判规则

（一）遗产的一般分割方式和裁判规则

【审查要点】

遗产的分割应有利于生产和生活需要，不宜分割的遗产，可以采取折价、适当补偿或者共有等方法处理。

【规范指引】

《中华人民共和国民法典》

第一千一百五十六条　遗产分割应当有利于生产和生活需要，不损害遗产的效用。

不宜分割的遗产，可以采取折价、适当补偿或者共有等方法处理。

【注意事项】

1. 遗产的价值和分割方式，可以由当事人协商一致确定，当事人能够就遗产的继承方式、价值达成一致的，优先按照当事人协商一致的分割方式和价值处理。

2. 当事人无法就继承方式达成一致的，能够按份共有的，可以由各继承人按份共有，无法按份共有或者可以直接分割的，则应当折价或者变价后分割。

3. 当事人就遗产的价值无法达成一致的，对于具有客观价值的遗产，比如存款、股票、基金、保险，可以采纳其市场价值作为分割依据；如无客观价值，或者其价值变动较大，难以客观确定的，可以采用评估、审计、询价、竞价等方式确定其价值，并在此基础上分割。

（二）不动产产权的分割和裁判规则

【审查要点】

1. 对于不动产产权的继承，优先由当事人协商一致，协商不成时方由法院判决。

2. 当事人无法就不动产的归属达成一致的，当事人均同意共有，或者不同意共有但无人有能力折价给他人的，则可以共有。

3. 部分当事人主张共有，部分当事人主张折价分割的，如不涉及当事人居住利益的问题，且主张折价的当事人愿意取得产权，并有能力支付折价款的，可将不动产产权判归主张折价的一方，由其按照不动产的市场价值折价给其他当事人。

4. 当事人均不同意共有，又无人愿意取得产权并折价给其他当事人的，则可以判决由当事人在指定期间内共同协商出售，协商不成的当事人可以申请法院拍卖，并就拍卖所得价款予以实际分割。

5. 因继承、遗赠等原因导致的物权变动，其他按份共有人主张优先购买权的，不予支持，但按份共有人另有约定的除外。

【规范指引】

《中华人民共和国民法典》

第三百零四条　共有人可以协商确定分割方式。达不成协议，共有的不动产或者动产可以分割且不会因分割减损价值的，应当对实物予以分割；难以分割或者因分割会减损价值的，应当对折价或者拍卖、变卖取得的价款予以分割。

共有人分割所得的不动产或者动产有瑕疵的，其他共有人应当分担损失。

第一千一百五十六条　遗产分割应当有利于生产和生活需要，不损害遗产的效用。

不宜分割的遗产，可以采取折价、适当补偿或者共有等方法处理。

《最高人民法院关于适用〈中华人民共和国民法典〉物权编的解释（一）》

第九条　共有份额的权利主体因继承、遗赠等原因发生变化时，其他按份共有人主张优先购买的，不予支持，但按份共有人之间另有约定的除外。

（三）不动产价值的认定和裁判规则

【审查要点】

不动产价值的认定，可以采用当事人协商一致、评估、询价等方式认定。对于增值部分的价值认定，应当确定不同的价值时点，并分别由当事人协商或者评估。

1. 不动产的价值认定，当事人能够协商一致的，以当事人协商一致的价值认定。

2. 涉及被继承人婚前财产，婚后共同还贷及其增值部分，应当按照《民法典》婚姻家庭编相关司法解释，分别确定其婚前投入对应价值部分、婚后共同还贷及其增值部分，以正确区分夫妻共同财产和个人财产，确保被继承人的遗产价值客观、公允。

3. 涉及不同时间点的价值认定时，应注意在协商或者评估时，先行确定时间节点，当事人争议较大时，建议通过评估作价的方式，对现值和历史价值作出认定。

4. 计算不动产的市场价值时，如不动产上存在尚未归还完毕的抵押贷款，应当在计算净值时以评估价扣除尚未归还完毕的抵押贷款计算其价值。

【典型案例】

董杏某、於嘉某、於智某、於培某、於新某与於震某遗产继承纠纷案［裁判法院：浙江省宁波市北仑区人民法院；案号：（2009）甬仑民初字第2366号］

裁判要旨：遗产是自然人死亡时遗留的个人合法财产，继承从自然人死亡之时开始，但自然人死亡时间与遗产分割时间不一定是同一个时间，这期间，遗产的价值可能因为市场因素发生变化或者遗产的表现形式发生变化而导致价值认定产生不同意见。如遗产继承人擅自处分应当与其他继承人共同继承的遗产，遗产因转化而增值的，在分割遗产时，应当按照增值后的价值进行计算。

（四）动产的价值认定和裁判规则

【审查要点】

动产的价值认定较为复杂，当事人无法协商一致时，能够通过询价的方式确定其价值的，可以在询价的基础上交由当事人确认；当事人无法协商的，可以通过评估方式确定；当事人均同意采用竞价方式确定其价值和归属的，也可以采用竞价的方式。

1. 涉及银行存款和理财产品的，当事人应当提供被继承人死亡时银行存款的数额及其所在账户信息，理财产品的价值可以分割时的市场交易价格予以确认。

2. 涉及保险的，如被继承人本人作为被保险人和保险受益人，则可以将其保险金作为遗产进行分割；保险未到期或者不具备给付条件的，可以向保险机构查询相应保单的现金价值，以现金价值作为其分割依据。

3. 涉及黄金、首饰的，投资性黄金可以中国人民银行公布的黄金市场价格作为其分割依据；涉及首饰的，可在征询当事人同意的基础上，以购买价或者同类商品市场价作为分割依据；当事人无法达成一致的，可委托评估。

4. 涉及机动车的，机动车的价值可以询价或评估，但对于上海、杭州等地通过拍卖取得的机动车号牌额度，相关额度的价值，可以参照分割时同类号牌额度拍卖的平均成交价作为分割依据。

5. 涉及古董、书画作品的，优先由当事人协商定价；确实无法定价的，可在征询当事人意见的基础上变卖、拍卖以后再行处置，分割其变卖、拍卖后的价款；当事人既无法协商一致，又不同意拍卖、变卖的，可采用竞价的方式确定其价值。

6. 涉及被继承人养老保险个人账户中结存部分、个人公积金账户中的公积金及补充公积金结存部分的，应当根据其结存数额，在划分夫妻共同财产和个人财产的基础上，进行继承和分割，需要注意的是，配偶的养老保险账户、公积金账户中结存部分也属于夫妻共同财产，当事人同样有权主张。

【注意事项】

实践中，部分当事人主张分割股权，如是上市公司的股票，分割相对简单，但如系有限责任公司或者股份有限公司，则要视上述公司对股东资格有无特殊约定或者法律有无特别规定，如果无特殊约定或者规定，则继承人均可以成为股东，否则可以委托审计，确定每一股股权对应的价值，进而进行分割。

【典型案例】

金某、金某妮与上海维克德钢材有限公司法定继承纠纷案［裁判法院：上海市第一中级人民法院；案号：（2009）沪一中民五（商）终

字第 7 号]

裁判要旨：根据公司法的规定，在公司自然人股东死亡后，除非章程另有约定，其合法继承人可以继承股东资格。这种继承，无需公司过半数以上股东同意。根据注册资本来源地原则，外国人继承内资公司股权不改变公司注册资本来源地，不导致公司性质变更为外商投资公司，因此，该公司股东的变更无须外资审批机构的审批。在合法继承人取得股东资格后，公司有义务到工商登记机关办理相应的工商变更登记手续。

（五）非遗产性财产的处理和裁判规则

【审查要点】

非遗产性财产包括死亡赔偿金、丧葬费、抚恤金以及其他不具备财产价值的物品，对其应根据不同财产的性质分别予以处置。

1. 死亡赔偿金的赔偿对象系死者的近亲属，故死亡赔偿金不是自然人死亡时遗留的个人合法财产，不属于遗产范围，当事人均同意在继承纠纷中一并处理的，可以一并处理。

2. 丧葬费不属于遗产，应当优先用于办理被继承人的丧葬事宜，当事人主张分割该钱款的，可优先用于偿还他人垫付的丧葬费，剩余部分可根据丧事办理情况并参照法定继承的顺序进行分配。

3. 抚恤金不属于遗产，其分割可以结合相关行政法律法规及政策的规定，根据抚恤对象和抚恤标准在继承案件中进行处理，无相关规定的，可以参照法定继承的顺序予以分配。

4. 指定了受益人的保险，因其保险金属于受益人，故不能作为遗产进行分割。

5. 被继承人生前遗留的信件、遗像、电子数据、个人电子账户等不具有财产价值的物品，不得作为遗产进行继承，当事人要求分割的，一般不予处理，由当事人协商处置；法律法规对虚拟账户、虚拟财产另有规定的，从其规定。

【注意事项】

实践中有个别案件，当事人所主张分割的是名人书信等具有较高财产价值的特定物品，则可以作为遗产进行分割。还有个别案件中，当事人主张分割的是互联网平台店铺或者自媒体账号，因相关店铺或者账号并非遗产，一般不宜直接作为遗产继承，但被继承人与互联网平台或者自媒体平台在相关平台协议中对店铺或者账号的转移、变更、继承存在特殊约定的，可从其约定。

九、遗赠扶养协议的认定和裁判规则

（一）遗赠扶养协议的效力认定和裁判规则

【审查要点】

遗赠扶养协议不同于遗嘱和遗赠，其本质上是双方法律行为。

1. 遗赠扶养协议效力的认定，应当按照民事法律行为的一般规定，对双方的行为能力、意思表示真实性、是否存在欺诈、胁迫等情形进行认定。

2. 当事人就遗赠扶养协议发生争议，《民法典》继承编未作规定的，可以参照合同编的相关规定处理。

3. 遗赠扶养协议是否有效，并不以是否等价作为前提，当事人一般不得以显失公平主张撤销遗赠扶养协议。

4. 遗赠扶养协议一经订立即可发生法律效力，但遗赠人生前，相关财产权利并不转移，待遗赠人死亡后，受遗赠人才能主张相关权利。

【规范指引】

《中华人民共和国民法典》

第四百六十四条　合同是民事主体之间设立、变更、终止民事法律关系的协议。

婚姻、收养、监护等有关身份关系的协议，适用有关该身份关系的法律规定；没有规定的，可以根据其性质参照适用本编规定。

第一千一百二十三条　继承开始后，按照法定继承办理；有遗嘱的，按照遗嘱继承或者遗赠办理；有遗赠扶养协议的，按照协议办理。

【典型案例】

黄某青与南京浦镇车辆公司继承纠纷案［裁判法院：江苏省南京市中级人民法院；案号：（2015）宁民终字第 2447 号］

裁判要旨：继承人以外的人与福利机构签订协议，将被继承人送养的，不应认定为遗赠扶养协议。该送养人虽不属于法定继承人，但对被继承人生前扶养较多，依法可以分给其适当的遗产。

（二）未履行遗赠扶养协议的认定和裁判规则

【审查要点】

遗赠扶养协议订立后，遗赠人和受遗赠人均应履行协议内容，任何一方不得随意变更或解除。

1. 遗赠人不履行遗赠扶养协议，或者采用另立遗嘱、处分遗赠物等方式表明不再履行遗赠扶养协议的，受遗赠人可以请求解除协议。

2. 因遗赠人不履行协议导致遗赠扶养协议被解除的，遗赠人应当偿还受遗赠人已支付的供养费用。

3. 受遗赠人无正当理由未履行遗赠扶养协议，导致遗赠扶养协议解除的，其不能享受遗赠的权利，其支付的供养费用一般不予补偿。

4. 受遗赠人是否尽到了扶养义务，应当根据协议内容以及双方履行情况判定，除物质供养外，对遗赠人的生活、就医等尽到充分的照顾义务，在精神上对遗赠人进行陪伴和安抚，也应当视为尽到相应的扶养义务。

【规范指引】

《最高人民法院关于适用〈中华人民共和国民法典〉继承编的解释（一）》

第四十条 继承人以外的组织或者个人与自然人签订遗赠扶养协议后，无正当理由不履行，导致协议解除的，不能享有受遗赠的权利，其支付的供养费用一般不予补偿；遗赠人无正当理由不履行，导致协议解除的，则应当偿还继承人以外的组织或者个人已支付的供养费用。

（三）遗赠扶养协议与其他继承方式冲突的认定和裁判规则

【审查要点】

遗赠扶养协议、遗嘱、法定继承冲突的情况下，一般应按照遗赠扶养协议优先于遗嘱、遗嘱优先于法定继承的顺序，确定继承方式。

【规范指引】

《中华人民共和国民法典》

第一千一百二十三条　继承开始后，按照法定继承办理；有遗嘱的，按照遗嘱继承或者遗赠办理；有遗赠扶养协议的，按照协议办理。

【注意事项】

1. 如果遗赠扶养协议涉及的遗产与遗嘱、法定继承部分的遗产并不冲突，则上述继承方式可以并存。

2. 如果遗赠扶养协议与遗嘱、法定继承发生冲突，则一般遗赠扶养协议优先于遗嘱、法定继承。

十、遗产管理纠纷的认定和裁判规则

（一）遗产管理人的选定

【审查要点】

遗产管理人的选定，应遵从以下顺序：遗嘱执行人担任遗产管理人→继承人推选遗产管理人→继承人共同担任遗产管理人→民政部门或者村民委员会担任遗产管理人。

1. 被继承人如立有遗嘱，遗嘱执行人为遗产管理人；但如果在遗嘱继承和法定继承并存的情况下，当事人就遗产管理人发生争议的，遗嘱执行人和法定继承人可同时作为遗产管理人。

2. 当事人就选任遗产管理人发生争议的，可向人民法院申请指定，《民法典》和司法解释暂未规定指定程序，在相关规定未明确前，本指南倾向于可参照特别程序中指定监护人程序进行。

【规范指引】

《中华人民共和国民法典》

第一千一百四十五条　继承开始后，遗嘱执行人为遗产管理人；没有遗嘱执行人的，继承人应当及时推选遗产管理人；继承人未推选的，由继承人共同担任遗产管理人；没有继承人或者继承人均放弃继承的，由被继承人生前住所地的民政部门或者村民委员会担任遗产管理人。

第一千一百四十六条　对遗产管理人的确定有争议的，利害关系人可以向人民法院申请指定遗产管理人。

（二）遗产管理人的责任认定和裁判规则

【审查要点】

遗产管理人应当根据《民法典》第一千一百四十七条之规定履行职责，如因故意或者重大过失造成继承人、受遗赠人、债权人损害的，应当承担民事责任。

1. 遗产管理人承担责任的前提是存在故意或者重大过失，对于其故意或者重大过失的认定，应当以《民法典》第一千一百四十七条为基础，根据其职责内容，确定其履职是否尽到勤勉和忠实义务。

2. 对于故意的认定，如管理人故意侵吞、窃取、转移所管理的遗产，或者管理人明知他人侵吞、窃取、转移遗产而放任不管，则可以认定为故意；对于重大过失的认定，一般应以对待自己之财产的谨慎态度审视。如被继承人对他人所享有的债权，遗产管理人怠于提起诉讼，导致债权超过诉讼时效的，可以认定为重大过失。

3. 遗产管理人的责任承担，应当根据《民法典》总则编和侵权责任编的规定确定，按照不同的行为方式和结果，其责任形式可以包括消除危险、排除妨碍、返还财产、恢复原状、赔偿损失等。

【规范指引】

《中华人民共和国民法典》

第一千一百四十七条　遗产管理人应当履行下列职责：

（一）清理遗产并制作遗产清单；

（二）向继承人报告遗产情况；

（三）采取必要措施防止遗产毁损、灭失；

（四）处理被继承人的债权债务；

（五）按照遗嘱或者依照法律规定分割遗产；

（六）实施与管理遗产有关的其他必要行为。

第一千一百四十八条　遗产管理人应当依法履行职责，因故意或者重大过失造成继承人、受遗赠人、债权人损害的，应当承担民事责任。

（三）遗产管理人的报酬请求权和裁判规则

【审查要点】

遗产管理人的报酬请求权来源于法定或者约定，目前法律和司法解释并未对报酬多少、报酬的计算方式作出明确规定，本指南倾向于区分不同情况处理，待相关法律或司法解释明确后，从其规定。

1. 遗产管理人与法定继承人、受遗赠人有明确约定或者遗嘱中明确写明的，应按照约定或遗嘱执行。

2. 无明确约定的，如该遗产管理人同时是遗嘱继承人，则因其系管理自身财产，无权取得报酬。

3. 虽无明确约定，但如果遗产管理人并非遗嘱继承人，或者遗产管理人在作为遗嘱继承人的同时管理遗嘱所涉遗产以外的遗产，则其有权取得报酬。

4. 继承人共同担任遗产管理人的，若系法定继承，则继承人共同管理的实际系其本人财产，故一般无报酬请求权；若最终仅部分继承人依照遗嘱或者遗赠取得了遗产，其他未取得遗产的继承人，可以主张报酬。

5. 民政部门或者村民委员会担任遗产管理人的，本指南倾向于无报酬请求权。

【规范指引】

《中华人民共和国民法典》

第一千一百四十九条　遗产管理人可以依照法律规定或者按照约定

获得报酬。

【注意事项】

实践中，被继承人或者继承人与遗产管理人对报酬的范围、计算方式有约定的，从其约定；如无约定，本指南倾向于认为，可以参照无因管理的相关规定，酌情确定遗产管理人的报酬数额。

十一、被继承人债务清偿纠纷的认定和裁判规则

（一）被继承人债务的认定和裁判规则

【审查要点】

除被继承人所欠的税款外，被继承人的债务包括法定债务和约定债务，其中法定债务包括侵权之债、不当得利之债、无因管理之债等；约定债务主要是合同之债，也包括因离婚协议确定的债务。

【规范指引】

《中华人民共和国民法典》

第一千一百五十九条　分割遗产，应当清偿被继承人依法应当缴纳的税款和债务；但是，应当为缺乏劳动能力又没有生活来源的继承人保留必要的遗产。

【注意事项】

1. 债务的范围较为广泛，应当依据《民法典》合同编、侵权责任编乃至总则编的规定加以认定，特定情况下涉及税款、罚款的，还应当依据行政法律法规加以认定。

2. 夫妻双方根据离婚协议或者离婚诉讼确定的财产分割、抚养费给付等债务，亦系被继承人债务的范畴，在防范虚假诉讼的同时，应充分保障配偶、子女的合法权益。

3. 被继承人在生前无权处分、转移夫妻共同财产的，在分割遗产时，如配偶不予确认，可以根据情况，在分割遗产时酌情扣减可供分割的遗产数额。

【典型案例】

李大某、李小某与王某继承纠纷案［裁判法院：河南省安阳市中级人民法院；案号：（2015）安中民一终字第1620号］

裁判要旨：因被继承人婚前用个人财产购买的房屋属于婚前个人财产，但购房款是由另一方支付的，即使二人已办理婚姻登记，购房款也应认定为是被继承人向另一方的借款。且被继承人去世后，作为第一顺位继承人的配偶、父母、子女继承该房屋的同时，应当先承担被继承人所负的债务，偿还购房款，之后再对剩余遗产进行分割。因此，继承被继承人婚前购买的房屋，应先偿还另一方购房款，后再对剩余价值进行分割。

（二）债务清偿顺序的认定和裁判规则

【审查要点】

在确定债务的清偿顺序时，如果税款、一般债权、有优先权的债权以及与刑事责任存在冲突，可根据《中华人民共和国税收征收管理法》及最高人民法院关于执行的相关司法解释，确定优先顺序。

1. 被继承人死亡，其债务未经诉讼确认的，债权人可以被继承人的继承人为被告，向法院提起被继承人债务清偿纠纷，法院可在查明相关债务事实后，判决各继承人在继承遗产实际价值范围内清偿被继承人的债务。

2. 被继承人作为被执行人在执行过程中死亡，其继承人不放弃继承的，法院可以裁定变更被执行人，由该继承人在遗产的范围内偿还债务。继承人放弃继承的，人民法院可以直接执行被继承人的遗产。

3. 根据《中华人民共和国税收征收管理法》第四十五条第一款的规定，税款优先于无担保债权，法律另有规定的除外；纳税人欠缴的税款发生在纳税人以其财产设定抵押、质押或者纳税人财产被留置之前的，税款应当先于抵押权、质权、留置权执行。

4. 根据《最高人民法院关于刑事裁判涉财产部分执行的若干规定》第十三条规定，被执行人同时承担刑事责任、民事责任，其财产不足以支付的，按照人身损害赔偿中的医疗费用、享有优先权的民事债务、退赔被害人的损失、其他民事债务、罚金、没收财产的顺序执行。

5. 分割遗产时，应当为缺乏劳动能力又无生活来源的继承人保留必要的遗产，但不包括继承人以外的依靠被继承人抚养的人。

【规范指引】

《中华人民共和国民法典》

第一千一百五十九条 分割遗产，应当清偿被继承人依法应当缴纳的税款和债务；但是，应当为缺乏劳动能力又没有生活来源的继承人保留必要的遗产。

《最高人民法院关于适用〈中华人民共和国民事诉讼法〉的解释》

第四百七十三条 作为被执行人的公民死亡，其遗产继承人没有放弃继承的，人民法院可以裁定变更被执行人，由该继承人在遗产的范围内偿还债务。继承人放弃继承的，人民法院可以直接执行被执行人的遗产。

第五百零六条 被执行人为公民或者其他组织，在执行程序开始后，被执行人的其他已经取得执行依据的债权人发现被执行人的财产不能清偿所有债权的，可以向人民法院申请参与分配。

对人民法院查封、扣押、冻结的财产有优先权、担保物权的债权人，可以直接申请参与分配，主张优先受偿权。

（三）受遗赠人与继承人清偿债务比例的认定和裁判规则

【审查要点】

法定继承人优先于遗嘱继承人、受遗赠人对被继承人的债务进行清偿，超过部分由遗嘱继承人和受遗赠人按比例以所得为限进行清偿。

【规范指引】

《中华人民共和国民法典》

第一千一百六十三条 既有法定继承又有遗嘱继承、遗赠的，由法定继承人清偿被继承人依法应当缴纳的税款和债务；超过法定继承遗产实际价值部分，由遗嘱继承人和受遗赠人按比例以所得遗产清偿。

【注意事项】

被继承人名下的房屋上存在住房贷款的，被继承人将该房屋留由遗嘱继承人继承的，遗嘱继承人继承房屋后，并不当然继受全部住房抵押贷款债务。如另有法定继承的，从遗嘱继承人与法定继承人之间的关系来说，应由全部法定继承人先在其继承遗产范围内对上述债务承担清偿责任，不足部分，由遗嘱继承人以继承房屋价值所限清偿。

独立保函纠纷类案办案要件指南

课题组成员

主持人（执笔人）：符　望　上海金融法院综合审判二庭庭长

执笔人：周　荃　上海金融法院综合审判二庭审判员

虞　憬　上海金融法院综合审判二庭审判员

黄　婧　上海金融法院综合审判二庭审判员

朱婧婧　上海市黄浦区人民法院金融审判庭法官助理

指导人员

范雯霞　上海市高级人民法院金融审判庭审判员

▶ 精要导读

一、裁判理念

（一）仔细识别独立保函与普通保函

保函性质的认定，即涉案保函是独立保函还是担保法上的保证，是每一个涉及独立保函纠纷案件绕不开的话题，亦是确定法律适用的前提。在独立保函业务实践中，当事人本意是开立独立保函，但却由于许多条款为了适应基础交易的需要进行定制，导致涉案保函出现了一些比较模糊和存在争议的条款。这种情况下，法院应根据条款的内容、当事人的具体意思表示进一步判断。通常情况下应倾向维护独立保函的效力，但如果某些保函明显缺少独立保函必备要件，则可以认定为从属性保函并适用不同的规则。

（二）区分独立保函业务中的三种法律关系

独立保函当中存在三种法律关系，需要清晰识别，才能更好地处理相关纠纷。一是基础交易法律关系，比如建设施工合同关系、货物买卖合同关系、借贷合同关系等，这是交易双方签订的基础交易合同所形成的法律关系，也是独立保函开立的原因关系。该法律关系仅存在于基础交易双方当事人之间，仅约束基础交易双方当事人，故其争议解决条款不会扩展适用至独立保函纠纷。二是独立保函申请法律关系。为了完成基础交易，交易一方往往会向金融机构申请开立独立保函。该法律关系仅存在于独立保函申请人和开立人之间，仅约束保函申请双方当事人。根据《最高人民法院关于审理独立保函纠纷案件若干问题的规定》（以下简称《独立保函司法解释》）第九条规定，除非受益人提交的单据存在不符点，否则开立人在依据独立保函承担付款责任后，可以向独立保函的申请人追偿。三是独立保函法律关系。独立保函实质上是开立人的一种承诺，即承诺在受益人提交的单据符合独立保函的要求时第一时间付款，而且是不可撤销的承诺。这种承诺受到合同法的约束，由此在开立人与受益人之间形成了法律关系，并且可以单独约定其适用的法律、规则以及争议解决条款。这三种关系紧密结合，但不可混为一谈。

（三）遵循“表面相符”标准以解决单据分歧

根据《独立保函司法解释》以及《见索即付保函统一规则》相关规定，在审查单据并且决定是否付款时，采用的是表面相符的标准。因此在出现此类纠纷时，必须考虑这一原则，只要受益人提交的单据与独立保函条款、单据与单据之间在表面上相符，开立人就必须独立承担付款义务，开立人不得利用基础交易或开立申请关系对受益人行使抗辩。换言之，开立人只负责审查单据的表面真实性和相符性，而不论基础交易项下的债务是否未得到履行，均应承担付款义务。司法实践中不宜违背这一原则，如果实质性地审查基础交易情况，将会导致独立保函失去独立性与单据性这些特征，相关业务无法开展。

（四）选择或并行适用国内外法律与国际规则

由于独立保函包含了不同的法律关系，因此在独立保函相关纠纷中，法官需要根据纠纷的具体情况，选择适用或者并行适用国内、国外法律与国际规则。有的纠纷比如追偿纠纷，仅涉及国内合同法；有的纠纷涉及独立保函的识别，需要适用《独立保函司法解释》；有的纠纷当事人约定了适用《见索即付保函统一规则》，则这种意思自治应予尊重；有的纠纷直接约定某外国法作为保函纠纷准据法，亦无不可；还有的纠纷比如保函欺诈止付，又涉及法院地法的强行适用。这里面并无统一的规则，而是根据纠纷的不同场景，需要法官去区分识别对待。

（五）审慎处理独立保函欺诈纠纷并实施有限审查原则

独立保函欺诈（止付）纠纷是人民法院最常见的独立保函纠纷之一。独立保函的独立性要求独立保函不受基础交易履行情况的影响，但在某些特殊情况下，如果有充足证据怀疑受益人可能存在欺诈行为，则有必要审查基础合同的履行情况来确定受益人的索偿是否存在欺诈。在这个过程当中应当实行有限审查原则，即对基础交易中的权利义务关系和案件事实作一个有限审查，不宜过度干预。因为法院此时处理的仍是独立保函法律关系，而非基础交易合同法律关系，后者可能另行约定了准据法和争议解决机构。与此同时，也要注意程序上的处理。独立保函的欺诈止付又分为程序性中止支付与实体审理后认定欺诈并终止支付，这两个阶段紧密结合。实务中特别需要注意的是程序性中止支付不同于一般案件的财产保全，并非申请人一提供担保就应裁定程序性止付，而是应当进行初步实质审查并在裁定书中写清楚理由。如果随意降低程序性止付的门槛，会破坏独立保函的独立性原则以及先付款后争议的特点，并且引发不必要的国际纷争，影响我国金融机构作为独立保函开立人的声誉。

（六）特别关注独立保函使用于国内业务时产生的新问题

独立保函一开始在我国仅允许在国际业务中使用，后来允许扩展到国内业务使用，对于国内的交易主体而言，有一个不断熟悉的过程。即便是作为保函开立人的金融机构，除银行等经常接触独立保函的主体以外，其他的非银行金融机构也需要一个逐步上手的过程。因此，在国内业务使用独立保函所引发的案件中，经常会有一些特殊之处。比如保函开立人或者基础交易的当事人会要求在保函当中作出一些特殊的约定，这些约定经常会导致独立保函的识别产生较大的争议。除此之外，有一些保函开立人因条件所限，并未像国际业务那样使用SWIFT电文开立保函，而是书面盖章出具保函，或者约定交还保函原件作为索赔条件，这给一些犯罪分子伪造变造保函以可乘之机，导致法律纠纷的特殊化，无法仅凭《独立保函司法解释》或者《见索即付保函统一规则》去解决。这些新问题，在法官处理相关纠纷的时候需要特别注意。

二、重点问题

（一）基础合同的争议解决条款对独立保函纠纷案件管辖权确定是否有影响

实践中，独立保函尤其是涉外独立保函申请人与受益人之间的相关基础交易合同基于各种因素的考量，在纠纷解决机制方面时常会约定仲裁条款，一旦就独立保函产生争议，当事人往往援引基础合同中的仲裁条款提出管辖异议，主张法院对案件无管辖权。对于此类管辖异议，法院应认定基础合同的争议解决条款不能约束独立保函纠纷。独立保函纠纷通常发生于受益人与开立人之间，而基础合同系申请人与受益人签订，两者当事人并不一致，承认基础合同争议解决条款对独立保函纠纷具备约束力缺乏法理基础。至于独立保函欺诈纠纷，虽然通常发生于申请人与受益人之间，但本质上系侵权纠纷，亦无基础合同争议解决条款的适用空间。独立保函只是整个基础合同交易中的一个担保或者付款工具，如果保函项下的索赔被拒付，其实并不影响受益人作为债权人的地位，受益人依然可以根据基础合同项下的管辖权约定提起仲裁或者诉讼，要求申请人付款。

（二）平行诉讼中独立保函案件管辖如何确定

平行程序问题的产生，主要是源于独立保函关联的多个法律关系分别约定适用不同法律、受不同的法院或者仲裁机构管辖。面对这种多个管辖权并存的情形，当事人都希望在自己更为熟悉的法律环境中解决问题，因此各方当事人会利用保函、基础合同中对其有利的约定进而寻求通过其所在地的法院或仲裁机构的管辖。也正是基于此，一旦出现平行程序，各方当事人往往从对自身有利的立场出发，认可其中的部分诉讼或仲裁程序，而在其他程序中提出管辖异议。司法管辖是国家主权的重要组成部分，不可轻易让渡，尤其是在国际上普遍存在扩张本国司法管辖趋势的背景下，“先受理法院规则”明显不合时宜，独立保函纠纷案件的管辖权，不应受到外国法院或仲裁机构是否受理关联纠纷的影响。

（三）如何确定独立保函审核单据标准

受益人请求担保人付款，应提交单据的单据与独立保函条款之间、单据与单据之间表面相符。（1）独立保函中单据的种类主要有三种，第一种为受益人出具的单据，包括付款请求书、违约声明（如“工期未按时完成”“工程项目存在质量问题”等情况说明）以及发票等；第二种为第三方出具的单据，包括履约保函中独立鉴定人、评估师或工程师出具的主合同未履行或履约存在瑕疵的说明等；第三种为裁判文书，司法机构的判决或仲裁机构的裁决。（2）提交单据的单据与独立保函条款之间、单据与单据应达到“表面相符”“严格相符”标准。开立人只负责审查单据的表面真实性和相符性，而不论基础交易项下的债务是否未得到履行，均应承担付款义务。（3）表面相符的审核标准应依照独立保函合同约定的审核标准进行，若无约定，则参照国际商会确定的审单标准。

《见索即付保函统一规则》（国际商会第758号出版物，以下简称URDG758）规定审单的标准如下：（1）结合单据本身、保函和规则三者统一进行审核。（2）单据的内容无需与该单据的其他内容、其他要求的单据或保函中的内容等同一致，但是不得有矛盾。（3）若不要求在单据上签字或由谁签署，提交的单据应符合形式上满足包含所要求的单据功能，且单据上任何签字均可接受，无需说明签字人的名字或职位。（4）若提交的单据是本规则未提及或要求的，该单据不产生索赔的效果，将退还交单人。（5）担保人无需对保函中列明或引用的公式进行的计算重新计算。（6）保函对单据有需履行法定手续、签证、认证或其他类似要求的，需符合“表面相符”。

（四）中止支付独立保函项下款项的审查条件

裁定中止支付独立保函项下的款项，必须同时具备以下条件：具有高度可能性的证据证明存在《独立保函司法解释》第十二条规定的情形，无需证明肯定存在，证明标准为高度可能性；情况紧急，不及时采取中止支付将给申请人带来难以弥补的损失；申请人提供了足以弥补被申请人因止付可能遭受损失的担保。

（五）保函既载明“凭单付款”，又将申请人的违约情形设定为付款条件的，相关记载是否因违反保函的独立性原则而无效，还是直接否定其独立性而认定为从属性担保

应根据保函文本的具体表述判断其构成独立保函抑或从属性担保。如保函文本明确记载适用URDG758，则可根据该规则关于非单据条款的规定，认定开立人对违约条件是否满足不具有审核义务；如依保函文本可认定开立人的付款义务具有独立性，此时即便存在申请人违约的表述，只要对于开立人的付款责任而言未增加实质性条件的，便不会影响保函的独立性；如保函文本将保函赔付限定于基础法律关系违约，且隐含了以违约造成的损失作为赔付金额的意思，此时，开立人并非仅承担相符交单的付款责任，应认定为从属性担保。

（六）独立保函欺诈中对基础交易合同的审查原则

处理独立保函欺诈纠纷案件或者处理止付申请时应当坚持对基础交易合同的“必要有限审查原则”。独立保函的独立性要求开立人和受益人的权利义务关系只遵循独立保函的约定，不受申请人与受益人之间基础债权债务关系的影响。因此，原则上只能就独立保函法律关系进行审查，不能越过独立保函法律关系而对基础交易合同的履约情况、违约事实进行审查。但在某些个别特殊情况下，如法院已有足够证据和事实高度怀疑受益人可能存在欺诈行为，则有必要审查基础合同的履行情况来确定受益人是否拥有向担保人索款的权利，从而最终裁判是否应当认定受益人存在保函欺诈行为。

案件审理中仍然应当在独立担保独立性的限制下，限制对基础交易合同的干预程度，只能就涉及独立保函上载明的受益人索赔声明部分内容涉及的基础交易关系和事实进行审查，而不能涉及对基础合同中不涉及独立保函担保而仅涉及基础债权债务关系中其他权利义务关系和案件事实的判定。坚持对基础交易合同“必要有限审查”原则也是对审理基础合同纠纷法院的管辖权和当事人一致意思表示即合同约定本身内容的尊重。

（七）受益人可否将独立保函合同项下的权利义务予以转让

《独立保函司法解释》第十条对于付款请求权的转让有特别约定的从其约定；若无约定，转让一般对开立人不发生效力，除非同时记载可转让和有据以确定的新受益人。URDG758 规定除非特别约定，一般情况下受益人的付款请求权不得转让。但不影响受益人将有权获得的款项（即受益权）转让给他人。

（八）独立保函中准据法如何确定

国际商会于 1991 年 12 月批准了《见索即付保函统一规则》（国际商会第 458 号出版物，以下简称 URDG458），2010 年 7 月 1 日又实施了修订后的《见索即付保函统一规则》（国际商会第 758 号出版物，即 URDG758）。对于《见索即付保函统一规则》是否为独立保函的当然法源，应遵循以下几点：（1）有约定适用国际商会《见索即付保函统一规则》等独立保函交易示范规则的，尊重双方的约定；（2）若无约定独立保函交易示范规则，开立人和受益人在一审法庭辩论终结前一致援引的，认定交易示范规则的内容构成独立保函条款的组成部分；（3）无法一致援引的，则适用《独立保函司法解释》的规定予以审理。

（九）独立保函案件中如何确定支付的币种

在裁判中，当事人就债务的支付形成合意，也意味着对此产生的债务利息的支付产生合理预期，除受诉付款地法律有强制性规定，否则应尊重当事人对债务支付币种的选择。除支付约定的货币不符合付款地的法律，担保人应使用付款地的货币付款。

（十）申请人为其联营体或子公司代开非融资性保函（例如履约保函）时对担保决议或担保公告（如为上市公司）的审查

企业作为申请人为其联营体或子公司代开非融资性保函（例如履约保函）不构成企业的对外担保，无需审核申请人公司对外担保的决议。首先，从独立保函申请人、保函开立人与被担保人间的关系来看，代开保函行为不构成对外担保。保函申请人代开保函的行为目的是拓展自身海外业务，其与被担保人间构成委托关系。保函担保是银行信用担保，而非申请人信用担保，保函申请人作为委托人委托银行开立保函，申请人和开立人间并非担保法意义上的保证关系，不产生担保债权债务关系，不适用《中华人民共和国公司法》(以下简称《公司法》)第十六条规定。保函发生索赔后保函申请人向保函开立人承担偿付义务，本质上是对保函申请关系项下的偿付义务的履行，应参照适用《最高人民法院关于审理信用证纠纷案件若干问题的规定》第三条的规定，将其界定为借款法律关系。其次，从法律规范的对象来看，代开保函行为并非《公司法》有关公司对外担保的规制对象。保函申请人与被担保人在法律上虽为两个独立主体，但其利益归属具有同一性，申请人并非无偿为他人提供担保，其不符合《公司法》第十六条所预设的规范对象，因而不适用担保决议机制。最后，从实务角度来看，为联营体或子公司代开保函本质上属于融资行为，应由银行按融资申请条件予以审核。实践中，极少公司将代开保函视为对外担保。如果银行为防范潜在的法律风险，按照公司提供对外担保的决议进行审核，将会极大降低交易效率。如要考虑对上市公司财务安全的维护、中小股东利益保护及国有企业监管等因素，可在公司治理范畴内加大对违规行为的监管和处罚力度，而不宜以此为由不承担对保函开立人的偿付责任。

第一部分　独立保函案件的总体情况概述

在现代商业社会，保障交易的迅捷与安全是民商法的一项基本任务，独立保函是集信用担保、支付及相关服务为一体的金融产品，其灵活性、便利性、“先赔付，后争议”的交易模式使得它们在国内外的经济活动中得到了广泛的应用。考虑到独立保函制度在实践中的重要性及内容逐渐复杂化，为国际商事交易领域运用的规则尽可能统一起来，为国际商事交易当事人在国际商事中的信用担保提供统一的指导规则，国际商会等相关国际组织自 20 世纪 60 年代开始就致力于信用担保法的国际统一工作，国际商会于 1978 年制定了《合同担保统一规则》（URCG325），1982 年制定了《开立合约保证书模范格式》，供实际业务参考与使用。随着国际经济贸易的发展和变化，1991 年国际商会又对《合同担保统一规则》进行了修订，1992 年 4 月出版发行《见索即付保函统一规则》，即 URDG458，2010 年又对其进行了修订，即 URDG758。联合国国际贸易委员会经过 5 年于 1995 年 12 月 11 日在联合国大会上正式通过《联合国独立担保与备用信用证公约》（United NationsConvention on Independent Guarantees and Stand-by Letters of Credit，该公约于 2000 年 1 月 1 日正式生效，我国暂未加入该公约）。这些国际公约与国际惯例对日常交易提供了法律的确定性，构筑了国际担保的统一法律基础，同时对促进我国银行担保业务实践的快速发展产生积极影响并提供立法参考。

独立保函在我国的发展，经历了从参照国际惯例解决涉外独立保函纠纷到最高人民法院制定《独立保函司法解释》（《民法典》实施后这部司法解释于2020年12月29日发布修正版,2021年1月1日起实施）专门规定独立担保的问题，并将独立保函的适用范围逐步从国际商事交易领域扩展到国内商事交易。2019年11月8日，最高人民法院发布的《全国法院民商事审判工作会议纪要》在“关于担保的一般规则”中对“独立担保”予以规定，明确了国内商事领域中独立保函的效力，并认定银行或者非银行金融机构之外的当事人开立的独立保函排除担保从属性约定为无效。但是，根据“无效法律行为的转换”原理，在否定其独立担保效力的同时，应当将其认定为从属性担保。此时，如果主合同有效，则担保合同有效，担保人与主债务人承担连带保证责任。主合同无效，则该所谓的独立担保也随之无效，担保人无过错的，不承担责任；担保人有过错的，其承担民事责任的部分，不应超过债务人不能清偿部分的三分之一。《民法典》虽未对独立担保制度有明确的规定，但在第六百八十二条中明确可通过法律规定的形式排除担保的从属性。《最高人民法院关于适用〈中华人民共和国民法典〉有关担保制度的解释》共有三条涉及保函，其中第二条第二款强调因金融机构开立的独立保函发生的纠纷适用《独立保函司法解释》。

随着中国经济和世界经济的融合，尤其是“一带一路”倡议的提出，中国企业在国际商务活动中“走出去”，参与到“一带一路”沿线国家和地区的开发和建设中。为维护交易安全、降低交易风险等目的，独立保函作为一种新型的金融方式在国内、国际经济交往过程中不可或缺。2017年我国国内保函发生额为1.4万余亿元，涉外保函发生额为4000多亿美元。[①] 上海虽不是独立保函纠纷的高频地，但作为国际金融中心的上海有着较为完善的金融机构和市场体系，银行出具保函数量大，且独立保函纠纷案件涉案金额巨大、难点问题较多、各地做法不一，为解决此类案件审理中适法统一的问题，故撰写独立保函类案裁判指南。此类案件主要呈现以下四个特点。

① 参见蒋琪主编:《中国独立保函法律实务精要与判例详解》，法律出版社2020年版，第2页。

一、全国类案基数逐年上升，近年来稍有回落

根据裁判文书网查询结果，自 2012 年至 2022 年 2 月，全国涉独立保函案件共有 7178 件，其中上海市涉及独立保函案件审结 35 件，占 0.48%，涉独立保函案件较多的省份为广东省（259 件）、山东省（661 件）、广西壮族自治区（395 件）、湖南省（1409 件）、河南省（441 件）、四川省（354 件）和江苏省（366 件）等，合计占全国数量的 54.12%。随着海外工程承包、海外建厂并购等数量的不断上升，独立保函纠纷数量呈现逐年增长的态势，自 2020 年起稍有回落。2012 年审结 4 件，2014 年审结 14 件，2015 年审结 27 件，2016 年审结 112 件，2017 年审结 282 件，2018 年审结 850 件，2019 年审结 2728 件，2020 年审结 1871 件，2021 年审结 1277 件 。

上海市的 35 件案件中，判决 7 件，裁定 28 件，涉及保函欺诈、管辖异议、付款请求权、利率等法律问题。裁定中主要集中在申请中止支付保函项下款项纠纷案件（23 件）、申请承认国际商会国际仲裁院作出的仲裁裁决（1 件）、独立保函侵权（1 件）、独立保函付款纠纷案件的管辖异议（1 件）、其他合同纠纷的管辖事宜（1 件）及独立保函纠纷案件的撤诉（1 件）。判决案件中争议焦点主要集中于涉案保函性质的识别（2 件）、是否在保函有效期内提出请求（1 件）、是否需要支付利息（1 件）、保函欺诈（1 件）、是否系附条件生效的保函（1 件）、独立保函的主体问题（1 件）、是否滥用索赔权（1 件）等（因部分案件的争议焦点多个且重合，故实际争议焦点数量多于案件数）。

根据 2021 年《民事案件案由规定》第八部分与公司、证券、保险、票据等有关的民事纠纷项下的独立保函纠纷这一新案由，分别为独立保函开立纠纷、独立保函付款纠纷、独立保函追偿纠纷、独立保函欺诈纠纷、独立保函转让纠纷、独立保函通知纠纷、独立保函撤销纠纷。通过中国裁判文书网，利用关键词"独立保函开立纠纷""独立保函付款纠纷""独立保函追偿纠纷""独立保函欺诈纠纷""独立保函转让

纠纷”“独立保函通知纠纷”“独立保函撤销纠纷”分别予以检索，[①] 共搜索出独立保函纠纷案件 144 件，独立保函付款纠纷 15 件，独立保函追偿纠纷 24 件，独立保函欺诈纠纷 99 件，删掉重合的部分合计 248 件（其中以裁定结案的 141 件，判决结案的 107 件 [②] ）。从地域分布分析，福建与北京占绝大多数，北京地区案件数量多有其特殊的地理原因（最高人民法院所在辖区，一、二审不服后当事人申请再审）。其次河南（18 件）、浙江（15 件）、江苏（15 件）、广西（15 件）、山东（14 件）、广东（14 件）、辽宁（12 件）、上海（9 件）、湖南（7 件）等地均有一定数量的案件，其他地区案件数量较少。

二、所涉案由、案件类型较广

2021 年《民事案件案由规定》第八部分与公司、证券、保险、票据等有关的民事纠纷项下新增了独立保函纠纷这一新案由，在这新案由下新设七个子案由，分别为独立保函开立纠纷、独立保函付款纠纷、独立保函追偿纠纷、独立保函欺诈纠纷、独立保函转让纠纷、独立保函通知纠纷、独立保函撤销纠纷。在此之前，并无专门的案由予以规定，只是分散在各案件中，如借款合同纠纷、侵权责任纠纷、保险纠纷、信用证纠纷、申请保全案件即申请承认与执行法院判决、仲裁案件等。同时该类案件涉及的保函类型也较广，有履约保函、预付款保函、反担保函、借款保函、质量保函、留置保函等类型，不同类型下所引发的纠纷也不予相同，涉及独立保函欺诈纠纷、保函性质纠纷、法律适用和管辖权的纠纷、独立保函付款请求权的纠纷、保函追偿权纠纷等。

---

① 该部分统计区间为 2012 年至 2022 年 5 月 2 日近 10 年的已上裁判文书网的独立保函案件。

② 与独立保函相关的案由于 2021 年正式纳入《民事案件案由规定》中，2021 年之前各地法院对独立保函案件审理中案由的写法不一，部分会以其他合同纠纷、信用证纠纷、信用证欺诈纠纷等其他案由予以标注，也有部分法院会主动修改实际案由，将其纳入相应的独立保函纠纷案件中。但在本次统计中使用的是关键词搜索法，会使一部分无上述关键词的案件未纳入统计范围，统计数值与实际数值有一定程度的偏差。

三、可适用的法律较少，《独立保函司法解释》实施年限较短

1995 年 10 月 1 日施行的原《中华人民共和国担保法》只规范了传统意义上的保证，即从属性保证，主债务人承担第一性付款责任，担保人承担第二性付款责任。2000 年 12 月 13 日施行的原《最高人民法院关于适用〈中华人民共和国担保法〉若干问题的解释》亦没有关于独立保函的规范。《最高人民法院关于适用〈中华人民共和国民法典〉有关担保制度的解释》对独立保函也未作十分详尽规定，在该司法解释中对独立保函的独立性予以肯定。然而独立保函在国内、国际经济交往过程中不可或缺，据中国银行业协会贸易金融委员会交换数据显示，2017 年我国国内保函发生额为 14841 亿元，涉外保函发生额为 4113 亿美元。[①] 立法滞后导致司法的不统一，经济发展需要法律的规范，同时又催化法律的产生。最高人民法院发布《独立保函司法解释》《全国法院民商事审判工作会议纪要》，对规范独立保函具有重要意义。2020 年 5 月 28 日，第十三届全国人民代表大会第三次会议通过的《民法典》共七编，分为总则编、物权编、合同编、人格权编、婚姻家庭编、继承编、侵权责任编以及附则，共 1260 条，其中未对独立保函予以直接规定。《最高人民法院关于适用〈中华人民共和国民法典〉有关担保制度的解释》共有三条涉及保函，其中第二条第二款强调因金融机构开立的独立保函发生的纠纷适用《独立保函司法解释》。

四、独立保函案件审理难度大、争议焦点多

独立保函作为担保制度体系的异类，其对传统担保的挑战和颠覆，让审判实践中很难依据传统担保的相关规定予以衡量和裁决。正因为其对担保人义务的苛刻和对受益人的极大保护，保函纠纷案件中，尤其是在受益人提起索款诉讼中，第一争议焦点可能就是对保函识别的

① 参见蒋琪主编:《中国独立保函法律实务精要与判例详解》，法律出版社 2020 年版，第 2 页。

问题，独立性和单据性是独立保函的实质特征。《独立保函司法解释》第三条给出区分独立保函与传统从属性保证、识别独立保函的标准，而实务中包含条款千差万别，部分保函措辞对保函属性的描述并不清晰，保函究竟是独立保函还是传统的从属性保证经常争议很大，而保函属性的认定会直接影响其法律后果。实践中，各种保函名称和条款纷繁复杂，因此，独立保函的识别是独立保函纠纷的前提问题和审判难点。例如，因为历史原因或因受传统担保的影响，保函付款条件在实践中常存在混合描述，既设定凭单付款的付款条件，又在付款条件中设定被担保人违约的限定条件，既设定凭单付款的付款责任又表明保函系连带责任保证，还有的保函通篇采用了独立保函的措辞，但却加了一句：如果基础合同修改，则本保函失效。这些复杂的情况往往也成为认定保函性质的难点，实践中的判决也不尽一致。与此同时，因《独立保函司法解释》将独立保函开立主体限定为银行或非银行金融机构，司法审判中在认定非金融机构或是否属于金融机构分类不明确的主体开立的保函的性质时，存在不同看法。一种观点认为上述主体开立的保函因不符《独立保函司法解释》第一条的规定不应认定为独立保函，而另一种观点则认为应注重双方当事人的意思自治，尊重双方对保函独立性的约定。

除此之外，独立保函的欺诈止付也是司法实务中最常见的独立保函纠纷之一。《独立保函司法解释》明确规定了欺诈例外情形以及司法救济措施，可以威慑受益人不得利用独立保函的独立性，在明知没有索赔权利的情形下滥用该权利损害被担保人和保函开立人的合法权益，为独立保函欺诈情形下独立保函申请人、开立人或指示人提供了司法救济手段。《独立保函司法解释》第十二条规定的欺诈标准从措辞上看，相对比较严格。该条不仅列明了欺诈的情形，而且要求更高。例如，第四项列举的“基础交易债务已得到完全履行或者独立保函载明的付款到期事件并未发生”需经“受益人确认”，第三项“基础交易债务人没有付款或赔偿责任”限定为系经“法院判决或仲裁裁决认定”等。虽然第五项“受益人明知其没有付款请求权仍滥用该权利的其他情形”作为兜底条款可以涵盖独立保函欺诈的其他情形，该条列明的欺诈情形仍然表明了最高人民法院对独立保函欺诈认定的慎重态度。应当说，采用严格的欺诈标准和证明标准，有助于发挥独立保函的商业效用，维护独立保函为受益人提供迅捷资金补偿的流通性功能，减少滥用司法救济的可能性，遏止不当止付案件上升，规范保函止付案件的处理，在维护中国企业和银行免受欺诈侵害的同时，维护中国银行业和法院的整体声誉，有利于中国企业和银行参与国际竞争。但实务中，以欺诈为由向法院申请止付独立保函的案件并不少见。在程序方面，基于开立机构不同、交易对象不同，不同的法院在认定是否应当程序止付时，宽严尺度有所区别。在实体止付方面，不同法院在法律适用、管辖机构、对基础合同审查程度等方面存在不同认识，在司法实践中产生分歧。

总体来说，虽然《独立保函司法解释》对独立保函定义以及独立保函识别标准的界定把握了独立保函独立性和单据性实质特征，对独立保函与传统从属保证作出了明确区分，但实务是复杂多变的，法院在不同案件中对独立保函识别问题可能采取不同立场。鉴于独立保函和传统从属保证后果不同，法院作出保函性质的不同认定直接影响保函开立人是否需要承担付款责任以及付款责任的范围，对银行、开立人、受益人实务风险的影响不可小觑。

第二部分　立案审查

一、当事人资格的审查

（一）原告主体资格的审查

【审查要点】

原告应是独立保函合同的申请人（Principal）、受益人（Beneficiary）、担保人（Guarantor）、通知行（Advising Bank）、保兑行（Confirming Bank）、反担保行（Counter Guarantor）或其他与案件审理有利害关系的主体（如破产管理人）。

【注意事项】

独立保函纠纷案件中，原告若为涉外、涉港澳台主体，应当提交证明其诉讼主体资格的材料：

1. 原告是外国人的，应提交个人身份证件的复印件；本人在境外不能到人民法院起诉的，应提交经过公证、认证的身份证明复印件。

原告是港、澳、台当事人的，应提交个人身份证件（港、澳、台居民身份证、通行证）的复印件；在内地没有住所的香港居民，本人在内地以外不能到人民法院起诉的，应提交经香港律师（我国司法部委托）公证的身份证明复印件；在内地没有住所的澳、台居民，本人在内地以外不能到人民法院起诉的，应提交经公证的身份证明复印件。

2. 原告是在我国领域内没有住所的外国企业或组织的，应提交经过公证、认证的依法成立的证明材料复印件（注册登记证明等）；外国企业在华办事处代该公司起诉或者上诉的，应提交经公证、认证的公司授权委托书。

原告是在内地没有住所的香港企业或组织的，应提交经香港律师

（我国司法部委托）公证的依法成立的证明；原告是在内地没有住所的澳门、台湾企业或组织的，应提交依法成立的证明。

3. 原告是在我国领域内没有住所的外国当事人，委托我国律师或者其他人代理诉讼，从我国领域外寄交或者托交的授权委托书，应当经所在国公证机关证明，并经我国驻该国使领馆认证，或者履行我国与该所在国订立的有关条约中规定的证明手续。

在内地没有住所的香港居民、企业和组织委托内地律师或其他代理人起诉的，从内地以外寄交或托交的授权委托书须经香港律师（我国司法部委托）公证，并由中国法律服务（香港）有限公司加盖香港公证文书转递专用章；在内地没有住所的澳、台居民、企业和组织委托内地律师或其他代理人起诉的，应提交经公证的授权委托书。

【规范指引】

《最高人民法院关于民事诉讼证据的若干规定》

第十六条 当事人提供的公文书证系在中华人民共和国领域外形成的，该证据应当经所在国公证机关证明，或者履行中华人民共和国与该所在国订立的有关条约中规定的证明手续。

中华人民共和国领域外形成的涉及身份关系的证据，应当经所在国公证机关证明并经中华人民共和国驻该国使领馆认证，或者履行中华人民共和国与该所在国订立的有关条约中规定的证明手续。

当事人向人民法院提供的证据是在香港、澳门、台湾地区形成的，应当履行相关的证明手续。

（二）被告主体资格的审查

【审查要点】

同原告主体资格的审查。

【注意事项】

1. 有具体明确的足以使被告与其他主体相区别的名称 / 姓名、住址等信息。

2. 人民法院在立案时无法准确区分该被告是否为适格的被告，应先予以立案，经审理查明后再判定被告是否适格。

【规范指引】

《中华人民共和国民事诉讼法》

第一百二十二条　起诉必须符合下列条件：

（一）原告是与本案有直接利害关系的公民、法人和其他组织；

（二）有明确的被告；

（三）有具体的诉讼请求和事实、理由；

（四）属于人民法院受理民事诉讼的范围和受诉人民法院管辖。

二、管辖审查

（一）基础合同的争议解决条款对独立保函纠纷案件管辖权确定的影响

【审查要点】

实践中，独立保函尤其是涉外独立保函申请人与受益人之间的相关基础交易合同基于各种因素的考量，在纠纷解决机制方面时常会约定仲裁条款，一旦就独立保函产生争议，当事人往往援引基础合同中的仲裁条款提出管辖异议，主张法院对案件无管辖权。对于此类管辖异议，法院应认定基础合同的争议解决条款不能约束独立保函纠纷。独立保函纠纷通常发生于受益人与开立人之间，而基础合同系申请人与受益人签订，两者当事人并不一致，承认基础合同争议解决条款对独立保函纠纷具备约束力缺乏法理基础。至于独立保函欺诈纠纷，虽然通常发生于申请人与受益人之间，但本质上系侵权纠纷，亦无基础合同争议解决条款的适用空间。独立保函只是整个基础合同交易中的一个担保或者付款工具，如果保函项下的索赔被拒付，其实并不影响受益人作为债权人的地位，受益人依然可以根据基础合同项下的管辖权约定提起仲裁或者诉讼，要求申请人付款。

【注意事项】

根据《独立保函司法解释》第二十一条的规定，无论是因独立保函本身产生的独立保函纠纷还是独立保函欺诈纠纷案件，当事人管辖有约定的从约定，无约定的，均由开立人住所地或被告住所地人民法院管辖，基础合同约定的仲裁条款均无约束力，对案件的管辖权确定并不会造成影响。

司法解释关于独立保函纠纷案件的管辖规定与URDG758的规定基本一致。URDG758第35条规定：a.除非保函另有约定，担保人与受益人之间有关保函的任何争议应由担保人开立保函的分支机构或营业场所所在地有管辖权的法院专属管辖。b.除非反担保函另有约定，反担保人与担保人之间有关反担保函的任何争议应由反担保人开立反担保函的分支机构或营业场所所在地有管辖权的法院专属管辖。

审判实践中，还需注意以下问题：

第一，独立保函纠纷的管辖权不受基础合同仲裁条款的约束，并不意味着独立保函纠纷本身不可仲裁，当事人完全可以在保函中载明仲裁条款。但是，独立保函欺诈纠纷属侵权纠纷，相应案件的管辖既不受基础合同争议解决条款的约束，也不受保函自身争议解决条款的约束，而是由侵权行为地或者被告住所地人民法院管辖，但允许当事人另行进行约定。

第二，在确定独立保函纠纷管辖权时，当事人的明示选择依然是第一顺位的考量因素。因此，如果申请人、开立人、受益人事先共同协议，共同选定争议解决的管辖法院或者仲裁机构，该协议对独立保函纠纷案件的管辖权确定应当具备约束力。

第三，一些独立保函中可能会设置仲裁前置条款，如在保函中约定，如果受益人索赔保函后，申请人可以在保函约定的付款期内根据基础合同约定提起仲裁或者诉讼，一旦提起基础合同项下的纠纷解决之诉，开立人自动中止保函项下付款，等待基础合同项下的裁决或者判决，根据裁判文书对外赔付或者拒付。但此类仲裁前置条款约定的并非独立保函本身的纠纷解决事项，故对独立保函纠纷案件的管辖权并无影响。当然，是否影响独立保函纠纷案件的审理进程和实体裁判结果，尚待有管辖权的法院自主作出判断。

第四，独立保函的独立性原则是维系独立保函“先付款，后争议”运作机制稳定性的根基，基础交易和见索即付保函交易是相互独立的交易，一般情况下，审理独立保函纠纷的法院不应涉及基础合同的履约问题，以保函欺诈否定独立保函的独立性属于特殊的例外情形。因此，即使为判断保函欺诈之例外情形是否成立的需要，法院在审理独立保函欺诈纠纷案件时可以审查、也必须审查基础合同的部分事实，但应当明确，此种审查的范围是十分有限的，并不是对基础合同纠纷的全面审理。法院经过审理最终确认保函项下的索赔是否构成欺诈，这与仲裁庭审理基础合同争议是两个不同的问题，两者之间分属不同的司法管辖权，法院对独立保函纠纷或独立保函欺诈纠纷行使管辖权，并不影响仲裁庭依据仲裁条款对基础合同纠纷享有的管辖权，同时也无需等待仲裁庭对基础合同纠纷的审理结果。

【规范指引】

《中华人民共和国民事诉讼法》

第二十九条 因侵权行为提起的诉讼，由侵权行为地或者被告住所地人民法院管辖。

《最高人民法院关于审理独立保函纠纷案件若干问题的规定》

第二十一条 受益人和开立人之间因独立保函而产生的纠纷案件，由开立人住所地或被告住所地人民法院管辖，独立保函载明由其他法院管辖或提交仲裁的除外。当事人主张根据基础交易合同争议解决条款确定管辖法院或提交仲裁的，人民法院不予支持。

独立保函欺诈纠纷案件由被请求止付的独立保函的开立人住所地或被告住所地人民法院管辖，当事人书面协议由其他法院管辖或提交仲裁的除外。当事人主张根据基础交易合同或独立保函的争议解决条款确定管辖法院或提交仲裁的，人民法院不予支持。

【典型案例】

1. 印度 GMR 卡玛朗加能源公司与山东电力基本建设总公司涉外保

函欺诈纠纷案［裁判法院：最高人民法院；案号：（2018）最高法民辖终156号］

裁判要旨：本案在适用《独立保函纠司法解释》第二十一条规定的基础上进一步明确，涉外保函欺诈纠纷管辖权的确定，不受基础合同仲裁条款的影响，在未缔结或参加可判断在此种情形下有无管辖权的国际条约的情况下，亦不受其他国家的法院或仲裁机构是否受理关联案件的影响。

2.安徽省技术进出口股份有限公司与奥斯沃化王肥料有限公司、第三人中国银行安徽省分行、印度国家银行保函欺诈纠纷案［裁判法院：安徽省合肥市中级人民法院；案号：（2006）合民四终字第03号］

裁判要旨：司法实践中对于独立保函欺诈纠纷案件管辖问题裁判尺度均较为统一：保函欺诈系侵权纠纷，侵权结果发生地法院具有管辖权，基础合同中约定的争议解决方式排除司法管辖，对独立保函欺诈纠纷案件没有约束力。

（二）独立保函欺诈案件管辖

【审查要点】

独立保函欺诈纠纷案件是在履行独立保函合同纠纷过程中发生的侵权纠纷，受益人在其与开立人的独立保函法律关系中的欺诈行为会侵害申请人在其与开立人之间申请开立独立保函法律关系中的权利，构成侵害申请人债权的侵权纠纷。故保函欺诈纠纷案件管辖具有独立性，不受独立保函合同纠纷管辖的影响，故应当适用侵权纠纷的法定管辖权规则。

【注意事项】

实践中，保函欺诈涉及的当事人为三方，即保函申请人、保函开立人和保函受益人；基础交易法律关系的当事人是申请人和受益人；独立保函申请法律关系的当事人是开立人和申请人；独立保函法律关系的当事人是开立人和受益人。保函欺诈纠纷中涉及的主体和基础交易合同或独立保函合同的主体不完全一致，因此，基础交易合同或独立保函合同中约定的争议解决条款并不当然适用于保函欺诈纠纷的管辖问题，当事人主张根据基础交易合同或独立保函的争议解决条款确定管辖法院或提交仲裁的，人民法院不予支持。同时，基于独立保函欺诈纠纷又是立足于独立保函这一合同基础之上的特点，独立保函欺诈纠纷区别于一般的侵权纠纷，除了适用一般侵权纠纷的法定管辖权规则之外，我国立法允许当事人书面协议选择争议解决条款，当事人书面选择的争议解决条款优先适用。在不能达成协议的情况下，应当根据《中华人民共和国民事诉讼法》相关规定确定诉讼管辖规则。《中华人民共和国民事诉讼法》第二十九条规定：因侵权行为提起的诉讼，由侵权行为地或者被告住所地人民法院管辖。独立保函中的欺诈行为往往是针对开立人所实施，开立申请人一般会以开立人为被告或被申请人请求止付，因此，将开立人住所地或被告住所地作为侵权行为地加以明确。

【规范指引】

《最高人民法院关于审理独立保函纠纷案件若干问题的规定》

第二十一条 受益人和开立人之间因独立保函而产生的纠纷案件，由开立人住所地或被告住所地人民法院管辖，独立保函载明由其他法院管辖或提交仲裁的除外。当事人主张根据基础交易合同争议解决条款确定管辖法院或提交仲裁的，人民法院不予支持。

独立保函欺诈纠纷案件由被请求止付的独立保函的开立人住所地或被告住所地人民法院管辖，当事人书面协议由其他法院管辖或提交仲裁的除外。当事人主张根据基础交易合同或独立保函的争议解决条款确定管辖法院或提交仲裁的，人民法院不予支持。

《见索即付保函统一规则》（URDG758）

第35条 司法管辖

a.除非保函另有约定，担保人与受益人之间有关保函的任何争议应由担保人开立保函的分支机构或营业场所所在地有管辖权的法院专属管辖。

b. 除非反担保函另有约定，反担保人与担保人之间有关反担保函的任何争议应由反担保人开立反担保函的分支机构或营业场所所在地有管辖权的法院专属管辖。

【典型案例】

1. 澳大利亚杜罗・费尔格拉私营股份有限公司与大连华锐重工国际贸易有限公司独立保函欺诈纠纷案［裁判法院：最高人民法院；案号：（2017）最高法民辖终 264 号］

裁判要旨：最高人民法院认为，独立保函属于为基础合同的履行提供担保，因独立保函欺诈产生的争议是否受基础合同当事人专门就担保问题订立的合同中仲裁条款的约束，应当根据独立保函欺诈法律关系的性质具体分析。独立保函欺诈法律关系表现为受益人违反诚信原则，滥用独立保函项下权利进行索款，其不仅损害保函开立人利益，亦损害保函申请人的利益。保函欺诈法律关系的当事人为三方——保函申请人、保函开立人（包括独立反担保函的开立人）和保函受益人。试图解决担保事项争议的仲裁条款存在于华锐公司与杜罗公司作为当事方的《担保和赔偿契约》之中，保函开立人没有以书面形式将上述仲裁条款记载于保函之中亦未以明示方式并入保函，杜罗公司未能提交证据证明保函开立人以其形式表示受上述仲裁条款约束，因此，不能认定保函申请人、受益人和开立人三方当事人就保函欺诈纠纷提交仲裁达成了一致。本案保函申请人和受益人之间虽然就基础合同担保事宜单独订立仲裁条款，但不构成《独立保函司法解释》第二十一条第二款规定的例外情形。故在独立保函申请人、受益人和开立人三方当事人就保函欺诈纠纷适用法律和司法管辖未达成协议的情况下，保函开立人所在地法院可以管辖，适用保函开立人经常居所地或开立保函分支机构登记地法律解决独立保函欺诈纠纷。

2. 格里布瓦尔公司与中材装备公司（原天津水泥设计院）、工商银行天津分行保函欺诈纠纷案［裁判法院：最高人民法院；案号：（2014）民申字第 954 号］

裁判要旨：本案中材装备公司以格里布瓦尔公司的索款行为构成欺诈为由起诉，为保函欺诈纠纷，属因侵权行为提起的诉讼。虽然保函中约定了适用的法律，但根据《中华人民共和国涉外民事关系法律适用法》第四十四条的规定，侵权行为适用侵权行为地法律，本案应适用中华人民共和国法律。

本案所涉保函中约定受 URDG458 约束，并适用新加坡法律。但本案当事人提起的是保函欺诈纠纷，属因侵权行为提起的诉讼，应据此确定准据法。另本案的审理应引起注意的是，保函的独立性决定了其独立于基础合同，并不受基础合同项下双方存在争议的影响，欺诈是独立保函独立性的唯一例外，在对交单人是否存在欺诈性索款的情形进行审查时，有可能涉及基础合同的履行情况，但对审查的限度应恰当把握，应围绕是否存在欺诈性索款的情形进行，不应全面审查基础合同的履行情况。

（三）平行程序中独立保函案件的管辖

【审查要点】

平行程序问题的产生，主要是源于独立保函关联的多个法律关系分别约定适用不同法律、受不同的法院或者仲裁机构管辖。面对这种多个管辖权并存的情形，当事人都希望在自己更为熟悉的法律环境中解决问题，因此，各方当事人会利用保函、基础合同中对其有利的约定进而寻求通过其所在地的法院或仲裁机构的管辖。也正是基于此，一旦出现平行程序，各方当事人往往从对自身有利的立场出发，认可其中的部分诉讼或仲裁程序，而在其他程序中提出管辖异议。司法管辖是国家主权的重要组成部分，不可轻易让渡，尤其是在国际上普遍存在扩张本国司法管辖趋势的背景下，“先受理法院规则”明显不合时宜，独立保函纠纷案件的管辖权，不应受到外国法院或仲裁机构是否受理关联纠纷的影响。

【注意事项】

根据《最高人民法院关于适用〈中华人民共和国民事诉讼法〉的

解释》第五百三十一条的规定："中华人民共和国法院和外国法院都有管辖权的案件，一方当事人向外国法院起诉，而另一方当事人向中华人民共和国法院起诉的，人民法院可予受理……"可见，我国允许平行诉讼的存在，独立保函纠纷案件的管辖，仅需根据《独立保函司法解释》第二十一条的规定判断，不受外国法院或仲裁机构是否受理关联纠纷的影响。但与此同时，实践中尚有一些细节问题需要注意：

首先，独立保函纠纷管辖权的确定不受其他国家或地区法院或仲裁机构是否受理关联案件的影响仅仅是原则而并非绝对规则，若我国与其他国家共同缔结或者参加的国际条约对平行程序问题另有规定的，应优先适用该国际条约的有关规定判断国内法院在此种情形下有无管辖权。

其次，若国外的关联案件程序已形成裁判结果，且经当事人依据我国与相关国家或地区之间的国际条约、协议向国内法院申请，国内法院已承认该裁判结果的，则相应平行诉讼不再被允许发生。本质上，这属于禁止一案两诉的范畴。

最后，如出现上述情况，当事人诉至国内法院的纠纷，与已被国内法院承认裁判结果的纠纷，是否属于"同一争议"，往往会成为当事人的争议焦点。这一方面诚然需要通过具体案情加以认定，另一方面，《最高人民法院关于适用〈中华人民共和国民事诉讼法〉的解释》中关于重复起诉的判定标准，亦可作为重要参考。

【规范指引】

《最高人民法院关于适用〈中华人民共和国民事诉讼法〉的解释》

第二百四十七条 当事人就已经提起诉讼的事项在诉讼过程中或者裁判生效后再次起诉，同时符合下列条件的，构成重复起诉：

（一）后诉与前诉的当事人相同；

（二）后诉与前诉的诉讼标的相同；

（三）后诉与前诉的诉讼请求相同，或者后诉的诉讼请求实质上否定前诉裁判结果。

当事人重复起诉的，裁定不予受理；已经受理的，裁定驳回起诉，但法律、司法解释另有规定的除外。

第五百三十一条 中华人民共和国法院和外国法院都有管辖权的案件，一方当事人向外国法院起诉，而另一方当事人向中华人民共和国法院起诉的，人民法院可予受理。判决后，外国法院申请或者当事人请求人民法院承认和执行外国法院对本案作出的判决、裁定的，不予准许；但双方共同缔结或者参加的国际条约另有规定的除外。

外国法院判决、裁定已经被人民法院承认，当事人就同一争议向人民法院起诉的，人民法院不予受理。

《最高人民法院关于审理独立保函纠纷案件若干问题的规定》

第二十一条 受益人和开立人之间因独立保函而产生的纠纷案件，由开立人住所地或被告住所地人民法院管辖，独立保函载明由其他法院管辖或提交仲裁的除外。当事人主张根据基础交易合同争议解决条款确定管辖法院或提交仲裁的，人民法院不予支持。

独立保函欺诈纠纷案件由被请求止付的独立保函的开立人住所地或被告住所地人民法院管辖，当事人书面协议由其他法院管辖或提交仲裁的除外。当事人主张根据基础交易合同或独立保函的争议解决条款确定管辖法院或提交仲裁的，人民法院不予支持。

【典型案例】

中国葛洲坝集团股份有限公司与意大利裕信银行股份有限公司上海分行独立保函纠纷案［裁判法院：上海金融法院；案号：（2018）沪74民初1419号］

裁判要旨：外国法院签发的止付令不属于可被申请承认或执行的民事裁决，不在我国与该国司法协助条约的适用范围之内。独立保函受URDG758约束的情况下，该外国法院的临时禁令原则上只在其本国境内生效而不具有域外效力，上海金融法院对本案具有排他性管辖权；境外法院关于保函止付的临时禁令不构成URDG758的不可抗力，保函开立人不能据此主张免责。该案的审理结果，既维护了我国的司法主权，也充分保障了“一带一路”倡议推进中我国企业的合法权益，实现了法律效果与社会效果的有效统一。

第三部分　被告抗辩的审查

一、独立保函生效日期及有效期的抗辩

（一）生效日期的抗辩

【审查要点】

1. 独立保函开立时间为开立人发出独立保函的时间。

2. 除特别约定独立保函的生效日期，独立保函开立即生效。

3. 除有特别约定为该保函为可撤销的，独立保函即为不可撤销保函。

【注意事项】

1. URDG758 规定，保函一旦脱离担保人的控制即为开立。保函一旦开立即不可撤销，即使保函中并未声明其不可撤销，URDG758 项下不存在不可撤销的保函。

2. URDG758 规定，受益人有权自保函开立之日或保函约定的开立之后的其他日期或事件之日起提交索赔。

【规范指引】

《最高人民法院关于审理独立保函纠纷案件若干问题的规定》

第四条　独立保函的开立时间为开立人发出独立保函的时间。

独立保函一经开立即生效，但独立保函载明生效日期或事件的除外。

独立保函未载明可撤销，当事人主张独立保函开立后不可撤销的，人民法院应予支持。

《见索即付保函统一规则》（URDG758）

第 4 条　开立和生效

a. 保函一旦脱离担保人的控制即为开立。

b. 保函一旦开立即不可撤销，即使保函中并未声明其不可撤销。

c. 受益人有权自保函开立之日或保函约定的开立之后的其他日期或事件之日起提交索赔。

【典型案例】

1. 北京陌格林进出口有限公司与荷兰合作银行有限公司上海分行、第三人美利华股份有限公司独立保函纠纷案［裁判法院：上海市高级人民法院；案号:（2017）沪民终 222 号］

裁判要旨：针对独立保函中既记载附生效条件又写明开立生效日期时，独立保函的生效日期如何确定的问题。当事人对合同条款的理解有争议的，应当按照合同所使用的词句、合同的有关条款、合同目的、交易习惯以及诚实信用原则，确定该条款的真实意思。当国际贸易合同落空时对卖方返还买方已支付预付款的担保，如将其识别为开立即生效，则将背离预付款支付流程及国际贸易实务的需要，亦将造成开立独立保函的目的落空。这一观点明确了当独立保函生效日期出现矛盾时应结合基础交易惯例和合同目的来判断生效条件。

2. 中国建设银行股份有限公司上海闸北支行、中国建设银行股份有限公司上海市分行与上海美特幕墙有限公司、上海华联天脉涂镀钢板有限公司担保追偿权纠纷案［裁判法院：上海市高级人民法院；案号:（2013）民申字第 71 号］

裁判要旨：反担保函申请人明知预付款迟延到账，不符合原先约定的反担保函生效条件，仍然接受了预付款，在长达一年多时间里未提出异议，视为同意反担保函已生效。反担保函开立银行和申请人之间的权利义务关系由双方签订的出具保函协议确定，双方在《出具保函协议》中明确约定：银行对反担保函具有独立判断权，对外赔付无需事先征得申请人同意，申请人承诺不提任何异议。因此，银行有权依据《出具保函协议》向申请人追偿。

（二）有效期条款的抗辩

【审查要点】

多数独立保函都会对保函的有效期作出约定，鲜有保函未约定存续期（一般指没有到期日的保函，俗称“敞口保函”）的独立保函。对于有效期的约定一般有以下几种情形：

1. 独立保函载明的具体到期日；

2. 独立保函载明到期事件届至时为独立保函终止日。

【注意事项】

URDG758 第 25 条第 c 款还规定，如果保函或反担保函既没有规定到期日，也没有规定到期事件，那么保函将在开立之日起 3 年之后终止，反担保函将在保函终止之后的 30 个日历日终止。

【规范指引】

《最高人民法院关于审理独立保函纠纷案件若干问题的规定》

第十一条　独立保函具有下列情形之一，当事人主张独立保函权利义务终止的，人民法院应予支持：

（一）独立保函载明的到期日或到期事件届至，受益人未提交符合独立保函要求的单据；

（二）独立保函项下的应付款项已经全部支付；

（三）独立保函的金额已减额至零；

（四）开立人收到受益人出具的免除独立保函项下付款义务的文件；

（五）法律规定或者当事人约定终止的其他情形。

独立保函具有前款权利义务终止的情形，受益人以其持有独立保函文本为由主张享有付款请求权的，人民法院不予支持。

《见索即付保函统一规则》（URDG758）

第 25 条　减额与终止

……

c. 如果保函或反担保函既没有规定失效日，也没有规定失效事件，则保函应自开立之日起三年之后终止，反担保函应自保函终止后 30 个日历日之后终止。

……

【典型案例】

1. 刘某波与长沙银行股份有限公司东风路支行、第三人张霞、湖南友邦汽车贸易有限公司独立保函纠纷案［裁判法院：湖南省长沙市中级人民法院；案号:（2017）湘 01 民终 5367 号］

裁判要旨：保函条款明确了其有效期的含义，界定了保函效力的持续时段，依据这项条款，保函有效期对受益人的约束，便是受益人必须在有效期内出具索赔请求，如果在到期日之后出具，则该索赔对担保行并无约束力。换言之，索赔请求在到期日之前作出与在到期日之后作出，其法律后果截然相反。

2. 特变电工衡阳变压器有限公司与浙江石油化工有限公司及第三人中国银行股份有限公司衡阳分行信用证欺诈纠纷案［裁判法院：湖南省衡阳市雁峰区人民法院；案号:（2018）湘 0406 民初 1152 号］

裁判要旨：本案明确区分了不同的保函种类，而且界定了保函终止的条件。预付款保函和履约保函，两者针对的是合同履行过程中的不同环节，权利义务有较大区别。在预付款已经退还的情况下，预付款保函已经终止，无法继续索赔。

3. 中国银行股份有限公司乐山分行与东方电气集团东风电机有限公司破产债权确认纠纷案［裁判法院：四川省乐山市中级人民法院；案号:（2017）川 11 民初 106 号］

裁判要旨：保函是否终止，对于债权人、债务人权利义务的界定有重大影响。在保函到期的情况下，受益人无法再索赔，而银行作为担保人不会承担相关责任，不会对开证申请人产生债权，故亦无法以此为由申报债权。

（三）独立保函的有效期不适用诉讼时效中断的抗辩

【审查要点】

独立保函的有效期是权利除斥期间，不适用诉讼时效中断，亦不同于担保法规定的保证期间，不能适用保证期间的相关规定。

【注意事项】

1. 有效期是不变的期间，不发生期间的中断、中止或延长的问题。

2. 受益人的索赔应在有效期内提出。

【典型案例】

安徽淮化股份有限公司与上海浦东发展银行股份有限公司张家港支行独立保函合同纠纷案［裁判法院：江苏省苏州市中级人民法院；案号:（2019）苏05民终4820号］

裁判要旨：明确了独立保函的有效期是权利除斥期间，不适用诉讼时效中断，并且受益人提交了相符单据时已过有效期，开立人无需再承担付款义务。

江苏省苏州市中级人民法院认为：案涉履约保函明确约定，受益人要求支付履约保函约定的担保金额时，应提交受益人与申请人对赔偿金额达成一致意见的来往函件或其他文件；或合同规定的仲裁机构或司法机构出具的裁定或判决申请人承担赔偿责任金额的法律文件。本案中，淮化公司作为受益人，虽于2016年7月21日保函到期前向浦发银行张家港支行请求付款，但其提交的函件并未表明与申请人新中环保公司就赔偿金额达成一致，在浦发银行提示不符条件下亦未能及时提交符合履约保函要求的单据。据此，浦发银行拒绝支付履约保证金，具有事实和法律依据。另，根据《独立保函司法解释》第三条规定，当事人主张独立保函适用《中华人民共和国担保法》关于一般保证或连带保证规定的，人民法院不予支持。淮化公司主张浦发银行拒绝支付履约保证金构成保函诉讼时效中断，缺乏法律依据，法院不予支持。

二、独立保函付款请求权及单据的抗辩

（一）独立保函审核单据为表面相符的抗辩

【审查要点】

受益人请求担保人付款，提交的单据与独立保函条款之间、单据与单据之间应表面相符。

1. 独立保函中单据的种类主要有三种：第一种为受益人出具的单据，包括付款请求书、违约声明（如“工期未按时完成”“工程项目存在质量问题”等情况说明）以及发票等；第二种为第三方出具的单据，包括履约保函中独立鉴定人、评估师或工程师出具的主合同未履行或履约存在瑕疵的说明等；第三种为裁判文书，司法机构的判决或仲裁机构的裁决。

2. 提交的单据与独立保函条款之间、单据与单据应达到“表面相符”“严格相符”标准。开立人只负责审查单据的表面真实性和相符性，而不论基础交易项下的债务是否未得到履行，均应承担付款义务。

3. 表面相符的审核标准应依照独立保函合同约定的审核标准进行，若无约定，则参照国际商会确定的审单标准。

【注意事项】

1. 审单过程中若单据与独立保函条款之间、单据与单据之间并不完全一致，但该不一致的点并不产生歧义，则可认定表面相符。

2.URDG758 第 19 条规定，担保人应仅基于交单本身确定其是否表面上构成相符交单。保函所要求的单据的内容应结合该单据本身、保函和本规则进行审核。单据的内容无需与该单据的其他内容、其他要求的单据或保函中的内容等同一致，但不得矛盾。

3.URDG758 要求担保人应从交单或补足完毕其他单据的第二天起 5 个营业日内审核该索赔申请，并确定是否符合索赔要求。

【规范指引】

《最高人民法院关于审理独立保函纠纷案件若干问题的规定》

第六条 受益人提交的单据与独立保函条款之间、单据与单据之间表面相符，受益人请求开立人依据独立保函承担付款责任的，人民法院应予支持。

开立人以基础交易关系或独立保函申请关系对付款义务提出抗辩的，人民法院不予支持，但有本规定第十二条情形的除外。

第七条 人民法院在认定是否构成表面相符时，应当根据独立保函载明的审单标准进行审查；独立保函未载明的，可以参照适用国际商会确定的相关审单标准。

单据与独立保函条款之间、单据与单据之间表面上不完全一致，但并不导致相互之间产生歧义的，人民法院应当认定构成表面相符。

第八条 开立人有独立审查单据的权利与义务，有权自行决定单据与独立保函条款之间、单据与单据之间是否表面相符，并自行决定接受或拒绝接受不符点。

开立人已向受益人明确表示接受不符点，受益人请求开立人承担付款责任的，人民法院应予支持。

开立人拒绝接受不符点，受益人以保函申请人已接受不符点为由请求开立人承担付款责任的，人民法院不予支持。

第九条 开立人依据独立保函付款后向保函申请人追偿的，人民法院应予支持，但受益人提交的单据存在不符点的除外。

《见索即付保函统一规则》（URDG758）

第19条 审单

a. 担保人应仅基于交单本身确定其是否表面上构成相符交单。

b. 保函所要求的单据的内容应结合该单据本身、保函和本规则进行审核。单据的内容无需与该单据的其他内容、其他要求的单据或保函中的内容等同一致，但不得矛盾。

c. 如果保函要求提交一项单据，但没有约定该单据是否需要签署、由谁出具或签署以及其内容，则：

i. 担保人将接受所提交的该单据，只要其内容看上去满足保函所要求单据的功能并在其他方面与第 19 条 b 款相符，并且

ii. 如果该单据已经签署，则任何签字都是可接受的，也没有必要表明签字人的名字或者职位。

d. 如果提交了保函并未要求或者本规则并未提及的单据，则该单据将不予置理，并可退还交单人。

e. 担保人无需对受益人根据保函中列明或引用的公式进行的计算进行重新计算。

f. 保函对单据有需履行法定手续、签证、认证或其他类似要求的，则表面上满足该要求的任何签字、标记、印戳或标签等应被担保人视为已满足。

【典型案例】

1. 厦门金宝大酒店与紫金财产保险股份有限公司厦门分公司保证保险合同纠纷案［裁判法院：福建省厦门市思明区人民法院；案号：（2019）闽 0203 民初 8001 号］

裁判要旨：案例是独立保函审单时“表面相符”认定标准的具体运用。本案中，法院认定紫金保险厦门分公司出具的投标保证保险系独立保函，该独立保函约定受益人厦门金宝酒店索赔时仅须提交“说明事实”的书面通知，据此，厦门金宝酒店索赔时提交了内容为“广西建工公司的游标文件存在投标须知第二十条第六款规定的雷同情形之一”的告知函，告知函与独立保函中要求的单据“说明事实”相符，故受益人厦门金宝酒店享有付款请求权，紫金保险厦门分公司应当按照履约保函的约定承担付款责任。

该案例明确了：（1）独立保函的审单标准应当根据独立保函相关约定来确定；（2）受益人提交的单据与独立保函条款之间表面相符，即构成交单相符，开立人应当依据独立保函承担付款责任；（3）“表面相符”是一种形式审查标准，除了独立保函约定的单据，受益人无需另行提

供其他佐证材料。

2. 中国长江航运集团对外经济技术合作总公司、中国长江航运集团青山船厂与中国建设银行股份有限公司青岛中山路支行海事担保合同纠纷案［裁判法院：山东省高级人民法院；案号:（2014）鲁民四终字第 147 号］

裁判要旨：该裁判体现了“严格相符”规则在独立保函审单中的运用。拓展了“表面相符”规则的内涵及具体适用场景。明确了即便单据中的部分内容与独立保函条款之间表面上不完全一致，但并不导致相互之间产生歧义的，人民法院仍应当认定构成表面相符，从而判令独立保函开立人承担付款义务的司法裁判标准。

（二）独立保函未载明审单标准的抗辩

【审查要点】

独立保函本身未载明审单标准，法院可以直接参照适用国际商会确定的相关审单标准。

【注意事项】

URDG758 规定审单的标准如下：

1. 结合单据本身、保函和规则三者统一进行审核。

2. 单据的内容无需与该单据的其他内容、其他要求的单据或保函中的内容等同一致，但是不得有矛盾。

3. 若不要求在单据上签字或由谁签署，提交的单据应符合形式上满足包含所要求的单据功能，且单据上任何签字均可接受，无需说明签字人的名字或职位。

4. 若提交的单据是本规则未提及或要求的，该单据不产生索赔的效果，将退还交单人。

5. 担保人无需对保函中列明或引用的公式进行的计算重新计算。

6. 保函对单据有需履行法定手续、签证、认证或其他类似要求的，需符合“表面相符”。

【规范指引】

《见索即付保函统一规则》(URDG758)

第19条　审单

a. 担保人应仅基于交单本身确定其是否表面上构成相符交单。

b. 保函所要求的单据的内容应结合该单据本身、保函和本规则进行审核。单据的内容无需与该单据的其他内容、其他要求的单据或保函中的内容等同一致，但不得矛盾。

c. 如果保函要求提交一项单据，但没有约定该单据是否需要签署、由谁出具或签署以及其内容，则：

i. 担保人将接受所提交的该单据，只要其内容看上去满足保函所要求单据的功能并在其他方面与第19条b款相符，并且

ii. 如果该单据已经签署，则任何签字都是可接受的，也没有必要表明签字人的名字或者职位。

d. 如果提交了保函并未要求或者本规则并未提及的单据，则该单据将不予置理，并可退还交单人。

e. 担保人无需对受益人根据保函中列明或引用的公式进行的计算进行重新计算。

f. 保函对单据有需履行法定手续、签证、认证或其他类似要求的，则表面上满足该要求的任何签字、标记、印戳或标签等应被担保人视为已满足。

【典型案例】

现代重工有限公司与中国工商银行股份有限公司浙江省分行保证合同纠纷案[裁判法院：浙江省高级人民法院；案号：(2016)浙民终157号]

裁判要旨：该案例首先明确了如何确定独立保函审单标准的问题，选择何标准进行审单应当遵循当事人合意原则，即若当事人在保函中约定了审单条款和条件，则法院应适用该规则标准进行审查。在保函条款和条件清晰的情况下，开立人仅须考虑单据与保函条款条件是否

表面相符即可。本案独立保函载明适用URDG758，且双方当事人在庭审中一致援引该规则，应当认定该规则的内容构成独立保函条款的组成部分并予以适用。其次，确立了独立保函与单据“不符点”的判断标准。根据URDG785第2条规定，相符索赔时指满足“交单按要求”的索赔，相符交单是指所提交的单据及其内容首先与该保函条款和条件相符，其次与该保函条款和条件一致的本规则有关内容相符，最后在保函及本规则均无相关规定的情况下与见索即付保函国际标准实务相符。依据上述“不符点”判断标准，若不符点构成实质性差异，比如本案中 指示提单和记名提单是两种完全不同类型的提单，当属实质性差异。同时该判决还指出基础合同的履行情况不是担保人审单时所需考虑的因素，不能依据基础合同的履行情况得出单据和保函条款条件已构成表面相符的结论。

三、独立保函终止的抗辩

【审查要点】

独立保函具有以下情形之一的，当事人有权主张权利义务终止：

1. 独立保函载明的到期日或到期事件届至，受益人未提交符合独立保函要求的单据；

2. 独立保函项下的应付款项已经全部支付；

3. 独立保函的金额已减额至零；

4. 开立人收到受益人出具的免除独立保函项下付款义务的文件；

5. 法律规定或当事人约定的终止情形。

【规范指引】

《最高人民法院关于审理独立保函纠纷案件若干问题的规定》

第十一条 独立保函具有下列情形之一，当事人主张独立保函权利义务终止的，人民法院应予支持：

（一）独立保函载明的到期日或到期事件届至，受益人未提交符合独立保函要求的单据；

（二）独立保函项下的应付款项已经全部支付；

（三）独立保函的金额已减额至零；

（四）开立人收到受益人出具的免除独立保函项下付款义务的文件；

（五）法律规定或者当事人约定终止的其他情形。

独立保函具有前款权利义务终止的情形，受益人以其持有独立保函文本为由主张享有付款请求权的，人民法院不予支持。

四、中止支付独立保函项下款项的审查

【审查要点】

裁定中止支付独立保函项下的款项，必须同时具备以下条件：

1. 具有高度可能性的证据证明存在《独立保函司法解释》第十二条规定的情形，无需证明肯定存在，证明标准为高度可能性；

2. 情况紧急，不及时采取中止支付将给申请人带来难以弥补的损失；

3. 申请人提供了足以弥补被申请人因止付可能遭受损失的担保。

【注意事项】

1. 坚持独立保函的独立性，如果申请理由是受益人在基础交易中违约的，不予支持。欺诈的存在才是止付的前提。《全国法院涉外商事海事审判工作座谈会会议纪要》明确提出，对当事人提出的独立保函止付申请，人民法院应当根据《独立保函司法解释》第十四条的规定进行审查，并根据第十二条的规定就是否存在欺诈的止付事由进行初步实体审查。也就是说，这种审查要求，要高于普通民事诉讼中的申请保全行为，后者在实务中往往主要审查申请人提交的担保是否足额。但独立保函止付有所不同，随意止付将破坏交易规则，因此审查要求非常严格。通常情况下，一般案件中的财产保全，出具的是格式化的文书，不需要查明事实。而《全国法院涉外商事海事审判工作座谈会会议纪要》明确要求对于独立保函的止付，“应当根据第十六条的规定在裁定中列明初步查明的事实和是否准许止付申请的理由”。因此，这类案件的审查过程，相当于初步审理了一起案件并作出实质性判断。

2. 对于已善意支付款项的开立人独立保函追偿权纠纷中不适用止付程序。

3. 止付程序造成损失的，当事人可以要求止付申请人赔偿损失。

4. 止付程序因具有紧迫性，应在 48 小时内作出裁定。

5. 中止支付裁定作出 30 日内，止付申请人应依法提起独立保函欺诈之诉或仲裁，未及时提起的应对其止付裁定予以解除。

6. 当事人就止付程序有异议的，可以在裁定书送达之日起 10 日内向作出法院申请复议。

【规范指引】

《最高人民法院关于审理独立保函纠纷案件若干问题的规定》

第十四条 人民法院裁定中止支付独立保函项下的款项，必须同时具备下列条件：

（一）止付申请人提交的证据材料证明本规定第十二条情形的存在具有高度可能性；

（二）情况紧急，不立即采取止付措施，将给止付申请人的合法权益造成难以弥补的损害；

（三）止付申请人提供了足以弥补被申请人因止付可能遭受损失的担保。

止付申请人以受益人在基础交易中违约为由请求止付的，人民法院不予支持。

开立人在依指示开立的独立保函项下已经善意付款的，对保障该开立人追偿权的独立保函，人民法院不得裁定止付。

第十五条 因止付申请错误造成损失，当事人请求止付申请人赔偿的，人民法院应予支持。

第十六条 人民法院受理止付申请后，应当在四十八小时内作出书面裁定。裁定应当列明申请人、被申请人和第三人，并包括初步查明的事实和是否准许止付申请的理由。

裁定中止支付的，应当立即执行。

止付申请人在止付裁定作出后三十日内未依法提起独立保函欺诈纠纷诉讼或申请仲裁的，人民法院应当解除止付裁定。

第十七条 当事人对人民法院就止付申请作出的裁定有异议的，可以在裁定书送达之日起十日内向作出裁定的人民法院申请复议。复议期间不停止裁定的执行。

人民法院应当在收到复议申请后十日内审查，并询问当事人。

《全国法院涉外商事海事审判工作座谈会会议纪要》

30.【独立保函止付申请的初步实体审查】人民法院审理独立保函欺诈纠纷案件时，对当事人提出的独立保函止付申请，应当根据《最高人民法院关于审理独立保函纠纷案件若干问题的规定》第十四条的规定进行审查，并根据第十二条的规定就是否存在欺诈的止付事由进行初步实体审查；应当根据第十六条的规定在裁定中列明初步查明的事实和是否准许止付申请的理由。

【典型案例】

阿法拉伐（上海）技术有限公司与黑龙江双河松嫩大豆生物工程有限责任公司、瑞典北欧斯安银行有限公司上海分行申请中止支付保函项下款项纠纷案［裁判法院：上海金融法院；案号：（2020）沪74行保7号］

裁判要旨：止付申请人提交的证据材料必须证明受益人滥用索赔权或构成保函欺诈的高度盖然性。申请人的证据不足以证明高度盖然性时，对其申请不予支持。

五、既载明“凭单付款”又将申请人违约设定为付款条件时对独立性的抗辩

【审查要点】

应根据保函文本的具体表述判断其构成独立保函抑或从属性担保。

1. 如保函文本明确记载适用 URDG758 规则，则可根据该规则关于非单据条款的规定，认定开立人对违约条件是否满足不具有审核义务；

2. 如依保函文本可认定开立人的付款义务具有独立性，此时即便存在申请人违约的表述，只要对于开立人的付款责任而言未增加实质性条件的，便不会影响保函的独立性；

3. 如保函文本将保函赔付限定于基础法律关系违约，且隐含了以违约造成的损失作为赔付金额的意思，此时，开立人并非仅承担相符交单的付款责任，应认定为从属性担保。

【注意事项】

1. 从形式层面来看，保函的定性本质上属于意思表示解释问题，保函性质存在争议时不能一概采独立性解释，而应探求当事人的内心真意。在解释时应遵循一定的规则，如手写条款优于打印条款、具体条款优于概括条款、补充条款优于正文内容等。

2. 从实践层面来看，司法裁判应尊重当事人的真实意思、遵循商事交易规则。只有经解释确定了保函的性质后，才能对其进行效力判定，不能犯“倒果为因”的错误。在复杂的金融环境下不宜径行否定保函中的从属性约定，否则金融机构将难以防控金融风险。

3. 基于交易环境的差异，国内贸易常发生虚构基础合同的问题，因而保函开立人往往在国内保函的付款条件中增加基础合同违约等条件，保函申请人通常为商事主体而非自然人，其缔约能力与金融机构对等，不宜一律作不利于保函开立人的解释而否认约定效力，否则将会增加保函欺诈的风险。

【规范指引】

《最高人民法院关于审理独立保函纠纷案件若干问题的规定》

第一条 本规定所称的独立保函，是指银行或非银行金融机构作为开立人，以书面形式向受益人出具的，同意在受益人请求付款并提交符合保函要求的单据时，向其支付特定款项或在保函最高金额内付款的承诺。

前款所称的单据，是指独立保函载明的受益人应提交的付款请求书、违约声明、第三方签发的文件、法院判决、仲裁裁决、汇票、发票等表明发生付款到期事件的书面文件。

独立保函可以依保函申请人的申请而开立，也可以依另一金融机构的指示而开立。开立人依指示开立独立保函的，可以要求指示人向其开立用以保障追偿权的独立保函。

第三条 保函具有下列情形之一，当事人主张保函性质为独立保函的，人民法院应予支持，但保函未载明据以付款的单据和最高金额的除外：

（一）保函载明见索即付；

（二）保函载明适用国际商会《见索即付保函统一规则》等独立保函交易示范规则；

（三）根据保函文本内容，开立人的付款义务独立于基础交易关系及保函申请法律关系，其仅承担相符交单的付款责任。

当事人以独立保函记载了对应的基础交易为由，主张该保函性质为一般保证或连带保证的，人民法院不予支持。

当事人主张独立保函适用民法典关于一般保证或连带保证规定的，人民法院不予支持。

第六条 受益人提交的单据与独立保函条款之间、单据与单据之间表面相符，受益人请求开立人依据独立保函承担付款责任的，人民法院应予支持。

开立人以基础交易关系或独立保函申请关系对付款义务提出抗辩的，人民法院不予支持，但有本规定第十二条情形的除外。

【典型案例】

衢州东港环保热电有限公司与上海浦东发展银行股份有限公司张家港支行保证合同纠纷案［裁判法院：江苏省张家港市人民法院；案号:（2016）苏 0582 民初 13596 号］

裁判要旨：经审查后认定，由于保函项下款项是否支付取决于独立保函申请人是否完全履行合同规定的义务，故该保函的性质具有从属性，并非独立保函，独立保函开立人需承担保证责任。

六、独立保函欺诈的抗辩

【审查要点】

独立保函欺诈的情形具体如下：

1. 受益人与保函申请人或其他人串通，虚构基础交易的；

2. 受益人提交的第三方单据系伪造或内容虚假的；

3. 法院判决或仲裁裁决认定基础交易债务人没有付款或赔偿责任的；

4. 受益人确认基础交易债务已得到完全履行或者确认独立保函载明的付款到期事件并未发生的；

5. 受益人明知其没有付款请求权仍滥用该权利的其他情形。

【注意事项】

1. 处理独立保函欺诈纠纷案件或者处理止付申请时应当坚持对基础交易合同的“必要有限审查原则”。独立保函的独立性要求开立人和受益人的权利义务关系只遵循独立保函的约定，不受申请人与受益人之间基础债权债务关系的影响。因此，原则上只能就独立保函法律关系进行审查，不能越过独立保函法律关系而对基础交易合同的履约情况、违约事实进行审查。但在某些个别特殊情况下，如法院已有足够证据和事实高度怀疑受益人可能存在欺诈行为，则有必要审查基础合同的履行情况来确定受益人是否拥有向担保人索款的权利，从而最终裁判是否应当认定受益人存在保函欺诈行为。

案件审理中仍然应当在独立担保独立性的限制下，限制对基础交易合同的干预程度，只能就涉及独立保函上载明的受益人索赔声明部分内容涉及的基础交易关系和事实进行审查，而不能涉及对基础合同中不涉及独立保函担保而仅涉及基础债权债务关系中其他权利义务关系和案件事实的判定。坚持对基础交易合同“必要有限审查”原则也是对审理基础合同纠纷法院的管辖权和当事人一致意思表示即合同约定本身内容的尊重。

2. 为确保独立保函的生命活力，虽然兜底条款留下了一定的自由裁量权，但必须对其审慎适用。

【规范指引】

《最高人民法院关于审理独立保函纠纷案件若干问题的规定》

第十二条　具有下列情形之一的，人民法院应当认定构成独立保函欺诈：

（一）受益人与保函申请人或其他人串通，虚构基础交易的；

（二）受益人提交的第三方单据系伪造或内容虚假的；

（三）法院判决或仲裁裁决认定基础交易债务人没有付款或赔偿责任的；

（四）受益人确认基础交易债务已得到完全履行或者确认独立保函载明的付款到期事件并未发生的；

（五）受益人明知其没有付款请求权仍滥用该权利的其他情形。

第十八条　人民法院审理独立保函欺诈纠纷案件或处理止付申请，可以就当事人主张的本规定第十二条的具体情形，审查认定基础交易的相关事实。

【典型案例】

1. 中国工商银行股份有限公司义乌分行与中国技术进出口总公司保函诈骗纠纷案［裁判法院：最高人民法院；案号：（2017）最高法民申 4754 号］

裁判要旨：确认了独立保函欺诈案件中，对基础交易的审查范围与程度遵循有限审查的原则。当基础合同约定争议适用仲裁时，基础合同的性质、效力、具体履行等情况均不应当属于审查范围，但是可以审查认定基础交易中与上诉人主张的保函欺诈相关的事实，如基础合同项下的义务范围、是否存在违约行为、受益人是否存在保函欺诈等情形，在此限度内的审查与基础合同约定的仲裁条款不冲突。

2. 中国水利水电第四工程局有限公司与中工国际工程股份有限公司独立保函欺诈纠纷案［裁判法院：最高人民法院；案号：（2019）最高法民终 349 号］

裁判要旨：对欺诈例外情形进行了严格限定，该案中《分包合同》第二十条和第二十二条虽然约定“预付款起扣根据主合同同步进行，直至扣完为止”，但该条款并未写入预付款保函的索赔条件中。中工国际公司作为受益人，无须证明其索赔金额即是基础关系项下的应付金额，其全额索兑预付款保函的行为不宜被认定为滥用付款请求权，故中工国际公司作为受益人，具有基础合同项下的初步证据证明其索赔请求具有事实依据，享有索兑《预付款保函》的请求权，其不存在滥用付款请求权的情形，不构成独立保函欺诈。

3. 太湖锅炉公司与卡拉卡托公司、无锡中行保函欺诈纠纷案［裁判法院：江苏省高级人民法院；案号：（2013）苏商外终字第0006号］

裁判要旨：在太湖锅炉公司未能提供证据证明其已按基础合同全部履行了义务的情形下，卡拉卡托公司基于太湖锅炉公司的违约行为，并按照保函的要求提出索赔全部金额的行为不能够认定为保函欺诈。

只有当受益人的欺诈是证据确凿的或者显而易见时，方可认定欺诈的成立。在双方对基础交易的履行情况等存在争议的情形下，只要受益人提示了相符的单据并满足了索付保函的条件，担保行就应当先行赔付，对于那些没有被包含在保函索付条件之中的争议焦点问题，则应由申请人通过其他法律途径解决争议，使自己遭受的损失得到弥补，从而保证独立担保制度的优势得以正常发挥。审理法院应当尊重独立保函规则所作出的“先赔付、后争议”的商业安排。

七、基础合同权利义务转让的抗辩

【审查要点】

基础合同权利义务的转让对开立人具有法律约束力，除双方另有约定的外，应同时满足以下几点：

1. 独立保函中载明可以转让；

2. 可以确定新的受益人。

【注意事项】

1. 在基础合同转让对担保人银行不发生效力的情况下，原受益人即便转让了基础合同权利义务，不再负有履行基础合同的义务，但其受益人的身份不变，担保人出具的保函仍有约束力。因此，原受益人可以依据保函提出索赔。

2. 审查要点同时符合以上两点，新的受益人有索赔权。

3. 但是由于基础合同已经转让，原受益人不再参与合同，其再提出索赔就需要进一步判断合同的履行情况。如果索赔与合同转让之前的履行有关，则可以得到支持。如果这种索赔与合同履行没有任何关系，则索赔可能被认定为欺诈。

【规范指引】

《最高人民法院关于审理独立保函纠纷案件若干问题的规定》

第十条　独立保函未同时载明可转让和据以确定新受益人的单据，开立人主张受益人付款请求权的转让对其不发生效力的，人民法院应予支持。独立保函对受益人付款请求权的转让有特别约定的，从其约定。

【典型案例】

中机新能源开发有限公司与华西能源工业股份有限公司保证合同纠纷案［裁判法院：最高人民法院；案号：(2017）最高法民申 4879 号］

裁判要旨：该案的裁判意义在于表明，诚实信用与反欺诈是商业活动应普遍遵守的原则，独立保函的独立性原则虽属于交易原则，可仍不能对抗诚实信用与反欺诈原则的适用，换言之，欺诈属于“刺破”独立保函独立性的例外情形。基础合同转让之后，权利义务对象发生变化。原受益人在合同中的地位已经发生较大变化，如果忽视基础合同的履行情况随意索赔，可以认定为欺诈。

八、受益人权利义务转让的抗辩

【审查要点】

1.《独立保函司法解释》对于付款请求权的转让有特别约定的从其

约定；若无约定，转让一般对其不发生效力，除非同时记载可转让和有据以确定的新受益人。

2. URDG758 规定，除非特别约定，一般情况下受益人的付款请求权不得转让。但不影响受益人将有权获得的款项（即受益权）转让给他人。

【注意事项】

在 URDG758 项下的转让应符合如下条件：

1. 需特别明确“可转让”的字样，全部金额可多次转让，但反担保函不得转让；

2. 除非按担保人明确同意的范围和方式进行的转让，否则即使是可转让保函，担保人没有义务必须执行转让保函的要求。

【规范指引】

《最高人民法院关于审理独立保函纠纷案件若干问题的规定》

第十条　独立保函未同时载明可转让和据以确定新受益人的单据，开立人主张受益人付款请求权的转让对其不发生效力的，人民法院应予支持。独立保函对受益人付款请求权的转让有特别约定的，从其约定。

《见索即付保函统一规则》（URDG758）

第 4 条　开立和生效

a. 保函一旦脱离担保人的控制即为开立。

b. 保函一旦开立即不可撤销，即使保函中并未声明其不可撤销。

c. 受益人有权自保函开立之日或保函约定的开立之后的其他日期或事件之日起提交索赔。

第 33 条　保函转让与款项让渡

a. 保函只有特别声明“可转让”方可转让，在此情况下，保函可以就转让时可用的全部金额多次转让。反担保函不可转让。

b. 即使保函特别声明是可转让的，保函开立之后担保人没有义务必须执行转让保函的要求，除非是按担保人明确同意的范围和方式进行的转让。

c. 可转让的保函是指可以根据现受益人（“转让人”）的请求而使

担保人向新受益人（“受让人”）承担义务的保函。

d. 下列规定适用于保函的转让：

i. 被转让的保函应包括截至转让之日，转让人与担保人已经达成一致的所有保函修改书：以及

ii. 除了上述 a 款、b 款和 d 款项下（1）节规定的条件之外，可转让保函只有在转让人向担保人提供了经签署的声明，表明受让人已经获得转让人在基础关系项下权利和义务的情况下，才能被转让。

c. 除非转让时另有约定，转让过程中发生的所有费用，都应由转让人支付。

d. 在被转让的保函项下，索赔书以及任何支持声明都应由受让人签署。除非保函另有约定，在其他任何单据上可以用受让人的名字和签字取代转让人的名字和签字。

g. 无论保函是否声明其可转让，根据可适用法律的规定：

i. 受益人可以将其在保函项下可能有权或可能将要有权获得的任何款项让渡给他人：

ii. 但是，除非担保人同意，否则担保人没有义务向被让渡人支付该款项。

【典型案例】

上海振华重工（集团）股份有限公司、中国银行股份有限公司上海市分行、希巴尔克系统公司与印度海外银行香港分行其他民事申请再审案［裁判法院：最高人民法院；案号：（2014）民申字第 1376 号］

裁判要旨：本案是一起典型的独立保函转让纠纷。转让时必须区分不同类型的转让，并且使用明确的语言。如果语言发生歧义，则容易产生误解。转让过程应征得开立保函银行的同意，这样新的受益人才有权直接向银行进行索赔。

第四部分　要件审查及其他裁判规则

一、独立保函识别及效力的审查

（一）独立保函的识别及国内交易中使用的审查

【审查要点】

《独立保函司法解释》认可国内交易中独立保函的效力，与涉外保函的认定规则一致。对独立保函识别的审查要件如下：

1. 保函载明见索即付；

2. 保函载明适用国际商会《见索即付保函统一规则》等独立保函交易示范规则；

3. 根据保函文本内容，开立人的付款义务独立于基础交易关系及保函申请法律关系，其仅承担相符交单的付款责任；

4. 符合上述第一项至第三项的情形之一，同时还应在独立保函中载明据以付款的单据和最高金额。

【注意事项】

独立保函原多应用于国际商事交易过程中，《独立保函司法解释》发布前司法实践对国内交易中独立保函的效力问题缺乏定论。随着《独立保函司法解释》的出台，统一承认了涉外、国内保函独立性的效力，认可金融机构开立国内保函的效力、统一国内外保函的认定规则，进而完善了我国信用保障制度，尊重了当事人意思自治和对市场主体的平等保护。

【规范指引】

《最高人民法院关于审理独立保函纠纷案件若干问题的规定》

第三条　保函具有下列情形之一，当事人主张保函性质为独立保函的，人民法院应予支持，但保函未载明据以付款的单据和最高金额的除外：

（一）保函载明见索即付；

（二）保函载明适用国际商会《见索即付保函统一规则》等独立保函交易示范规则；

（三）根据保函文本内容，开立人的付款义务独立于基础交易关系及保函申请法律关系，其仅承担相符交单的付款责任。

当事人以独立保函记载了对应的基础交易为由，主张该保函性质为一般保证或连带保证的，人民法院不予支持。

当事人主张独立保函适用民法典关于一般保证或连带保证规定的，人民法院不予支持。

第二十三条 当事人约定在国内交易中适用独立保函，一方当事人以独立保函不具有涉外因素为由，主张保函独立性的约定无效的，人民法院不予支持。

【典型案例】

1. 北京银行股份有限公司绿港国际中心支行与中信国安集团有限公司、青海中信国安科技发展有限公司、中信国安第一城国际会议展览有限公司、中信国安有限公司、中信国安资本管理有限公司合同纠纷案［裁判法院：最高人民法院；案号：（2020）最高法民终 717 号］

裁判要旨：一方面，案件当事人均为国内企业，且交易关系发生在国内，一、二审法院在审理中未对独立保函的法律关系予以否定，即认可国内交易中可以通过合同约定的方式确定独立保函的地位；另一方面说明在独立保函追偿纠纷中，开立人依据独立保函的约定向受益人付款，此时保函开立人负担单据相符的审核义务，若不存在不符点，则后期可向保函申请人追偿。

2. 五冶集团上海有限公司与中国建设银行股份有限公司启东支行保证合同纠纷案［裁判法院：江苏省南通市中级人民法院；案号：（2016）苏 06 民终 2779 号］

裁判要旨：法院认为，该保函已载明见索即付，对据以付款的单据即“关于承包商违约说明的书面通知”以及最高金额亦有明确约定，故案涉履约保函应认定为独立保函。故司法实践中，法院将保函是否载明最高金额作为独立保函的识别因素之一 。

（二）对独立保函开立主体的审查

【审查要点】

1. 对于独立保函的开立主体，银行是实践中最为常见的开立人。

2.《独立保函司法解释》规定独立保函的开立主体只能是银行或非银行金融机构。《中国银行保险监督管理委员会非银行金融机构行政许可事项实施办法》第二条对非银行金融机构的范围作出限定，主要包括经银保监会批准设立的金融资产管理公司、企业集团财务公司、金融租赁公司、汽车金融公司、货币经纪公司、消费金融公司、境外非银行金融机构驻华代表处等机构。买卖中开立独立保函的非银金融机构主要为担保公司。

【注意事项】

1. 当事人约定适用 1995 年 12 月 11 日于纽约签署的《联合国独立担保与备用信用证公约》（United Nations Convention on Independent Guarantees and Stand-by Letters of Credit），该公约第 2 条规定银行或其他机构或个人（亦可称“保证人”）可签发此类保函或备用信用证并承诺 。该公约对独立保函开立主体并未加以限制。

2.《独立保函司法解释》第一条第一款明确规定独立保函的开立主体只能是银行或非银行金融机构。《中国银行保险监督管理委员会非银行金融机构行政许可事项实施办法》第二条对非银行金融机构的范围作出限定，即并非所有的非银行金融机构均可开展独立保函业务，非银行金融机构需要监管部门的批准才能成立。

3. 对于银行或者非银行金融机构之外的当事人开立的独立保函的效力，对此《全国法院民商事审判工作会议纪要》一般均不认定独立保函的法律关系。银行或者非银行金融机构之外的当事人开立的独立保函，以及当事人有关排除担保从属性的约定，应当认定无效。

【规范指引】

《最高人民法院关于审理独立保函纠纷案件若干问题的规定》

第一条 本规定所称的独立保函，是指银行或非银行金融机构作为开立人，以书面形式向受益人出具的，同意在受益人请求付款并提交符合保函要求的单据时，向其支付特定款项或在保函最高金额内付款的承诺。

前款所称的单据，是指独立保函载明的受益人应提交的付款请求书、违约声明、第三方签发的文件、法院判决、仲裁裁决、汇票、发票等表明发生付款到期事件的书面文件。

独立保函可以依保函申请人的申请而开立，也可以依另一金融机构的指示而开立。开立人依指示开立独立保函的，可以要求指示人向其开立用以保障追偿权的独立保函。

《中国银保监会非银行金融机构行政许可事项实施办法》

第二条 本办法所称非银行金融机构包括：经银保监会批准设立的金融资产管理公司、企业集团财务公司、金融租赁公司、汽车金融公司、货币经纪公司、消费金融公司、境外非银行金融机构驻华代表处等机构。

《联合国独立担保与备用信用证公约》

第二条 保证

（1）为了适用本公约，保证系指一项独立的义务，国际惯例上称为：独立保证或备用信用证中的承诺或义务。银行或其他机构或个人（亦可称“保证人”）签发此类保函或备用信用证并承诺：一经请求或一经附其他单据的请求即行以符合保函的条款和任何单据条件、指示或可推知的条件的方式向受益人支付确定的或有限期的款项。付款已到期，包括以下原因：不履行义务；另一随附义务；借款、预付款；任何由主债务人/申请人或另一人所保证的到期债务。

（2）保证可在下列情况作出：

（a）经保证人的客户（主债务人 / 申请人）的请求或指示而作出；

（b）按照另一银行、机构或个人（指示方）的指示而作出——该指示方系依其客户的请求而行事；

（c）代表保证人本身而作出；

（3）保证中之付款得以任何下列方式作出：

（a）以特定货币或记账单位付款；

（b）汇票之承兑；

（c）延期付款；

（d）特定的价值项目之提供。

（4）保函得规定：保证人为另一人行事时，保证人自身可以同时为受益人。

【典型案例】

1. 中铁十八局集团有限公司与信德唯实投资担保有限责任公司保证合同纠纷案［裁判法院：北京市第一中级人民法院；案号：（2019）京01民终2754号］

裁判要旨：本案明确了独立保函的开立主体限定于银行或其他非银行金融机构，对于不属于"银行或非银行金融机构"的主体出具的上述《预付款保函》等名称中带有独立保函字眼的保函，并不具有独立保函的独立性。

2. 中国交通建设股份有限公司与西霞口集团有限公司保证合同纠纷案［裁判法院：北京市高级人民法院；案号：（2017）京民终542号］

裁判要旨：本案一方面明确了独立保函的开立主体限定于银行或其他非银行金融机构，另一方面在否定其独立担保效力的同时，认定为从属性担保。即根据其意思表示确定其承担的担保责任。

北京市高级人民法院认为，虽然西霞口集团公司在《担保函》中明确其提供的是"独立性担保"，但西霞口集团公司并不属于《独立保函司法解释》第一条规定的可以开立独立保函的"银行或非银行金融机构"的主体范围。故一审判决作出的不应按照"见索即付"的独立保函要求担保人径行赔付的认定正确。西霞口集团公司向中国交通建设公司出具的《担保函》是其真实意思表示，其在函中“愿意就中国交通建设公司与西霞口船业公司的执行协议一事做担保人，提供独立性担保，并承担一切连带保证责任”的表述清楚、合法有效。依照《中华人民共和国担保法》第六条“本法所称保证，是指保证人和债权人约定，当债务人不履行债务时，保证人按照约定履行债务或者承担责任的行为”的规定，在银行保函受益人德国船东向中国交通建设公司提出索赔，且中国交通建设公司亦已向德国船东实际退还预付款及支付利息后，中国交通建设公司有权依照《担保函》的约定，要求保证人西霞口集团公司承担连带保证责任。

（三）内部决议机制对独立保函效力影响的审查

【审查要点】

《公司法》第十六条针对公司对外提供担保的程序作了规定，但实践中，不乏公司法定代表人未经相应程序即擅自对外签署合同提供担保的现象，而该等情形下担保效力的认定也一直是公司纠纷案件中存在很大争议的问题。实践中，对于独立保函的出具主体内部决议机制对公司的对外担保并无影响。

1. 独立保函的出具主体为银行或非银行金融机构；

2. 由上述金融机构开立的保函或担保公司提供的担保，无需审核相应的内部决策文件，无需审核对外签署时的权限以及越权订立合同时法定代表人是否善意的问题。

【注意事项】

除《最高人民法院关于适用〈中华人民共和国民法典〉有关担保制度的解释》第八条规定的三种情形外，应审核公司对外担保是否符合公司法的规定。

【规范指引】

《最高人民法院关于审理独立保函纠纷案件若干问题的规定》

第二十三条　当事人约定在国内交易中适用独立保函，一方当事人以独立保函不具有涉外因素为由，主张保函独立性的约定无效的，人民法院不予支持。

《最高人民法院关于适用〈中华人民共和国民法典〉有关担保制度的解释》

第八条 有下列情形之一，公司以其未依照公司法关于公司对外担保的规定作出决议为由主张不承担担保责任的，人民法院不予支持：

（一）金融机构开立保函或者担保公司提供担保；

（二）公司为其全资子公司开展经营活动提供担保；

（三）担保合同系由单独或者共同持有公司三分之二以上对担保事项有表决权的股东签字同意。

上市公司对外提供担保，不适用前款第二项、第三项的规定。

第十一条 公司的分支机构未经公司股东（大）会或者董事会决议以自己的名义对外提供担保，相对人请求公司或者其分支机构承担担保责任的，人民法院不予支持，但是相对人不知道且不应当知道分支机构对外提供担保未经公司决议程序的除外。

金融机构的分支机构在其营业执照记载的经营范围内开立保函，或者经有权从事担保业务的上级机构授权开立保函，金融机构或者其分支机构以违反公司法关于公司对外担保决议程序的规定为由主张不承担担保责任的，人民法院不予支持。金融机构的分支机构未经金融机构授权提供保函之外的担保，金融机构或者其分支机构主张不承担担保责任的，人民法院应予支持，但是相对人不知道且不应当知道分支机构对外提供担保未经金融机构授权的除外。

担保公司的分支机构未经担保公司授权对外提供担保，担保公司或者其分支机构主张不承担担保责任的，人民法院应予支持，但是相对人不知道且不应当知道分支机构对外提供担保未经担保公司授权的除外。

公司的分支机构对外提供担保，相对人非善意，请求公司承担赔偿责任的，参照本解释第十七条的有关规定处理。

二、对独立保函适用准据法的审查

【审查要点】

国际商会于1991年12月批准了《见索即付保函统一规则》(国际商会第458号出版物，即URDG458)，2010年7月1日又实施了修订后的《见索即付保函统一规则》(国际商会第758号出版物，即URDG758)。对于《见索即付保函统一规则》是否为独立保函的当然法源，应遵循以下几点：

1. 有约定适用国际商会《见索即付保函统一规则》等独立保函交易示范规则的，尊重双方的约定；

2. 若无约定独立保函交易示范规则，开立人和受益人在一审法庭辩论终结前一致援引的，认定交易示范规则的内容构成独立保函条款的组成部分；

3. 无法一致援引的，则适用《独立保函司法解释》的规定予以审理。

【注意事项】

1. 若约定适用《联合国独立担保与备用信用证公约》，需要满足一定的条件，作出保证的保证人营业所所在地属于缔约国或国际私法规则导致其适用某一缔约国的法律。

2. URDG758规定，除非保函或反担保函另有约定，保函的适用法律应为担保人或反担保人开立保函的分支机构或营业场所所在地的法律。

3.《独立保函司法解释》没有延续《最高人民法院关于审理信用证纠纷案件若干问题的规定》的做法，将《见索即付保函统一规则》作为国际惯例性质可以主动适用的法源，而是采取契约条款说，认定《见索即付保函统一规则》的性质为国际民间性商事组织制定的定型化交易规则，因当事人的约定适用而对当事人产生法律拘束力，这也与我国涉外民事关系法律适用法的基本原则相一致。

4. 审判实践中，具体适用《见索即付保函统一规则》时应注意以下问题：

第一，当事人合意援引的意思表示主要是明示。独立保函中载明或者当事人在一审法庭辩论终结前一致援引的，均应当认定《见索即付保函统一规则》的内容构成独立保函条款的组成部分。其中所谓当事人一致援引，应包括诉讼程序中开立人和受益人达成的书面协议、口头协议或是在诉讼文件中均援引同一交易示范规则的行为所体现的一致意思表示。

第二，《见索即付保函统一规则》存在URDG458、URDG758两个版本，需要当事人在援引时加以明确。此外，独立保函规则并非只有《见索即付保函统一规则》一种，有国内法、国际惯例、国际公约（如《联合国独立担保与备用信用证公约》，我国未加入，但允许当事人约定适用）供当事人选择。目前，《见索即付保函统一规则》《国际备用信用证惯例》（ISP98）《跟单信用证统一惯例》（UCP600）均有一定市场，故当事人会根据自己的需要与谈判能力选择相应的适用法律 。在独立保函没有载明适用何种交易示范规则，开立人和受益人在一审法庭程序辩论终结前也没有达成一致援引的意思表示时，人民法院不应主动适用。

第三，无论适用何种独立保函交易示范规则，均仅为当事人的约定事项，产生的是类似于提单背面条款的并入效果，亦即《见索即付保函统一规则》等独立保函交易示范规则严格而言只是“规则”，而非“法源”。因此，当事人不仅可以在国际独立保函中约定适用，也可以在国内独立保函中约定适用；既可以约定全部适用，也可约定部分适用（仅保函的部分内容适用或者仅适用交易示范规则的部分内容），还可以通过独立保函条款修改规则的相关条款。与此同时，当事人约定了适用的独立保函交易示范规则并不等同于约定了独立保函纠纷的准据法，人民法院仍应视案情需要对准据法问题另行作出判断 。并且，参照我国涉外民事关系法律适用法的立法精神，对于涉外独立保函纠纷的管辖及准据法问题，理论上不应依据当事人约定的独立保函交易示范规则，而是应当适用中国法律加以判断 。

第四，至少存在以下情形，即便当事人事先明确约定，《见索即付保函统一规则》等交易示范规则等仍不应适用：一是关于独立保函的识别问题。独立保函的识别本质上是冲突规范的识别，是指依据一定的法律观念，对有关的事实构成作出定性或分类，将其归入一定的法律范畴，或对有关的冲突规范所使用的法律名词进行解释，从而确定应援用哪一种冲突规范的认识过程。识别是为了解决法律适用而存在，但其自身亦涉及法律适用问题，其准据法并不能由当事人自行约定，而是应当适用法院地法律，即中国法律 。二是涉外独立保函欺诈纠纷。《见索即付保函统一规则》没有对保函欺诈的认定及保函欺诈例外作出具体规定，此时应根据《中华人民共和国涉外民事关系法律适用法》第四十四条“侵权责任，适用侵权行为地法律”的规定，《见索即付保函统一规则》未予涉及的保函欺诈之认定标准应适用中国法律（详见本章第三节部分）。三是涉外独立保函的止付保全案件。该类案件由于兼具程序和实体审查的特点，因此，各国法院对涉外止付保全的法律适用问题亦存在不同的观点。当前主流观点认为，止付保全程序不是一个逻辑自足的制度体系，其以确保判决的终局执行为目的，并依赖主诉或仲裁的存在。因此，即使人民法院在处理止付保全申请过程中对实体问题进行初步审查，也不能终局地解决实体争议，故并不改变止付保全作为一类司法程序的性质。《中华人民共和国民事诉讼法》第四条规定，凡在中华人民共和国领域内进行民事诉讼，必须遵守该法。根据程序问题适用法院地法的原则，人民法院应当适用我国法律处理涉外止付保全申请。

【规范指引】

《中华人民共和国民事诉讼法》

第四条　凡在中华人民共和国领域内进行民事诉讼，必须遵守本法。

《中华人民共和国涉外民事关系法律适用法》

第三条 当事人依照法律规定可以明示选择涉外民事关系适用的法律。

第八条 涉外民事关系的定性，适用法院地法律。

第九条 涉外民事关系适用的外国法律，不包括该国的法律适用法。

第四十四条 侵权责任，适用侵权行为地法律，但当事人有共同经常居所地的，适用共同经常居所地法律。侵权行为发生后，当事人协议选择适用法律的，按照其协议。

《最高人民法院关于适用〈中华人民共和国涉外民事关系法律适用法〉若干问题的解释（一）》

第六条 当事人在一审法庭辩论终结前协议选择或者变更选择适用的法律的，人民法院应予准许。

各方当事人援引相同国家的法律且未提出法律适用异议的，人民法院可以认定当事人已经就涉外民事关系适用的法律做出了选择。

第七条 当事人在合同中援引尚未对中华人民共和国生效的国际条约的，人民法院可以根据该国际条约的内容确定当事人之间的权利义务，但违反中华人民共和国社会公共利益或中华人民共和国法律、行政法规强制性规定的除外。

《最高人民法院关于审理独立保函纠纷案件若干问题的规定》

第五条 独立保函载明适用《见索即付保函统一规则》等独立保函交易示范规则，或开立人和受益人在一审法庭辩论终结前一致援引的，人民法院应当认定交易示范规则的内容构成独立保函条款的组成部分。

不具有前款情形，当事人主张独立保函适用相关交易示范规则的，人民法院不予支持。

第二十二条第三款 涉外独立保函止付保全程序，适用中华人民共和国法律。

《联合国独立担保与备用信用证公约》

第一条　适用范围

（1）本公约适用于第二条所指的国际保证，且：

（a）作出保证的保证人营业所所在地位于一缔约国；或者

（b）国际私法规则导致适用某一缔约国的法律；

但是，该保证排除本公约之适用者，则不在此限。

（2）国际信用证者，虽不属于第二条的范围，但它明确规定受本公约调整者，本公约也可适用；

（3）第二十一条、第二十二条之规定适用于第二条所称之国际保证，不受本条第1款之拘束。

第二十一条　准据法之选择保证应受依下列方法选择的法律调整：（a）保函所规定者或者保函条款所昭示者；（b）保证人和受益人另有协议者。

第二十二条　准据法之确定

依第二十一条未能选择法律者，保证应受保证人签发保函的营业地所在国之法律调整。

《见索即付保函统一规则》（URDG758）

第34条　适用法律

a.除非保函另有约定，保函的适用法律应为担保人开立保函的分支机构或营业场所所在地的法律。

b.除非反担保函另有约定，反担保函的适用法律应为反担保人开立反担保函的分支机构或营业场所所在地的法律。

【典型案例】

1.安徽省外经建设（集团）有限公司与东方置业房地产有限公司保函欺诈纠纷案［裁判法院：最高人民法院；案号：（2017）最高法民再134号］

裁判要旨：在法律适用方面，本案明确了以下裁判规则：独立保函的识别应依据法院地法；因保函载明适用《见索即付保函统一规则》

构成争议保函的组成部分;《见索即付保函统一规则》未予涉及的问题,应按照法院地法的冲突规则明确准据法;除非当事人约定,人民法院不应主动适用《联合国独立担保与备用信用证公约》。

2. 招商银行股份有限公司成都科华路支行与成都华川进出口集团有限公司、第三人华川格鲁吉亚有限公司保函纠纷案[裁判法院:最高人民法院;案号:(2014)民申字第2078号]

裁判要旨:本案明确了独立保函纠纷的法律适用首先以当事人的约定为准。在保函载明适用中国法,而当事人没有约定适用《见索即付保函统一规则》的情况下,适用《联合国独立担保与备用信用证公约》或《见索即付保函统一规则》的主张人民法院均不予支持。

3. 沈阳矿山机械(集团)进出口司与印度电热公司、第三人中信银行股份有限公司沈阳分行保函欺诈纠纷案[裁判法院:辽宁省沈阳市中级人民法院;案号:(2005)沈中民四外初字第34号]

裁判要旨:本案对《见索即付保函统一规则》等独立保函交易示范规则的适用例外情形进行了明确:即使在当事人明确约定适用《见索即付保函统一规则》的情况下,对于独立保函欺诈纠纷仍应作例外处理;独立保函欺诈纠纷的准据法,应依据法院地的冲突法律规范来确定。

三、独立保函案件中币种的审查

【审查要点】

在裁判中,当事人就债务的支付形成合意,也意味着对此产生的债务利息的支付产生合理预期,除非受诉付款地法律有强制性规定,否则应尊重当事人对债务支付币种的选择。除支付约定的货币不符合付款地法律,担保人应使用付款地的货币付款。

【注意事项】

1. 有约定则约定优先,按照约定的货币支付,除因不可控制的障碍无法使用约定货币或付款地法律不允许使用该货币。

2. 汇率按照应付日的汇率进行兑付。

3. 担保人未在应付日付款的，受益人则具有选择权，可以选择应付日或者实际付款日的通行汇率进行兑付。

【规范指引】

《见索即付保函统一规则》(URDG758)

第21条　付款的货币

a. 担保人应按照保函中指明的货币对相符索赔进行付款。

b. 如果在保函项下的任何付款日，

i. 由于无法控制的障碍，担保人不能以保函中指明的货币进行付款，或者

ii. 根据付款地的法律规定使用该指明的货币付款是不合法的，则担保人应以付款地的货币进行付款，即使保函表明只能以保函中指明的货币进行付款。以该种货币付款对指示方，或者反担保函情况下的反担保人具有约束力。担保人或者反担保人，可以选择以该付款的货币，或者以保函中指明的货币获得偿付，或者在反担保函的情况下，以反担保函中指明的货币获得偿付。

c. 根据b款规定以付款地的货币付款或偿付时，应以应付日该地点可适用的通行汇率进行兑付。但是，如果担保人未在应付日进行付款，则受益人可以要求按照应付日或者实际付款日该地点可适用的通行汇率进行兑付。

【典型案例】

中国葛洲坝集团股份有限公司与意大利裕信银行股份有限公司上海分行独立保函纠纷案［裁判法院：上海金融法院；案号：(2018)沪74民初1419号］

裁判要旨：根据URDG758第21条之规定，付款的货币为保函中指明的货币。本案中双方约定的付款货币是科威特第纳尔，最终被告的付款行为也是科威特第纳尔完成，且最终付款行为在我国境外完成。按照《中华人民共和国中国人民银行法》第十六条之规定，对于我国

境内的公共或私人债务，人民币是法定货币，任何单位和个人都不得拒收。而对于支付地不在我国境内的跨境资金流动，我国法律允许当事人约定货币进行支付，并未作出强制规定。原被告双方未对一方违约情况下以何种货币承担违约责任进行明确约定的情况下，科威特第纳尔作为计息基数相比原告主张的人民币币种而言，更符合双方的约定预期和国际惯例。故利息的币种应与债务支付的货币相一致。

四、纸质保函中印章的审查

【审查要点】

保函在银行与当事人之间传递，一般通过 SWIFT 传输。但也有保函以纸质方式载明保函内容向受益人出具。在索赔时银行声称保函上面加盖的银行印章为假印章，首先要对其进行鉴定。鉴定后若为假印章，需要考虑是否存在表见代理等其他特殊情形，若无，则不产生独立保函的法律效力。

【注意事项】

1.《独立保函司法解释》当中，并未限定独立保函必须以电子方式传输，而仅仅是要求“书面形式”出具，“书面形式”应作广义解释，既包括电子方式，也包括传统的纸质方式。URDG758 中也不限制纸质方式的使用，要求在保函中明确索赔书或其他单据是否应以纸质和 / 或电子方式进行提交。因此，保函出具的形式、内容的传递，不限定于 SWIFT 方式。

2. 在国内市场中，还存在许多纸质保函应用的场景，特别是非银行金融机构出具保函的情况下，这些非银行金融机构往往没有接入 SWIFT 系统，因此可以使用纸质保函。

3.《独立保函司法解释》以及《见索即付保函统一规则》对此类情况涉及不多，如果没有相应条款予以应对，则只能使用国内其他法律、法学理论予以解释。这就涉及中国公司法项下印章的意义、加盖印章对保函效力的影响、金融机构负责人签字的效力、如何证明印章为金融机构真实印章等诸多问题，还涉及表见代理等合同法理论。对这些问题，司法实践中存在一定的分歧意见，会导致保函索赔存在一定的不确定性。因此，应尽量避免使用纸质保函。

【规范指引】

《最高人民法院关于审理独立保函纠纷案件若干问题的规定》

第一条　本规定所称的独立保函，是指银行或非银行金融机构作为开立人，以书面形式向受益人出具的，同意在受益人请求付款并提交符合保函要求的单据时，向其支付特定款项或在保函最高金额内付款的承诺。

前款所称的单据，是指独立保函载明的受益人应提交的付款请求书、违约声明、第三方签发的文件、法院判决、仲裁裁决、汇票、发票等表明发生付款到期事件的书面文件。

独立保函可以依保函申请人的申请而开立，也可以依另一金融机构的指示而开立。开立人依指示开立独立保函的，可以要求指示人向其开立用以保障追偿权的独立保函。

《见索即付保函统一规则》（URDG758）

第8条　指示和保函的内容

开立保函的指示以及保函本身都应该清晰、准确，避免加列过多细节。建议保函明确如下内容：

a. 申请人；

b. 受益人；

c. 担保人；

d. 指明基础关系的编号或其他信息；

e. 指明所开立的保函，或者反担保函情况下所开立的反担保函的编号或其他信息；

f. 赔付金额或最高赔付金额以及币种；

g. 保函的失效；

h. 索赔条件；

i. 索赔书或其他单据是否应以纸质和 / 或电子形式进行提交；

j. 保函中规定的单据所使用的语言；以及

k. 费用的承担方。

【典型案例】

浙商财产保险股份有限公司与广发银行真假保函纠纷案［行政处罚机关：原中国银行业监督管理委员会；行政处罚决定书文号：银监罚决字〔2017〕26号］

《银监会对广发银行行政处罚信息公开表（银监罚决字〔2017〕26号）》，行政处罚认定，广发银行存在出具与事实不符的金融票证、未尽职审查保理业务贸易背景真实性、内控管理严重违反审慎经营规则、以流动资金贷款科目向房地产开发企业发放贷款、未向监管部门报告风险信息等12项主要违法违规事实。据此，银监会依据《金融违法行为处罚办法》第十三条，金融机构出具与事实不符的金融票证的，没收违法所得并处违法所得1倍以上5倍以下的罚款，没有违法所得的处10万元以上50万元以下的罚款，以及《中华人民共和国银行业监督管理法》第二十一条、第四十六条，银行业金融机构违反审慎经营规则处20万元以上50万元以下罚款的规定，对机构及责任人员予以处罚。机构方面，对广发银行总行、惠州分行及其他分支机构的违法违规行为罚没合计7.22亿元，其中，没收违法所得17553.79万元，并处以3倍罚款52661.37万元，其他违规罚款2000万元。人员方面，对广发银行惠州分行原行长、2名副行长和2名原纪委书记分别给予取消5年高管任职资格、警告和经济处罚，对6名涉案员工禁止终身从事银行业工作（注：上述处罚中包含了广发银行除侨兴债之外的其他违法违规行为）。

相关司法诉讼亦在进行中，从裁判文书网上的多份裁定书来看，浙商财险、上海信托、吉林永吉农商行、吉林环城农商行等机构都向其属地（浙江、上海、吉林等）高级人民法院起诉广发银行惠州分行或侨兴集团；但广发行惠州分行以管辖权为由上诉到最高人民法院，最高人民法院认为这些案件涉及系统性区域性金融风险系列案件，因此裁定撤销原裁定，并由广发行惠州分行所属的广东省高级人民法院管辖。但至今结果尚未产生。

行政处罚的意义：这是一起银行内部员工与外部不法分子相互勾结、跨机构跨行业跨市场的重大案件，涉案金额巨大，牵涉机构众多，情节严重，性质恶劣，社会影响极坏，为近几年罕见。

该案的行政处罚认定，案发时广发银行公司治理薄弱，存在着多方面问题。一是内控制度不健全，对分支机构既存在多头管理，又存在管理真空。特别是印章、合同、授权文件、营业场所、办公场所等方面管理混乱，为不法分子从事违法犯罪活动提供了可乘之机。二是对于监管部门三令五申、设定红线的同业、理财等方面的监管禁令，涉案机构置若罔闻，违规“兜底”，承诺保本保收益，严重违反法律法规，严重扰乱同业市场秩序，严重破坏金融生态。

五、独立保函的修改主体的审查

【审查要点】

独立保函的修改必须征得受益人的同意。

【注意事项】

1. 因受益人已经产生了信赖，对银行具有约束力。如果银行根据申请人的指示准备修改保函，必须征得受益人同意，否则修改对于受益人不具有约束力。如果受益人表明接受修改，则修改后的保函对受益人产生约束力。无论受益人是接受或拒绝保函的修改，应立即通知银行。

2. URDG758 还要求受益人在决定是否接受修改时，应全部接受而不允许部分接受。如果仅仅接受部分，视为受益人与银行对保函的修改没有达成一致意见，应视为受益人拒绝接受保函的修改，双方权利义务以原保函为准。因此，银行保函的修改，既信赖于银行的配合，也与双方当事人能否谈妥新的保函条件密切相关。

【规范指引】

《最高人民法院关于审理独立保函纠纷案件若干问题的规定》

第六条　受益人提交的单据与独立保函条款之间、单据与单据之间表面相符，受益人请求开立人依据独立保函承担付款责任的，人民法院应予支持。

开立人以基础交易关系或独立保函申请关系对付款义务提出抗辩的，人民法院不予支持，但有本规定第十二条情形的除外。

《见索即付保函统一规则》（URDG758）

第11条　修改

a. 当收到保函修改的指示后，担保人不论因何原因，不准备或无法作出该修改时，应毫不延迟地通知向其发出指示的一方。

b. 保函修改未经受益人同意，对受益人不具有约束力。但是，除非受益人拒绝该修改，担保人自修改书出具之时起即不可撤销地受其约束。

c. 根据保函条款作出的修改外，在受益人表示接受该修改或者作出仅符合修改后保函的交单之前，受益人可以在任何时候拒绝保函修改。

d. 通知方应将受益人接受或拒绝保函修改书的通知毫不延迟地通知给向其发送修改书的一方。

e. 对同一修改书的内容不允许部分接受，部分接受将视为拒绝该修改的通知。

f. 修改书中约定“除非在指定时间内拒绝否则该修改将生效”的条款应不予置理。

六、申请人为其联营体或子公司代开非融资性保函（例如履约保函）时对外担保决议或担保公告（如为上市公司）的审查

【审查要点】

企业作为申请人为其联营体或子公司代开非融资性保函（例如履约保函）不构成企业的对外担保，无需审核申请人公司对外担保的决议。

【注意事项】

1. 从独立保函申请人、保函开立人与被担保人间的关系来看，代开保函行为不构成对外担保。保函申请人代开保函的行为目的是拓展自身海外业务，其与被担保人间构成委托关系。保函担保是银行信用担保，而非申请人信用担保，保函申请人作为委托人委托银行开立保函，申请人和开立人间并非担保法意义上的保证关系，不产生担保债权债务关系，不适用《公司法》第十六条规定。保函发生索赔后，保函申请人向保函开立人承担偿付义务，本质上是对保函申请关系项下的偿付义务的履行，应参照适用《最高人民法院关于审理信用证纠纷案件若干问题的规定》第三条的规定，将其界定为借款法律关系。

2. 从法律规范的对象来看，代开保函行为并非《公司法》有关公司对外担保的规制对象。保函申请人与被担保人在法律上虽为两个独立主体，但其利益归属具有同一性，申请人并非无偿为他人提供担保，其不符合《公司法》第十六条所预设的规范对象，因而不适用担保决议机制。

3. 从实务角度来看，为联营体或子公司代开保函本质上属于融资行为，应由银行按融资申请条件予以审核。实践中，极少公司将代开保函视为对外担保。如果银行为防范潜在的法律风险，按照公司提供对外担保的决议进行审核，将会极大降低交易效率。如要考虑对上市公司财务安全的维护、中小股东利益保护及国有企业监管等因素，可在公司治理范畴内加大对违规行为的监管和处罚力度，而不宜以此为由不承担对保函开立人的偿付责任。

【规范指引】

《中华人民共和国公司法》

第十六条　公司向其他企业投资或者为他人提供担保，依照公司章程的规定，由董事会或者股东会、股东大会决议；公司章程对投资或者担保的总额及单项投资或者担保的数额有限额规定的，不得超过规定的限额。

公司为公司股东或者实际控制人提供担保的，必须经股东会或者股东大会决议。

前款规定的股东或者受前款规定的实际控制人支配的股东，不得参加前款规定事项的表决。该项表决由出席会议的其他股东所持表决权的过半数通过。

《最高人民法院关于适用〈中华人民共和国民法典〉有关担保制度的解释》

第八条 有下列情形之一，公司以其未依照公司法关于公司对外担保的规定作出决议为由主张不承担担保责任的，人民法院不予支持：

（一）金融机构开立保函或者担保公司提供担保；

（二）公司为其全资子公司开展经营活动提供担保；

（三）担保合同系由单独或者共同持有公司三分之二以上对担保事项有表决权的股东签字同意。

上市公司对外提供担保，不适用前款第二项、第三项的规定。

建设工程施工合同纠纷类案办案要件指南

课题组成员

主持人：卢薇薇　上海市第二中级人民法院民事审判庭副庭长

参与人：王晓梅　上海市第二中级人民法院民事审判庭审判团队负责人

执笔人：王　伟　上海市第二中级人民法院民事审判庭审判员

张末然　上海市第二中级人民法院民事审判庭法官助理

高　勇　上海市第二中级人民法院民事审判庭法官助理

指导人员

余冬爱　上海市高级人民法院民事审判庭庭长

洪　波　上海市第三中级人民法院民事审判庭副庭长

范　一　上海市高级人民法院民事审判庭审判员

▶ 精要导读

一、裁判理念

建设工程所具有的显著公共性使得建设工程施工合同涉及公共利益和第三人利益保护问题，法律、行政法规通过对当事人意思自治进行适度干预的方式来调整合同效力，以达到保障建设工程质量安全的目的。审理建设工程施工合同纠纷既要遵循合同类纠纷审理的一般思路，也要考虑到建设工程的公共属性，优先适用法律尤其是行政法规对合同效力、履行、结算等所作特殊规定。

（一）尊重意思自治与适度司法干预相结合

建设工程施工合同是平等主体之间的民事合同，在审理此类案件中，应当遵循意思自治、契约自由原则审查各方当事人之间的权利、义务关系。同时，建设工程的质量关系着公共安全和人民群众的生命财产安全，应对建设工程施工合同的效力进行主动审查，对违法分包、黑白合同等违法、违规行为予以否定性评价，并结合当事人的诉请对合同无效的后果依法作出处理，维护和引导建筑市场的健康有序发展。

（二）公平原则与适度保护弱势群体相结合

公平原则是民事主体从事民事活动应当遵循的基本行为准则。公平原则不仅从当事人利益的角度出发，也从社会一般观念判断某项交易行为的价值要求和合理性。建筑行业吸收了大量的农民工就业，但由于建设施工行业中存在大量的转包和违法分包，造成拖欠工资、集中讨薪等一系列社会问题。所以，审理建设工程施工合同纠纷在注重公平原则的同时，要适度加强对弱势群体利益的保护，实现政治效果、法律效果与社会效果的统一。

（三）规范诉讼程序与促进公正高效相结合

针对建设工程施工合同案件事实复杂、专业性强以及审理周期普遍较长的特点，在审理建设工程施工合同纠纷案件中，应合理分配举证责任，并善于运用证据规则对事实真伪不明的案件作出认定，实现办案过程符合程序公正、裁判结果符合实体公正的目标。对于案件中涉及专业性、技术性问题需要鉴定的，应加强对鉴定目的、鉴定范围、鉴定期限等的管理，促进公正与高效的有机结合。

二、重点问题

（一）如何准确界定实际施工人的含义

实际施工人是实际履行承包人施工义务的人，其施工范围既可能是整个工程，也可能是部分工程。实际施工人与发包人没有直接的合同关系，也没有劳动关系或者劳务关系。根据最高人民法院民事审判第一庭最新的意见，可以依据《最高人民法院关于审理建设工程施工合同纠纷案件适用法律问题的解释（一）》[以下简称《建设工程施工合同解释（一）》]第四十三条请求发包人在欠付工程款范围内承担责任的实际施工人，不包括借用资质施工中的挂靠人，以及多层转包和违法分包关系中的实际施工人。

（二）实际施工人能否向发包人主张行使优先受偿权

实际施工人不可以向发包人主张行使优先受偿权。如果赋予实际施工人优先受偿权，会导致对其违法行为予以鼓励现象的发生。无论转包还是违法分包，均因未经过发包人同意，发包人不可能认可实际施工人这一主体的存在，更不会与其协议将工程折价。在转包或者违法分包的情形下，实际施工人因折价所得款项只占全部工程款的一部分，其请求拍卖工程不具有合理性。即使全部转包，由于转包人即承包人形式上仍维持与发包人之间的承包关系，实际施工人难以履行行使优先受偿权必经的催告、协商等程序。根据《建设工程施工合同解释（一）》第四十四条的规定，实际施工人虽然有权提起代位权诉讼，但是从国家对建筑行业加强监管的角度而言，“从权利”的范围不包括优先受偿权。

（三）建设工程债权转让后，受让人是否享有优先受偿权

建设工程债权转让后，受让人享有优先受偿权。工程款优先受偿权作为具有担保工程债权优先实现功能的财产性从权利，不具有人身专属性，可以随工程款债权一并转让。工程款优先受偿权制度虽有对农民工等建筑工人的工资权益予以优先保护的立法目的，但其并非直接指向建筑工人的工资权益，而是以保护承包人的工程款为媒介，间接保护建筑工人的权益。因此，允许工程价款优先受偿权随主债权一并转让，也有利于承包人通过流转的方式得到清偿，从根本上有利于工程价款优先受偿权设立目的的实现。

（四）实际施工人请求发包人在欠付工程款范围内承担责任，关于欠付工程款的数额，应如何分配举证证明责任

因实际施工人并不掌握发包人与总承包人之间的合同履行及工程款结算情况，故发包人抗辩工程款已经付清的，法院可以根据实际施工人的申请，要求实际掌握结算付款材料的发包人或者承包人提供双方结算付款的相关证据材料，主动查明发包人实际付款情况，防止承发包双方恶意串通损害实际施工人利益。发包人和承包人仅陈述款项结清，但就付款结算的具体情况无法给出合理说明、拒绝配合提供相应结算材料，难以认定工程款确已付清的，发包人应当承担相应的不利后果。

（五）挂靠关系中，挂靠人作为实际施工人是否有权直接起诉发包人主张工程款

原则上，挂靠关系中的挂靠人无权直接起诉发包人主张工程款。实践中，若发包人、被挂靠单位与挂靠人在签订建设工程施工合同时均明知挂靠人系以被挂靠单位名义与发包人签订合同，实际由挂靠人直接承担合同责任，则发包人与被挂靠单位之间的合同属于通谋虚伪意思表示，因欠缺效果意思而无效。挂靠人与发包人之间产生的实质

性建设工程施工合同关系属于前述通谋虚伪意思表示的隐藏行为，该隐藏行为因挂靠人借用资质违反法律强制性规定亦属无效。如果发包人与挂靠人之间因施工、价款结算等形成事实上的建设工程施工关系，那么在建设工程经竣工验收合格的情形下，挂靠人可直接请求发包人参照合同关于工程价款的约定支付工程价款。若发包人对实际施工人挂靠不知情的，考虑到转包与挂靠在实践中难以区分，当事人无法证明实际施工人与承包人系挂靠关系的，一般认定为转包，则实际施工人可以请求发包人支付工程价款，判决发包人在欠付转包人工程款范围内承担责任。

（六）发包人提出的质量问题究竟是作为抗辩还是反诉进行审查

应区分情况处理。发包人的主张属于抗辩的情形有：第一，如果发包人仅以质量问题提出“减少支付工程款”主张的，应当属于抗辩，无需提出反诉。如果发包人不提出“减少工程款”，而是以工程存在质量问题给其造成损失为由直接拒绝支付剩余工程款的，同样是抗辩而非反诉。第二，发包人提出承包人在施工过程中存在偷工减料、未按图施工等情形，要求减少工程价款的，应作为抗辩审理。第三，发包人因拒绝维修工程而另行委托他人修复后，主张抵扣修复费用的。发包人对该项主张有权以抗辩形式提出，亦有权提起反诉，发包人有选择权，应尊重其意见。如果选择以抗辩形式主张扣除该笔质量修复费用时，法院应作为抗辩进行审理，不应要求其另行提起反诉。

发包人的主张属于反诉或者另行起诉的情形有：第一，发包人要求承包人支付违约金或赔偿损失的，该主张明显超过了承包人的诉讼请求范围，并具有独立的给付请求内容，应当作为反诉处理，与本诉合并审理，不能允许发包人以此为由抗辩。第二，发包人要求承包人赔偿因工程质量不符合合同约定而造成的其他财产或者人身损害的，发包人因建设工程质量缺陷造成财产或者人身损害而向承包人提出赔偿请求的，该请求既超出原告请求范围，又具有给付内容，发包人可以另行提起诉讼。如果发包人的请求为侵权损害赔偿之诉，则只能另行起诉。第三，发包人要求承包人承担返修义务或赔偿损失的，被告此种主张应属提出反诉，或者另诉。第四，承包人逾期完工，发包人要主张工期延误索赔的承包人未按合同约定完工，导致工期拖延，产生工期延误损失的，应作为反诉提出。特别需要注意的是：当事人提起反诉符合受理条件的，可以合并审理的应当与本诉合并审理，而不能告知当事人另行起诉。

（七）对建设工程施工合同中约定的管理费应如何处理

建设工程施工合同因转包、违法分包或挂靠行为无效时，对于合同中约定由转包方收取管理费的处理，应结合个案及合同目的进行具体判断。若管理费属于工程价款组成部分，而转包方实际参与施工组织管理协调，且约定管理费的数额与转包方实际付出的劳动大致相当的，可参照合同约定处理；对于纯粹通过转包牟利，转包方未实际参与施工组织管理协调的，转包方主张管理费的，应不予支持。

（八）发包人擅自使用建设工程，承包人应否承担工程质量保修责任

根据《建设工程施工合同解释（一）》第十四条规定，建设工程未经竣工验收，发包人擅自使用后，又以使用部分不符合约定为由主张权利的，人民法院不予支持。据此，发包人对擅自使用部分，不能再以质量不合格作为拒付工程款的抗辩。但是，发包人擅自使用并不当然免除承包人的保修义务，承包人仍有义务在《建设工程质量管理条例》第四十条规定的最低保修期限或承发包双方约定的保修期限内对相应工程承担保修责任，除非该工程质量系因发包人擅自使用所致。

（九）家居舒适系统工程合同，如家用中央空调、室内采暖系统、净水系统、新风系统等销售安装合同产生的纠纷是否属于装饰装修合同纠纷

家居舒适系统工程合同的主要权利义务关系涉及的是设备的质量、附带的安装及保修服务，并不涉及建筑物主体及承重结构变动，不具备建设工程的特点，对施工人也无资质要求。从《中华人民共和国建

筑法》及《建筑装饰装修工程质量验收标准》对建筑施工及装饰装修的定义来看，家居舒适系统工程合同不属于建设工程合同，应依照合同约定的主要内容区分为承揽合同或者买卖合同。如果仅提供安装服务，则为承揽；如果提供设备包安装，则安装应为合同义务，认定为买卖合同纠纷。

（十）付款日期约定不明，建设工程价款利息支付的起算日期应如何确定

根据基本法理，利息从应付工程价款之日开始计付。当事人对付款时间没有约定或者约定不明的，根据司法解释相关规定，下列时间视为应付款时间：（1）建设工程已实际交付的，为交付日期；（2）建设工程没有交付的，为提交竣工结算文件之日；（3）建设工程未交付，工程价款也未结算的，为当事人起诉之日。

第一部分　建设工程施工类案总体情况概述

一、建设工程施工合同纠纷类案的主要特点

建设工程施工合同是承包人进行工程建设施工，发包人支付价款的合同。近年来，随着我国建设行业迅速发展，法院审理的建设工程施工合同纠纷案件呈现逐年增长趋势。以上海市为例，近五年来，建设工程施工合同收案量分别为：2017 年 3164 件，2018 年 3727 件，2019 年 4614 件，2020 年 4871 件，2021 年 6345 件，年均增幅为 19%，五年累计增幅达 77%。

（一）诉讼金额相对较高

2017 年至 2021 年上海全市法院建设工程施工类纠纷结案的个案年平均标的额为 162 万元，2019 年最高，为 181 万元。诉讼标的额位居民事案件前列。

（二）专业技术性强

在施工合同的缔结阶段，工程是否属于"依法必须进行招标的项目"，承包人是否具有相应的资质，都涉及专业性判断。在合同履行阶段，某项施工内容是否属于增项以及是否属于引发工程质量问题的原因等，均涉及技术问题，司法审判中常常需要委托专业机构对工程造价、质量问题、修复方案及费用等进行司法鉴定、审价等才能确定。同时，建设工程施工合同中涉及大量的工程专业术语，例如，甲供材料、加权平均、工料机调差等。诉讼中，双方对这些专业术语往往作出各执一词的解释，在案件审理中需要准确理解把握专业术语的含义，才能厘清双方之间的真实意思表示。

（三）权利义务关系复杂

在建设施工合同纠纷案件中，存在工程总承包、转包、分包、劳务分包、挂靠等情形，涉及的法律主体可能有设计单位、监理单位、发包人、相关的施工单位、鉴定人、建设工程债权价款受让人等主体。当事人之间的法律关系错综复杂，诉讼中存在反诉的比例较高，讼争内容繁多，包括合同效力争议，合同违约争议，工程价款及相应利息、损失争议，建设工程价款优先受偿权，工期索赔，质量索赔等。本指南对建设施工合同纠纷案件当事人可能提出的诉讼请求以及审查要点进行了逐一梳理。

（四）案件事实认定难

目前，建设工程市场不规范，违法分包、转包、借用资质等较为普遍。一些施工人由于法律意识淡薄，在未签订书面施工合同的情况下施工，产生纠纷后，无法提供有效的证据，导致对案件事实的认定困难。此外，在涉及质量问题的审查中，对于引发质量问题的原因，有些无相应的鉴定机构可以鉴定，有些则因为管理规范的缺位导致无法鉴定。在涉及隐蔽工程施工中的增项问题方面，由于施工材料、施工工艺在隐蔽工程完工后被后续施工覆盖，施工中是否使用了某种材质或是否进行了某道工序，往往无法查明。还有因建设工程建设周期长，如存在中途撤场或交叉施工的情况，未能固定作业界面、签署详尽齐备的协议等，则难以确定施工范围。

（五）案件审理周期长

从近五年来审理的建设工程施工合同纠纷案件审理期限看，此类案件的审理期限明显高于其他类型的民商事案件。分析原因，除上述建设工程施工合同纠纷的特点导致审理周期长外，还存在以下因素：

1. 追加当事人。当建设工程施工合同存在层层分包的情形时，实际施工人为尽快取得工程款，在没有书面施工合同或者拒不提供书面施工合同的情况下，直接起诉建设方。为查明案件事实，需要追加当事人，导致审理周期较长。

2. 司法鉴定。部分案件审理中可能出现：审价确定工程价款、鉴定产生工程质量问题的原因、出具修复方案、修复方案预算造价等数次审价、鉴定，而一类鉴定中的争议项目有的甚至多达几十项。

二、建设工程施工合同中的常用专业术语

在审理建设工程施工合同中常常遇到如下专业术语，需要加以区分：

（一）主体

发包人，是指具有工程发包主体资格和支付工程价款能力的当事人，一般是投资建设该项工程的单位，也就是所谓“业主”。

承包人，是指被发包人接受的具有工程施工承包主体资格的当事人，也就是实施建设工程的勘察、设计、施工等业务的单位，包括对建设工程实行总承包的单位和承包分包工程的单位。

实际施工人出现的前提条件是建设施工合同存在转包、违法分包及借用有施工资质的企业名义承揽建设工程等无效情形。通俗地讲，实际施工人就是在违法情形中实际完成了施工义务的单位或者个人。建设工程层层转包的，实际施工人一般指最终投入资金、人工、材料、机械设备等实际进行施工的施工人。一般而言：（1）实际施工人是实际履行承包人施工义务的人，其施工范围既可能是整个工程，也可能是部分工程。（2）实际施工人与发包人没有直接的合同关系，更没有劳动关系或者劳务关系。根据最高人民法院民事审判第一庭 2022 年 1 月 7 日发布于其官方微信公众号的最新观点，[①] 可以依据《建设工程施工合同解释（一）》第四十三条请求发包人在欠付工程款范围内承担责任的实际施工人，不包括借用资质施工中的挂靠人，以及多层转包和违法分包关系中的实际施工人。

---

① 最高人民法院民一庭：《借用资质的实际施工人与发包人形成事实上的建设工程施工合同关系且工程验收合格的，可以请求发包人参照合同约定折价补偿》，载微信公众号“最高人民法院民一庭”，2022 年 1 月 7 日。

（二）资质

施工总承包资质的企业，可以对工程实行施工总承包或者对主体工程实行施工承包。承担施工总承包的企业可以对所承接的工程全部自行施工，也可以将非主体工程或者劳务作业分包给具有相应专业承包资质或者劳务分包资质的其他建筑企业。

专业承包资质的企业，可以承接施工总承包企业分包的专业工程或者建设单位按照规定发包的专业工程。专业承包企业可以对所承接的工程全部自行施工，也可以将劳务作业分包给具有相应劳务作业资质的劳务分包企业。

劳务分包资质的企业，可以承接施工总承包企业或者专业承包企业分包的劳务作业。

（三）关系

分包是承包人将所承包的建设工程中的某一部分施工项目交由第三人（即分包人）施工建设。

劳务分包又称为劳务作业分包，是指建设工程施工总承包企业或者专业承包企业将其承包工程的劳务作业（包括木工、砌筑、抹灰、石制作、油漆、钢筋、混凝土、脚手架、模板、焊接、水暖、钣金、架线等）发包给劳务承包企业完成的活动。

违法分包是指下列行为：（1）总承包单位将建设工程分包给不具备相应资质条件的单位的；（2）建设工程总承包合同中未约定，又未经建设单位认可，承包单位将其承包的部分建设工程交由其他单位完成的；（3）施工总承包单位将建设工程主体结构的施工分包给其他单位的；（4）分包单位将其承包的建设工程再分包的。

转包是指承包单位承包建设工程后，不履行合同约定的责任和义务，将其承包的全部工程转给他人或者将其承包的全部工程支解后以分包的名义分别转给其他单位承包的行为。

挂靠主要是指没有相应资质或建筑资质较低的企业、个体工商户、个人合伙、自然人以营利为目的，借用其他有相应建筑资质或者资质较高的建筑施工企业的名义承揽建设工程的行为。工程挂靠的准确法律术语叫“借用资质”，而通过其基本表现形式可以概括其法律含义的内核为“借用行为”。根据《中华人民共和国建筑法》第二十六条的规定，凡是转让、出借资质证书或者以其他方式允许他人使用本单位名义承揽建设工程的，均属借用资质或者资质挂靠行为。挂靠的主要表现形式包括但不限于以下情形：（1）不具有从事建筑活动主体资格的个人、合伙组织或企业以具备从事建筑活动资格的建筑施工企业的名义承揽工程；（2）资质等级低的建筑施工企业以资质等级高的建筑施工企业的名义承揽工程；（3）不具有施工总承包资质的建筑施工企业以具有施工总承包资质的建筑施工企业的名义承揽工程；（4）有资质的建筑施工企业通过名义上的联营、合作、内部承包等其他方式变相允许他人以本企业的名义承揽工程。

【规范指引】

《中华人民共和国建筑法》

第二十六条 承包建筑工程的单位应当持有依法取得的资质证书，并在其资质等级许可的业务范围内承揽工程。

禁止建筑施工企业超越本企业资质等级许可的业务范围或者以任何形式用其他建筑施工企业的名义承揽工程。禁止建筑施工企业以任何形式允许其他单位或者个人使用本企业的资质证书、营业执照，以本企业的名义承揽工程。

《建设工程质量管理条例》

第七十八条 本条例所称肢解发包，是指建设单位将应当由一个承包单位完成的建设工程分解成若干部分发包给不同的承包单位的行为。

本条例所称违法分包，是指下列行为：

（一）总承包单位将建设工程分包给不具备相应资质条件的单位的；

（二）建设工程总承包合同中未有约定，又未经建设单位认可，承包单位将其承包的部分建设工程交由其他单位完成的；

（三）施工总承包单位将建设工程主体结构的施工分包给其他单

位的；

（四）分包单位将其承包的建设工程再分包的。

本条例所称转包，是指承包单位承包建设工程后，不履行合同约定的责任和义务，将其承包的全部建设工程转给他人或者将其承包的全部建设工程肢解以后以分包的名义分别转给其他单位承包的行为。

《建筑业企业资质管理规定》

第五条 建筑业企业资质分为施工总承包资质、专业承包资质、施工劳务资质三个序列。

施工总承包资质、专业承包资质按照工程性质和技术特点分别划分为若干资质类别，各资质类别按照规定的条件划分为若干资质等级。施工劳务资质不分类别与等级。

《最高人民法院关于审理建设工程施工合同纠纷案件适用法律问题的解释（一）》

第十五条 因建设工程质量发生争议的，发包人可以以总承包人、分包人和实际施工人为共同被告提起诉讼。

第四十三条 实际施工人以转包人、违法分包人为被告起诉的，人民法院应当依法受理。

实际施工人以发包人为被告主张权利的，人民法院应当追加转包人或者违法分包人为本案第三人，在查明发包人欠付转包人或者违法分包人建设工程价款的数额后，判决发包人在欠付建设工程价款范围内对实际施工人承担责任。

第二部分　立案审查

一、主管的审查

【审查要点】

当事人合同中约定了有效的仲裁条款，或者另行达成书面仲裁协议的，告知原告向仲裁机构申请仲裁，人民法院不予受理。

【注意事项】

建设工程施工合同中，实际施工人起诉发包人主张权利，发包人不得以与承包人存在仲裁条款为由，提出主管异议。当发包人与承包人存在仲裁条款时，实际施工人向发包人主张欠付工程款系基于法律的直接规定，不能简单地理解为是对承包人权利的承继，也不应受承包人与发包人之间仲裁条款的约束。

【规范指引】

《中华人民共和国仲裁法》

第五条　当事人达成仲裁协议，一方向人民法院起诉的，人民法院不予受理，但仲裁协议无效的除外。

二、管辖的审查

（一）专属管辖的审查

【审查要点】

建设工程施工合同纠纷案件由建设工程所在地法院专属管辖，当事人不能协议约定管辖。

【注意事项】

1. 建设工程分包合同是指工程总承包人或者勘察、设计、施工承包人经发包人同意，将其承包的部分工程再分包给其他承包人，与其签订承包合同项下的合同产生的纠纷。分包合同是相对总包而言，可能涉及勘察、设计、施工各个环节。在确定管辖时，根据施工合同专属管辖的规定，施工分包合同纠纷亦适用专属管辖。

2. 建设工程价款优先受偿权的法律规定源自《中华人民共和国合同法》，现在《民法典》第八百零七条规定：……发包人逾期不支付的，除根据建设工程的性质不宜折价、拍卖外，承包人可以与发包人协议将该工程折价，也可以请求人民法院将该工程依法拍卖。建设工程的价款就该工程折价或者拍卖的价款优先受偿。《建设工程施工合同解释（一）》第三十五条规定，与发包人订立建设工程施工合同的承包人，依据《民法典》第八百零七条的规定请求其承建工程的价款就工程折价或者拍卖的价款优先受偿的，人民法院应予支持。结合这些规定可见，优先受偿权系基于施工合同而产生的，应该适用专属管辖的规定。

3. 装饰装修合同纠纷，是指为使建筑物、构筑物内、外空间达到一定的环境质量要求，使用装饰装修材料，对建筑物、构筑物外表和内部进行修饰处理的工程建筑活动；装饰装修合同纠纷主要涉及的是施工问题，参照建设工程施工合同纠纷适用专属管辖。

4. 基于建设工程施工合同纠纷提起的代位权纠纷适宜专属管辖，一般而言，债权人提起代位权诉讼的，由被告住所地人民法院管辖。这里的管辖规定应当理解为特殊地域管辖，而在确定具体案件的管辖时，应当优先适用专属管辖的规定，其次是特殊地域管辖，最后是一般地域管辖。当事人基于建设工程施工合同纠纷提起代位权诉讼，仍须对债务人与次债务人之间的实体法律关系即建设工程施工合同纠纷进行审理查明，故仍应按照《中华人民共和国民事诉讼法》第三十四条、《最高人民法院关于适用〈中华人民共和国民事诉讼法〉的解释》第二十八条的规定，优先适用专属管辖的规定，由建设工程所在地人民法院专属管辖。

5. 工程款债权受让人起诉主张工程款，应由建设工程所在地的人民法院专属管辖。当工程款债权转让后，第三人作为债权受让人与债务人因债务履行发生的纠纷，由于债权转让的后果并不影响案件法律关系性质的认定，故仍应由建设工程所在地的人民法院专属管辖。

6. 尚未动工建设工程的纠纷，应由建设工程所在地的人民法院专属管辖。由于法律及司法解释并未将此类案件的纠纷以施工前、施工中、竣工后等时间节点进行区分，故即使建设工程尚未开工或者建设工程事实上最终并非由一方诉讼当事人所承建，为方便案件事实的审理查明，只要双方签订的建设工程施工合同所涉的建设工程是客观存在的，仍宜将此类案由纠纷适用专属管辖。

7. 劳务合同并非建设工程施工合同，不适用专属管辖。但劳务分包合同是包括在建设工程施工合同纠纷项下的建设工程施工相关的案件，属于应当按照不动产纠纷由不动产所在地法院专属管辖的案件。

8. 建设工程施工合同的双方当事人均为中国境内企业，但工程位于境外，如果合同没有就管辖法院作出特别约定，也没有约定仲裁条款的，国内法院具有管辖权。由合同签订地、被告住所地等有管辖权的法院管辖。

【规范指引】

《中华人民共和国民事诉讼法》

第三十四条第一项 下列案件，由本条规定的人民法院专属管辖：

（一）因不动产纠纷提起的诉讼，由不动产所在地人民法院管辖；

第二百七十二条 因合同纠纷或者其他财产权益纠纷，对在中华人民共和国领域内没有住所的被告提起的诉讼，如果合同在中华人民共和国领域内签订或者履行，或者诉讼标的物在中华人民共和国领域内，或者被告在中华人民共和国领域内有可供扣押的财产，或者被告在中华人民共和国领域内设有代表机构，可以由合同签订地、合同履行地、诉讼标的物所在地、可供扣押财产所在地、侵权行为地或者代表机构住所地人民法院管辖。

《最高人民法院关于适用〈中华人民共和国民事诉讼法〉的解释》

第二十八条第二款 农村土地承包经营合同纠纷、房屋租赁合同纠纷、建设工程施工合同纠纷、政策性房屋买卖合同纠纷，按照不动产纠纷确定管辖。

【典型案例】

1. 李某岗与西宁林顺建筑安装工程有限公司、邵某林建设工程施工合同纠纷案［裁判法院：最高人民法院；案号：(2019) 最高法民辖 60 号］

裁判要旨：应当依据当事人诉争的法律关系性质确定案由。本案中，李某岗与西宁林顺建筑安装工程有限公司签订的《内部班组劳务承包协议书》虽名为劳务承包，但双方在协议中约定的是对西堡镇东花园村硬化路工程项目进行施工，并约定由乙方李某岗对工程人工和材料进行全额垫资，即由李某岗包工包料，而非仅提供劳务。该合同符合建设工程施工合同的法律特征，应当按照不动产纠纷确定管辖。

2. 伍某勇、伍某星等与重庆国福建筑劳务有限公司第六分公司建设工程施工合同纠纷案［裁判法院：最高人民法院；案号：(2019) 最高法民辖 71 号］

裁判要旨：从双方所签合同内容来看，案涉合同性质应为劳务合同而非建设工程施工合同。本案纠纷性质属于劳务合同纠纷，并非建设工程施工合同纠纷，不适用不动产专属管辖。

（二）级别管辖的审查

【审查要点】

上海法院的级别管辖标准见表 1。（币种：人民币）

表 1　上海市各级人民法院第一审民事案件级别管辖中诉讼标的额的标准

<table>
<tr><th rowspan="2">行政区域</th><th rowspan="2">法院级别</th><th rowspan="2">案件类别</th><th colspan="2">当事人住所地情况</th></tr>
<tr><th>双方住所地均在 / 均不在受理法院所处省级行政辖区</th><th>一方住所地不在受理法院所处省级行政辖区</th></tr>
<tr><td rowspan="6">不限</td><td rowspan="2">基层人民法院</td><td>普通民事案件</td><td>标的额＜ 5 亿元</td><td>标的额＜ 1 亿元</td></tr>
<tr><td>涉外民事案件</td><td colspan="2">2022 年 12 月 31 日之前：上海市浦东新区人民法院、上海市黄浦区人民法院和上海市青浦区人民法院可管辖的诉讼标的额≤ 2000 万元
其他基层法院（包括上海铁路运输法院）可管辖的诉讼标的额≤ 1000 万元
2023 年 1 月 1 日之后：诉讼标的额＜ 4000 万元
（上海辖区的所有基层法院均一样，不再进行区分）</td></tr>
<tr><td rowspan="2">中级人民法院</td><td>普通民事案件</td><td>50 亿元＞标的额≥ 5 亿元</td><td>50 亿元＞标的额≥ 1 亿元</td></tr>
<tr><td>涉外民事案件</td><td colspan="2">2022 年 12 月 31 日之前：2 亿元＞标的额＞ 2000 万元或 1000 万元
2023 年 1 月 1 日之后：5 亿元＞诉讼标的额≥ 4000 万元</td></tr>
<tr><td rowspan="2">高级人民法院</td><td>普通民事案件</td><td colspan="2">标的额≥ 50 亿元</td></tr>
<tr><td>涉外民事案件</td><td colspan="2">2022 年 12 月 31 日之前：标的额≥ 2 亿元
2023 年 1 月 1 日之后：标的额≥ 5 亿元</td></tr>
</table>

【注意事项】

依据《最高人民法院关于调整中级人民法院管辖第一审民事案件标准的通知》（法发〔2021〕27 号）的规定：（1）当事人住所地均在或者均不在受理法院所处省级行政辖区的，中级人民法院管辖诉讼标的额 5 亿元以上的第一审民事案件。（2）当事人一方住所地不在受理法院所处省级行政辖区的，中级人民法院管辖诉讼标的额 1 亿元以上的第一审民事案件。

依据《最高人民法院关于调整高级人民法院和中级人民法院管辖第一审民事案件标准的通知》（法发〔2019〕14 号）：（1）中级人民法院管辖第一审民事案件的诉讼标的额上限原则为 50 亿元（人民币），诉讼标的额下限继续按照《最高人民法院关于调整地方各级人民法院管辖第一审知识产权民事案件标准的通知》（法发〔2010〕5 号）、《最高人民法院关于调整高级人民法院和中级人民法院管辖第一审民商事案件标准的通知》（法发〔2015〕7号）、《最高人民法院关于明确第一审涉外民商事案件级别管辖标准以及归口办理有关问题的通知》（法发〔2017〕359号）、《最高人民法院关于调整部分高级人民法院和中级人民法院管辖第一审民商事案件标准的通知》（法发〔2018〕13号）。（2）高级人民法院管辖诉讼标的额50亿元（人民币）以上（包含本数）或者其他本辖区内有重大影响的第一审民事案件。

依据《最高人民法院关于涉外民商事案件管辖若干问题的规定》（法释〔2022〕18号）第一条和第二条的规定，2023年1月1日之后，就诉讼标的额而言，上海辖区中级人民法院管辖诉讼标的额人民币4000万元以上（包含本数）、5亿元以内（不含本数）的涉外民商事案件。上海辖区基层人民法院管辖涉外民商事案件的诉讼标的额不再作区分，均为人民币4000万元以内（不含本数）。上海市高级人民法院管辖诉讼标的额人民币50亿元以上（含本数）的涉外民商事案件，这与高级人民法院管辖的普通民商事案件的诉讼标的额一致。

【规范指引】

《中华人民共和国民事诉讼法》

第十八条 基层人民法院管辖第一审民事案件，但本法另有规定的除外。

第十九条 中级人民法院管辖下列第一审民事案件：

（一）重大涉外案件；

（二）在本辖区有重大影响的案件；

（三）最高人民法院确定由中级人民法院管辖的案件。

第二十条 高级人民法院管辖在本辖区有重大影响的第一审民事案件。

三、诉讼主体的审查

【审查要点】

原告是与本案有直接利害关系的公民、法人和其他组织。具体而言，在立案阶段需初步审查原告是否为建设工程施工合同的签订方或实际履行方，起诉状是否经过原告签字或盖章，以及原告代理人身份信息，委托书内容及盖章。被告身份信息提供是否符合规范等。

【规范指引】

《中华人民共和国民事诉讼法》

第一百二十二条　起诉必须符合下列条件：

（一）原告是与本案有直接利害关系的公民、法人和其他组织；

（二）有明确的被告；

（三）有具体的诉讼请求和事实、理由；

（四）属于人民法院受理民事诉讼的范围和受诉人民法院管辖。

【注意事项】

1. 基于合同相对性原则，一般根据双方签订的建设工程施工合同确定合同当事人的范围。具体包括：第一，当事人的分支机构签订施工合同，分支机构系依法设立并领取营业执照的，该分支机构可以作为诉讼主体参加诉讼；没有营业执照的，应当以设立该分支机构的当事人作为诉讼主体。第二，具有建筑资质的企业法人，其下属的工程项目部、工程处、建筑队与发包人签订建设工程施工合同的，应当以该建筑企业法人作为诉讼主体。第三，如果发包人就工程质量提起诉讼，人民法院应当追加借用资质的挂靠人或者被挂靠人作为诉讼当事人参加诉讼，二者是必要共同诉讼当事人。第四，个体工商户以营业执照上登记的经营者为当事人。有字号的，以营业执照上登记的字号为当事人，但应同时注明该字号经营者的基本信息。营业执照上登记的经营者与实际经营者不一致的，以登记的经营者和实际经营者为共同诉讼人。第五，共同承包或联合承包的建设工程项目，产生纠纷后，应以共同承包人为诉讼主体；如共同承包人组成联营体，且具备法人资格的，则以该联营体为诉讼主体。第六，实际施工人依据直接合同关系，以转包人、违法分包人为被告起诉的，人民法院应当依法受理。

2. 有限地突破合同相对性。实际施工人主张工程款时可以直接向非合同相对方的发包人主张权利。即实际施工人以发包人为被告主张权利的，人民法院应当追加转包人或者违法分包人为第三人，在查明发包人欠付转包人或者违法分包人的建设工程价款的数额后，判决发包人在欠付建设工程价款范围内对实际施工人承担责任。此处特别需要注意的是，根据前述最高人民法院民事审判第一庭2022年1月7日发布于官方微信公众号的最新观点：本条规定的实际施工人不包含借用资质及多层转包和违法分包关系中的实际施工人。

发包人主张工程质量问题的，可以直接向非合同相对方的实际施工人主张权利。即发包人可以总承包人、分包人和实际施工人为共同被告提起诉讼，总承包人和分包人、实际施工人就工程质量对建设单位承担连带责任。在审理此类案件时，应当注意该规定侧重于从保护当事人合法诉权的角度出发，赋予当事人特别是作为发包人的原告以选择权，其可以选择将三类主体共同作为被告，也可以仅仅选择向其中部分主体提起诉讼。如果为了彻底查明案情、妥善解决纠纷，人民法院认为有必要追加原告未起诉的当事人的，也可以追加。

四、诉的种类与诉讼费用

（一）确认之诉的诉讼费用

【审查要点】

建设工程施工合同纠纷中的确认之诉主要包括确认合同效力、确认合同解除、确认优先受偿权。当事人仅提起确认之诉的，法院应向其释明是否具有相应的财产给付请求需要一并处理。

【注意事项】

对于仅确认合同解除的案件以及确认解除行为效力的案件，按照《诉讼费用交纳办法》规定的非财产案件标准收取案件受理费。

（二）形成之诉的诉讼费用

【审查要点】

形成之诉主要有以意思表示瑕疵为由请求法院撤销合同、以情势变更为由等要求变更或者解除合同、请求减少价款等。当事人仅提出形成之诉的诉讼请求，法院应向其释明是否具有相应的财产给付请求需要一并处理。当事人明确仅有形成之诉请求的，对于请求撤销合同的案件，以合同总标的额即施工合同总额为计算基数，按照《诉讼费用交纳办法》规定的财产案件受理费计算标准计收案件受理费；对于请求解除合同的案件，按照《诉讼费用交纳办法》规定的非财产类案件受理费标准收取案件受理费；对于请求变更合同或者减少价款的案件，以合同变更或者减少价款涉及的金额为计算基数，按照《诉讼费用交纳办法》规定的财产案件受理费计算标准计收案件受理费。

（三）给付之诉的诉讼费用

【审查要点】

给付之诉分为金钱给付的诉讼请求和非金钱给付的诉讼请求。金钱给付的诉讼请求包括给付工程款、逾期付款违约金、赔偿损失、修复费用，以诉讼请求的金额作为诉讼费的计算基数。非金钱给付的诉讼请求包括交付竣工验收资料、施工图纸、发票等，按照非财产案件标准收取案件受理费。

【注意事项】

原告诉请既有确认之诉或形成之诉，同时又有给付之诉的，按照给付之诉的诉讼请求计算案件受理费。

【规范指引】

《诉讼费用交纳办法》

第十三条 案件受理费分别按照下列标准交纳：

（一）财产案件根据诉讼请求的金额或者价额，按照下列比例分段累计交纳：

1.不超过1万元的，每件交纳50元；

2.超过1万元至10万元的部分，按照2.5%交纳；

3.超过10万元至20万元的部分，按照2%交纳；

4.超过20万元至50万元的部分，按照1.5%交纳；

5. 超过50万元至100万元的部分，按照1%交纳；

6. 超过100万元至200万元的部分，按照0.9%交纳；

7. 超过200万元至500万元的部分，按照0.8%交纳；

8. 超过500万元至1000万元的部分，按照0.7%交纳；

9. 超过1000万元至2000万元的部分，按照0.6%交纳；

10. 超过2000万元的部分，按照0.5%交纳。

（二）非财产案件按照下列标准交纳：

1. 离婚案件每件交纳50元至300元。涉及财产分割，财产总额不超过20万元的，不另行交纳；超过20万元的部分，按照0.5%交纳。

2. 侵害姓名权、名称权、肖像权、名誉权、荣誉权以及其他人格权的案件，每件交纳100元至500元。涉及损害赔偿，赔偿金额不超过5万元的，不另行交纳；超过5万元至10万元的部分，按照1%交纳；超过10万元的部分，按照0.5%交纳。

3. 其他非财产案件每件交纳50元至100元。

（三）知识产权民事案件，没有争议金额或者价额的，每件交纳500元至1000元；有争议金额或者价额的，按照财产案件的标准交纳。

（四）劳动争议案件每件交纳10元。

（五）行政案件按照下列标准交纳：

1. 商标、专利、海事行政案件每件交纳100元；

2. 其他行政案件每件交纳50元。

（六）当事人提出案件管辖权异议，异议不成立的，每件交纳50元至100元。

省、自治区、直辖市人民政府可以结合本地实际情况在本条第（二）项、第（三）项、第（六）项规定的幅度内制定具体交纳标准。

五、与其他案由的区分

建设工程施工合同是指发包人与施工单位就完成建设工程的一定施工活动而达成的协议。施工合同主要包括建筑和安装两方面的合同，有时二者合二为一，建筑是指对工程进行营造的行为，安装主要指与工程有关的线路、管道、设备等设施的装配。施工合同是工程建设质量控制、进度控制、投资控制的主要依据。

审判实践中需要注意建设工程施工合同与劳务合同、加工承揽合同以及买卖合同等类似合同的性质区分，准确把握、界定建设工程施工合同中当事人的权利、义务与责任。

承揽合同是承揽人按照定作人的要求完成工作，交付工作成果，定作人支付报酬的合同。建设工程施工合同是一种特殊的承揽合同，法律对建设工程施工合同未作特别规定的事项，可以适用承揽合同的有关规定。

建设工程施工合同与承揽合同的主要区别有：（1）主体要求不同，建设工程施工合同主体实行市场准入制度，承包人是必须具备相应资质的法人。承揽合同一般对承揽人无资质要求。（2）受行政制约不同。（3）合同要式不同，建设工程施工合同应当采取书面形式，而承揽合同无此要求。

买卖合同是以转移所有权为目的的合同，双方当事人的权利义务所指向的对象是交付一定的物的行为。如中央空调、室内采暖系统、净水系统、新风系统等的销售安装合同产生的纠纷，不属于装饰装修合同纠纷，而应依照合同约定的主要内容区分为承揽合同或者买卖合同。如果仅提供安装服务，则为承揽；如果提供设备包安装，则安装应为合同义务，应认定为买卖合同纠纷。

第三部分　原告诉请的审查

对原告诉请的审查称为“一贯性审查”，审查的重点是原告的诉讼请求是否具体明确以及诉状所述的事实理由是否能够支持其诉请。

一、发包人诉请的审查

（一）基于有效合同诉请的审查

1. 确认合同解除诉请的审查

【审查要点】

（1）建设工程施工合同成立并合法有效的事实。

（2）合同解除的事由：合意解除，行使法定或约定解除权。

（3）对于合意解除或者行使解除权的方式，合同解除的时间一般为解除通知送达之日、解除通知载明的期限届满之日或者诉状副本送达之日。

【注意事项】

（1）关于约定解除，需要审查双方对于合同解除的约定是否符合法律规定，是否系双方真实意思表示，发包人行使合同解除权是否发生双方约定合同解除之事由。关于法定解除，需要审查是否已经发生合同法定解除的情形。

（2）行使约定解除权或者法定解除权，一般需以通知的方式作出，重点要关注解除通知是否已经有效送达合同相对方。当就合同解除发生争议，仍可能需通过起诉或者仲裁的方式，由法院或仲裁机构确认合同解除。

（3）在原告诉请确认解除行为效力（有效或无效）的诉请审查中，首先需要考虑解除通知载明的解除权发生原因，系行使法定解除权还是约定解除权，其次确认解除通知是否已经合法送达，之后考虑原告对于解除行为有效还是不发生法律效力的明确意见。

【规范指引】

《中华人民共和国民法典》

第五百六十二条　当事人协商一致，可以解除合同。

当事人可以约定一方解除合同的事由。解除合同的事由发生时，解除权人可以解除合同。

第五百六十三条 有下列情形之一的，当事人可以解除合同：

（一）因不可抗力致使不能实现合同目的；

（二）在履行期限届满前，当事人一方明确表示或者以自己的行为表明不履行主要债务；

（三）当事人一方迟延履行主要债务，经催告后在合理期限内仍未履行；

（四）当事人一方迟延履行债务或者有其他违约行为致使不能实现合同目的；

（五）法律规定的其他情形。

以持续履行的债务为内容的不定期合同，当事人可以随时解除合同，但是应当在合理期限之前通知对方。

第五百六十四条 法律规定或者当事人约定解除权行使期限，期限届满当事人不行使的，该权利消灭。

法律没有规定或者当事人没有约定解除权行使期限，自解除权人知道或者应当知道解除事由之日起一年内不行使，或者经对方催告后在合理期限内不行使的，该权利消灭。

第五百六十五条 当事人一方依法主张解除合同的，应当通知对方。合同自通知到达对方时解除；通知载明债务人在一定期限内不履行债务则合同自动解除，债务人在该期限内未履行债务的，合同自通知载明的期限届满时解除。对方对解除合同有异议的，任何一方当事人均可以请求人民法院或者仲裁机构确认解除行为的效力。

当事人一方未通知对方，直接以提起诉讼或者申请仲裁的方式依法主张解除合同，人民法院或者仲裁机构确认该主张的，合同自起诉状副本或者仲裁申请书副本送达对方时解除。

第五百六十六条 合同解除后，尚未履行的，终止履行；已经履行的，根据履行情况和合同性质，当事人可以请求恢复原状或者采取其他补救措施，并有权请求赔偿损失。

合同因违约解除的，解除权人可以请求违约方承担违约责任，但是当事人另有约定的除外。

主合同解除后，担保人对债务人应当承担的民事责任仍应当承担担保责任，但是担保合同另有约定的除外。

【诉请示例】

请求法院确认原告与被告于×年×月×日签订的建设工程施工合同于×年×月×日（解除通知送达合同相对方之日或起诉状副本送达被告之日或双方合意解除之日）解除。

（1）合意解除或者行使解除权解除的诉请表述：请求确认原告与被告于×年×月×日日签订的建设工程施工合同于×年×月×日解除。

（2）法律规定必须通过起诉或者仲裁方式请求解除合同的诉请表述：请求判令原告与被告于×年×月×日签订的建设工程施工合同于法院判决生效之日解除。

2. 对工程进行维修诉请的审查

【审查要点】

（1）建设工程施工合同成立并生效的事实。

（2）建设工程存在质量不符合约定或其他缺陷的事实。

（3）发包人和承包人签订保修合同或者建设工程施工合同中约定有保修条款或存在相关法律法规要求承包人承担保修责任的情形。

（4）建设工程未超过保修期限的，承包人负有保修责任。

【规范指引】

《中华人民共和国民法典》

第八百零一条　因施工人的原因致使建设工程质量不符合约定的，发包人有权请求施工人在合理期限内无偿修理或者返工、改建。经过修理或者返工、改建后，造成逾期交付的，施工人应当承担违约责任。

第八百零二条　因承包人的原因致使建设工程在合理使用期限内造成人身损害和财产损失的，承包人应当承担赔偿责任。

《中华人民共和国建筑法》

第五十八条 建筑施工企业对工程的施工质量负责。

建筑施工企业必须按照工程设计图纸和施工技术标准施工，不得偷工减料。工程设计的修改由原设计单位负责，建筑施工企业不得擅自修改工程设计。

第五十九条 建筑施工企业必须按照工程设计要求、施工技术标准和合同的约定，对建筑材料、建筑构配件和设备进行检验，不合格的不得使用。

第六十条 建筑物在合理使用寿命内，必须确保地基基础工程和主体结构的质量。

建筑工程竣工时，屋顶、墙面不得留有渗漏、开裂等质量缺陷；对已发现的质量缺陷，建筑施工企业应当修复。

第六十二条 建筑工程实行质量保修制度。

建筑工程的保修范围应当包括地基基础工程、主体结构工程、屋面防水工程和其他土建工程，以及电气管线、上下水管线的安装工程，供热、供冷系统工程等项目；保修的期限应当按照保证建筑物合理寿命年限内正常使用，维护使用者合法权益的原则确定。具体的保修范围和最低保修期限由国务院规定。

《建设工程质量管理条例》

第三十二条 施工单位对施工中出现质量问题的建设工程或者竣工验收不合格的建设工程，应当负责返修。

【诉请示例】

请求被告对原告 × 建设工程中的 × 质量缺陷进行维修。

3. 对工程质量赔偿诉请的审查

【审查要点】

（1）建设工程施工合同成立并生效的事实。

（2）建设工程施工合同对于工程质量的约定。

（3）建设工程存在质量缺陷的事实。

（4）质量缺陷所致损失的类型及范围。

（5）质量缺陷所致损失的金额和依据。

【注意事项】

（1）分包人，勘察、设计人及施工人对建设工程质量缺陷存在责任的，应当承担连带责任。

（2）工程质量赔偿的方式一般包括：减少工程款、支付合理修复费用、扣除质量保证金、支付约定的工程质量赔偿金。

（3）一般而言，在承包人作为原告向发包人主张工程价款的诉讼中，如发包人以因承包人原因造成建设工程质量不符合约定，承包人拒绝返工或改建为由主张减少支付工程价款的，采抗辩形式即可主张权利，而如果发包人因建设工程质量缺陷造成自身人身损害或财产损失而向承包人提出赔偿请求的，则应当提出反诉或另案主张，如发包人采取抗辩形式主张上述权利的，法院宜进行释明。

【规范指引】

《中华人民共和国民法典》

第八百条 勘察、设计的质量不符合要求或者未按照期限提交勘察、设计文件拖延工期，造成发包人损失的，勘察人、设计人应当继续完善勘察、设计，减收或者免收勘察、设计费并赔偿损失。

第八百零一条 因施工人的原因致使建设工程质量不符合约定的，发包人有权请求施工人在合理期限内无偿修理或者返工、改建。经过修理或者返工、改建后，造成逾期交付的，施工人应当承担违约责任。

第八百零二条 因承包人的原因致使建设工程在合理使用期限内造成人身损害和财产损失的，承包人应当承担赔偿责任。

《最高人民法院关于审理建设工程施工合同纠纷案件适用法律问题的解释（一）》

第十二条 因承包人的原因造成建设工程质量不符合约定，承包人拒绝修理、返工或者改建，发包人请求减少支付工程价款的，人民法院应予支持。

第十五条　因建设工程质量发生争议的，发包人可以以总承包人、分包人和实际施工人为共同被告提起诉讼。

【诉请示例】

（1）请求被告支付原告工程质量赔偿金 × 元及利息（以 × 元为基数，自 × 日起至实际给付之日止，按 × 利率计算）。

（2）请求被告支付原告合理修复费用 × 元。

4. 返还超付工程款诉请的审查

【审查要点】

（1）建设工程施工合同成立并生效的事实。

（2）合同关于工程款付款的约定。

（3）应付工程进度款的金额和依据。

（4）实际已经支付工程款的具体金额。

【注意事项】

工程款支付方式包括但不限于银行汇款、转账支票、现金支票、承兑汇票、现金支付、代付材料款、垫付分包款、有授权的项目经理收款等。

【诉请示例】

请求被告返还原告超付工程款 × 元及相应利息（以 × 元为基数，自 × 日起至实际给付之日止，按 × 利率计算）。

5. 逾期竣工违约金诉请的审查

【审查要点】

（1）建设工程施工合同成立并生效的事实。

（2）合同中对于工程竣工时间、逾期违约责任的约定。

（3）逾期竣工的事实，包括合同约定工期、实际工期、顺延工期的情况。

（4）逾期竣工违约金计算方式和具体标准。

（5）被告逾期竣工有无免责事由。

【规范指引】

《中华人民共和国民法典》

第五百七十七条　当事人一方不履行合同义务或者履行合同义务不符合约定的，应当承担继续履行、采取补救措施或者赔偿损失等违约责任。

【诉请示例】

请求被告支付原告逾期竣工违约金 × 元（计算方式：按照 × 标准自 × 年 × 月 × 日起计算至 × 年 × 月 × 日止）。

【典型案例】

李某忠与肇庆市顺宝骏景房地产发展有限公司建设工程施工合同纠纷案［裁判法院：最高人民法院；案号：（2019）最高法民再 231 号］

裁判要旨：因承包人原因导致工程逾期竣工的，发包人根据商品房预售协议向买房人支付的逾期交房违约金为发包人的损失，承包人应当按照合同约定承担逾期交房违约责任。

6. 交付竣工验收资料诉请的审查

【审查要点】

（1）建设工程施工合同成立并生效的事实。

（2）关于交付竣工验收资料的合同约定。

（3）已经交付的竣工验收资料。

（4）需交付的竣工验收资料范围。

【注意事项】

交付竣工验收资料系建设工程合同中的附随义务。向发包人提交竣工验收资料是承包人的法定义务。承包人作为建设工程的实际施工者，应当依照诚信原则，配合发包人提交相应的施工资料和手续以便完成竣工验收备案。除非合同明确约定，发包人不得以承包人未按期交付竣工验收资料为由拒绝支付工程款。若存在因未按期交付竣工验收资料而引发逾期交付违约金诉请的，可参照逾期竣工违约金诉请的审查要点进行审查。

【规范指引】

《中华人民共和国民法典》

第五百零九条 当事人应当按照约定全面履行自己的义务。

当事人应当遵循诚信原则，根据合同的性质、目的和交易习惯履行通知、协助、保密等义务。

当事人在履行合同过程中，应当避免浪费资源、污染环境和破坏生态。

《建设工程质量管理条例》

第十六条 建设单位收到建设工程竣工报告后，应当组织设计、施工、工程监理等有关单位进行竣工验收。

建设工程竣工验收应当具备下列条件：

（一）完成建设工程设计和合同约定的各项内容；

（二）有完整的技术档案和施工管理资料；

（三）有工程使用的主要建筑材料、建筑构配件和设备的进场试验报告；

（四）有勘察、设计、施工、工程监理等单位分别签署的质量合格文件；

（五）有施工单位签署的工程保修书。

建设工程经验收合格的，方可交付使用。

【诉请示例】

请求被告将竣工验收资料于本判决生效 × 日内交付原告。

7. 移交工程诉请的审查

【审查要点】

（1）建设工程施工合同成立并生效的事实。

（2）合同关于移交工程时间及方式的约定。

（3）是否已达合同约定移交工程的条件。

【诉请示例】

请求被告向原告移交 × 建设工程项目。

8. 返还代扣代缴的税费诉请的审查

【审查要点】

（1）建设工程施工合同成立并生效的事实。

（2）合同关于税费支付及代扣代缴的相关约定。

（3）原告已经代为支付税费的事实。

【注意事项】

除合同特别约定外，建设工程的造价包括建筑、安装、设备及税费等建设所需的全部费用。如发包人对其中的税费进行了代扣代缴，在足额支付工程价款的情况下可以主张返还，如发包人不能证明真实缴纳，则其主张不应予以支持。

【诉请示例】

请求被告返还原告已经代缴税费 × 元。

9. 开具发票诉请的审查

【审查要点】

（1）建设工程施工合同成立并生效的事实。

（2）合同关于开具发票的约定。

（3）需要开具发票的金额和类型。

【诉请示例】

请求被告于 × 年 × 月 × 日前向原告开具已付款项 × 元的发票。

10. 对没收工程质量保证金诉请的审查

【审查要点】

（1）建设工程施工合同成立并生效的事实。

（2）合同关于工程质量保证金的约定。

（3）建设工程存在质量缺陷的事实。

（4）原告已通知被告维修，被告未维修的事实。

（5）工程质量缺陷系承包人原因所致的事实。

（6）建设工程未过保修期且在竣工验收或提交竣工验收报告两年内。

【注意事项】

建设工程确实存在因承包人原因造成的缺陷，而承包人不维修又不承担鉴定费用的，发包人有权从工程质量保证金中扣除，即亦可诉请没收工程质量保证金。

【规范指引】

《建设工程质量保证金管理办法》

第二条 本办法所称建设工程质量保证金（以下简称保证金）是指发包人与承包人在建设工程承包合同中约定，从应付的工程款中预留，用以保证承包人在缺陷责任期内对建设工程出现的缺陷进行维修的资金。

缺陷是指建设工程质量不符合工程建设强制性标准、设计文件，以及承包合同的约定。

缺陷责任期一般为1年，最长不超过2年，由发、承包双方在合同中约定。

《最高人民法院关于审理建设工程施工合同纠纷案件适用法律问题的解释（一）》

第十七条 有下列情形之一，承包人请求发包人返还工程质量保证金的，人民法院应予支持：

（一）当事人约定的工程质量保证金返还期限届满；

（二）当事人未约定工程质量保证金返还期限的，自建设工程通过竣工验收之日起满二年；

（三）因发包人原因建设工程未按约定期限进行竣工验收的，自承包人提交工程竣工验收报告九十日后当事人约定的工程质量保证金返还期限届满；当事人未约定工程质量保证金返还期限的，自承包人提交工程竣工验收报告九十日后起满二年。

发包人返还工程质量保证金后，不影响承包人根据合同约定或者法律规定履行工程保修义务。

【诉请示例】

请求判令对被告预留的工程质量保证金×元不予返还。

11. 对不规范施工违约金诉请的审查

【审查要点】

（1）建设工程施工合同成立并生效的事实。

（2）合同关于施工规范的约定。

（3）合同关于违约责任的约定。

（4）被告存在未按合同规范施工的事实。

（5）因被告的违约行为导致的损失。

【诉请示例】

请求被告向原告支付违约金 × 元（计算方式：按照 × 标准自 × 年 × 月 × 日起计算至 × 年 × 月 × 日止）。

12. 其他因承包人施工不当造成损失诉请的审查

【审查要点】

（1）建设工程施工合同成立并生效的事实。

（2）合同关于损失赔偿的约定。

（3）承包人施工不当造成损失的事实。

（4）承包人不当行为与损失的事实之间存在因果关系。

（5）承包人损失的具体金额。

【诉请示例】

请求被告向原告支付损失 × 元。

（二）基于无效合同诉请的审查

1. 请求确认合同无效诉请的审查

【审查要点】

（1）合同订立的事实。

（2）导致合同无效的事由，包含：违反建筑市场主体准入、未依法招标、中标无效及转包、违法分包等情形。

【注意事项】

确认合同无效不适用诉讼时效制度。

【规范指引】

《中华人民共和国民法典》

第一百四十六条 行为人与相对人以虚假的意思表示实施的民事法律行为无效。

以虚假的意思表示隐藏的民事法律行为的效力，依照有关法律规定处理。

第五百零八条 本编对合同的效力没有规定的，适用本法第一编第六章的有关规定。

第七百九十一条 发包人可以与总承包人订立建设工程合同，也可以分别与勘察人、设计人、施工人订立勘察、设计、施工承包合同。发包人不得将应当由一个承包人完成的建设工程支解成若干部分发包给数个承包人。

总承包人或者勘察、设计、施工承包人经发包人同意，可以将自己承包的部分工作交由第三人完成。第三人就其完成的工作成果与总承包人或者勘察、设计、施工承包人向发包人承担连带责任。承包人不得将其承包的全部建设工程转包给第三人或者将其承包的全部建设工程支解以后以分包的名义分别转包给第三人。

禁止承包人将工程分包给不具备相应资质条件的单位。禁止分包单位将其承包的工程再分包。建设工程主体结构的施工必须由承包人自行完成。

《建设工程质量管理条例》

第七十八条 本条例所称肢解发包，是指建设单位将应当由一个承包单位完成的建设工程分解成若干部分发包给不同的承包单位的行为。

本条例所称违法分包，是指下列行为：

（一）总承包单位将建设工程分包给不具备相应资质条件的单位的；

（二）建设工程总承包合同中未有约定，又未经建设单位认可，承包单位将其承包的部分建设工程交由其他单位完成的；

（三）施工总承包单位将建设工程主体结构的施工分包给其他单位的；

（四）分包单位将其承包的建设工程再分包的。

本条例所称转包，是指承包单位承包建设工程后，不履行合同约定的责任和义务，将其承包的全部建设工程转给他人或者将其承包的全部建设工程肢解以后以分包的名义分别转给其他单位承包的行为。

《最高人民法院关于审理建设工程施工合同纠纷案件适用法律问题的解释（一）》

第一条 建设工程施工合同具有下列情形之一的，应当依据民法典第一百五十三条第一款的规定，认定无效：

（一）承包人未取得建筑业企业资质或者超越资质等级的；

（二）没有资质的实际施工人借用有资质的建筑施工企业名义的；

（三）建设工程必须进行招标而未招标或者中标无效的。

承包人因转包、违法分包建设工程与他人签订的建设工程施工合同，应当依据民法典第一百五十三条第一款及第七百九十一条第二款、第三款的规定，认定无效。

第二条 招标人和中标人另行签订的建设工程施工合同约定的工程范围、建设工期、工程质量、工程价款等实质性内容，与中标合同不一致，一方当事人请求按照中标合同确定权利义务的，人民法院应予支持。

招标人和中标人在中标合同之外就明显高于市场价格购买承建房产、无偿建设住房配套设施、让利、向建设单位捐赠财物等另行签订合同，变相降低工程价款，一方当事人以该合同背离中标合同实质性内容为由请求确认无效的，人民法院应予支持。

第三条 当事人以发包人未取得建设工程规划许可证等规划审批手续为由，请求确认建设工程施工合同无效的，人民法院应予支持，但发包人在起诉前取得建设工程规划许可证等规划审批手续的除外。

发包人能够办理审批手续而未办理，并以未办理审批手续为由请求确认建设工程施工合同无效的，人民法院不予支持。

第四条 承包人超越资质等级许可的业务范围签订建设工程施工合同，在建设工程竣工前取得相应资质等级，当事人请求按照无效合同处理的，人民法院不予支持。

【诉请示例】

请求确认原告与被告于 × 年 × 月 × 日签订的建设工程施工合同无效。

2. 对工程维修责任诉请的审查

【审查要点】

（1）合同订立的事实。

（2）导致合同无效的事由。

（3）建设工程交付或实际使用的事实。

（4）建设工程存在质量缺陷的事实。

（5）建设工程的保修期限。

（6）被告负有保修义务的事实依据。

【注意事项】

建设工程施工合同无效，但工程经竣工验收合格并交付发包人使用的，承包人应当承担相应的工程保修义务和责任。当建设工程出现质量缺陷时，发包人可诉请承包人承担质量缺陷维修义务。但是，当由于承包人无相应资质而导致合同无效时，不能由承包人自行维修。发包人可以参照合同的约定扣留一定比例的工程款作为质量保证金。

【规范指引】

《中华人民共和国民法典》

第八百零二条　因承包人的原因致使建设工程在合理使用期限内造成人身损害和财产损失的，承包人应当承担赔偿责任。

【诉请示例】

请求被告对原告 × 建设工程中的 × 项目的质量缺陷进行维修。

3. 对工程质量赔偿诉请的审查

【审查要点】

（1）合同订立的事实。

（2）导致合同无效的事由。

（3）建设工程交付或实际使用的事实。

（4）建设工程存在质量缺陷的事实。

（5）被告对工程质量缺陷存在过错。

（6）合同中有关质量赔偿的约定。

（7）分包人，勘察、设计人及实际施工人对建设工程质量缺陷存在责任的，应当承担连带责任。

【注意事项】

建设工程合同无效的情况下，处理工程质量的赔偿诉请时，可以从如下方面考虑：（1）准确把握合同无效引发的损害赔偿责任的性质和构成要件，包括有损害事实或者有损失的发生、当事人具有过错、过错和损失之间具有因果关系。（2）损失大小可参照合同约定的方式确定。（3）准确把握当事人请求赔偿的损失范围。

【规范指引】

《最高人民法院关于审理建设工程施工合同纠纷案件适用法律问题的解释（一）》

第六条　建设工程施工合同无效，一方当事人请求对方赔偿损失的，应当就对方过错、损失大小、过错与损失之间的因果关系承担举证责任。

损失大小无法确定，一方当事人请求参照合同约定的质量标准、建设工期、工程价款支付时间等内容确定损失大小的，人民法院可以结合双方过错程度、过错与损失之间的因果关系等因素作出裁判。

【诉请示例】

（1）请求被告支付原告工程质量赔偿金及利息 × 元（以 × 元为基数，自 × 日起至实际给付之日止，按 × 利率计算）。

（2）请求被告支付原告合理修复费用 × 元。

4. 返还超付工程折价补偿款诉请的审查

【审查要点】

（1）合同订立的事实。

（2）导致合同无效的事由。

（3）合同关于工程款支付的约定。

（4）应付工程折价补偿款结算款的金额和依据。

（5）实际已经支付工程折价补偿款的具体金额。

【注意事项】

工程折价补偿款的形式包括但不限于银行汇款、转账支票、现金支票、承兑汇票、现金支付、代付材料款、垫付分包款、有授权的项目经理收款等。

【诉请示例】

请求被告返还原告超付工程折价补偿款 × 元。

5. 逾期竣工损失诉请的审查

【审查要点】

（1）合同订立的事实。

（2）导致合同无效的事由。

（3）合同中对于工程竣工期间、逾期违约责任的约定。

（4）逾期竣工的事实。

（5）逾期竣工违约金的计算方式和标准。

【注意事项】

建设工程施工合同无效，当事人不应再主张违约责任，但仍然有权请求相对人承担赔偿损失的责任。在当事人未提交有效证据证明参照合同违约金标准计算逾期竣工损失明显不当的情况下，法院可参照该标准认定承包人承担逾期竣工造成的损失。

【规范指引】

《中华人民共和国民法典》

第五百七十七条　当事人一方不履行合同义务或者履行合同义务不符合约定的，应当承担继续履行、采取补救措施或者赔偿损失等违约责任。

【诉请示例】

请求被告赔偿原告逾期竣工损失 × 元。

【典型案例】

杭州建工集团有限责任公司与阜阳巨川房地产开发有限公司建设工程施工合同纠纷案［裁判法院：最高人民法院；案号:（2019）最高法民终 523 号］

裁判要旨：虽然案涉建设工程施工合同无效，但当事人仍然有权请求相对人承担赔偿责任。法院根据查明的事实认定案涉建设工程施工合同无效，从减少当事人诉累、有效解决纠纷的角度，对于因工期延误造成的损失一并处理。由于违约金具有填补损失的功能，本案确实存在逾期竣工的事实，当事人已提交充分有效的证据证明逾期竣工造成的损失大小，故支持逾期竣工违约金并无不当。

6. 交付竣工验收资料诉请的审查

【审查要点】

（1）合同订立的事实。

（2）导致合同无效的事由。

（3）诉请交付的竣工验收资料的范围及名称。

（4）交付竣工验收资料的时间节点。

【诉请示例】

请求被告将竣工验收资料于本判决生效 × 日内交付原告。

7. 其他因承包人施工不当造成损失的诉请的审查

【审查要点】

（1）合同订立的事实。

（2）导致合同无效的事由。

（3）承包人施工不当造成损失的事实。

（4）承包人不当行为与损失的事实之间存在因果关系。

（5）承包人损失范围及具体金额。

【诉请示例】

请求被告向原告支付损失 × 元。

二、承包人诉请的审查

（一）基于有效合同诉请的审查

1. 请求确认合同解除诉请的审查

【审查要点】

（1）建设工程施工合同成立并生效的事实。

（2）合同解除的事由：合意解除、行使法定或约定解除权。

（3）对于合意解除或者行使解除权的方式，合同解除的时间一般为解除通知送达之日、解除通知载明的期限届满之日或者起诉状副本送达之日。

【规范指引】

《中华人民共和国民法典》

第五百六十五条　当事人一方依法主张解除合同的，应当通知对方。合同自通知到达对方时解除；通知载明债务人在一定期限内不履行债务则合同自动解除，债务人在该期限内未履行债务的，合同自通知载明的期限届满时解除。对方对解除合同有异议的，任何一方当事人均可以请求人民法院或者仲裁机构确认解除行为的效力。

当事人一方未通知对方，直接以提起诉讼或者申请仲裁的方式依法主张解除合同，人民法院或者仲裁机构确认该主张的，合同自起诉状副本或者仲裁申请书副本送达对方时解除。

【诉请示例】

（1）合意解除或者行使解除权解除的诉请表述：请求确认原告与被告于 × 年 × 月 × 日签订的建设工程施工合同于 × 年 × 月 × 日解除。

（2）法律规定必须通过起诉或者仲裁方式请求解除合同的诉请表述：请求判令原告与被告于 × 年 × 月 × 日签订的建设工程施工合同于判决生效之日起解除。

（具体可参照发包人解除合同诉请的审查。）

2. 给付工程进度款诉请的审查

【审查要点】

（1）建设工程施工合同成立并生效的事实。

（2）支付工程进度款的合同依据及条件。

（3）建设工程施工进度。

（4）发包人支付工程进度款条件已经成就的事实。

【注意事项】

建设工程竣工验收后，原告再以合同为依据主张进度款的，法院应当引导当事人按照工程结算款提出诉请。

【规范指引】

《中华人民共和国民法典》

第八百零七条　发包人未按照约定支付价款的，承包人可以催告发包人在合理期限内支付价款。发包人逾期不支付的，除根据建设工程的性质不宜折价、拍卖外，承包人可以与发包人协议将该工程折价，也可以请求人民法院将该工程依法拍卖。建设工程的价款就该工程折价或者拍卖的价款优先受偿。

【诉请示例】

请求被告向原告支付工程进度款 × 元。

3. 给付工程结算款诉请的审查

【审查要点】

（1）建设工程施工合同成立并生效的事实。

（2）关于工程款结算款支付的合同约定。

（3）工程竣工验收及交付使用情况。

（4）工程款结算的具体金额。

（5）司法审价情况。

【注意事项】

对于验收不合格的工程，根据违约行为和过错程度，应先行裁判责令当事人采取修补措施，修补建设工程达到验收标准。若客观上确实无法通过修补达到验收标准的，应当根据具体情况，结合双方过错大小，处理工程结算款的支付问题。

【规范指引】

《中华人民共和国民法典》

第八百零七条　发包人未按照约定支付价款的，承包人可以催告发包人在合理期限内支付价款。发包人逾期不支付的，除根据建设工程的性质不宜折价、拍卖外，承包人可以与发包人协议将该工程折价，也可以请求人民法院将该工程依法拍卖。建设工程的价款就该工程折价或者拍卖的价款优先受偿。

《最高人民法院关于审理建设工程施工合同纠纷案件适用法律问题的解释（一）》

第十九条　当事人对建设工程的计价标准或者计价方法有约定的，按照约定结算工程价款。

因设计变更导致建设工程的工程量或者质量标准发生变化，当事人对该部分工程价款不能协商一致的，可以参照签订建设工程施工合同时当地建设行政主管部门发布的计价方法或者计价标准结算工程价款。

建设工程施工合同有效，但建设工程经竣工验收不合格的，依照民法典第五百七十七条规定处理。

【诉请示例】

请求被告向原告支付工程计算款 × 元。

4. 逾期付款违约金诉请的审查

【审查要点】

（1）建设工程施工合同成立并生效的事实。

（2）逾期付款违约金的合同依据及计算标准。

（3）逾期付款的事实及逾期天数。

（4）逾期付款违约金的具体金额。

【规范指引】

《中华人民共和国民法典》

第五百八十五条　当事人可以约定一方违约时应当根据违约情况向对方支付一定数额的违约金，也可以约定因违约产生的损失赔偿额的计算方法。

约定的违约金低于造成的损失的，人民法院或者仲裁机构可以根据当事人的请求予以增加；约定的违约金过分高于造成的损失的，人民法院或者仲裁机构可以根据当事人的请求予以适当减少。

当事人就迟延履行约定违约金的，违约方支付违约金后，还应当履行债务。

【诉请示例】

请求被告向原告支付逾期付款违约金 × 元（计算方式：按照 × 标准自 × 年 × 月 × 日起计算至 × 年 × 月 × 日止）。

5. 返还质量保证金诉请的审查

【审查要点】

（1）建设工程施工合同成立并生效的事实。

（2）关于质量保证金的条款合同约定。

（3）质量保证金返还期限届满或未约定质量保证金返还期限的，建设工程通过竣工验收已满两年。

（4）建设工程无质量缺陷的事实。

（5）返还质量保证金的具体金额。

【注意事项】

建设工程质量保证金是指发包人和承包人在建设工程承包合同中的约定，从应付工程款中预留，用以保证承包人在缺陷责任期限内对建设工程出现的缺陷进行维修的资金。质量保证金的扣留期限是发包人和承包人约定的扣留质量保证金的期限，经协商一致，双方当事人可以任意约定。需要指出的是，建设工程最低保修期限和质量保证金的扣留期限是不同的，最低保修期限是法律规定的建设工程保修的最低期限，是法定的，当事人不得通过约定变更。此外，逾期返还工程质量保证金的，根据法律规定和合同约定，可能存在违约责任，违约方需支付违约金。对于逾期返还工程质量保证金的诉请审查，可以参照逾期付款违约金诉请的审查。

【规范指引】

《中华人民共和国民法典》

第八百零二条 因承包人的原因致使建设工程在合理使用期限内造成人身损害和财产损失的，承包人应当承担赔偿责任。

《建设工程质量管理条例》

第四十条 在正常使用条件下，建设工程的最低保修期限为：

（一）基础设施工程、房屋建筑的地基基础工程和主体结构工程，为设计文件规定的该工程的合理使用年限；

（二）屋面防水工程、有防水要求的卫生间、房间和外墙面的防渗漏，为5年；

（三）供热与供冷系统，为2个采暖期、供冷期；

（四）电气管线、给排水管道、设备安装和装修工程，为2年。

其他项目的保修期限由发包方与承包方约定。

建设工程的保修期，自竣工验收合格之日起计算。

第四十一条 建设工程在保修范围和保修期限内发生质量问题的，施工单位应当履行保修义务，并对造成的损失承担赔偿责任。

《建设工程质量保证金管理办法》

第二条 本办法所称建设工程质量保证金（以下简称保证金）是指发包人与承包人在建设工程承包合同中约定，从应付的工程款中预留，用以保证承包人在缺陷责任期内对建设工程出现的缺陷进行维修的资金。

缺陷是指建设工程质量不符合工程建设强制性标准、设计文件，以及承包合同的约定。

缺陷责任期一般为1年，最长不超过2年，由发、承包双方在合同中约定。

《最高人民法院关于审理建设工程施工合同纠纷案件适用法律问题的解释（一）》

第十七条 有下列情形之一，承包人请求发包人返还工程质量保证金的，人民法院应予支持：

（一）当事人约定的工程质量保证金返还期限届满；

（二）当事人未约定工程质量保证金返还期限的，自建设工程通过竣工验收之日起满二年；

（三）因发包人原因建设工程未按约定期限进行竣工验收的，自承包人提交工程竣工验收报告九十日后当事人约定的工程质量保证金返还期限届满；当事人未约定工程质量保证金返还期限的，自承包人提交工程竣工验收报告九十日后起满二年。

发包人返还工程质量保证金后，不影响承包人根据合同约定或者法律规定履行工程保修义务。

【诉请示例】

请求被告向原告返还质量保证金 × 元。

6. 赔偿窝工损失诉请的审查

【审查要点】

（1）建设工程施工合同成立并生效的事实。

（2）关于赔偿窝工损失的合同约定。

（3）窝工事实及产生原因。

（4）因窝工导致的实际损失。

（5）损失的计算方式和具体金额。

【注意事项】

停窝工索赔权并非强制性规定。实践中，存在承包人在施工合同中明确约定放弃发包人导致的停窝工损失索赔权利，则承包人就停窝工损失不得向发包人主张。

【规范指引】

《中华人民共和国民法典》

第八百零四条　因发包人的原因致使工程中途停建、缓建的，发包人应当采取措施弥补或者减少损失，赔偿承包人因此造成的停工、窝工、倒运、机械设备调迁、材料和构件积压等损失和实际费用。

【诉请示例】

请求被告支付原告窝工、停工损失 × 元。

7. 请求发包人返还垫资款及利息诉请的审查

【审查要点】

（1）建设工程施工合同成立并生效的事实。

（2）关于垫资及垫资利息的合同约定。

（3）承包人垫付资金的期限及金额。

【规范指引】

《最高人民法院关于审理建设工程施工合同纠纷案件适用法律问题的解释（一）》

第二十五条　当事人对垫资和垫资利息有约定，承包人请求按照约定返还垫资及其利息的，人民法院应予支持，但是约定的利息计算标准高于垫资时的同类贷款利率或者同期贷款市场报价利率的部分除外。

当事人对垫资没有约定的，按照工程欠款处理。

当事人对垫资利息没有约定，承包人请求支付利息的，人民法院不予支持。

【诉请示例】

请求被告返还原告垫资及利息 × 元（以 × 为基数，自 × 日起至实际给付之日止，按 × 利率计算）。

8. 请求支付其他约定款项诉请的审查

【审查要点】

（1）建设工程施工合同成立并生效的事实。

（2）关于相关款项支付的合同约定。

（3）已经具备支付相应款项的条件。

【诉请示例】

请求被告支付原告 × 款项 × 元。

（二）基于无效合同诉请的审查

1. 请求确认合同无效诉请的审查

【审查要点】

（1）合同签订的事实。

（2）导致合同无效的事由，包含：违反建筑市场主体准入、未依法招标、中标无效及转包、违法分包等情形。

【注意事项】

参照建设工程施工合同无效的情形。

【规范指引】

《中华人民共和国民法典》

第一百四十六条 行为人与相对人以虚假的意思表示实施的民事法律行为无效。

以虚假的意思表示隐藏的民事法律行为的效力，依照有关法律规定处理。

第五百零八条 本编对合同的效力没有规定的，适用本法第一编第六章的有关规定。

第七百九十一条 发包人可以与总承包人订立建设工程合同，也可以分别与勘察人、设计人、施工人订立勘察、设计、施工承包合同。发包人不得将应当由一个承包人完成的建设工程支解成若干部分发包给数个承包人。

总承包人或者勘察、设计、施工承包人经发包人同意，可以将自己承包的部分工作交由第三人完成。第三人就其完成的工作成果与总承包人或者勘察、设计、施工承包人向发包人承担连带责任。承包人不得将其承包的全部建设工程转包给第三人或者将其承包的全部建设工程支解以后以分包的名义分别转包给第三人。

禁止承包人将工程分包给不具备相应资质条件的单位。禁止分包单位将其承包的工程再分包。建设工程主体结构的施工必须由承包人自行完成。

《中华人民共和国建筑法》

第八十三条 省、自治区、直辖市人民政府确定的小型房屋建筑工程的建筑活动，参照本法执行。

依法核定作为文物保护的纪念建筑物和古建筑等的修缮，依照文物保护的有关法律规定执行。

抢险救灾及其他临时性房屋建筑和农民自建低层住宅的建筑活动，不适用本法。

《建设工程质量管理条例》

第七十八条 本条例所称肢解发包，是指建设单位将应当由一个承包单位完成的建设工程分解成若干部分发包给不同的承包单位的行为。

本条例所称违法分包，是指下列行为：

（一）总承包单位将建设工程分包给不具备相应资质条件的单位的；

（二）建设工程总承包合同中未有约定，又未经建设单位认可，承包单位将其承包的部分建设工程交由其他单位完成的；

（三）施工总承包单位将建设工程主体结构的施工分包给其他单位的；

（四）分包单位将其承包的建设工程再分包的。

本条例所称转包，是指承包单位承包建设工程后，不履行合同约定的责任和义务，将其承包的全部建设工程转给他人或者将其承包的全部建设工程肢解以后以分包的名义分别转给其他单位承包的行为。

《最高人民法院关于审理建设工程施工合同纠纷案件适用法律问题的解释（一）》

第一条 建设工程施工合同具有下列情形之一的，应当依据民法典第一百五十三条第一款的规定，认定无效：

（一）承包人未取得建筑业企业资质或者超越资质等级的；

（二）没有资质的实际施工人借用有资质的建筑施工企业名义的；

（三）建设工程必须进行招标而未招标或者中标无效的。

承包人因转包、违法分包建设工程与他人签订的建设工程施工合同，应当依据民法典第一百五十三条第一款及第七百九十一条第二款、第三款的规定，认定无效。

第二条 招标人和中标人另行签订的建设工程施工合同约定的工程范围、建设工期、工程质量、工程价款等实质性内容，与中标合同不一致，一方当事人请求按照中标合同确定权利义务的，人民法院应予支持。

招标人和中标人在中标合同之外就明显高于市场价格购买承建房产、无偿建设住房配套设施、让利、向建设单位捐赠财物等另行签订合同，变相降低工程价款，一方当事人以该合同背离中标合同实质性内容为由请求确认无效的，人民法院应予支持。

第三条 当事人以发包人未取得建设工程规划许可证等规划审批手续为由，请求确认建设工程施工合同无效的，人民法院应予支持，但发包人在起诉前取得建设工程规划许可证等规划审批手续的除外。

发包人能够办理审批手续而未办理，并以未办理审批手续为由请求确认建设工程施工合同无效的，人民法院不予支持。

第四条 承包人超越资质等级许可的业务范围签订建设工程施工合同，在建设工程竣工前取得相应资质等级，当事人请求按照无效合同处理的，人民法院不予支持。

【诉请示例】

请求确认原告与被告签订的建设工程施工合同无效。

2. 给付工程进度款诉请的审查

【审查要点】

（1）合同订立的事实。

（2）导致合同无效的事由。

（3）关于工程进度款支付的约定。

（4）建设工程的实际施工进度。

【注意事项】

无效合同中进度款约定无效，不可依照合同约定主张工程进度款。但是，有证据证明双方就工程进度款的支付达成了合意或存在工程进度款支付惯例的，承包人可以主张工程进度款。

【规范指引】

《中华人民共和国民法典》

第八百零七条 发包人未按照约定支付价款的，承包人可以催告发包人在合理期限内支付价款。发包人逾期不支付的，除根据建设工程的性质不宜折价、拍卖外，承包人可以与发包人协议将该工程折价，也可以请求人民法院将该工程依法拍卖。建设工程的价款就该工程折价或者拍卖的价款优先受偿。

【诉请示例】

请求被告向原告支付工程进度款 × 元。

3. 给付工程折价补偿款诉请的审查

【审查要点】

（1）合同订立的事实。

（2）导致合同无效的事由。

（3）工程竣工验收或实际交付使用的事实。

（4）工程折价补偿款的具体金额。

【注意事项】

当事人就同一建设工程另行订立建设工程施工合同与经过备案的中标合同实质性内容不一致的，应当以备案的中标合同作为结算工程价款的依据，其适用的前提应为备案的中标合同合法有效，无效的备案合同并非当然比其他无效合同更优先参照适用。在存在多份施工合同均无效的情况下，一般应参照符合当事人真实意思表示并实际履行的合同作为工程价款的结算依据，在无法确定实际履行的合同时，可以根据两份争议合同之间的差价，结合工程质量、当事人过错、诚信原则等予以合理分配。

【规范指引】

《中华人民共和国民法典》

第七百九十三条 建设工程施工合同无效，但是建设工程经验收合格的，可以参照合同关于工程价款的约定折价补偿承包人。

建设工程施工合同无效，且建设工程经验收不合格的，按照以下情形处理：

（一）修复后的建设工程经验收合格的，发包人可以请求承包人承担修复费用；

（二）修复后的建设工程经验收不合格的，承包人无权请求参照合同关于工程价款的约定折价补偿。

发包人对因建设工程不合格造成的损失有过错的，应当承担相应的责任。

第八百零六条 承包人将建设工程转包、违法分包的，发包人可以解除合同。

发包人提供的主要建筑材料、建筑构配件和设备不符合强制性标准或者不履行协助义务，致使承包人无法施工，经催告后在合理期限内仍未履行相应义务的，承包人可以解除合同。

合同解除后，已经完成的建设工程质量合格的，发包人应当按照约定支付相应的工程价款；已经完成的建设工程质量不合格的，参照本法第七百九十三条的规定处理。

【诉请示例】

请求被告向原告支付工程折价补偿款 × 元。

4. 赔偿逾期付款损失诉请的审查

【审查要点】

（1）合同订立的事实。

（2）导致合同无效的事由。

（3）关于工程款支付期限和金额的相关约定。

（4）工程款项逾期支付的事实。

（5）逾期支付损失赔偿的依据。

【注意事项】

建设工程施工合同无效，一方当事人请求对方赔偿损失的，应当就对方过错、损失大小、过错与损失之间的因果关系承担举证责任。损失大小无法确定，一方当事人请求参照合同约定的质量标准、建设工期、工程价款支付时间等内容确定损失大小的，人民法院可以结合双方过错程度、过错与损失之间的因果关系等因素作出裁判。

【规范指引】

《最高人民法院关于审理建设工程施工合同纠纷案件适用法律问题的解释（一）》

第六条　建设工程施工合同无效，一方当事人请求对方赔偿损失的，应当就对方过错、损失大小、过错与损失之间的因果关系承担举证责任。

损失大小无法确定，一方当事人请求参照合同约定的质量标准、建设工期、工程价款支付时间等内容确定损失大小的，人民法院可以结合双方过错程度、过错与损失之间的因果关系等因素作出裁判。

【诉请示例】

请求被告向原告支付逾期付款损失 × 元。

5. 返还工程质量保证金诉请的审查

【审查要点】

（1）合同订立的事实。

（2）导致合同无效的事由。

（3）关于工程质量保证金的约定及法律规定。

（4）工程竣工验收或交付使用情况。

【注意事项】

合同无效则工程质量保证金条款也无效，工程质量保证金扣留比例及返还时间的约定，对合同当事人不具备法律约束力。关于无效合同的工程质量保证金返还问题，人民法院可根据司法解释的规定处理。

【诉请示例】

请求被告向原告返还工程质量保证金 × 元。

6. 请求发包人返还垫资款及利息的审查

【审查要点】

（1）合同订立的事实。

（2）导致合同无效的事由。

（3）关于垫资及垫资利息的相关约定。

（4）承包人垫付资金的具体时间及金额等事实。

【规范指引】

《最高人民法院关于审理建设工程施工合同纠纷案件适用法律问题的解释（一）》

第二十五条　当事人对垫资和垫资利息有约定，承包人请求按照约定返还垫资及其利息的，人民法院应予支持，但是约定的利息计算标准高于垫资时的同类贷款利率或者同期贷款市场报价利率的部分除外。

当事人对垫资没有约定的，按照工程欠款处理。

当事人对垫资利息没有约定，承包人请求支付利息的，人民法院不予支持。

【诉请示例】

请求被告返还原告垫资 × 元及利息（以 × 为基数，自 × 日起至实际给付之日止，按 × 利率计算）。

7. 请求支付管理费诉请的审查

【审查要点】

（1）合同订立的事实。

（2）导致合同无效的事由。

（3）关于管理费的相关约定。

（4）诉请管理费的具体类型及金额。

【诉请示例】

请求被告支付原告管理费 × 元。

8. 请求支付其他约定款项诉请的审查

【审查要点】

（1）合同订立的事实。

（2）导致合同无效的事由。

（3）关于相关款项支付的合同约定。

（4）已经具备支付相应款项的条件。

【诉请示例】

请求被告支付原告 × 款项 × 元。

三、实际施工人诉请的审查

（一）针对合同相对人诉请的审查

1. 给付工程折价补偿款诉请的审查

【审查要点】

（1）原告是实际施工人的事实。

（2）合同中关于给付工程款的约定。

（3）建设工程完成情况。

（4）工程折价款结算情况。

（5）应付款项的金额和相应依据。

（6）已付款项的具体金额。

【诉请示例】

请求被告支付原告折价补偿款 × 元。

2. 赔偿逾期付款损失诉请的审查

【审查要点】

（1）工程款项具体金额和支付期限。

（2）关于逾期支付工程款损失赔偿的约定。

（3）合同相对人存在逾期支付的事实。

（4）合同相对人逾期支付无合理事由。

【诉请示例】

请求被告支付原告逾期付款损失 × 元。

（参照合同无效承包人的赔偿逾期付款损失诉请的审查。）

3. 返还质量保证金诉请的审查

【审查要点】

（1）合同无效的原因。

（2）关于质量保证金的约定及法律规定。

（3）建设工程完成情况。

（参照合同无效承包人的返还质量保证金诉请的审查。）

【诉请示例】

请求被告返还原告质量保证金 × 元。

4. 请求支付其他约定款项诉请的审查

【审查要点】

（1）关于支付其他款项的约定。

（2）合同相对人未支付的事实。

【诉请示例】

请求被告支付原告其他约定款项 × 元。

（二）针对发包人诉请的审查

1. 给付工程折价补偿款诉请的审查

【审查要点】

（1）建设工程完成情况。

（2）与合同相对人达成的就工程结算的相关约定。

（3）应付款项的金额和依据。

（4）已付款项的具体金额。

（5）发包人欠付工程款的情况。

【注意事项】

建筑市场的不规范导致建设工程施工合同时常出现无效之情况，

为了保障实际施工人尤其是农民工的利益，法律规定实际施工人可以向发包人主张工程款。但是，如此规定突破了合同相对性。在实践中，转包合同、违法分包合同的承包人是最常见的实际施工人。而发包人的责任是有限的，如果发包人已经将工程价款支付给了承包人，发包人只在欠付工程款的范围内对实际施工人承担支付价款的责任。

【规范指引】

《最高人民法院关于审理建设工程施工合同纠纷案件适用法律问题的解释（一）》

第四十三条　实际施工人以转包人、违法分包人为被告起诉的，人民法院应当依法受理。

实际施工人以发包人为被告主张权利的，人民法院应当追加转包人或者违法分包人为本案第三人，在查明发包人欠付转包人或者违法分包人建设工程价款的数额后，判决发包人在欠付建设工程价款范围内对实际施工人承担责任。

【诉请示例】

请求被告支付原告工程折价补偿款 × 元。

2. 赔偿逾期付款损失诉请的审查

【审查要点】

（1）工程款项具体金额和支付期限的约定。

（2）关于逾期支付工程款损失赔偿的约定。

（3）合同相对人逾期支付的事实。

（4）合同相对人逾期支付无合理事由。

【诉请示例】

请求被告支付原告逾期付款损失 × 元。

（三）基于代位权诉请的审查

【审查要点】

（1）实际施工人对于转包人或违法分包人的债权已经到期。

（2）转包人或违法分包人怠于向发包人行使到期债权。

（3）实际施工人提起代位权诉讼是否满足以下条件：实际施工人对于转包人或者违法分包人享有合法的债权；转包人或者违法分包人怠于向发包人行使其到期债权或者与该债权有关的从权利，从而影响实际施工人的到期债权实现；转包人或者违法分包人的债权不是专属于其自身的债权。

【注意事项】

（1）实际施工人无权代位行使优先受偿权。

（2）实际施工人在对发包人提起的代位权诉讼中，未将转包人或者违法分包人列为第三人的，人民法院可以追加转包人或者违法分包人为第三人。

【规范指引】

《中华人民共和国民法典》

第五百三十五条 因债务人怠于行使其债权或者与该债权有关的从权利，影响债权人的到期债权实现的，债权人可以向人民法院请求以自己的名义代位行使债务人对相对人的权利，但是该权利专属于债务人自身的除外。

代位权的行使范围以债权人的到期债权为限。债权人行使代位权的必要费用，由债务人负担。

相对人对债务人的抗辩，可以向债权人主张。

《最高人民法院关于审理建设工程施工合同纠纷案件适用法律问题的解释（一）》

第四十四条 实际施工人依据民法典第五百三十五条规定，以转包人或者违法分包人怠于向发包人行使到期债权或者与该债权有关的从权利，影响其到期债权实现，提起代位权诉讼的，人民法院应予支持。

【诉请示例】

请求被告向原告支付欠付工程款 × 元。

第四部分　被告抗辩的审查

对被告抗辩意见的审查学理上称为“重要性审查”，审查重点是被告是否针对原告的诉讼请求以及事实理由进行了答辩，以及被告在答辩意见中所提出的事实理由是否能支持其观点。需要指出的是，有关管辖权、诉讼主体资格等的审查，被告即便未进行抗辩，亦属于法院依职权审查的范围。

一、对主体抗辩的审查

【审查要点】

1. 审查主体不适格的主要理由。

2. 审查法律依据及相应证据材料。

【注意事项】

1. 基于原告主体资格的抗辩，主张原告并非合同相对方或不具备诉讼主体资格。

2. 基于被告主体资格的抗辩，主张己方并非合同相对方或义务履行主体。

3. 关于诉讼主体资格，自然人当事人不是完全行为能力人的，应及时通知其法定代理人参加诉讼。自然人当事人死亡的，以其继承人为当事人继续诉讼。法人未依法清算即注销的，以该企业法人的股东、发起人或者出资人为当事人继续诉讼。

【规范指引】

《中华人民共和国民事诉讼法》

第一百二十二条　起诉必须符合下列条件：

（一）原告是与本案有直接利害关系的公民、法人和其他组织；

（二）有明确的被告；

（三）有具体的诉讼请求和事实、理由；

（四）属于人民法院受理民事诉讼的范围和受诉人民法院管辖。

二、对诉讼时效抗辩的审查

【审查要点】

1. 审查请求权获得的时点。

2. 审查请求权适用的诉讼时效期限。

3. 审查原告的诉请是否已过诉讼时效。

4. 审查是否存在诉讼时效中止、中断等事由。

【规范指引】

《中华人民共和国民法典》

第一百八十八条 向人民法院请求保护民事权利的诉讼时效期间为三年。法律另有规定的，依照其规定。

诉讼时效期间自权利人知道或者应当知道权利受到损害以及义务人之日起计算。法律另有规定的，依照其规定。但是，自权利受到损害之日起超过二十年的，人民法院不予保护，有特殊情况的，人民法院可以根据权利人的申请决定延长。

第一百九十五条 有下列情形之一的，诉讼时效中断，从中断、有关程序终结时起，诉讼时效期间重新计算：

（一）权利人向义务人提出履行请求；

（二）义务人同意履行义务；

（三）权利人提起诉讼或者申请仲裁；

（四）与提起诉讼或者申请仲裁具有同等效力的其他情形。

三、对债务清偿抗辩的审查

【审查要点】

1. 审查诉请债务是否存在。

2. 审查诉请债务是否到期。

3. 审查是否已经履行债务。

4. 审查已经履行债务的具体数额。

5. 审查是否存在第三人清偿的事实。

【规范指引】

《中华人民共和国民法典》

第一百一十八条　民事主体依法享有债权。

债权是因合同、侵权行为、无因管理、不当得利以及法律的其他规定，权利人请求特定义务人为或者不为一定行为的权利。

第一百一十九条　依法成立的合同，对当事人具有法律约束力。

四、对合同履行抗辩的审查

【审查要点】

1. 审查原告的合同义务。

2. 审查被告的合同义务。

3. 审查原告未履行或未完全履行其合同义务的事实。

4. 审查被告已履行合同或已部分履行合同义务的事实。

【注意事项】

建设工程合同属于双务合同，双方互负义务，一般合同中会明确约定双方需履行的义务。当被告已履行约定义务时，原告仍就此起诉的，被告可以已履行义务为由提出抗辩。当原告未履行其义务的，被告可根据案件具体情况，行使同时履行抗辩权、先履行抗辩权或不安抗辩权。

【规范指引】

《中华人民共和国民法典》

第五百零九条 当事人应当按照约定全面履行自己的义务。

当事人应当遵循诚信原则，根据合同的性质、目的和交易习惯履行通知、协助、保密等义务。

当事人在履行合同过程中，应当避免浪费资源、污染环境和破坏生态。

第五百二十五条 当事人互负债务，没有先后履行顺序的，应当同时履行。一方在对方履行之前有权拒绝其履行请求。一方在对方履行债务不符合约定时，有权拒绝其相应的履行请求。

第五百二十六条 当事人互负债务，有先后履行顺序，应当先履行债务一方未履行的，后履行一方有权拒绝其履行请求。先履行一方履行债务不符合约定的，后履行一方有权拒绝其相应的履行请求。

第五百二十七条 应当先履行债务的当事人，有确切证据证明对方有下列情形之一的，可以中止履行：

（一）经营状况严重恶化；

（二）转移财产、抽逃资金，以逃避债务；

（三）丧失商业信誉；

（四）有丧失或者可能丧失履行债务能力的其他情形。

当事人没有确切证据中止履行的，应当承担违约责任。

五、对义务不存在抗辩的审查

【审查要点】

1. 审查被告的法定及约定义务范围。

2. 审查原告诉请是否为被告义务。

3. 审查被告义务是否已经履行。

【规范指引】

《中华人民共和国民法典》

第一百一十八条　民事主体依法享有债权。

债权是因合同、侵权行为、无因管理、不当得利以及法律的其他规定，权利人请求特定义务人为或者不为一定行为的权利。

第一百一十九条　依法成立的合同，对当事人具有法律约束力。

六、对解除权不成立抗辩的审查

【审查要点】

1. 审查原告行使的权利是否系合同解除权。

2. 审查原告行使合同解除权的种类。

3. 审查解除权有无法律规定以及相关合同约定依据。

4. 审查原告有无行使合同解除权的权利基础。

5. 审查行使解除权是否过期限。

【规范指引】

《中华人民共和国民法典》

第五百六十二条　当事人协商一致，可以解除合同。

当事人可以约定一方解除合同的事由。解除合同的事由发生时，解除权人可以解除合同。

第五百六十三条　有下列情形之一的，当事人可以解除合同：

（一）因不可抗力致使不能实现合同目的；

（二）在履行期限届满前，当事人一方明确表示或者以自己的行为表明不履行主要债务；

（三）当事人一方迟延履行主要债务，经催告后在合理期限内仍未履行；

（四）当事人一方迟延履行债务或者有其他违约行为致使不能实现合同目的；

（五）法律规定的其他情形。

以持续履行的债务为内容的不定期合同，当事人可以随时解除合同，但是应当在合理期限之前通知对方。

第五百六十四条　法律规定或者当事人约定解除权行使期限，期限届满当事人不行使的，该权利消灭。

法律没有规定或者当事人没有约定解除权行使期限，自解除权人知道或者应当知道解除事由之日起一年内不行使，或者经对方催告后在合理期限内不行使的，该权利消灭。

第五部分　要件事实审查及裁判规则

一、关于建设工程施工合同成立的审查要点及裁判规则

【审查要点】

1. 对于按照法律规定采用书面形式签订的建设工程施工合同，判断其是否成立，在实质上应审查当事人是否就合同内容形成一致的意思表示，在形式上应审查各当事人是否均签名、盖章或者按指印。在签名、盖章或者按指印之前，当事人一方已经履行主要义务，对方接受时，该合同成立。

2. 对于未按照法律规定签订书面建设工程施工合同的，若一方已经履行主要义务，对方接受时，该合同成立。

【规范指引】

《中华人民共和国民法典》

第一百三十四条第一款　民事法律行为可以基于双方或者多方的意思表示一致成立，也可以基于单方的意思表示成立。

第四百九十条　当事人采用合同书形式订立合同的，自当事人均签名、盖章或者按指印时合同成立。在签名、盖章或者按指印之前，当

事人一方已经履行主要义务，对方接受时，该合同成立。

法律、行政法规规定或者当事人约定合同应当采用书面形式订立，当事人未采用书面形式但是一方已经履行主要义务，对方接受时，该合同成立。

第七百八十九条 建设工程合同应当采用书面形式。

二、关于建设工程施工合同效力的审查要点及裁判规则

因工程建设中的施工安全和工程质量关涉社会公共利益，且建设工程施工合同效力是关系到工程价款结算原则、违约责任、诉讼时效及质量保证等与承包、发包双方当事人利益密切相关的重大问题，故合同效力的审查是审理建设工程施工合同纠纷中的首要问题，无论当事人是否对建设工程施工合同的效力提出主张或抗辩，人民法院都应依职权对其进行主动审查。

（一）建设工程施工合同的有效要件

【审查要点】

1. 合同当事人即承包、发包双方具有相应的民事行为能力；
2. 意思表示一致且发包人与承包人就合同内容协商一致；
3. 合同内容不违反法律、行政法规的强制性规定，不违背公序良俗。

【注意事项】

书面形式是法律规定的建设工程合同应当采取的形式，但是当事人未签订书面合同并不代表其之间所形成的事实施工关系必然无效。

【规范指引】

《中华人民共和国民法典》

第一百四十三条 具备下列条件的民事法律行为有效：

（一）行为人具有相应的民事行为能力；

（二）意思表示真实；

（三）不违反法律、行政法规的强制性规定，不违背公序良俗。

第七百八十九条 建设工程合同应当采用书面形式。

（二）建设工程施工合同整体无效的情形

1. 发包人支解发包的情形

【审查要点】

发包人不得将应当由一个承包人完成的建设工程支解成若干部分发包给数个承包人。

【规范指引】

《中华人民共和国民法典》

第七百九十一条第一款　发包人可以与总承包人订立建设工程合同，也可以分别与勘察人、设计人、施工人订立勘察、设计、施工承包合同。发包人不得将应当由一个承包人完成的建设工程支解成若干部分发包给数个承包人。

《建设工程质量管理条例》

第七十八条第一款　本条例所称肢解发包，是指建设单位将应当由一个承包单位完成的建设工程分解成若干部分发包给不同的承包单位的行为。

2. 承包人进行转包或违法分包的情形

（1）转包

【审查要点】

①承包人将其承包的全部建设工程转包给第三人；

②承包人将全部建设工程支解以后以分包的名义分别转包给第三人。

【注意事项】

在转包关系中，转包人不履行建设工程施工合同义务的表现，往往是其在承接建设工程后不成立项目部，也不派驻管理人员和技术人员在施工现场进行管理和技术指导。

【规范指引】

《中华人民共和国民法典》

第七百九十一条第二款　总承包人或者勘察、设计、施工承包人经发包人同意，可以将自己承包的部分工作交由第三人完成。第三人就其完成的工作成果与总承包人或者勘察、设计、施工承包人向发包人承担连带责任。承包人不得将其承包的全部建设工程转包给第三人或者将其承包的全部建设工程支解以后以分包的名义分别转包给第三人。

《建设工程质量管理条例》

第七十八条第三款 本条例所称转包，是指承包单位承包建设工程后，不履行合同约定的责任和义务，将其承包的全部建设工程转给他人或者将其承包的全部建设工程肢解以后以分包的名义分别转给其他单位承包的行为。

（2）违法分包

【审查要点】

①总承包单位将建设工程分包给不具备相应资质条件的单位；

②分包单位将其承包的建设工程再分包；

③施工总承包单位将建设工程主体结构的施工分包给其他单位；

④建设工程总承包合同中未有约定，又未经建设单位认可，承包单位将其承包的部分建设工程交由其他单位完成。

【注意事项】

转包均违反法律、行政法规的强制性规定，应属无效；而分包则存在违法和合法两种类型。例如，专业分包、劳务分包，以及总承包人经发包人同意将自己承包的部分工作交由第三人完成均属于合法分包。

【规范指引】

《中华人民共和国民法典》

第七百九十一条第三款 禁止承包人将工程分包给不具备相应资质条件的单位。禁止分包单位将其承包的工程再分包。建设工程主体结构的施工必须由承包人自行完成。

《建设工程质量管理条例》

第七十八条第二款 本条例所称违法分包，是指下列行为：

（一）总承包单位将建设工程分包给不具备相应资质条件的单位的；

（二）建设工程总承包合同中未有约定，又未经建设单位认可，承包单位将其承包的部分建设工程交由其他单位完成的；

（三）施工总承包单位将建设工程主体结构的施工分包给其他单位的；

（四）分包单位将其承包的建设工程再分包的。

3. 承包人未取得建筑业企业资质或者超越资质等级

从事建筑活动的建筑施工企业按照其拥有的注册资本、专业技术人员、技术装备和已完成的建筑工程业绩等资质条件，划分为不同的资质等级，经资质审查合格，取得相应等级的资质证书后，方可在其资质等级许可的范围内从事建筑活动。从事建筑活动的专业技术人员，应当依法取得相应的执业资格证书，并在执业资格证书许可的范围内从事建筑活动。

【审查要点】

（1）个体施工队伍在没有资质的情况下违法承揽建设工程；

（2）施工单位冒用、盗用营业执照、资质证书承揽工程；

（3）建筑施工企业的分支机构以自己的名义对外承揽工程；

（4）非建筑施工企业超越经营范围对外承揽建设工程。

【注意事项】

（1）承包人超越资质等级许可的业务范围签订建设工程施工合同，在建设工程竣工前取得相应资质等级，当事人请求按照无效合同处理的，人民法院不予支持。

（2）抢险救灾及其他临时性房屋建筑和农民自建低层住宅（二层及以下）的建筑活动不受《中华人民共和国建筑法》调整，当事人仅以施工人缺乏相应资质为由主张施工合同无效的，人民法院不予支持。

【规范指引】

《中华人民共和国建筑法》

第八十三条第三款　抢险救灾及其他临时性房屋建筑和农民自建低层住宅的建筑活动，不适用本法。

《最高人民法院关于审理建设工程施工合同纠纷案件适用法律问题的解释（一）》

第一条第一款第一项 建设工程施工合同具有下列情形之一的，应当依据民法典第一百五十三条第一款的规定，认定无效：

（一）承包人未取得建筑业企业资质或者超越资质等级的；

第四条 承包人超越资质等级许可的业务范围签订建设工程施工合同，在建设工程竣工前取得相应资质等级，当事人请求按照无效合同处理的，人民法院不予支持。

4. 没有资质的实际施工人借用有资质的建筑施工企业名义

【审查要点】

尽管法律明确禁止建筑施工企业以任何形式用其他建筑施工企业的名义承揽工程，禁止建筑施工企业以任何形式允许其他单位或者个人使用本企业的资质证书、营业执照，以本企业的名义承揽工程，但是借用资质“挂靠”的现象在我国建筑市场长期存在且表现形式各异，包括但不限于以下情形：

（1）不具有从事建筑活动主体资格的个人、合伙组织或企业以具备从事建筑活动资格的建筑施工企业的名义承揽工程；

（2）资质等级低的建筑施工企业以资质等级高的建筑施工企业的名义承揽工程；

（3）不具有施工总承包资质的建筑施工企业以具有施工总承包资质的建筑施工企业的名义承揽工程；

（4）有资质的建筑施工企业通过名义上的联营、合作、内部承包等其他方式变相允许他人以本企业的名义承揽工程。

【注意事项】

（1）挂靠行为的表现形式固然难以穷尽列举，且隐蔽性强，在司法实践中不易识别，但是挂靠行为的主要特征可以归纳总结为以下两方面：一是挂靠人没有资质或者超越资质，且与被挂靠单位没有劳动或隶属关系；二是挂靠人为了规避资质许可限制而以具有相应资质的被挂靠单位的名义承揽工程，被挂靠单位对工程不实施任何管理行为。至于被挂靠单位是否收取管理费，并非认定挂靠行为的必备要素。

（2）挂靠人以被挂靠人名义与发包人签订的建设工程施工合同的主体及合同效力，应当根据发包人是否善意、在签订建设工程施工合同时对挂靠事实是否知情作出认定。

如果被挂靠人未披露挂靠人向发包人作出承包工程的虚伪意思表示，发包人有理由相信真实的承包人即是被挂靠人的，应优先保护善意发包人的利益，认定建设工程施工合同的双方当事人为发包人和被挂靠人。被挂靠人将所承包的工程交由挂靠人施工的行为可按转包关系处理，转包合同因违反法律强制性规定，属无效合同。

如果发包人、挂靠人与被挂靠人在签订建设工程施工合同时均明知系挂靠人以被挂靠人名义与发包人签订合同，实际由挂靠人直接承担合同责任，则该行为属于隐藏行为。发包人与被挂靠人之间的合同欠缺效果意思，属于通谋虚伪意思表示，应为无效。发包人与挂靠人之间隐藏的施工合同关系，应依照有关法律规定处理。若存在不具备相应资质等情形的，亦为无效。

【规范指引】

《最高人民法院关于审理建设工程施工合同纠纷案件适用法律问题的解释（一）》

第一条第一款第二项　建设工程施工合同具有下列情形之一的，应当依据民法典第一百五十三条第一款的规定，认定无效：

（二）没有资质的实际施工人借用有资质的建筑施工企业名义的；

5. 建设工程必须进行招标而未招标或者中标无效的

【审查要点】

审查工程项目是否属于必须进行招标的范围、是否存在法律规定的中标无效情形。

【注意事项】

（1）“黑白合同”问题。背离中标合同实质性内容另行签订协议的，即产生“黑白合同”问题。在建设工程施工合同强制备案制度已经取消的当下，所谓“白合同”仅指招标人即发包人与中标人即承包人依据招标文件、投标文件等签订的建设工程施工合同，“白合同”有效是指招标投标程序合法且中标有效。

对施工过程中，因设计变更、建设工程规划指标调整等客观原因，承包、发包双方以补充协议、会议纪要、往来函件、签证等洽商记录形式，变更工期、价款、项目性质的书面文件，不应认定为“黑合同”。

所谓的实质性内容，主要指工程范围、建设工期、工程质量、工程价款。当然，可能限制或者排除其他竞标人的条件也可能构成中标合同的“实质性内容”。此外，招标人和中标人另行签订的建设工程施工合同无论在中标合同之前还是在中标合同之后，均不得背离中标合同的实质性内容。

（2）依法不属于必须招标的建设工程进行招标后，当事人另行订立背离中标合同实质性内容的合同。出于维护招标投标市场秩序、保护其他投标人利益的考虑，发包人将依法不属于必须招标的建设工程进行招标后，与承包人另行订立的背离中标合同的实质性内容的建设工程施工合同应认定为无效。若在招标之前即已签订建设工程施工合同，则该合同因违反《中华人民共和国招标投标法》关于未招先定的强制性规定无效，而中标合同属于以虚假的意思表示订立的合同，因缺乏效果意思无效。但是，发包人与承包人因客观情况发生了在招标投标时难以预见的变化而另行订立的建设工程施工合同不应认定为无效。

（3）中标价低于建设工程成本。鉴于中标人的投标价格不得低于成本，故中标价格低于建设工程成本的中标合同无效。

【规范指引】

《中华人民共和国招标投标法》

第三条 在中华人民共和国境内进行下列工程建设项目包括项目的勘察、设计、施工、监理以及与工程建设有关的重要设备、材料等的采购，必须进行招标：

（一）大型基础设施、公用事业等关系社会公共利益、公众安全的项目；

（二）全部或者部分使用国有资金投资或者国家融资的项目；

（三）使用国际组织或者外国政府贷款、援助资金的项目。

前款所列项目的具体范围和规模标准，由国务院发展计划部门会同国务院有关部门制订，报国务院批准。

法律或者国务院对必须进行招标的其他项目的范围有规定的，依照其规定。

第四十一条第二项 中标人的投标应当符合下列条件之一：

（二）能够满足招标文件的实质性要求，并且经评审的投标价格最低；但是投标价格低于成本的除外。

第五十条 招标代理机构违反本法规定，泄露应当保密的与招标投标活动有关的情况和资料的，或者与招标人、投标人串通损害国家利益、社会公共利益或者他人合法权益的，处五万元以上二十五万元以下的罚款；对单位直接负责的主管人员和其他直接责任人员处单位罚款数额百分之五以上百分之十以下的罚款；有违法所得的，并处没收违法所得；情节严重的，禁止其一年至二年内代理依法必须进行招标的项目并予以公告，直至由工商行政管理机关吊销营业执照；构成犯罪的，依法追究刑事责任。给他人造成损失的，依法承担赔偿责任。

前款所列行为影响中标结果的，中标无效。

第五十二条 依法必须进行招标的项目的招标人向他人透露已获取招标文件的潜在投标人的名称、数量或者可能影响公平竞争的有关招标投标的其他情况的，或者泄露标底的，给予警告，可以并处一万元以上十万元以下的罚款；对单位直接负责的主管人员和其他直接责任人员依法给予处分；构成犯罪的，依法追究刑事责任。

前款所列行为影响中标结果的，中标无效。

第五十三条 投标人相互串通投标或者与招标人串通投标的，投标人以向招标人或者评标委员会成员行贿的手段谋取中标的，中标无效，处中标项目金额千分之五以上千分之十以下的罚款，对单位直接负责的主管人员和其他直接责任人员处单位罚款数额百分之五以上百分之十以下的罚款；有违法所得的，并处没收违法所得；情节严重的，取消其一年至二年内参加依法必须进行招标的项目的投标资格并予以公告，直至由工商行政管理机关吊销营业执照；构成犯罪的，依法追究刑事责任。给他人造成损失的，依法承担赔偿责任。

第五十四条第一款 投标人以他人名义投标或者以其他方式弄虚作假，骗取中标的，中标无效，给招标人造成损失的，依法承担赔偿责任；构成犯罪的，依法追究刑事责任。

第五十五条 依法必须进行招标的项目，招标人违反本法规定，与投标人就投标价格、投标方案等实质性内容进行谈判的，给予警告，对单位直接负责的主管人员和其他直接责任人员依法给予处分。

前款所列行为影响中标结果的，中标无效。

第五十七条 招标人在评标委员会依法推荐的中标候选人以外确定中标人的，依法必须进行招标的项目在所有投标被评标委员会否决后自行确定中标人的，中标无效，责令改正，可以处中标项目金额千分之五以上千分之十以下的罚款；对单位直接负责的主管人员和其他直接责任人员依法给予处分。

《最高人民法院关于审理建设工程施工合同纠纷案件适用法律问题的解释（一）》

第二条 招标人和中标人另行签订的建设工程施工合同约定的工程范围、建设工期、工程质量、工程价款等实质性内容，与中标合同不一致，一方当事人请求按照中标合同确定权利义务的，人民法院应予支持。

招标人和中标人在中标合同之外就明显高于市场价格购买承建房产、无偿建设住房配套设施、让利、向建设单位捐赠财物等另行签订合同，变相降低工程价款，一方当事人以该合同背离中标合同实质性内容为由请求确认无效的，人民法院应予支持。

第二十三条 发包人将依法不属于必须招标的建设工程进行招标后，与承包人另行订立的建设工程施工合同背离中标合同的实质性内容，当事人请求以中标合同作为结算建设工程价款依据的，人民法院应予支持，但发包人与承包人因客观情况发生了在招标投标时难以预见的变化而另行订立建设工程施工合同的除外。

《必须招标的工程项目规定》

第一条 为了确定必须招标的工程项目，规范招标投标活动，提高工作效率、降低企业成本、预防腐败，根据《中华人民共和国招标投标法》第三条的规定，制定本规定。

第二条 全部或者部分使用国有资金投资或者国家融资的项目包括：

（一）使用预算资金 200 万元人民币以上，并且该资金占投资额 10% 以上的项目；

（二）使用国有企业事业单位资金，并且该资金占控股或者主导地位的项目。

第三条 使用国际组织或者外国政府贷款、援助资金的项目包括：

（一）使用世界银行、亚洲开发银行等国际组织贷款、援助资金的项目；

（二）使用外国政府及其机构贷款、援助资金的项目。

第四条 不属于本规定第二条、第三条规定情形的大型基础设施、公用事业等关系社会公共利益、公众安全的项目，必须招标的具体范围由国务院发展改革部门会同国务院有关部门按照确有必要、严格限定的原则制订，报国务院批准。

第五条 本规定第二条至第四条规定范围内的项目，其勘察、设计、施工、监理以及与工程建设有关的重要设备、材料等的采购达到下列标准之一的，必须招标：

（一）施工单项合同估算价在 400 万元人民币以上；

（二）重要设备、材料等货物的采购，单项合同估算价在 200 万元人民币以上；

（三）勘察、设计、监理等服务的采购，单项合同估算价在100万元人民币以上。

同一项目中可以合并进行的勘察、设计、施工、监理以及与工程建设有关的重要设备、材料等的采购，合同估算价合计达到前款规定标准的，必须招标。

《必须招标的基础设施和公用事业项目范围规定》

第一条 为明确必须招标的大型基础设施和公用事业项目范围，根据《中华人民共和国招标投标法》和《必须招标的工程项目规定》，制定本规定。

第二条 不属于《必须招标的工程项目规定》第二条、第三条规定情形的大型基础设施、公用事业等关系社会公共利益、公众安全的项目，必须招标的具体范围包括：

（一）煤炭、石油、天然气、电力、新能源等能源基础设施项目；

（二）铁路、公路、管道、水运，以及公共航空和A1级通用机场等交通运输基础设施项目；

（三）电信枢纽、通信信息网络等通信基础设施项目；

（四）防洪、灌溉、排涝、引（供）水等水利基础设施项目；

（五）城市轨道交通等城建项目。

【典型案例】

（1）唐山凤辉房地产开发有限公司与赤峰建设建筑（集团）有限责任公司建设工程施工合同纠纷案［裁判法院：最高人民法院；案号：（2015）民一终字第309号］

裁判要旨：为了防止和避免当事人在中标合同之外另行签订建设工程施工合同，以架空中标合同、规避中标行为和行政部门监管，法律规定当事人就同一建设工程另行订立的建设工程施工合同与经过备案的中标合同的实质性内容不一致的，应当以备案的中标合同作为结算工程价款的依据。但是，该条款的立法目的并未禁止合法的合同变更行为。因此，建设单位和施工单位在合同备案后变更结算方式的行为应属合法有效。

（2）江苏省第一建筑安装集团股份有限公司与唐山市昌隆房地产开发有限公司建设工程施工合同纠纷案［裁判法院：最高人民法院；案号：（2017）最高法民终175号］

裁判要旨：《最高人民法院关于审理建设工程施工合同纠纷案件适用法律若干问题的解释》（现已失效）第二十一条规定，当事人就同一建设工程另行订立的建设工程施工合同与经过备案的中标合同实质性内容不一致的，应当以备案的中标合同作为结算工程价款的依据。其适用前提应为备案的中标合同合法有效，无效的备案合同并非当然具有比其他无效合同更优先参照适用的效力。在当事人存在多份施工合同且均无效的情况下，一般应参照符合当事人真实意思表示并实际履行的合同作为工程价款结算依据；在无法确定实际履行合同时，可以根据两份争议合同之间的差价，结合工程质量、当事人过错、诚信原则等予以合理分配。

6. 起诉前发包人未取得建设工程规划许可证等规划审批手续

【审查要点】

若发包人在起诉前取得建设工程规划许可证等规划审批手续，则合同效力得以补正。

【注意事项】

发包人作为建设单位应当在取得各种许可手续后才能开工建设工程项目，这是发包人的法定义务。但实践中，存在一种特殊情况，建设工程项目的各种规划审批手续已经具备办理条件，但发包人出于各种原因迟迟不予办理。显然，发包人故意不予办理相关手续存在明显的主观恶意，也违背了严守合同约定、全面履行合同及诚信等基本原则。因此，发包人能够办理审批手续而未办理，并以未办理审批手续为由请求确认建设工程施工合同无效的，人民法院不予支持。而对于办理建设工程规划许可证等规划审批手续的条件成就，发包人能办理却不办理相关手续，承包人对此应承担举证责任。

【规范指引】

《最高人民法院关于审理建设工程施工合同纠纷案件适用法律问题的解释（一）》

第三条　当事人以发包人未取得建设工程规划许可证等规划审批手续为由，请求确认建设工程施工合同无效的，人民法院应予支持，但发包人在起诉前取得建设工程规划许可证等规划审批手续的除外。

发包人能够办理审批手续而未办理，并以未办理审批手续为由请求确认建设工程施工合同无效的，人民法院不予支持。

7. 以虚假的意思表示签订的建设工程施工合同

【审查要点】

因意思表示真实系民事法律行为有效的要件之一，故行为人与相对人以虚假的意思表示实施的民事法律行为无效。

【规范指引】

《中华人民共和国民法典》

第一百四十六条第一款　行为人与相对人以虚假的意思表示实施的民事法律行为无效。

8. 恶意串通情形下签订的建设工程施工合同

【审查要点】

（1）当事人主观具有损害他人合法权益的故意；

（2）当事人之间存在意思联络或者沟通，客观上相互配合或者共同实施了非法行为。

【规范指引】

《中华人民共和国民法典》

第一百五十四条　行为人与相对人恶意串通，损害他人合法权益的民事法律行为无效。

（三）建设工程施工合同部分条款无效的情形

1. 约定的保修期短于法定最低期限

【审查要点】

建设工程实行质量保修制度，行政法规对部分建设工程项目的最低保修期限有明确规定，当事人之间短于法定保修期限的约定因违反行政法规强制性规定而无效。

【规范指引】

《建设工程质量管理条例》

第四十条 在正常使用条件下，建设工程的最低保修期限为：

（一）基础设施工程、房屋建筑的地基基础工程和主体结构工程，为设计文件规定的该工程的合理使用年限；

（二）屋面防水工程、有防水要求的卫生间、房间和外墙面的防渗漏，为5年；

（三）供热与供冷系统，为2个采暖期、供冷期；

（四）电气管线、给排水管道、设备安装和装修工程，为2年。

其他项目的保修期限由发包方与承包方约定。

建设工程的保修期，自竣工验收合格之日起计算。

2. 违反工程质量标准及压缩合理工期、成本的情形

【审查要点】

要依法维护通过招投标程序所签订的中标合同的法律效力，当事人违反工程建设强制性标准，任意压缩合理工期、降低工程质量标准的约定，应认定无效。

【规范指引】

《中华人民共和国建筑法》

第五十四条 建设单位不得以任何理由，要求建筑设计单位或者建筑施工企业在工程设计或者施工作业中，违反法律、行政法规和建筑工程质量、安全标准，降低工程质量。

建筑设计单位和建筑施工企业对建设单位违反前款规定提出的降

低工程质量的要求，应当予以拒绝。

《建设工程质量管理条例》

第十条 建设工程发包单位不得迫使承包方以低于成本的价格竞标，不得任意压缩合理工期。

建设单位不得明示或者暗示设计单位或者施工单位违反工程建设强制性标准，降低建设工程质量。

《第八次全国法院民事商事审判工作会议（民事部分）纪要》

30. 要依法维护通过招投标所签订的中标合同的法律效力。当事人违反工程建设强制性标准，任意压缩合理工期、降低工程质量标准的约定，应认定无效。对于约定无效后的工程价款结算，应依据建设工程施工合同司法解释的相关规定处理。

（四）建设工程施工合同无效后果处理的审查

建设工程系施工单位人力、物力成本物化的产物，该特性决定了建设工程施工合同无效后不适用财产返还的一般处理原则，而应进行折价补偿和损失赔偿。鉴于建设工程施工合同无效情形的多样性及各方关系的复杂性，合同履行过程中产生的损失赔偿名目也纷繁复杂，为避免挂一漏万，仅对一般处理原则及常见的管理费问题进行阐述。

1. 关于工程价款的处理

（1）建设工程经验收合格

【审查要点】

建设工程施工合同无效，但是建设工程经验收合格的，可以参照合同关于工程价款的约定折价补偿承包人。

【注意事项】

①建设工程施工合同的履行与一般合同相比，特殊性在于工程的施工过程是承包人将劳务和建筑材料物化为建设工程的过程。因此，建设工程施工合同无效后，无法适用无效后恢复原状的返还原则，只能采取折价补偿的方式处理。

②严格把握工程质量是否合格的标准，通常来说，建设工程须经

工程建设单位（发包人）、勘察单位、设计单位、施工单位（承包人）、监理单位共同竣工验收合格，但工程的备案和交付使用应经建设行政主管部门的质量监督机构认可，从目前对于建设工程质量的评定来看，建设行政主管部门作出的认可具有权威性。

【规范指引】

《中华人民共和国民法典》

第七百九十三条第一款 建设工程施工合同无效，但是建设工程经验收合格的，可以参照合同关于工程价款的约定折价补偿承包人。

（2）建设工程经验收不合格

【审查要点】

建设工程施工合同无效，且建设工程经验收不合格的，区分不同情形处理：修复后验收合格的，发包人可以请求承包人承担修复费用；修复后验收不合格的，承包人无权请求参照合同关于工程价款的约定折价补偿。

【注意事项】

发包人对因建设工程不合格造成的损失有过错的，应当承担相应责任。

【规范指引】

《中华人民共和国民法典》

第七百九十三条第二款、第三款 建设工程施工合同无效，且建设工程经验收不合格的，按照以下情形处理：

（一）修复后的建设工程经验收合格的，发包人可以请求承包人承担修复费用；

（二）修复后的建设工程经验收不合格的，承包人无权请求参照合同关于工程价款的约定折价补偿。

发包人对因建设工程不合格造成的损失有过错的，应当承担相应的责任。

2. 关于损失赔偿的处理

【审查要点】

（1）有损害事实存在或者有损失发生；

（2）当事人有过错；

（3）过错与损失之间有因果关系。

【注意事项】

（1）因合同无效产生的赔偿损失法律责任，在法律性质上属于缔约过失责任，而非违约责任或者侵权责任，故可获赔偿的损失仅限于信赖利益损失，而不包括可得利益损失。

（2）根据“谁主张，谁举证”的诉讼规则，主张索赔的一方应当就对方过错、损失大小、过错与损失之间的因果关系承担举证责任。当损失大小无法确定时，可以参照合同约定的质量标准、建设工期、工程价款支付时间等内容确定损失大小。

（3）承包人因合同无效向发包人主张损失赔偿的范围，包括因办理招投标手续支出的费用、合同备案支出的费用、订立合同支出的费用及除工程价款之外的因履行合同支出的费用等实际损失和费用；对于停工、窝工损失，即便因承包人原因导致合同无效，承包人仍有权主张因发包人原因产生的停工、窝工损失，只是承包人应采取适当措施防止停工、窝工损失扩大，否则对于扩大的损失承包人须自行承担。

（4）发包人因合同无效向承包人主张损失赔偿的范围，包括因办理招投标手续支出的费用、合同备案支出的费用、订立合同支出的费用及准备或者实际履行合同支出的费用等实际支出损失；工期索赔；工程质量导致的损失；其他因承包人致使建设工程质量发生缺陷造成发包人受到的人身和财产损害。

（5）缺乏资质的单位或者个人借用有资质的建筑施工企业名义签订建设工程施工合同的，发包人有权请求出借方与借用方对建设工程质量不合格等因借用资质造成的损失承担连带赔偿责任，但发包人“明知”挂靠人借用资质的，也应承担相应责任。

【规范指引】

《中华人民共和国民法典》

第八百零二条 因承包人的原因致使建设工程在合理使用期限内造成人身损害和财产损失的，承包人应当承担赔偿责任。

《最高人民法院关于审理建设工程施工合同纠纷案件适用法律问题的解释（一）》

第六条 建设工程施工合同无效，一方当事人请求对方赔偿损失的，应当就对方过错、损失大小、过错与损失之间的因果关系承担举证责任。

损失大小无法确定，一方当事人请求参照合同约定的质量标准、建设工期、工程价款支付时间等内容确定损失大小的，人民法院可以结合双方过错程度、过错与损失之间的因果关系等因素作出裁判。

第七条 缺乏资质的单位或者个人借用有资质的建筑施工企业名义签订建设工程施工合同，发包人请求出借方与借用方对建设工程质量不合格等因出借资质造成的损失承担连带赔偿责任的，人民法院应予支持。

3. 关于管理费的处理

【审查要点】

建设工程中的管理费一般指施工管理费，为工程造价的组成部分，系承包人为管理项目如组织施工或经营管理工程项目而发生的费用，具体费用构成一般包括行政管理人员工资、施工福利费、办公费、差旅费、劳动保护费等。

建设工程施工合同因转包、违法分包或挂靠行为无效时，对于合同中约定由转包方收取管理费的处理，应结合个案及合同目的进行具体判断。若管理费属于工程价款组成部分，而转包方实际参与施工组织管理协调的，且约定管理费的数额与转包方实际付出的劳动大致相当，可参照合同约定处理；对于纯粹通过转包牟利，转包方未实际参与施工组织管理协调的，转包方主张管理费的应不予支持。

三、关于建设工程施工合同履行的审查要点及裁判规则

（一）工期的审查

1. 对开工日期的审查

【审查要点】

（1）是否明确约定了开工日期或双方曾就开工日期达成过一致。

（2）发包人或者监理人是否发出过开工通知。

（3）开工通知书记载的日期是否具备开工条件。

（4）实际进场日期以及进场施工是否经过了发包人的同意。

（5）施工许可证、竣工报告、竣工验收备案表等载明的时间。

【注意事项】

（1）通常情况下应以施工合同约定或双方确认的日期为实际开工日期。

（2）当事人不能协商一致时，应区分情况予以处理：发包人或者监理人发出开工通知后。尚不具备开工条件的，如非因承包人原因（例如自然灾害、恶劣气候、流行性疾病以及周边群众阻挠等）导致开工条件不具备，以开工条件具备时为开工日期。如因承包人原因导致开工时间推迟的，以开工通知载明的时间为开工日期。如果开工条件不具备的原因较为复杂，发包人、承包人均有责任，或者存在外部原因，应查明承包人推迟开工的主要原因与工程无法开工之间的关系，酌情确定开工日期顺延时间。

（3）承包人经发包人同意已经进场施工的，以实际进场施工日期为准。承包人实际进场施工的具体日期可以通过项目工程监理单位的监理记录、当事人间的会议纪要等文件确定。

（4）无开工通知且实际开工时间不明，应当综合考虑开工报告、合同、施工许可证、竣工验收报告或者竣工验收备案表等相关材料中有关开工日期的记载，并结合开工条件是否具备的事实，认定实际开工日期。

（5）发包人或者监理人未发出开工通知，亦无相关证据证明实际开工日期的，可以将施工许可证作为考虑因素，但施工许可证不具有高于其他文件如开工报告、施工合同等的证明力。

（6）其他记载开工日期文件的证明力问题。发包人或者监理人未发出开工通知，亦无相关证据证明实际开工日期的，开工报告、合同、施工许可证、竣工验收报告或者竣工验收备案表对开工时间的证明力大小是否有顺序问题，实践中需要结合个案事实及工程施工惯例，进行认定。

【规范指引】

《中华人民共和国建筑法》

第七条 建筑工程开工前，建设单位应当按照国家有关规定向工程所在地县级以上人民政府建设行政主管部门申请领取施工许可证；但是，国务院建设行政主管部门确定的限额以下的小型工程除外。

按照国务院规定的权限和程序批准开工报告的建筑工程，不再领取施工许可证。

第八条 申请领取施工许可证，应当具备下列条件：

（一）已经办理该建筑工程用地批准手续；

（二）依法应当办理建设工程规划许可证的，已经取得建设工程规划许可证；

（三）需要拆迁的，其拆迁进度符合施工要求；

（四）已经确定建筑施工企业；

（五）有满足施工需要的资金安排、施工图纸及技术资料；

（六）有保证工程质量和安全的具体措施。

建设行政主管部门应当自收到申请之日起七日内，对符合条件的申请颁发施工许可证。

第九条 建设单位应当自领取施工许可证之日起三个月内开工。因故不能按期开工的，应当向发证机关申请延期；延期以两次为限，每次不超过三个月。既不开工又不申请延期或者超过延期时限的，施工许可证自行废止。

第十条 在建的建筑工程因故中止施工的，建设单位应当自中止施工之日起一个月内，向发证机关报告，并按照规定做好建筑工程的维护管理工作。

建筑工程恢复施工时，应当向发证机关报告；中止施工满一年的工程恢复施工前，建设单位应当报发证机关核验施工许可证。

第十一条 按照国务院有关规定批准开工报告的建筑工程，因故不能按期开工或者中止施工的，应当及时向批准机关报告情况。因故不能按期开工超过六个月的，应当重新办理开工报告的批准手续。

《最高人民法院关于审理建设工程施工合同纠纷案件适用法律问题的解释（一）》

第八条 当事人对建设工程开工日期有争议的，人民法院应当分别按照以下情形予以认定：

（一）开工日期为发包人或者监理人发出的开工通知载明的开工日期；开工通知发出后，尚不具备开工条件的，以开工条件具备的时间为开工日期；因承包人原因导致开工时间推迟的，以开工通知载明的时间为开工日期。

（二）承包人经发包人同意已经实际进场施工的，以实际进场施工时间为开工日期。

（三）发包人或者监理人未发出开工通知，亦无相关证据证明实际开工日期的，应当综合考虑开工报告、合同、施工许可证、竣工验收报告或者竣工验收备案表等载明的时间，并结合是否具备开工条件的事实，认定开工日期。

2. 对竣工日期的审查

【审查要点】

（1）合同关于发包人竣工验收程序的约定。

（2）承包人申请竣工验收的日期。

（3）承包人提交竣工验收申请后，发包人是否组织了验收。

（4）未经竣工验收，是否转移占有，发包人是否擅自使用。

（5）未能按期竣工的原因，包括因发包人、承包人的原因及外部其他原因。

【注意事项】

（1）建设单位收到建设工程竣工报告后，应当组织设计、施工、工程监理等有关单位进行竣工验收。建设工程竣工验收应当具备下列条件：第一，完成建设工程设计和合同约定的各项内容。第二，有完整的技术档案和施工管理资料。第三，有工程使用的主要建筑材料，建筑构配件和设备进场的实验报告。第四，有勘察、设计、施工、工程监理等单位分别签署的质量合格文件。第五，有施工单位签署的工程保修书。建设工程经竣工验收合格的，方可交付使用。

（2）承包人申请竣工验收后，发包人应及时组织竣工验收。对于发包人组织验收的时间，建设工程施工合同有约定的，从约定；建设工程施工合同没有约定的，可参照住建部和国家工商总局发布的《建设工程施工合同（示范文本）》（GF—2017—0201）的规定。如果发包人未及时组织相关单位对建设工程进行竣工验收，因此导致的损失，应当由发包人承担。

（3）建设工程经竣工验收合格的，以竣工验收合格之日而不是以承包人提交竣工验收报告之日作为竣工日期。应当注意，这里指的是正常情况下的竣工验收，不包括发包人拖延验收的情形。

（4）承包人提交了申请竣工验收报告之后，发包人一方迟迟不予验收的，应以承包人提交验收报告之日为竣工日期。

（5）在建设工程未经竣工验收的情况下，发包人擅自使用的，以建设工程转移占有之日为竣工日期。

（6）延期竣工的诉讼时效问题。当工程未能如期竣工时，发包人主张逾期竣工的违约责任时，因承包人违约的状态一直在持续，究竟违约方违约多少天，发包人要等工程实际竣工之时才能计算出来，故诉讼时效的起算点应从工程实际竣工之日计算，而不是从双方合同约定的竣工日期开始计算。

（7）实践中会出现发包人组织设计单位、监理单位、施工单位等部门进行验收，并非一次性都能顺利通过的情况。遇到这种情况，还要看后续状态。如经验收属于不合格，则需要承包人按合同约定标准或者有关工程质量技术规范进行整改，并达到合同约定标准或者符合有关工程质量技术规范，重新验收合格之日作为实际竣工之时日期。如虽然经过提请验收但未被确认合格，发包人违反规定擅自使用的，则以转移占有建设工程之日为竣工日期。

【规范指引】

《中华人民共和国民法典》

第七百九十九条 建设工程竣工后，发包人应当根据施工图纸及说明书、国家颁发的施工验收规范和质量检验标准及时进行验收。验收合格的，发包人应当按照约定支付价款，并接收该建设工程。

建设工程竣工经验收合格后，方可交付使用；未经验收或者验收不合格的，不得交付使用。

《中华人民共和国建筑法》

第六十一条 交付竣工验收的建筑工程，必须符合规定的建筑工程质量标准，有完整的工程技术经济资料和经签署的工程保修书，并具备国家规定的其他竣工条件。

建筑工程竣工经验收合格后，方可交付使用；未经验收或者验收不合格的，不得交付使用。

《最高人民法院关于审理建设工程施工合同纠纷案件适用法律问题的解释（一）》

第九条 当事人对建设工程实际竣工日期有争议的，人民法院应当分别按照以下情形予以认定：

（一）建设工程经竣工验收合格的，以竣工验收合格之日为竣工日期；

（二）承包人已经提交竣工验收报告，发包人拖延验收的，以承包人提交验收报告之日为竣工日期；

（三）建设工程未经竣工验收，发包人擅自使用的，以转移占有建设工程之日为竣工日期。

3. 对顺延工期的审查

【审查要点】

（1）承包人申请工期顺延的理由是否符合合同约定。

（2）承包人是否在合同约定的期限内向发包人或者监理人申请过工期顺延。

（3）发包人或者监理人是否出具过工期顺延的签证。

（4）隐蔽工程完工后，承包人是否通知了发包人检查。

（5）发包人是否及时进行了检查。

【注意事项】

（1）发包人未能按合同约定日期支付工程预付款，能否作为工期顺延的合理事由，应结合具体案情进行分析。首先，应看施工合同的具体约定，在发包人迟延支付工程款多长时间的情况下，承包人可以顺延工期。其次，如果发包人迟延支付工程款是由于承包人存在工期延误、质量不合格、所报工程量不属实等原因所导致，则承包人不能因此顺延工期。

（2）因发包人欠付工程款，承包人主张工期顺延，应满足如下条件：第一，工程款未予以支付系发包人原因，而非承包人原因。第二，施工合同约定延期支付工程款构成工期顺延事由。第三，因工程款延迟支付导致工程无法正常进行，施工人不能正常支付工人工资、购买材料、支付机械设备租赁费等。工程迟缓或者停工、窝工，并影响整体工期。第四，承包人提出了工期补偿申请，通常应该有书面证据，包括停工申请、付款申请、索赔报告、签证单、会议纪要、信函等。对发包人迟延支付工程款与工期顺延的关系进行具体分析，不宜直接将发包人拖延支付工程款的时间作为工期顺延天数。

（3）工程量增加与工期顺延。有些工程增量并不会影响工期，但对于大量的工程变更，且承包人提出了顺延工期的书面申请，可以认定为承包人有权主张工期顺延。如承包人未提出过书面的申请，而大量的工程量变更确实对工期有影响的，可酌情考虑工程变更对工期的影响。

（4）工程分包延误与工期顺延。在因工程分包导致工期延误的情况下，应区分原因。如果因发包人迟延分包，致使分包人迟延进场、施工迟延等原因导致工期延误，承包人有权主张工期顺延。如果系承包人未履行总包职责，未能合理安排配合分包工程，则承包人应当承担工期延误责任。审理中，应加强对会议纪要、洽商记录、工作联系单、进度计划说明、现场施工日志等材料的审查，确定是否因分包导致工期延期。

（5）隐蔽工程完工后，发包人在接到承包人通知后，没有及时检查的，应当承担工程日期顺延和赔偿承包人停工、窝工等损失的法律后果。如何确定发包人是否及时对隐蔽工程进行了检查，是认定工期是否能够顺延以及发包人是否应当赔偿损失的关键。对于发包人对隐蔽工程进行检查的合理时间，当事人有约定的，从其约定。没有约定的，应当结合行业习惯作出判断。目前，实践中发包人和承包人签订的建设工程施工合同，多采用住建部和国家工商总局共同制定的《建设工程施工合同（示范文本）》（GF—2017—0201）。该示范文本第5.3.2项第三段规定，除专用合同条款另有约定外，监理人不能按时进行检查的，应在检查前24小时向承包人提交书面延期要求，但延期不能超过48小时，由此导致工期延误的，工期应予以顺延……如果当事人之间采用该示范文本，则可依据合同约定确定发包人对隐蔽工程进行检查的合理时间。如果当事人未采用该示范文本，鉴于该示范文本是监管部门依据实践情况制定，在实践中广泛使用，也可以将上述规定视为行业习惯，作为认定发包人对隐蔽工程进行检查的合理时间的参照。

（6）其他可能导致工期顺延的事由。第一，不可抗力是法律规定的免责事由，如果承包人因不可抗力而未能在工期内完成工程，有权主张顺延工期。第二，不利地质条件。如果遇到不可预见的不利地质条件，承包人采取了合理措施，其可以主张对因此导致的工期迟延免责。第三，法律政策变更。

【规范指引】

《中华人民共和国民法典》

第七百九十八条 隐蔽工程在隐蔽以前，承包人应当通知发包人检查。发包人没有及时检查的，承包人可以顺延工程日期，并有权请求赔偿停工、窝工等损失。

第八百零三条 发包人未按照约定的时间和要求提供原材料、设备、场地、资金、技术资料的，承包人可以顺延工程日期，并有权请求赔偿停工、窝工等损失。

第八百零四条 因发包人的原因致使工程中途停建、缓建的，发包人应当采取措施弥补或者减少损失，赔偿承包人因此造成的停工、窝工、倒运、机械设备调迁、材料和构件积压等损失和实际费用。

《最高人民法院关于审理建设工程施工合同纠纷案件适用法律问题的解释（一）》

第十条 当事人约定顺延工期应当经发包人或者监理人签证等方式确认，承包人虽未取得工期顺延的确认，但能够证明在合同约定的期限内向发包人或者监理人申请过工期顺延且顺延事由符合合同约定，承包人以此为由主张工期顺延的，人民法院应予支持。

当事人约定承包人未在约定期限内提出工期顺延申请视为工期不顺延的，按照约定处理，但发包人在约定期限后同意工期顺延或者承包人提出合理抗辩的除外。

《第八次全国法院民事商事审判工作会议（民事部分）纪要》

32. 因发包人未按照约定提供原材料、设备、场地、资金、技术资料的，隐蔽工程在隐蔽之前，承包人已通知发包人检查，发包人未及时检查等原因致使工程中途停、缓建，发包人应当赔偿因此给承包人造成的停（窝）工损失，包括停（窝）工人员人工费、机械设备窝工费和因窝工造成设备租赁费用等停（窝）工损失。

33. 发包人不履行告知变更后的施工方案、施工技术交底、完善施工条件等协作义务，致使承包人停（窝）工，以至难以完成工程项目建设的，承包人催告在合理期限内履行，发包人逾期仍不履行的，人民法院视违约情节，可以依据合同法第二百五十九条 、第二百八十三条 规定裁判顺延工期，并有权要求赔偿停（窝）工损失。

【典型案例】

西安市临潼区建筑工程公司与陕西恒升房地产开发有限公司建设工程施工合同纠纷案［裁判法院：最高人民法院；案号:（2007）民一终字第 74 号］

裁判要旨：虽然委托鉴定单位出具的鉴定报告显示存在工程停工、窝工损失数额，但同时明确表明该工程停工、窝工期间，没有建设单位指定的工地代表签证，且由于承包人未按合同约定申报工程量及申请支付工程款，亦未提供监理公司确认的停工、窝工证据的，法院对其主张的停工、窝工损失不予采信。

4. 对不合理工期的审查

【审查要点】

当事人违反工程建设强制性标准，任意压缩合理工期、降低工程质量标准的约定，应认定为无效。对于条款约定无效后的工程价款结算，应依据建设工程施工合同司法解释的相关规定处理。

【注意事项】

合理工期是国家及各地建筑行政主管部门根据建筑市场实际情况制定的，符合建筑业健康发展的要求。对于合同约定工期严重低于合理工期的，在一定条件下可以予以调整。可以根据案件具体情况，本着公平原则，参照当地建设行政主管部门发布的定额工期及相关行业指导意见，合理确定合理工期的范围，对于合同约定工期严重低于合理工期的，适当予以调整。

【规范指引】

《建设工程质量管理条例》

第十条　建设工程发包单位不得迫使承包方以低于成本的价格竞

标，不得任意压缩合理工期。

建设单位不得明示或者暗示设计单位或者施工单位违反工程建设强制性标准，降低建设工程质量。

（二）工程质量的审查

1. 对发包人要求减少工程价款的审查

【审查要点】

（1）施工合同中对施工技术规范、建筑材料、施工工艺等的约定。

（2）要求提出质量瑕疵、缺陷的一方明确描述是何种质量问题。如是否是施工中的建筑材料不合格或者不符合约定；具体不合格的数量、安装的部位等。

（3）提出质量问题的时间、方式。

（4）施工方对于质量问题所作出的陈述以及解释是否具有合理性；提出质量瑕疵、缺陷的一方是将质量问题作为付款的抗辩事由还是作为反诉。

（5）发包人要求减少价款的金额是如何计算的（例如：对原不合格工程进行拆除、重新返工、修复的建筑材料、机械设备及人工费用等）。

【注意事项】

（1）一般来说，减少的工程价款数额及合理修复费用就是工程质量修复所实际发生的费用。发包人在请求承包人承担质量修复费用后，不影响其依照合同约定及有关法律规定请求承包人承担违约责任及赔偿责任。

（2）需要说明的是，如果建筑工程已竣工验收交付使用后，出现了质量问题，则应当依照建筑工程保修的有关规定进行处理。

【规范指引】

《最高人民法院关于审理建设工程施工合同纠纷案件适用法律问题的解释（一）》

第十二条 因承包人的原因造成建设工程质量不符合约定，承包人拒绝修理、返工或者改建，发包人请求减少支付工程价款的，人民法院应予支持。

2. 对承包人要求发包人承担质量缺陷的审查

【审查要点】

（1）发包人提供的设计图纸等是否有缺陷。

（2）发包人提供或者指定购买的建筑材料、建筑构件、设备是否符合质量要求。

（3）是否是指定分包人分包的专业工程。

【注意事项】

（1）承包人将工程分包给他人完成，因分包人造成的工程质量问题，除分包人承担责任外，承包人亦应向发包人承担责任。承包人可在向发包人承担责任后，再行向分包人追偿。如发包人指定分包人施工，该分包人施工造成的质量问题，发包人相对承包人应承担责任，无法追究承包人责任，但不影响发包人追究分包人的责任。

（2）承包人要求发包人承担质量缺陷责任时，承包人自身有过错的，也应当承担相应的过错责任，还应在保修期限内承担保修义务。

（3）如同一质量问题，经工程质量鉴定确定，有发包人、承包人原因，在鉴定机构明确原因并就原因力发表意见后，应引导发包人、承包人就是否存在原因及原因力大小发表意见，确保就过错程度给予有效区分。如无法有效区分过错程度，且双方也未给予充分的证据佐证或者提出具有说服力的说法，可认定双方承担同等过错。

（4）建设工程质量不合格的，承包人不能向发包人索要工程价款。如发包人对工程质量不合格亦有过错，发包人也应在相应过错范围内赔偿承包人的损失。如因发包人、承包人混合过错造成质量缺陷但经修复合格的，双方应根据过错程度承担修复费用，同时对因未如期竣工造成的损失承担相应责任。具体承担责任的方式应根据出现质量缺陷的不同原因进行具体区分，确保损失分配公平、责任承担合理。

【规范指引】

《中华人民共和国民法典》

第七百九十三条　建设工程施工合同无效，但是建设工程经验收合格的，可以参照合同关于工程价款的约定折价补偿承包人。

建设工程施工合同无效，且建设工程经验收不合格的，按照以下情形处理：

（一）修复后的建设工程经验收合格的，发包人可以请求承包人承担修复费用；

（二）修复后的建设工程经验收不合格的，承包人无权请求参照合同关于工程价款的约定折价补偿。

发包人对因建设工程不合格造成的损失有过错的，应当承担相应的责任。

《最高人民法院关于审理建设工程施工合同纠纷案件适用法律问题的解释（一）》

第十三条　发包人具有下列情形之一，造成建设工程质量缺陷，应当承担过错责任：

（一）提供的设计有缺陷；

（二）提供或者指定购买的建筑材料、建筑构配件、设备不符合强制性标准；

（三）直接指定分包人分包专业工程。

承包人有过错的，也应当承担相应的过错责任。

3. 对发包人擅自使用后又提出质量问题的审查

【审查要点】

（1）工程是否经过了竣工验收，未能竣工验收的原因。

（2）发包人主张的质量问题的具体表现：如施工中的建筑材料不合格或者不符合约定、具体不合格的数量、安装的部位等。

（3）发包人要求承包人承担责任的具体内容，比如：修复、支付修复费用、减少价款等。

【注意事项】

（1）在建设工程未经过竣工验收或者验收未通过的情况下，发包人违反法律规定，擅自或强行使用，即可视为发包人对建筑工程质量是认可的，或者虽然工程质量不合格但其自愿承担该后果。工程交付的时间，可认定为发包人提前使用的时间。即发包人仅对使用部分承担质量责任，对于未使用部分，出现质量问题的，仍应由承包人承担责任。

（2）关于发包人使用部分的认定应结合建设工程的结构、使用功能、发包人使用情况等综合予以认定。

（3）发包人对擅自使用部分，不能再以质量不合格作为拒付工程款的抗辩，但承包人仍应承担保修义务，除非该瑕疵产生系发包人擅自使用所致。

（4）发包人提出质量问题是作为反诉还是抗辩的审查。发包人的主张属于抗辩的情形：第一，如果发包人仅以质量问题提出“减少支付工程款”主张的，应当属于抗辩，无需提出反诉。如果发包人不提出“减少工程款”，而是以工程存在质量问题给其造成损失为由直接拒绝支付剩余工程款，同样是抗辩而非反诉。第二，发包人提出承包人在施工过程中存在偷工减料、未按图施工等情形，要求减少工程价款的，应作为抗辩审理。第三，发包人因拒绝维修工程而另行委托他人修复后，主张抵扣修复费用的。发包人对该项主张有权以抗辩形式提出亦有权提起反诉，发包人有选择权，应尊重其意见。如果选择以抗辩形式主张扣除该笔质量修复费用时，法院应作为抗辩进行审理，不应要求其另行提起反诉。

发包人的主张属于反诉或者另行起诉的情形：第一，发包人要求承包人支付违约金或赔偿损失的，该主张明显超过了承包人的诉讼请求范围，并具有独立的给付请求内容，应当作为反诉处理，与本诉合并审理，不能允许发包人以此为由抗辩。第二，发包人要求承包人赔偿因工程质量不符合合同约定而造成的其他财产或者人身损害的，发包人因建设工程质量缺陷造成财产或者人身损害而向承包人提出赔偿请求的，该请求既超出原告请求范围，又具有给付内容，发包人可以另行提起诉讼。如果发包人的请求为侵权损害赔偿之诉，则只能另行起诉。第三，发包人要求承包人承担返修义务或赔偿损失的，此种主张应属提出反诉，或者另诉。第四，承包人逾期完工，发包人要主张工期延误索赔的，承包人未按合同约定完工导致工期拖延，产生工期延误损失的，应作为反诉提出。特别需要注意的是：当事人提起反诉符合受理条件的，可以合并审理的应当与本诉合并审理，而不能告知当事人另行起诉。

【规范指引】

《中华人民共和国民法典》

第八百零一条 因施工人的原因致使建设工程质量不符合约定的，发包人有权请求施工人在合理期限内无偿修理或者返工、改建。经过修理或者返工、改建后，造成逾期交付的，施工人应当承担违约责任。

第八百零二条 因承包人的原因致使建设工程在合理使用期限内造成人身损害和财产损失的，承包人应当承担赔偿责任。

《建设工程质量管理条例》

第五十八条 违反本条例规定，建设单位有下列行为之一的，责令改正，处工程合同价款2%以上4%以下的罚款；造成损失的，依法承担赔偿责任；

（一）未组织竣工验收，擅自交付使用的；

（二）验收不合格，擅自交付使用的；

（三）对不合格的建设工程按照合格工程验收的。

《最高人民法院关于审理建设工程施工合同纠纷案件适用法律问题的解释（一）》

第十四条 建设工程未经竣工验收，发包人擅自使用后，又以使用部分质量不符合约定为由主张权利的，人民法院不予支持；但是承包人应当在建设工程的合理使用寿命内对地基基础工程和主体结构质量承担民事责任。

4. 关于保修责任的审查

【审查要点】

（1）合同对保修期的约定。

（2）提出质量问题的时间以及方式。

（3）承包人修复的时间、修复的内容、修复的方式等。

【注意事项】

对于保修人未及时履行保修义务导致建筑物毁损或者发生人身、财产损害时，应根据当事人提起的不同诉讼，采用侵权纠纷与合同纠纷的不同处理方法。

建设工程施工合同中约定正常使用条件下的工程保修期限低于法律、行政法规规定的最低期限的，该约定无效。

【规范指引】

《建设工程质量管理条例》

第四十条　在正常使用条件下，建设工程的最低保修期限为：

（一）基础设施工程、房屋建筑的地基基础工程和主体结构工程，为设计文件规定的该工程的合理使用年限；

（二）屋面防水工程、有防水要求的卫生间、房间和外墙面的防渗漏，为5年；

（三）供热与供冷系统，为2个采暖期、供冷期；

（四）电气管线、给排水管道、设备安装和装修工程，为2年。

其他项目的保修期限由发包方与承包方约定。

建设工程的保修期，自竣工验收合格之日起计算。

第四十一条　建设工程在保修范围和保修期限内发生质量问题的，施工单位应当履行保修义务，并对造成的损失承担赔偿责任。

《最高人民法院关于审理建设工程施工合同纠纷案件适用法律问题的解释（一）》

第十八条　因保修人未及时履行保修义务，导致建筑物毁损或者造成人身损害、财产损失的，保修人应当承担赔偿责任。

保修人与建筑物所有人或者发包人对建筑物毁损均有过错的，各自承担相应的责任。

【典型案例】

（1）扬州京华城中城生活置业有限公司诉北京中色建设工程有限公司工程验收交付后质量问题减损措施费用承担纠纷案［裁判法院：江苏省高级人民法院；案号：（2011）苏民终字第0118号］

裁判要旨：建设工程竣工验收合格后，在质保期内出现质量问题，承包人应履行保修义务。在承包人不及时维修，而发包人损失将会扩大的情况下，发包人可以采取适当的措施防止损失及其扩大，支出的合理费用应由承包人承担；发包人也有责任的，应根据其责任酌情分担。

（2）中国新兴建设开发有限责任公司与海上嘉年华（青岛）置业有限公司建设工程施工合同纠纷案［裁判法院：最高人民法院；案号：（2018）最高法民终556号］

裁判要旨：建设工程施工合同质量保证金的返还应遵循当事人约定，合同约定的缺陷责任期届满，发包人应当返还质量保证金。保修义务是承包人的法定义务，发包人返还保证金后，承包人仍应在法定或合同约定的保修期内承担保修责任。

5. 合同约定质量标准的效力审查

【审查要点】

建设工程施工合同约定的工程质量标准低于国家规定的工程质量强制性安全标准的，该约定无效；合同约定的质量标准高于国家规定的强制性标准的，应当认定该约定有效。

【典型案例】

上海正文房地产开发有限公司与上海金厦建筑安装工程有限公司建设工程施工合同纠纷案［裁判法院：上海市第二中级人民法院；案号：（2010）沪二中民二（民）终字第652号］

裁判要旨：在建设工程竣工验收备案制的背景下，对涉及工程质量实体认定问题的建设工程纠纷，应在鉴别竣工验收与竣工验收备案的不同法律性质并明确建设工程质量验收主体的基础上，回归私法自治领域，在查明合同约定及履行情况的基础上进行裁判。

（三）工程量的审查

【审查要点】

1. 施工合同中对签证人员身份、权限以及办理签证的程序性规定。

2. 实际履行中，签证单上签字人员的身份、权限与合同约定是否一致。

3. 工程量变化的原因：设计变更、施工工艺变化还是施工质量等原因。

4. 承包人向发包人发出签证通知的时间以及是否有效送达。

5. 发包人对签证报告是否在合同约定的时间内予以回复。

6. 是否存在会议纪要、工程验收记录、来往电报、函件、洽商记录、通知资料等作为载体的证据，证实双方就工程量变化达成过一致。

【注意事项】

1. 在工程量发生争议时，举证责任的分配原则是：对于工程量发生增加的事实，承包人应承担举证责任。对工程量减少的事实，发包人应承担举证责任。

2. 建设工程的承包人受交易地位所限，完整的签证保全存在实际困难，工程量变更的证据在表现形式上也较为简单和随意，这就要求在查明案件事实时充分审查承包人提供的证据，不能简单地将签证文件作为工程量计算的唯一证据。

3. 实践中，发包人一般都不愿意给承包人签证，承包人多利用合同签证条款中"逾期视为认可"的规定保护自己的权利。如果采用示范文本订立合同的，承包人只要能够证明向发包人发出签证通知或提供资料即可利用"逾期视为认可"原则。所以，承包人只要在合同约定的时间内提交签证单，并在法律意义上完成送达即可。发包人不按照合同约定的时间给予承包人书面意见，发包人将承担对其不利的法律后果。

4. 签证主体对签证效力的影响。项目经理是承包人在施工工程项目上的代表，其在职权范围内作出的签证具有法律效力。监理人代表建设单位对承包单位在施工质量、建设工期和建设资金使用方面实施监督，监理人对技术签证的签认属于其职权范畴，应为有效；但对于经济签证的签认没有明确授权的，应当认定无效。

【规范指引】

《最高人民法院关于审理建设工程施工合同纠纷案件适用法律问题的解释（一）》

第二十条　当事人对工程量有争议的，按照施工过程中形成的签证等书面文件确认。承包人能够证明发包人同意其施工，但未能提供签证文件证明工程量发生的，可以按照当事人提供的其他证据确认实际发生的工程量。

（四）工程价款的审查

1. 工程计价标准和计价方式的审查

【审查要点】

（1）对计价方式的约定。

（2）施工过程中是否发生过设计变更或者质量标准的变化。

（3）工程是否经竣工验收、验收是否合格。

【注意事项】

（1）首先应当依照双方合同约定的计价标准和计价方式进行结算。

（2）在审理过程中，因设计变更导致建设工程量或质量发生变化的，是可以参照而非必须参照，参照的标准具体为："合同签订时"当地主管部门发布计价方法或者计价标准结算工程价款。"当地"是指"工程所在地"。

（3）验收不合格的工程价款处理。在实践中主要存在以下几种情况：首先，建设工程施工合同有效，工程验收不合格的，发包人可以要求承包人采取补救措施，修复其中存在的缺陷，达到工程验收标准。承包人因其违约行为产生修复费用需要自行承担且因修复工程导致延期交付对发包人造成损失的，应当赔偿相应的损失。其次，建设工程施工合同有效，工程验收不合格的，承包人拒不采取补救措施或其无能力采取补救措施的，发包人可以寻找其他具有修复能力和资质的企业承担修复工程义务，该修复费用应由原承包人承担，逾期造成的损失亦由原承包人承担。最后，建设工程合同施工有效，但工程验收不合格且无法通过修复方式使得工程达到验收标准的，则该工程属于严重质量不合格工程，应当予以拆除。根据双方过错程度和违约行为，作出赔偿损失的公正裁判。

（4）对于因设计变更导致工程量和质量变化的部分工程价款的结算，也可以参照合同中其他部分工程价款结算的方法和标准处理。

（5）当事人之间关于工程价款达成的协议在不违反法律法规强制性规定的情况下，应当为有效。国家审计机关对工程建设单位进行审计是一种行政监督行为，与建设工程施工合同当事人之间的民事法律关系性质不同。审计机关所作出的审计报告不能影响结算结果。

【规范指引】

《中华人民共和国民法典》

第八百零七条 发包人未按照约定支付价款的，承包人可以催告发包人在合理期限内支付价款。发包人逾期不支付的，除根据建设工程的性质不宜折价、拍卖外，承包人可以与发包人协议将该工程折价，也可以请求人民法院将该工程依法拍卖。建设工程的价款就该工程折价或者拍卖的价款优先受偿。

《最高人民法院关于审理建设工程施工合同纠纷案件适用法律问题的解释（一）》

第十九条 当事人对建设工程的计价标准或者计价方法有约定的，按照约定结算工程价款。

因设计变更导致建设工程的工程量或者质量标准发生变化，当事人对该部分工程价款不能协商一致的，可以参照签订建设工程施工合同时当地建设行政主管部门发布的计价方法或者计价标准结算工程价款。

建设工程施工合同有效，但建设工程经竣工验收不合格的，依照民法典第五百七十七条规定处理。

【典型案例】

江苏省苏中建设集团股份有限公司诉宁夏银古实业有限公司建设工程施工合同纠纷案［裁判法院：最高人民法院；案号：（2019）最高法民终 1192 号］

裁判要旨：对工程款计价方式进行变更要有明确约定，不能以工程进度款的支付认定双方对工程款计价方式变更为据实结算。

2. 施工合同与招标文件不一致时的审查

【审查要点】

（1）招标活动是否合法有效。

（2）是否为必须招投标的工程。

（3）施工合同与招标文件就工程范围、建设工期、工程质量、工程价款的约定存在哪些变更。

【注意事项】

（1）参照招投标文件结算工程价款的前提是招投标活动合法有效。如果招标本身是违法的，不能将招投标文件作为结算工程价款的根据。

（2）中标通知书发出后，招标人、中标人因在工程实施的细节方面没有达成一致或者因其他原因最终没有签订书面合同，此时如何确定当事人结算工程款的依据？首先，当事人未签订书面合同，但中标人已经实际进场施工，招标人亦接受的，招投标文件的内容对于当事人具有约束力。当事人请求将招投标文件作为结算工程价款依据的，应予支持。其次，如果当事人因为在工程实施细节方面没有达成一致或者一方当事人悔标而不愿意签订建设工程施工合同，那么当事人尚未开始履行招投标文件确定的权利义务内容，对此则不存在结算工程价款的问题。

（3）当事人在合同中约定了合同文件优先顺序导致合同与招投标文件不一致的，能否尊重当事人约定适用合同的约定结算工程价款？

只要合同协议书不背离招投标文件的实质性条款，将合同协议书作为第一优先顺序是可以的，应尊重当事人的意思自治。但如果合同协议书在实质性条款方面与招投标文件不一致，那么显然这些条款因为违反了《中华人民共和国招标投标法》的规定应属无效，不能产生约束当事人的法律效力，仍然应当以招投标文件作为结算工程价款的根据。

（4）招标人和中标人另行签订改变工期、工程价款、工程项目性质等影响中标结果实质性内容的协议，导致合同双方当事人就实质性内容享有的权利义务发生较大变化的，应认定为变更中标合同实质性内容。

【规范指引】

《中华人民共和国民法典》

第七百九十条 建设工程的招标投标活动，应当依照有关法律的规定公开、公平、公正进行。

《最高人民法院关于审理建设工程施工合同纠纷案件适用法律问题的解释（一）》

第二十二条 当事人签订的建设工程施工合同与招标文件、投标文件、中标通知书载明的工程范围、建设工期、工程质量、工程价款不一致，一方当事人请求将招标文件、投标文件、中标通知书作为结算工程价款的依据的，人民法院应予支持。

《第八次全国法院民事商事审判工作会议（民事部分）纪要》

31. 招标人和中标人另行签订改变工期、工程价款、工程项目性质等影响中标结果实质性内容的协议，导致合同双方当事人就实质性内容享有的权利义务发生较大变化的，应认定为变更中标合同实质性内容。

3. 非必要招投标工程招标后另行订立背离中标合同实质内容的施工合同价款的审查

【审查要点】

（1）招标活动是否合法有效。

（2）是否为必须招投标的工程。

（3）施工合同与招标文件就工程范围、建设工期、工程质量、工程价款的约定存在哪些不同。

【注意事项】

（1）非必须招标工程项目招标后以中标合同作为结算工程价款的依据。

（2）承包人因客观情况发生了在招标投标时难以预见的变化，另行订立合同的属例外情况，可以按照另行订立的合同结算工程价款。难以预见的变化具体包括：第一，招标投标后建设工程的原材料、工程设备价格变化超出了正常的市场价格涨跌幅度。第二，招标投标后人工单价发生了重大变化。第三，建设工程的规划、设计发生了重大变化。第四，其他客观情况发生重大变化的情形。

（3）对于企业通过内部招标方式签订的建设工程施工合同，随后又另行签订背离“中标合同”的实质性内容，应如何确定结算的依据？因所谓内部招标在多数情况下并非限于企业内部，而有一定的公开性，在符合《中华人民共和国招标投标法》规定的情况下，内部招标中的自主招标、场外招标等活动属于《中华人民共和国招标投标法》规范的招投标活动，发生相关争议时应适用《中华人民共和国招标投标法》及《建设工程施工合同解释（一）》的规定。但是，对于招投标活动完全局限于企业或单位内部，不涉及企业之外第三人的信赖利益，未扰乱基本的招投标市场秩序的，一般不适用《建设工程施工合同解释（一）》第二十三条的规定。

【规范指引】

《最高人民法院关于审理建设工程施工合同纠纷案件适用法律问题的解释（一）》

第二十三条 发包人将依法不属于必须招标的建设工程进行招标后，与承包人另行订立的建设工程施工合同背离中标合同的实质性内容，当事人请求以中标合同作为结算建设工程价款依据的，人民法院应予支持，但发包人与承包人因客观情况发生了在招标投标时难以预见的变化而另行订立建设工程施工合同的除外。

4.施工合同约定固定价的审查

【审查要点】

（1）双方对计价方式的约定：固定总价、面积固定单价包干等。

（2）履行中是否存在设计的变更，对合同范围之外的工程量的增减是否需要单独结算。

（3）履行过程中，主要建筑材料和人工费是否发生超出市场风险之外的重大变化。

【注意事项】

（1）施工合同履行过程中，如果建筑材料和人工费等的市场价发生了重大变化，出现了导致承包人与发包人之间利益的重大失衡，可以慎重适用公平原则进行调整，使当事人的利益得到平衡。

（2）对于因发包人方面提出设计变更等原因导致工程款数额发生增减变化的，需要对该增减的工程款进行确定，这与整个合同约定的按固定价结算工程款的原则并不矛盾。在这里需要注意的是，这并不是对整个工程造价进行鉴定、评估、审计，而只是对增减部分按合同约定的结算方法和结算标准计算工程款。

（3）如果双方当事人在合同中约定了按照固定价结算工程价款，但工程尚未完工双方即发生纠纷致使合同无法继续履行时，对于已经完成的工程部分的价款的结算问题，可以按照下列原则处理：合同有约定的从约定；如合同没有约定，且当事人无法通过补充协商达成一致的，法院可以依照当事人申请委托司法审价。在委托审价之前，当事人应就审价原则、计价方法等予以明确。除双方对审价原则等形成一致意见外，一般采用符合合同目的的通常标准（例如按照已完工部分占总工程量的比例）进行审价。

【规范指引】

《最高人民法院关于审理建设工程施工合同纠纷案件适用法律问题的解释（一）》

第二十八条　当事人约定按照固定价结算工程价款，一方当事人请求对建设工程造价进行鉴定的，人民法院不予支持。

【典型案例】

青海方升建筑安装工程有限责任公司与青海隆豪置业有限公司建设工程施工合同纠纷案［裁判法院：最高人民法院；案号:（2014）民一终字第69号］

裁判要旨：对于约定了固定价款的建设工程施工合同，双方未能如约履行，致使合同解除的，在确定争议合同的工程价款时，既不能简单地依据政府部门发布的定额计算工程价款，也不宜直接以合同约定的总价与全部工程预算总价的比值作为下浮比例，再以该比例乘以已完工程预算价格的方式计算工程价款，而应当综合考虑案件实际履行情况，并特别注重双方当事人的过错和司法裁判的价值取向等因素来确定。

5. 发包人收到结算报告“不答复视为认可”的审查

【审查要点】

（1）双方是否约定过“不答复视为认可”。

（2）承包人是否依约提交了结算文件。

（3）发包人收到结算文件的时间。

（4）发包人是否在合同约定的期限内提出过异议。

【注意事项】

（1）发包人、承包人在建设工程施工合同中特别约定了以承包人提交的结算文件为结算依据，当发包人未在约定的答复期限内提出异议或者作出答复的，则应当按照承包人提交的结算文件为建设工程价款的结算依据。

（2）承包人向发包人进行催告并不是产生本条规定的法律后果的

必经程序，发包人以承包人没有催告作为抗辩无法得到支持。

（3）发包人收到竣工结算文件在合理期限内提出了异议的，即不能认定发包人认可了承包人提供的竣工结算文件。至于发包人提出的异议是否具有合理性，则无需审查。

【规范指引】

《最高人民法院关于审理建设工程施工合同纠纷案件适用法律问题的解释（一）》

第二十一条　当事人约定，发包人收到竣工结算文件后，在约定期限内不予答复，视为认可竣工结算文件的，按照约定处理。承包人请求按照竣工结算文件结算工程价款的，人民法院应予支持。

6. 工程款利息的审查

【审查要点】

（1）当事人对欠付工程款的利息是否有约定。

（2）欠付工程款利息的起算时间点是如何约定的。

（3）利息的标准是如何约定的。

【注意事项】

（1）当事人对欠付工程价款利息计付标准有约定的，按照约定处理。

（2）欠付工程款利息的起算时间为合同约定的支付工程价款届满之日。

（3）按照同期同类贷款利率或者同期贷款市场报价利率计息，在适用时应当注意：对于2019年8月20日之前的工程欠款，仍然应当按照中国人民银行发布的同期同类贷款利率计息；对于2019年8月20日之后的工程欠款，则应按照全国银行间同业拆借中心发布的同期贷款市场报价利率计息。按照“同期贷款市场报价利率计息”，采用分段、动态的利息计付方式，指的是全国银行间同业拆借中心发布的，与工程欠款同期的贷款市场报价利率，包含一年期和五年期以上两个期限品种。在选择期限品种时，如工程欠款未超过五年，则统一按照与工程欠款同期的一年期以上贷款市场报价利率计息；如工程欠款超过五年，则应按照与工程欠款同期的五年期以上的贷款市场报价利率计息。

（4）对于利息的起算时间节点，有约定的从约定。没有约定或者约定不明的，下列时间视为应付款的时间：建设工程实际交付的，为建设工程交付之日；建设工程没有交付的，为承包人提交竣工结算文件之日；建设工程价款未结算，建设工程也未交付的，为当事人起诉之日。

（5）施工合同无效时，如存在工程款支付期限的约定，基于该约定仍是当事人真实意思表示，应以合同约定的支付工程款时间作为利息的起算时间。此外，双方可能在施工合同之外另行订立结算协议，或发包人以出具承诺书的形式重新确定支付工程款的时间及利息标准，属于对双方既存债权债务关系的清理和结算，结算协议或承诺书效力独立于无效的施工合同，在不违反法律强制性规定的情况下，应认定对双方具有约束力，可作为认定工程款利息计算标准及起算时间的依据。如果合同没有约定或者约定不明，应根据建设工程的实际情况，分别从建设工程实际交付之日、提交竣工结算文件之日以及当事人起诉之日作为应当支付工程款及利息的时间。

（6）发包人以合同约定的逾期支付工程款违约金（利息）过高要求调整的，不能直接援引《最高人民法院关于审理民间借贷案件适用法律若干问题的规定》关于利率的规定作为裁判依据，而是要依照《民法典》有关违约金调整的规定作出处理。

【规范指引】

《最高人民法院关于审理建设工程施工合同纠纷案件适用法律问题的解释（一）》

第二十六条 当事人对欠付工程价款利息计付标准有约定的，按照约定处理。没有约定的，按照同期同类贷款利率或者同期贷款市场报价利率计息。

第二十七条 利息从应付工程价款之日开始计付。当事人对付款时间没有约定或者约定不明的，下列时间视为应付款时间：

（一）建设工程已实际交付的，为交付之日；

（二）建设工程没有交付的，为提交竣工结算文件之日；

（三）建设工程未交付，工程价款也未结算的，为当事人起诉之日。

【典型案例】

（1）中国铁建大桥工程局集团有限公司与天津翰佳投资有限公司建设工程施工合同纠纷案［裁判法院：天津市高级人民法院；案号：（2017）津民终385号］

裁判要旨：在因发包人欠付工程款导致的建设工程施工合同纠纷案件中，承包人向发包人主张利息和违约金，应依照合同约定视不同情形选择适用，并非必然同时适用。除非当事人在合同中明确约定"因逾期给付工程款，发包人既要承担利息，同时还要支付违约金"，否则，承包人无权在合同仅约定逾期付款违约金的情形下再依照《最高人民法院关于审理建设工程施工合同纠纷案件适用法律问题的解释》的规定主张支付利息。

（2）中建七局第二建筑有限公司诉邳州汉华商贸有限公司、徐州安泰顺房地产开发有限公司建设工程施工合同纠纷案［裁判法院：最高人民法院；案号：（2018）最高法民申3964号］

裁判要旨：建设工程施工合同纠纷案件中，欠付工程款利息从应付工程价款之日计付。当事人对工程款付款时间没有约定或者约定不明，且建设工程未交付，工程价款也未结算的，当事人起诉之日视为应付款时间。

7. 垫资及垫资利息的审查

【审查要点】

（1）施工合同的效力。

（2）双方是否约定垫资利息及利息标准。

（3）导致合同无效或不能履行的过错责任。

【注意事项】

（1）建设工程施工合同订立后，尚未实际履行的。如已无继续履行的可能性，可对该合同在实际履行之前双方的投入进行审核，根据导致未能实际履行的过错责任，由双方按比例承担。

（2）对已履行完毕的，应将垫资本金和利息的处理重点放在工程价款的结算上。如双方已对垫资作出明确约定的，可以根据合同的约定处理垫资的本金问题，但如果当事人之间的建设工程施工合同没有对垫资作出明确约定，应将承包人的垫资作为工程欠款处理。

（3）对于部分履行的合同，如果合同有效并继续履行或者合同解除，则垫资问题从合同约定；如果合同被确认为无效，则垫资问题亦应按照无效处理，垫资本金作为返还财产的内容，利息可作为无效合同的损失，根据过错原则处理。

（4）不宜直接将承包人的垫资认定为建设工程价款优先受偿的范围。

【规范指引】

《最高人民法院关于审理建设工程施工合同纠纷案件适用法律问题的解释（一）》

第二十五条 当事人对垫资和垫资利息有约定，承包人请求按照约定返还垫资及其利息的，人民法院应予支持，但是约定的利息计算标准高于垫资时的同类贷款利率或者同期贷款市场报价利率的部分除外。

当事人对垫资没有约定的，按照工程欠款处理。

当事人对垫资利息没有约定，承包人请求支付利息的，人民法院不予支持。

8. 工程质量保证金的审查

【审查要点】

（1）工程竣工验收的时间。

（2）双方对工程缺陷责任期的约定。

（3）发包人是否要求过承包人履行维修义务。

（4）承包人是否在合理期限内进行维修。

（5）导致质量问题的原因。

（6）修复的合理费用。

【注意事项】

（1）关于工程款与工程质量保证金能否一并或分开主张的问题。承包人单独主张工程质量保证金时，如建设工程尚在缺陷责任期内，则因工程质量保证金未到返还时间，其主张难以得到支持。如承包人在缺陷责任期内单独就工程质量保证金之外的应付工程款提起诉讼，未主张工程质量保证金，但只要其起诉符合条件，就可以单独成诉。另外，如果当事人在一审起诉时因建设工程尚在缺陷责任期内未就工程质量保证金提出诉讼请求，但在诉讼过程中或二审期间建设工程缺陷责任期届满而提出诉讼请求的，应根据《中华人民共和国民事诉讼法》及相关司法解释的规定进行处理。

（2）如果建设工程确实存在因承包人原因造成的缺陷，而承包人不维修又不承担鉴定费用的，发包人有权从工程质量保证金中扣除相应费用。扣除部分费用的，发包人在缺陷责任期届满后应将其余保证金及时返还，逾期返还的，应按合同约定承担违约责任。费用超出工程质量保证金金额的，发包人还可以按合同约定向承包人索赔。如果是由他人原因造成的缺陷，应由发包人负责组织维修，承包人不承担费用，且发包人不得从保证金中扣除费用，在缺陷责任期届满后应及时返还工程质量保证金，逾期未返还的，应按合同约定承担违约责任。

（3）关于逾期返还工程质量保证金的违约责任。发包人未返还工程质量保证金是否具有法定或合同约定的抗辩事由，如具有有效的抗辩理由，则不应承担违约责任。在工程不存在质量缺陷的情况下，发包人如在质量缺陷期满后未按约定期限或未在《建设工程质量保证金管理办法》规定的期限内返还工程质量保证金的，应按约定承担违约责任。

（4）如因工程质量不合格、工程手续不完备导致工程无法通过竣工验收时，则无论是发包人原因还是承包人原因，都不存在确定缺陷责任期的前提条件。发包人、承包人必须适当履行各自在建设工程施工合同中的权利义务，使得建设工程达到竣工验收合格，方能确定缺陷责任期。

（5）施工合同中约定的工程质量保证金超过结算金额 3% 的，该约定虽然违反《建设工程质量保证金管理办法》，但从所违反的部门规范性文件的效力层级看，尚不构成对于法律、行政法规强制性规定的违反，超过 3% 的部分并非无效，性质上仍然属于工程质量保证金。

【规范指引】

《最高人民法院关于审理建设工程施工合同纠纷案件适用法律问题的解释（一）》

第十七条 有下列情形之一，承包人请求发包人返还工程质量保证金的，人民法院应予支持：

（一）当事人约定的工程质量保证金返还期限届满；

（二）当事人未约定工程质量保证金返还期限的，自建设工程通过竣工验收之日起满二年；

（三）因发包人原因建设工程未按约定期限进行竣工验收的，自承包人提交工程竣工验收报告九十日后当事人约定的工程质量保证金返还期限届满；当事人未约定工程质量保证金返还期限的，自承包人提交工程竣工验收报告九十日后起满二年。

发包人返还工程质量保证金后，不影响承包人根据合同约定或者法律规定履行工程保修义务。

《建设工程质量保证金管理办法》

第二条 本办法所称建设工程质量保证金（以下简称保证金）是指发包人与承包人在建设工程承包合同中约定，从应付的工程款中预留，用以保证承包人在缺陷责任期内对建设工程出现的缺陷进行维修的资金。

缺陷是指建设工程质量不符合工程建设强制性标准、设计文件，以及承包合同的约定。

缺陷责任期一般为 1 年，最长不超过 2 年，由发、承包双方在合同中约定。

第十一条 发包人在接到承包人返还保证金申请后，应于 14 天内会同承包人按照合同约定的内容进行核实。如无异议，发包人应当按照约定将保证金返还给承包人。对返还期限没有约定或者约定不明确的，发包人应当在核实后14天内将保证金返还承包人，逾期未返还的，依法承担违约责任。发包人在接到承包人返还保证金申请后14天内不予答复，经催告后14天内仍不予答复，视同认可承包人的返还保证金申请。

9. 能否以未开发票作为拒付工程款的先履行抗辩

【审查要点】

（1）双方合同中对开发票的约定。

（2）发包人是否向承包人提出过开发票的要求。

（3）关于开发票及付款时点的约定。

【注意事项】

（1）承包人不履行配合开具发票等协作义务的，人民法院视违约情节，可以依据合同中关于违约责任的规定，判令承包人限期履行、赔偿损失等。

（2）因开具发票与支付工程款之间不具有对等关系，发包人以承包人未开具发票作为拒付工程款的抗辩理由不能成立。除非当事人明确约定：一方不及时开具发票，另一方有权拒绝支付工程款。因为这种情况就意味着双方将开具发票视为与支付工程款同等的义务。

【规范指引】

《第八次全国法院民事商事审判工作会议（民事部分）纪要》

34. 承包人不履行配合工程档案备案、开具发票等协作义务的，人民法院视违约情节，可以依据合同法第六十条、第一百零七条规定，判令承包人限期履行、赔偿损失等。

四、关于建设工程施工合同解除的审查要点及裁判规则

合同解除是合同当事人一方或者双方依照约定或者法律规定，依法解除合同效力的行为。建设工程施工合同的解除既有合同解除的一

般属性，亦有建设工程施工合同本身的特殊属性。在成立并有效的建设工程施工合同的履行过程中，时常因出现某一事实或条件成就，导致合同解除的情形出现。因建设工程施工合同解除与承包、发包等各方当事人的利益密切相关，当事人提出要求解除或者确认解除建设工程施工合同的时候，人民法院应对建设工程施工合同的解除进行主动审查。

（一）对发包人行使解除权的审查

1. 对发包人行使约定解除权的审查

【审查要点】

（1）建设工程施工合同成立并生效。

（2）合同解除以及解除后果的约定。

（3）解除权的约定不存在违反法律、行政法规的强制性规定或者违背公序良俗等无效情形。

（4）行使约定解除权的一方是否为守约方。

（5）当事人提起约定解除的，是否符合约定的合同解除条件。

（6）当事人为了自己的利益不正当地阻却条件成就的，视为条件已经成就，不正当地促成条件成就的，视为条件不成就。

【注意事项】

若对发包人行使的约定解除权作广义理解，不仅仅包含合同约定解除权。根据解除的原因不同，可细化为合同因解除条件成就而解除、当事人合意解除以及合同约定解除权。其中，合同因解除条件成就而解除其实质类似附解除条件的民事法律行为；当事人合意解除即是在合同履行过程中，当事人协商一致解除合同的方式，此种解除方式并不涉及解除权的发生。

对于狭义的合同约定解除权的审查，需要注意：

（1）约定解除权的审查主要是合同意思表示解释的问题。意思表示解释时，应当按照所使用的词句，结合相关条款、行为的性质和目的、习惯以及诚信原则，确定相关条款的含义。

（2）约定解除权条款系格式条款的，应按照格式条款的相关规定审查。采用格式条款订立合同的，提供格式条款的一方应当遵循公平原则确定当事人之间的权利和义务，并采取合理的方式提示对方注意免除或者减轻其责任等与对方有重大利害关系的条款，按照对方的要求，对该条款予以说明。提供格式条款的一方未履行提示或者说明义务，致使对方没有注意或者理解与其有重大利害关系的条款的，对方可以主张该条款不成为合同的内容。

（3）合同约定的解除条件成就，守约方以此为由请求解除合同的，法院应当审查违约方的违约程度是否显著轻微，是否影响守约方合同目的的实现，根据诚信原则，确定合同应否解除。违约方的违约程度显著轻微，不影响守约方合同目的的实现，守约方请求解除合同的，法院不予支持。

【规范指引】

《中华人民共和国民法典》

第一百五十八条 民事法律行为可以附条件，但是根据其性质不得附条件的除外。附生效条件的民事法律行为，自条件成就时生效。附解除条件的民事法律行为，自条件成就时失效。

第一百五十九条 附条件的民事法律行为，当事人为自己的利益不正当地阻止条件成就的，视为条件已经成就；不正当地促成条件成就的，视为条件不成就。

第四百九十六条 格式条款是当事人为了重复使用而预先拟定，并在订立合同时未与对方协商的条款。

采用格式条款订立合同的，提供格式条款的一方应当遵循公平原则确定当事人之间的权利和义务，并采取合理的方式提示对方注意免除或者减轻其责任等与对方有重大利害关系的条款，按照对方的要求，对该条款予以说明。提供格式条款的一方未履行提示或者说明义务，致使对方没有注意或者理解与其有重大利害关系的条款的，对方可以主张该条款不成为合同的内容。

第四百九十七条　有下列情形之一的，该格式条款无效：

（一）具有本法第一编第六章第三节和本法第五百零六条规定的无效情形；

（二）提供格式条款一方不合理地免除或者减轻其责任、加重对方责任、限制对方主要权利；

（三）提供格式条款一方排除对方主要权利。

第五百六十二条　当事人协商一致，可以解除合同。

当事人可以约定一方解除合同的事由。解除合同的事由发生时，解除权人可以解除合同。

《全国法院民商事审判工作会议纪要》

47.【约定解除条件】合同约定的解除条件成就时，守约方以此为由请求解除合同的，人民法院应当审查违约方的违约程度是否显著轻微，是否影响守约方合同目的实现，根据诚实信用原则，确定合同应否解除。违约方的违约程度显著轻微，不影响守约方合同目的实现，守约方请求解除合同的，人民法院不予支持；反之，则依法予以支持。

2. 对发包人行使法定解除权的审查

【审查要点】

（1）建设工程施工合同成立并生效。

（2）发生法律规定可以解除合同的一般情形。

（3）发生法律规定的建设工程施工合同解除的情形。

（4）行使法定解除权的一方是否为守约方。

【注意事项】

法定解除权是指根据法律等规定发生的解除权。目前的建设工程施工合同发包人的法定解除权主要包括《民法典》第五百六十三条规定的五种当事人可解除合同的情形，以及《民法典》第八百零六条第一款规定的承包人将建设工程转包、违法分包的，发包人可以解除合同。现归纳发包人行使法定解除权的具体情形，主要有如下几种：（1）承包人明确表示或者以行为明确表示不履行合同主要义务的，发包人可以行使合同解除权。（2）合同约定的期限内没有完工，并在发包人催告的合理期限内仍未完工的，发包人有权请求解除合同。（3）承包人将建设工程转包、违法分包的，发包人可以解除合同。（4）已经完成的建设工程质量不合格，承包人又拒绝修复的，发包人可以行使合同解除权。（5）承包人在施工期间资质等级下降，并低于工程所需资质的，发包人可以行使解除权。

在具体司法实践中，也常见基于合同履行出现不能预见的客观因素变化而导致当事人解除合同的情形。根据法律规定，不可抗力是指不能预见、不能避免且不能克服的客观情形。由于不可抗力造成合同不能履行的重大障碍时，可以适用不可抗力的法律条款，发生合同解除的法律后果，而在不可抗力造成合同可以履行但对当事人一方明显不公平的情形时，则适用情势变更的法律条款，变更或解除合同。

【规范指引】

《中华人民共和国民法典》

第五百六十三条　有下列情形之一的，当事人可以解除合同：

（一）因不可抗力致使不能实现合同目的；

（二）在履行期限届满前，当事人一方明确表示或者以自己的行为表明不履行主要债务；

（三）当事人一方迟延履行主要债务，经催告后在合理期限内仍未履行；

（四）当事人一方迟延履行债务或者有其他违约行为致使不能实现合同目的；

（五）法律规定的其他情形。

以持续履行的债务为内容的不定期合同，当事人可以随时解除合同，但是应当在合理期限之前通知对方。

第八百零六条　承包人将建设工程转包、违法分包的，发包人可以解除合同。

发包人提供的主要建筑材料、建筑构配件和设备不符合强制性标准或者不履行协助义务，致使承包人无法施工，经催告后在合理期限内仍未履行相应义务的，承包人可以解除合同。

合同解除后，已经完成的建设工程质量合格的，发包人应当按照约定支付相应的工程价款；已经完成的建设工程质量不合格的，参照本法第七百九十三条的规定处理。

【典型案例】

海南昌江鑫龙房地产开发有限公司与海南献林建筑安装工程有限公司建设工程施工合同纠纷案［裁判法院：最高人民法院；案号：（2017）最高法民申51号］

裁判要旨：由于法定解除权赋予了权利主体以单方意思表示干预法律关系的权利，从保护相对人免受不公平损害结果、维护和鼓励交易的角度出发，法定解除权通常应赋予守约方而非违约方。发包人在因未依约支付工程款构成严重违约等情形发生时，不得因承包人一般违约而解除合同。

（二）对承包人行使解除权的审查

1. 对承包人行使约定解除权的审查

【审查要点】

（1）建设工程施工合同成立并生效。

（2）对合同解除以及解除后果有相关约定。

（3）解除权的约定不存在违反法律强制性规定或者违背公序良俗等无效情形。

（4）行使约定解除权的一方是否为守约方。

（5）当事人提起约定解除的，是否符合约定的合同解除条件。

（6）当事人为了自己的利益不正当地阻却条件成就的，视为条件已经成就；不正当地促成条件成就的，视为条件不成就。

【注意事项】

同对发包人行使约定解除权审查。

【规范指引】

《中华人民共和国民法典》

第一百五十八条 民事法律行为可以附条件，但是根据其性质不得附条件的除外。附生效条件的民事法律行为，自条件成就时生效。附解除条件的民事法律行为，自条件成就时失效。

第一百五十九条 附条件的民事法律行为，当事人为自己的利益不正当地阻止条件成就的，视为条件已经成就；不正当地促成条件成就的，视为条件不成就。

第五百六十二条第一款 当事人协商一致，可以解除合同。

《全国法院民商事审判工作会议纪要》

47.【约定解除条件】合同约定的解除条件成就时，守约方以此为由请求解除合同的，人民法院应当审查违约方的违约程度是否显著轻微，是否影响守约方合同目的的实现，根据诚实信用原则，确定合同应否解除。违约方的违约程度显著轻微，不影响守约方合同目的实现，守约方请求解除合同的，人民法院不予支持；反之，则依法予以支持。

2. 对承包人行使法定解除权的审查

【审查要点】

（1）建设工程施工合同成立并生效。

（2）发生法律规定可以解除合同的一般情形。

（3）发生法律规定的建设工程施工合同解除的情形。

（4）行使法定解除权的一方是否为守约方。

【注意事项】

承包人可以根据《民法典》第五百六十三条的规定解除合同，具体审查要点及注意事项同一般合同当事人及发包人，主要法定解除的原因：一是不可抗力，二是当事人违约。对于承包人的法定解除权，根据《民法典》第八百零六条，发包人提供的主要建筑材料、建筑构配件和设备不符合强制性标准或者不履行协助义务，致使承包人无法施工，经催告后在合理期限内发包人仍未履行相应义务的，承包人可以解除合同。

【规范指引】

《中华人民共和国民法典》

第五百六十三条 有下列情形之一的，当事人可以解除合同：

（一）因不可抗力致使不能实现合同目的；

（二）在履行期限届满前，当事人一方明确表示或者以自己的行为表明不履行主要债务；

（三）当事人一方迟延履行主要债务，经催告后在合理期限内仍未履行；

（四）当事人一方迟延履行债务或者有其他违约行为致使不能实现合同目的；

（五）法律规定的其他情形。

以持续履行的债务为内容的不定期合同，当事人可以随时解除合同，但是应当在合理期限之前通知对方。

第八百零六条 承包人将建设工程转包、违法分包的，发包人可以解除合同。

发包人提供的主要建筑材料、建筑构配件和设备不符合强制性标准或者不履行协助义务，致使承包人无法施工，经催告后在合理期限内仍未履行相应义务的，承包人可以解除合同。

合同解除后，已经完成的建设工程质量合格的，发包人应当按照约定支付相应的工程价款；已经完成的建设工程质量不合格的，参照本法第七百九十三条的规定处理。

（三）对解除权行使程序和方式的审查

1. 对解除权行使程序的审查

【审查要点】

（1）双方对解除权行使期间有约定的从约定。

（2）双方未约定解除权行使期限的，相对方可以催告解除权人在合理期限内解除合同。

（3）双方未约定解除权行使期限，也未催告的，适用法律规定的一年期限。

（4）通知解除的，解除通知应清晰表达解除合同的意思表示，并以解除通知送达相对方的日期为合同解除日；解除通知载明债务人在一定期限内不履行债务则合同自动解除，债务人在该期限内未履行债务，合同自通知载明的期限届满解除。

（5）依照法律规定可以通知方式行使约定或法定解除权的解除权人未以通知方式行使解除权，而是以直接提起诉讼的方式主张解除合同，法院确认该主张的，合同自起诉状副本送达之日解除；依照法律规定必须以诉讼方式解除合同的，以判决生效之日作为合同解除日期。

【注意事项】

（1）合同明确约定了解除通知或者相关交易文件的送达地址，并且约定如果未能有效送达，以信件退回之日或者通知发出若干日视为送达的，应当尊重当事人意思自治，以视为送达日作为合同解除日。

（2）解除权人发出的通知内容只是催告相对方履行债务，或者只是载明如果相对方不履行债务将解除合同而非合同自动解除，未明确表达解除合同的意思表示的，应当认定为催告通知而非解除通知。

（3）法律规定可以以通知方式行使解除权的解除权人以直接提起诉讼的方式主张解除合同，其在案件审理过程中变更起诉状中载明的解除权发生事由的，应当要求解除权人提出变更诉讼请求的申请。

【规范指引】

《中华人民共和国民法典》

五百六十三条第二款 以持续履行的债务为内容的不定期合同，当事人可以随时解除合同，但是应当在合理期限之前通知对方。

第五百六十四条 法律规定或者当事人约定解除权行使期限，期限届满当事人不行使的，该权利消灭。

法律没有规定或者当事人没有约定解除权行使期限，自解除权人知道或者应当知道解除事由之日起一年内不行使，或者经对方催告后在合理期限内不行使的，该权利消灭。

第五百六十五条 当事人一方依法主张解除合同的，应当通知对方。合同自通知到达对方时解除；通知载明债务人在一定期限内不履行债务则合同自动解除，债务人在该期限内未履行债务的，合同自通知载明的期限届满时解除。对方对解除合同有异议的，任何一方当事人均可以请求人民法院或者仲裁机构确认解除行为的效力。

当事人一方未通知对方，直接以提起诉讼或者申请仲裁的方式依法主张解除合同，人民法院或者仲裁机构确认该主张的，合同自起诉状副本或者仲裁申请书副本送达对方时解除。

2. 对解除权行使方式的审查

【审查要点】

（1）是否采取通知方式行使解除权。

（2）是否系守约方发出通知。

（3）解除通知是否明确具体。

（4）是否以守约方解除通知到达对方时为解除时间。

【注意事项】

享有法定或者约定解除权是当事人有权以通知方式解除合同的前提条件。一般而言，守约方有解除权，违约方无解除权。《民法典》第五百八十条赋予违约方在特定条件下可以提出终止合同的权利，其目的是打破合同关系僵局，但这并不意味着违约方享有合同解除权，而是因合同目的无法实现，继续履行会产生更大的损失。故系在此前提下，法律对风险损失的一种权衡与规避。解除通知应当明示，不能以当事人的行为推定合同解除；如果当事人起诉解除合同的，自起诉状副本送达对方时合同解除。

【规范指引】

《中华人民共和国民法典》

第五百六十五条 当事人一方依法主张解除合同的，应当通知对方。合同自通知到达对方时解除；通知载明债务人在一定期限内不履行债务则合同自动解除，债务人在该期限内未履行债务的，合同自通知载明的期限届满时解除。对方对解除合同有异议的，任何一方当事人均可以请求人民法院或者仲裁机构确认解除行为的效力。

当事人一方未通知对方，直接以提起诉讼或者申请仲裁的方式依法主张解除合同，人民法院或者仲裁机构确认该主张的，合同自起诉状副本或者仲裁申请书副本送达对方时解除。

第五百八十条 当事人一方不履行非金钱债务或者履行非金钱债务不符合约定的，对方可以请求履行，但是有下列情形之一的除外：

（一）法律上或者事实上不能履行；

（二）债务的标的不适于强制履行或者履行费用过高；

（三）债权人在合理期限内未请求履行。

有前款规定的除外情形之一，致使不能实现合同目的的，人民法院或者仲裁机构可以根据当事人的请求终止合同权利义务关系，但是不影响违约责任的承担。

《全国法院民商事审判工作会议纪要》

46.【通知解除的条件】审判实践中，部分人民法院对合同法司法解释（二）第24条的理解存在偏差，认为不论发出解除通知的一方有无解除权，只要另一方未在异议期限内以起诉方式提出异议，就判令解除合同，这不符合合同法关于合同解除权行使的有关规定。对该条的准确理解是，只有享有法定或者约定解除权的当事人才能以通知方式解除合同。不享有解除权的一方向另一方发出解除通知，另一方即便未在异议期限内提起诉讼，也不发生合同解除的效果。人民法院在审理案件时，应当审查发出解除通知的一方是否享有约定或者法定的解除权来决定合同应否解除，不能仅以受通知一方在约定或者法定的异议期限届满内未起诉这一事实就认定合同已经解除。

（四）对合同解除后责任负担的审查

1. 合同解除后发包人的责任负担

【审查要点】

（1）合同解除类型的审查：约定解除或法定解除。

（2）合同解除原因的审查：解除系何方原因导致。

（3）建设工程造价金额的审查。

（4）合同解除导致的损失范围的审查。

（5）损失赔偿范围是否符合合同约定或法律规定。

（6）违约责任的种类及违约金的高低。

（7）发包人支付工程价款的金额和期限。

【注意事项】

（1）建设工程施工合同解除后，尚未履行的，终止履行；已经履行的，根据履行情况和合同性质，当事人可以要求采取其他补救措施，并有权要求赔偿损失。

（2）建设工程施工合同解除后，已经完成的建设工程质量合格的，发包人应当按照约定支付相应的工程价款。因一方违约导致合同解除的，违约方应当赔偿因此给对方造成的损失。此外，因发包人原因导致合同解除的，承包人可以依据法律规定向发包人主张预期可得利益损失。

（3）处理建设工程施工合同纠纷应本着工程质量优于合同效力的精神，即无论合同是否有效或者是否被解除，只要工程质量合格就应支付相应价款，而工程质量不合格，无论合同解除还是合同无效，适用的原则是相同的。

（4）由于合同解除是建立在合同有效的基础上作出的处理，因此因违约导致合同解除的，违约方应当承担合同约定的违约责任，赔偿因此给对方造成的经济损失。

【规范指引】

《中华人民共和国民法典》

第五百六十六条 合同解除后，尚未履行的，终止履行；已经履行的，根据履行情况和合同性质，当事人可以请求恢复原状或者采取其他补救措施，并有权请求赔偿损失。

合同因违约解除的，解除权人可以请求违约方承担违约责任，但是当事人另有约定的除外。

主合同解除后，担保人对债务人应当承担的民事责任仍应当承担担保责任，但是担保合同另有约定的除外。

第五百六十七条 合同的权利义务关系终止，不影响合同中结算和清理条款的效力。

【典型案例】

（1）青海方升建筑安装工程有限责任公司与青海隆豪置业有限公司建设工程施工合同纠纷案［裁判法院：最高人民法院；案号：（2014）民一终字第 69 号］

裁判要旨：建设工程施工合同解除后，合同价款的确定应综合考虑案件实际履行情况、当事人过错及司法判决价值取向等因素，以此确定已完成工程价款。

（2）吉林鑫达钢铁有限公司与思安有限公司建设工程施工合同纠纷案［裁判法院：最高人民法院；案号：（2019）最高法民申 5776 号］

裁判要旨：因发包人原因导致合同解除的，承包人可以依据法律规定向发包人主张预期可得利益损失。预期可得利益损失可以通过鉴定方式确定未完工程利润，人民法院可以根据鉴定意见确定承包人预期可得利益损失。

2. 合同解除后承包人的责任负担

【审查要点】

（1）合同解除类型的审查：约定解除或法定解除。

（2）合同解除原因的审查：解除系何方原因导致。

（3）建设工程造价金额的审查。

（4）合同解除导致的损失范围的审查。

（5）损失赔偿范围是否符合合同约定或法律规定。

（6）违约责任的种类及违约金的高低。

【注意事项】

（1）建设工程施工合同解除后，尚未履行的，终止履行；已经履行的，根据履行情况和合同性质，当事人可以要求采取其他补救措施，并有权要求赔偿损失。

（2）建设工程施工合同解除后，承包人应当返还建设工程。

（3）因承包人的过错造成建设工程质量不符合约定，承包人拒绝修理、返工或者改建，发包人请求减少支付工程价款的，应予支持。

【规范指引】

《中华人民共和国民法典》

第五百六十六条 合同解除后，尚未履行的，终止履行；已经履行的，根据履行情况和合同性质，当事人可以请求恢复原状或者采取其他补救措施，并有权请求赔偿损失。

合同因违约解除的，解除权人可以请求违约方承担违约责任，但是当事人另有约定的除外。

主合同解除后，担保人对债务人应当承担的民事责任仍应当承担担保责任，但是担保合同另有约定的除外。

第五百六十七条 合同的权利义务关系终止，不影响合同中结算和清理条款的效力。

五、关于当事人申请司法鉴定的审查要点及裁判规则

在建设工程施工合同纠纷案件审理中，对于造价、质量、工期及修复方案等涉及科学技术和专业知识的专门性问题，通常需要借助司法鉴定的方式来查明事实。司法鉴定的基本流程包括：启动鉴定、选取鉴定机构、交费、鉴定准备、出具鉴定意见及质证。

（一）启动鉴定

【审查要点】

工程鉴定的启动首先系依当事人申请，当事人未申请鉴定，人民法院认为需要鉴定的，可以依职权启动。

【注意事项】

人民法院应从严把握工程鉴定的启动条件，由于建设工程鉴定周期长、成本高，对于建设工程鉴定应当慎用，不鉴定可以查明事实的，就不应进行鉴定；对部分事实进行鉴定即可查明事实的，不应对全部事实进行鉴定。对当事人的鉴定申请是否准许，应结合“申请鉴定的事项与待证事项有无关联、鉴定的事项对证明待证事实有无意义”进行审查。

1. 一般认为，下列情形无须进行造价鉴定：

（1）有已完工程造价或者结算造价的书面证据，且双方代表已经签字确认。

（2）合同约定逾期不完成结算审核，视为认可结算结果，或者约定逾期不对审核意见提出异议，视为认可审核意见的，有证据证明已经发生了约定的情形。

（3）合同约定以审计结论作为结算结果，审计结论已经出具，且审计结论不违反法律规定或合同约定的。

（4）当事人约定了按照固定价结算工程价款的。不过实践中仍应灵活把握：一方面，在固定单价的情形下，若双方对工程量存在争议且通过现有证据又无法确定的，需要进行鉴定；另一方面，若固定总价合同履行过程中发生了变更、签证或索赔且未包含在合同约定的事项范围内，双方产生争议的，应视情形决定是否需要鉴定。

2. 一般认为，工程竣工验收合格或者虽未竣工，但由建筑质量监督检验部门出具质量合格评定文件的，无须进行质量鉴定。

3. 工程经竣工验收合格的事实并不必然表明工程质量没有问题或者承包人无须承担保修责任。针对发包人起诉要求承包人修复质量缺陷或者要求承担修复费用的，人民法院可以通过鉴定查明是否存在质量问题及产生原因，如何进行修复及修复费用。

【规范指引】

《中华人民共和国民事诉讼法》

第七十九条 当事人可以就查明事实的专门性问题向人民法院申请鉴定。当事人申请鉴定的，由双方当事人协商确定具备资格的鉴定人；协商不成的，由人民法院指定。

当事人未申请鉴定，人民法院对专门性问题认为需要鉴定的，应当委托具备资格的鉴定人进行鉴定。

《最高人民法院关于适用〈中华人民共和国民事诉讼法〉的解释》

第一百二十一条第一款 当事人申请鉴定，可以在举证期限届满前提出。申请鉴定的事项与待证事实无关联，或者对证明待证事实无意义的，人民法院不予准许。

《最高人民法院关于审理建设工程施工合同纠纷案件适用法律问题的解释（一）》

第二十八条 当事人约定按照固定价结算工程价款，一方当事人请求对建设工程造价进行鉴定的，人民法院不予支持。

第二十九条 当事人在诉讼前已经对建设工程价款结算达成协议，诉讼中一方当事人申请对工程造价进行鉴定的，人民法院不予准许。

第三十一条 当事人对部分案件事实有争议的，仅对有争议的事实进行鉴定，但争议事实范围不能确定，或者双方当事人请求对全部事实鉴定的除外。

（二）选取鉴定机构

【审查要点】

人民法院准许鉴定申请的，应当组织双方当事人协商确定具备相应资格的鉴定人。当事人协商不成的，由人民法院通过随机摇号的方式指定。人民法院依职权委托鉴定的，可以在询问当事人的意见后，指定具备相应资格的鉴定人。

【规范指引】

《中华人民共和国民事诉讼法》

第七十九条 当事人可以就查明事实的专门性问题向人民法院申请鉴定。当事人申请鉴定的，由双方当事人协商确定具备资格的鉴定人；协商不成的，由人民法院指定。

当事人未申请鉴定，人民法院对专门性问题认为需要鉴定的，应当委托具备资格的鉴定人进行鉴定。

《最高人民法院关于适用〈中华人民共和国民事诉讼法〉的解释》

第一百二十一条第二款、第三款 人民法院准许当事人鉴定申请的，应当组织双方当事人协商确定具备相应资格的鉴定人。当事人协商不成的，由人民法院指定。

符合依职权调查收集证据条件的，人民法院应当依职权委托鉴定，在询问当事人的意见后，指定具备相应资格的鉴定人。

《最高人民法院关于民事诉讼证据的若干规定》

第三十二条第一款 人民法院准许鉴定申请的，应当组织双方当事人协商确定具备相应资格的鉴定人。当事人协商不成的，由人民法院指定。

（三）交费

【审查要点】

鉴定费用由申请鉴定的一方预交，但是也不排除当事人自行确定各方共同预交的情形。

【注意事项】

申请鉴定的一方无正当理由拒不交纳费用，视为撤回鉴定申请。对需要鉴定的待证事实负有举证责任的当事人，在人民法院指定期间内无正当理由不预交鉴定费用，致使待证事实无法查明的，应当承担举证不能的法律后果。

【规范指引】

《最高人民法院关于民事诉讼证据的若干规定》

第三十一条　当事人申请鉴定，应当在人民法院指定期间内提出，并预交鉴定费用。逾期不提出申请或者不预交鉴定费用的，视为放弃申请。

对需要鉴定的待证事实负有举证责任的当事人，在人民法院指定期间内无正当理由不提出鉴定申请或者不预交鉴定费用，或者拒不提供相关材料，致使待证事实无法查明的，应当承担举证不能的法律后果。

（四）鉴定准备

【审查要点】

人民法院准许当事人的鉴定申请并确定鉴定机构后，一方面应当根据当事人申请及查明事实的需要，确定委托鉴定的事项、范围、鉴定期限等，并组织双方当事人对争议的鉴定材料进行质证，未经质证的材料，不得作为鉴定的根据；另一方面要组织鉴定人员、当事人共同参加鉴定准备会，就鉴定标准和方法听取意见并作出决定。

【注意事项】

实践中，虽然建设工程施工合同纠纷中的鉴定绝大多数系由负有举证责任的当事人提出申请，但是人民法院仍应对鉴定申请及申请中载明的鉴定事项和范围进行审慎审查，在尊重双方当事人意思自治的基础上，对申请中与待证事项无关联或者对证明待证事实无意义的，应不予准许。若出现当事人对鉴定事项和范围产生争议的情形，可根据案件事实查明的需要，并结合举证责任的分配等因素进行处理。

【规范指引】

《最高人民法院关于民事诉讼证据的若干规定》

第三十四条第一款　人民法院应当组织当事人对鉴定材料进行质证。未经质证的材料，不得作为鉴定的根据。

（五）出具鉴定意见及质证

【审查要点】

鉴定意见作为法定的证据类型之一，应当在法庭上出示并由当事人互相质证，未经质证程序，不得作为认定案件事实的依据。鉴定过程中，鉴定人将有争议且未经质证的材料作为鉴定依据的，人民法院应当组织当事人就该部分材料进行质证。经质证认为不能作为鉴定依据的，根据该材料所作出的鉴定意见不得作为认定案件事实的依据。

【规范指引】

《最高人民法院关于审理建设工程施工合同纠纷案件适用法律问题的解释（一）》

第三十三条　人民法院准许当事人的鉴定申请后，应当根据当事人申请及查明案件事实的需要，确定委托鉴定的事项、范围、鉴定期限等，并组织当事人对争议的鉴定材料进行质证。

第三十四条　人民法院应当组织当事人对鉴定意见进行质证。鉴定人将当事人有争议且未经质证的材料作为鉴定依据的，人民法院应当组织当事人就该部分材料进行质证。经质证认为不能作为鉴定依据的，根据该材料作出的鉴定意见不得作为认定案件事实的依据。

（六）对逾期申请鉴定及一审中未申请鉴定的审查

【审查要点】

1. 根据现行法律、司法解释规定，对于当事人逾期提供的证据，只要与案件基本事实有关，都可以采纳。因此，当事人在举证期限或者法院指定的期限届满后提出鉴定申请的，若鉴定事项与案件基本事实有关，不鉴定不能查清案件基本事实的，法院应对鉴定申请予以准许。

2. 一审诉讼中负有举证责任的当事人未申请鉴定，或虽申请鉴定但未支付鉴定费用或者拒不提供相关材料，二审诉讼中申请鉴定的，人民法院经审查认为鉴定事项对于查清案件相关事实确有必要的，应予准许。因为二审法院直接委托鉴定并根据鉴定意见作出裁判，涉及当事人的审级利益，相当于对于鉴定意见的质证未经过两审程序，所以只有双方当事人都愿意放弃审级利益并同意二审法院直接委托鉴定的，二审法院才可以直接委托鉴定。否则，应将案件发回一审法院重审。

【注意事项】

1. 建设工程施工合同纠纷中，鉴定对象涉及工程造价、质量、修复费用等专门性问题，为了妥善、彻底地解决纠纷，在当事人囿于法律、专业知识不足、不愿意交纳鉴定费用等原因不申请鉴定时，人民法院应向对专门性问题相关的待证事实负有举证责任的当事人进行释明，告知其鉴定的必要性及不申请鉴定的法律后果。在当事人经释明后仍不申请鉴定的，再依据证据规则判令其承担举证不能的法律后果。

2. 审查再审申请期间，再审申请人申请人民法院委托鉴定、勘验的，不予准许。

【规范指引】

《最高人民法院关于审理建设工程施工合同纠纷案件适用法律问题的解释（一）》

第三十二条 当事人对工程造价、质量、修复费用等专门性问题有争议，人民法院认为需要鉴定的，应当向负有举证责任的当事人释明。当事人经释明未申请鉴定，虽申请鉴定但未支付鉴定费用或者拒不提供相关材料的，应当承担举证不能的法律后果。

一审诉讼中负有举证责任的当事人未申请鉴定，虽申请鉴定但未支付鉴定费用或者拒不提供相关材料，二审诉讼中申请鉴定，人民法院认为确有必要的，应当依照民事诉讼法第一百七十条第一款第三项的规定处理。

《最高人民法院关于适用〈中华人民共和国民事诉讼法〉的解释》

第三百九十七条 审查再审申请期间，再审申请人申请人民法院委托鉴定、勘验的，人民法院不予准许。

（七）对诉讼前已经就建设工程价款结算达成协议再申请造价鉴定的审查

【审查要点】

当事人在诉讼前已经达成了工程价款结算协议，应视为双方均已认可结算方式及相应结算金额，之后当事人一方又申请工程造价鉴定试图否定先前的认可的，显然是一种不诚信的诉讼行为，人民法院可以“申请鉴定的事项对证明待证事实无意义”为由不予准许。

【注意事项】

1. 对诉讼中达成建设工程价款结算协议的情形，一方当事人再申请对工程造价进行鉴定的，也应不予准许。

2. 双方当事人达成工程价款结算协议后，又共同申请对建设工程造价进行鉴定的，应当认定工程价款通过结算协议尚不能确定是双方当事人的最新合意，应允许其申请鉴定。

3. 当事人签订的建设工程价款结算协议具有独立性，建设工程合同是否有效不影响结算协议的效力，因此结算协议排斥造价鉴定不以施工合同有效为前提。

4. 即便建设工程未竣工或者可能存在质量不合格，只要发包人签订了建设工程价款结算协议，就可以从诉讼诚信的角度对工程造价鉴定申请不予准许。

【规范指引】

《最高人民法院关于审理建设工程施工合同纠纷案件适用法律问题的解释（一）》

第二十九条　当事人在诉讼前已经对建设工程价款结算达成协议，诉讼中一方当事人申请对工程造价进行鉴定的，人民法院不予准许。

（八）对诉讼前已共同委托造价咨询再申请造价鉴定的审查

【审查要点】

当事人共同委托工程造价咨询机构出具的工程造价咨询意见与诉讼中当事人申请人民法院委托鉴定机构或者人民法院依职权委托鉴定

机构出具的鉴定意见的性质、证明力均有差别，彼此不能直接替代。因此，不能仅以有咨询意见为由，剥夺当事人申请鉴定的程序权利。若双方已明确表示接受该咨询意见，则表明双方都认可以该咨询意见作为证据的真实性、合法性、关联性。当事人一方事后再申请鉴定，已与其之前的行为矛盾，从诉讼诚信的角度出发，以鉴定没有实际意义为由不予准许。

【注意事项】

1. 严格区分当事人共同委托的意思表示与同意接受咨询意见约束的意思表示，即双方当事人仅就共同委托有关机构、人员出具咨询意见这一事项本身达成了一致，并不等于双方当事人委托时已经同意接受将来的工作成果——咨询意见的约束。

2. 诉前造价咨询意见在证据分类上不属于《中华人民共和国民事诉讼法》规定的鉴定意见。如果当事人约定受该造价咨询意见的约束，为保障当事人程序权利及预防虚假诉讼，必要时可参酌鉴定意见质证规则进行质证，一方当事人对该造价咨询意见中的争议事项等仍有权申请法院对其进行判定。

3. 应注意与《最高人民法院关于民事诉讼证据的若干规定》第四十一条规定的区别适用，对于一方当事人就专门性问题自行委托有关机构或者人员出具的意见，另一方当事人申请鉴定，需要“有证据或者有理由足以反驳”该咨询意见。而对于建设工程施工合同纠纷中，双方诉讼前已共同委托造价咨询再申请造价鉴定的，只需要当事人表示不接受咨询意见即可，无需另行举证证明该咨询意见存在缺陷。

【规范指引】

《最高人民法院关于审理建设工程施工合同纠纷案件适用法律问题的解释（一）》

第三十条　当事人在诉讼前共同委托有关机构、人员对建设工程造价出具咨询意见，诉讼中一方当事人不认可该咨询意见申请鉴定的，人民法院应予准许，但双方当事人明确表示受该咨询意见约束的除外。

【典型案例】

江苏南通二建集团有限公司与连云港市远通房地产开发有限公司建设工程施工合同纠纷案［裁判法院：最高人民法院；案号：(2017)最高法民终20号］

裁判要旨：建设工程施工合同纠纷案件中，双方当事人庭外自行委托第三方对工程价款进行审计并出具审计报告，经双方共同确认的，应视为双方对工程价款达成了结算协议，一方反悔但未能提供证据证明该结算协议存在无效或可撤销情形的，人民法院不应支持。

六、关于承包人主张优先受偿权的审查要点及裁判规则

（一）对优先受偿权行使主体的审查

【审查要点】

1. 建设工程价款优先受偿权这一法定优先权的目的是对农民工等建筑工人的工资权益予以优先保护，因此只有与发包人订立建设工程施工合同的承包人才有权主张优先受偿，而勘察人、设计人、监理人均不享有工程价款优先受偿权。

2. 转包、违法分包以及借用资质签订的建设工程施工合同依法应当被认定为无效合同，其中的承包人即实际施工人不享有工程价款优先受偿权。合法分包合同的承包人也不享有工程价款优先受偿权。

【注意事项】

1. 实务中的总承包模式包括：设计采购施工总承包人（EPC模式）、设计采购与施工管理总承包（EPCM模式）、设计+施工总承包（D+B模式），在上述总承包模式中，合同中约定的设计费甚至勘察费应属于工程款的范围，而且一般与工程价款同时结算、支付，因此承包人可以就相关费用主张优先受偿权。

2. 建设工程被转让的，承包人的优先受偿权不受影响。虽然建设工程价款债权转让后，受让人是否应享有优先受偿权尚无明确规定，但从目的解释的角度出发，亦应认可建设工程价款债权受让人享有工

程价款优先受偿权。

【规范指引】

《中华人民共和国民法典》

第八百零七条　发包人未按照约定支付价款的，承包人可以催告发包人在合理期限内支付价款。发包人逾期不支付的，除根据建设工程的性质不宜折价、拍卖外，承包人可以与发包人协议将该工程折价，也可以请求人民法院将该工程依法拍卖。建设工程的价款就该工程折价或者拍卖的价款优先受偿。

《最高人民法院关于审理建设工程施工合同纠纷案件适用法律问题的解释（一）》

第三十五条　与发包人订立建设工程施工合同的承包人，依据民法典第八百零七条的规定请求其承建工程的价款就工程折价或者拍卖的价款优先受偿的，人民法院应予支持。

【典型案例】

上海恒泽永润投资发展有限公司与上海复华中日医疗健康产业发展有限公司建设工程施工合同纠纷案［裁判法院：上海市高级人民法院；案号：（2020）沪民终 516 号］

裁判要旨：1. 工程款优先受偿权是从属于工程款债权的从权利。工程款债权的范围更多地表现为在进行工程建设中包括人工和建筑材料、机械费用等已经实际投入并物化在建设工程上的成本，所以工程价款优先受偿权作为法定优先权，应认为是作为具有担保工程款债权优先实现的担保功能的财产性从权利，可以随工程款债权的转让而转让。

2. 工程价款优先受偿权制度虽有对农民工等建筑工人的工资权益予以优先保护的立法目的，但其并非直接指向建筑工人的工资权益，而是以保护承包人的工程价款债权为媒介，间接保护建筑工人的权益。因此，允许工程价款优先受偿权随主债权一并转让，也有利于加速承包人通过流转的方式得到清偿，从根本上有利于工程价款优先受偿权设立目的的实现。

（二）对优先受偿权行使条件的审查

【审查要点】

1. 承建的工程质量合格；

2. 发包人未按约定支付建设工程价款，经承包人催告后，在合理期限内仍未支付；

3. 建设工程的性质适宜折价或者拍卖。

【注意事项】

1. 如果承包人在给付之诉中未提出确认工程价款优先受偿权的诉请，在执行程序中仍可主张。

2. 违法建筑、工程质量不合格且难以修复致使合同目的无法实现的，以及学校、幼儿园、医院等以公益为目的的事业单位、社会团体的教育设施、医疗卫生设施和其他社会公益设施等属于不宜折价、拍卖的情形，承包人无权主张优先受偿权。

3. 承包人行使优先受偿权不以建设工程竣工验收为必要条件，因承包人过错导致工程未竣工的，亦不影响其主张优先受偿权。

4. 承包人行使建设工程价款优先受偿权无需以建设工程施工合同有效为前提，而应以建设工程质量合格为前提。在建设工程施工合同无效情形下，对承包人主张的优先受偿权应区别对待：因发包人未取得建设工程规划许可证而导致合同无效的，即使工程质量合格，也无法实现折价、拍卖等程序，承包人实际享有的是要求发包人赔偿其投入损失的权利，而非要求发包人支付工程价款的权利，因此不享有工程价款优先受偿权。而在承包人缺乏资质、未遵守特定程序等参照有效合同处理的无效合同中，优先受偿权的工程价款可限定在承包人投入的款项范围内。

5. 未竣工的建设工程质量合格，承包人对其承建部分的工程价款享有优先受偿权。对于承包人建设工程范围的确定应按照相关证据规则进行确定，如确有必要，亦可通过司法鉴定等形式确定承包人的建设工程范围。如承包人对工程未竣工存在过错，亦不影响其享有工程价款优先受偿权。

6. 因建设工程优先受偿权是一种法定优先权，如当事人自愿达成的建设工程优先受偿权协议可以通过协商折价的方式自行实现，不适宜以调解的方式确认。

【规范指引】

《中华人民共和国民法典》

第八百零七条 发包人未按照约定支付价款的，承包人可以催告发包人在合理期限内支付价款。发包人逾期不支付的，除根据建设工程的性质不宜折价、拍卖外，承包人可以与发包人协议将该工程折价，也可以请求人民法院将该工程依法拍卖。建设工程的价款就该工程折价或者拍卖的价款优先受偿。

《最高人民法院关于审理建设工程施工合同纠纷案件适用法律问题的解释（一）》

第三十八条 建设工程质量合格，承包人请求其承建工程的价款就工程折价或者拍卖的价款优先受偿的，人民法院应予支持。

第三十九条 未竣工的建设工程质量合格，承包人请求其承建工程的价款就其承建工程部分折价或者拍卖的价款优先受偿的，人民法院应予支持。

【典型案例】

陕西建工集团第五建筑工程有限公司与陕西铠达投资集团有限公司建设工程施工合同纠纷案［裁判法院：最高人民法院；案号：（2012）民一终字第 19 号］

裁判要旨：建设工程施工合同具有一定的特殊性，施工人的劳动与建筑材料已经物化到建筑工程中，从建设工程优先受偿权保护施工人的立法本意出发，合同解除后，承包人对于涉案工程仍应享有优先受偿权。

（三）对优先受偿权行使期限的审查

【审查要点】

自发包人应当给付建设工程价款之日起算，承包人行使优先受偿权的最长期限不得超过 18 个月。

【注意事项】

1. 分期施工、阶段付款的建设工程施工合同，承包人主张阶段性工程价款而合同仍在继续履行的，应以工程最终竣工结算后所确定的工程总价款的应付款时间作为优先受偿权行使期限的起算点。

2. 针对发包人与承包人协商延长建设工程价款应付款时间的，除属于法律规定的合同无效情形外，应当认定为有效。为了避免发包人与承包人恶意串通，导致损害银行等其他债权人利益的情况发生，人民法院应当主动审查承包人、发包人的主观意愿及是否存在损害第三人利益的情形。

【规范指引】

《最高人民法院关于审理建设工程施工合同纠纷案件适用法律问题的解释（一）》

第四十一条　承包人应当在合理期限内行使建设工程价款优先受偿权，但最长不得超过十八个月，自发包人应当给付建设工程价款之日起算。

（四）对优先受偿权的工程价款范围的审查

【审查要点】

建设工程价款优先受偿的范围包括人工费、材料费、施工机具使用费、企业管理费、利润、规费和税金等全部工程价款，而非限于承包人的劳务成本或者承包人实际投入建设工程的成本。发包人逾期支付建设工程价款的利息、违约金、损害赔偿金等则不属于承包人可主张优先受偿的范围。

【注意事项】

1. 在建设工程未竣工的情况下，包括已完工工程量所包含的利润在内的建设工程价款都可以就建设工程的折价或者拍卖价款优先受偿。而未完工工程的预期可得利润属于违约造成的损失范畴，不能就建设工程折价或者拍卖的价款优先受偿。

2. 发包人从建设工程中预扣的工程质量保证金，本质上仍属于工程价款的一部分，承包人仍可就建设工程折价或者拍卖的价款优先受偿。

【规范指引】

《最高人民法院关于审理建设工程施工合同纠纷案件适用法律问题的解释（一）》

第四十条 承包人建设工程价款优先受偿的范围依照国务院有关行政主管部门关于建设工程价款范围的规定确定。

承包人就逾期支付建设工程价款的利息、违约金、损害赔偿金等主张优先受偿的，人民法院不予支持。

【典型案例】

中铁二十二局集团第四工程有限公司与安徽瑞讯交通开发有限公司、安徽省高速公路控股集团有限公司建设工程施工合同纠纷案［裁判法院：最高人民法院；案号：（2014）民一终字第56号］

裁判要旨：《最高人民法院关于建设工程价款优先受偿权问题的批复》第三条规定："建筑工程价款包括承包人为建设工程应当支付的工作人员报酬、材料款等实际支出的费用，不包括承包人因发包人违约所造成的损失。"承包人诉讼请求中所主张的因发包人违约造成的停窝工损失和材料价差损失，不属于建设工程价款优先受偿权的权利行使范围，承包人请求对上述两部分款项行使优先受偿权的，人民法院不予支持。

（五）对约定放弃或者限制优先受偿权的审查

【审查要点】

建设工程价款优先受偿权是法定由承包人享有的一项财产性权利，原则上承包人有权作出放弃、限制等自由处分行为，但应以不违背法律创设优先受偿权制度的宗旨——保护建筑工人利益为限，如发包人与承包人约定放弃或者限制建设工程价款优先受偿权，损害建筑工人利益，发包人根据该约定主张承包人不享有建设工程价款优先受偿权的，人民法院不予支持。

【规范指引】

《最高人民法院关于审理建设工程施工合同纠纷案件适用法律问题的解释（一）》

第四十二条　发包人与承包人约定放弃或者限制建设工程价款优先受偿权，损害建筑工人利益，发包人根据该约定主张承包人不享有建设工程价款优先受偿权的，人民法院不予支持。

（六）对优先受偿权与其他权利冲突的审查

1. 优先受偿权优先于抵押权和其他债权

【审查要点】

基于建设工程价款优先受偿权的法定优先权属性，其不仅优于抵押权且优先顺位的产生不以登记为条件，时间先后亦不是判断是否优先的标准。此处“其他债权”是相对承包人享有的请求发包人支付工程款的债权而言，指工程价款之外的因工程建设而产生的所有债权，包括发包人对外借款、贷款或者设备款以及其他需要以建设工程折价或者拍卖、变卖的价款清偿的全部债务。

【规范指引】

《最高人民法院关于审理建设工程施工合同纠纷案件适用法律问题的解释（一）》

第三十六条　承包人根据民法典第八百零七条规定享有的建设工程价款优先受偿权优于抵押权和其他债权。

2. 商品房消费者生存权优先于优先受偿权

【审查要点】

基于对商品房消费者生存权的保护，在消费者交付购买商品房的全部或者大部分款项后，承包人就该商品房享有的优先受偿权不得对抗买受人。

【注意事项】

严格把握"商品房消费者"的概念，对"所购商品房系用于居住且买受人名下无其他用于居住的房屋"可以理解为在案涉房屋同一设区的市或者县级市范围内商品房消费者名下没有其他用于居住的房屋。商品房消费者名下虽然已有一套房屋，但购买的房屋在面积上仍然属于满足基本居住需要的，可以理解为符合前述规定的精神。针对"已支付的价款超过合同约定总价款的百分之五十"，若商品房消费者支付的价款接近于50%，且已按照合同约定将剩余价款支付给申请执行人或者按照人民法院的要求交付执行的，可以理解为符合前述规定的精神。

【规范指引】

《最高人民法院关于人民法院办理执行异议和复议案件若干问题的规定》

第二十九条　金钱债权执行中，买受人对登记在被执行的房地产开发企业名下的商品房提出异议，符合下列情形且其权利能够排除执行的，人民法院应予支持：

（一）在人民法院查封之前已签订合法有效的书面买卖合同；

（二）所购商品房系用于居住且买受人名下无其他用于居住的房屋；

（三）已支付的价款超过合同约定总价款的百分之五十。

《全国法院民商事审判工作会议纪要》

125.【案外人系商品房消费者】实践中，商品房消费者向房地产开发企业购买商品房，往往没有及时办理房地产过户手续。房地产开发企业因欠债而被强制执行，人民法院在对尚登记在房地产开发企业名下但已出卖给消费者的商品房采取执行措施时，商品房消费者往往会提出执行异议，以排除强制执行。对此，《最高人民法院关于人民法院办理执行异议和复议案件若干问题的规定》第29条规定，符合下列情形的，应当支持商品房消费者的诉讼请求：一是在人民法院查封之前已签订合法有效的书面买卖合同；二是所购商品房系用于居住且买受人名下无其他用于居住的房屋；三是已支付的价款超过合同约定总价款的百分之五十。人民法院在审理执行异议之诉案件时，可参照适用此条款。

问题是，对于其中“所购商品房系用于居住且买受人名下无其他用于居住的房屋”如何理解，审判实践中掌握的标准不一。“买受人名下无其他用于居住的房屋”，可以理解为在案涉房屋同一设区的市或者县级市范围内商品房消费者名下没有用于居住的房屋。商品房消费者名下虽然已有1套房屋，但购买的房屋在面积上仍然属于满足基本居住需要的，可以理解为符合该规定的精神。

对于其中“已支付的价款超过合同约定总价款的百分之五十”如何理解，审判实践中掌握的标准也不一致。如果商品房消费者支付的价款接近于百分之五十，且已按照合同约定将剩余价款支付给申请执行人或者按照人民法院的要求交付执行的，可以理解为符合该规定的精神。

【典型案例】

许某玲与长青建设集团有限公司、云南润红房地产开发有限责任公司案外人执行异议之诉案［裁判法院：最高人民法院；案号:（2021）最高法民终602号］

裁判要旨：在已经支付全部或者大部分购房款的商品房消费者的生存权与建设工程价款优先受偿权发生冲突时，应优先保护商品房消费者的生存权。

七、关于实际施工人权利保护的审查要点及裁判规则

（一）对发包人在欠付工程款范围内承担责任的审查

【审查要点】

1. 实际施工人对转包人或者违法分包人享有债权，该债权可以是工程价款请求权，也可以是合同无效引起的赔偿损失请求权。

2. 发包人欠付转包人或者违法分包人建设工程价款。

3. 实际施工人对转包人或者违法分包人享有的债权数额不超出发

包人欠付转包人或者违法分包人的建设工程价款，超出部分，实际施工人不能向发包人主张。

【注意事项】

1. 发包人为建设工程的建设单位，欠付工程款为发包人欠付总承包人的工程款，实际施工人为转包或者违法分包关系中的承包人，但不包括多层转包和违法分包关系中的实际施工人。

2. 发包人承担的是共同责任、补充责任还是连带责任在学理上尚存争议，审判中直接判决发包人在欠付工程款范围内承担责任为宜。

3. 在举证责任分配方面，因实际施工人并不掌握发包人与总承包人之间的合同履行及工程款结算情况，故发包人抗辩工程款已经付清的，法院可以根据实际施工人的申请，要求实际掌握结算付款材料的发包人或者承包人提供双方结算付款的相关证据材料，主动查明发包人实际付款情况，防止承发包双方恶意串通损害实际施工人利益。发包人和承包人仅陈述款项结清，但就付款结算的具体情况无法给出合理说明、拒绝配合提供相应结算材料，难以认定工程款确已付清的，发包人应当承担相应的不利后果。

4. 原则上，挂靠关系中的挂靠人无权直接起诉发包人主张工程款。实践中，若发包人、被挂靠单位与挂靠人在签订建设工程施工合同时均明知挂靠人系以被挂靠单位名义与发包人签订合同，实际由挂靠人直接承担合同责任，则发包人与被挂靠单位之间的合同属于通谋虚伪意思表示，因欠缺效果意思而无效。挂靠人与发包人之间产生的实质性建设工程施工合同关系属于前述通谋虚伪意思表示的隐藏行为，该隐藏行为因挂靠人借用资质违反法律强制性规定亦属无效。如果发包人与挂靠人之间因施工、价款结算等形成事实上的建设工程施工关系，那么在建设工程经竣工验收合格的情形下，挂靠人可直接请求发包人参照合同关于工程价款的约定支付工程价款。若发包人对实际施工人挂靠不知情的，考虑到转包与挂靠在实践中难以区分，当事人无法证明实际施工人与承包人系挂靠关系的，一般认定为转包，则实际施工人可以请求发包人支付工程价款，判决发包人在欠付转包人工程款范围内承担责任。

【规范指引】

《最高人民法院关于审理建设工程施工合同纠纷案件适用法律问题的解释（一）》

第四十三条　实际施工人以转包人、违法分包人为被告起诉的，人民法院应当依法受理。

实际施工人以发包人为被告主张权利的，人民法院应当追加转包人或者违法分包人为本案第三人，在查明发包人欠付转包人或者违法分包人建设工程价款的数额后，判决发包人在欠付建设工程价款范围内对实际施工人承担责任。

【典型案例】

中铁二局股份有限公司与李某久建设工程施工合同纠纷案［裁判法院：最高人民法院；案号：（2015）民一终字第 248 号］

裁判要旨：发包人与实际施工人直接签订的合同对于合同双方均有约束力，实际施工人可以直接向发包人主张权利，不受《最高人民法院关于审理建设工程施工合同纠纷案件适用法律问题的解释》第二十六条的规定的限制。

（二）对实际施工人行使代位权的审查

【审查要点】

1. 实际施工人对转包人或者违法分包人享有合法的债权。

2. 转包人或者违法分包人对发包人的债权已到期。

3. 转包人或者违法分包人怠于向发包人行使其到期债权或者与该债权有关的从权利，影响实际施工人实现到期债权。

4. 转包人或者违法分包人的债权不是专属于其自身的债权。

【注意事项】

1. 实际施工人无权代位行使优先受偿权。

2. 只要转包人或者违法分包人已经行使了自己的权利，纵使其方法不当或者后果不利，实际施工人也不得再行使代位权，更不得依转包人或者违法分包人的主观意愿来认定其行使对于发包人权利的方法适当与否以及后果的好坏。

3. 在实际施工人提起的代位权诉讼中，人民法院可以追加转包人或者违法分包人为第三人，以便查明案件事实。转包人或者违法分包人被追加为第三人后，向发包人提起履行债务的诉讼请求的，人民法院可以一并审理。但是，转包人或者违法分包人请求发包人履行债务的标的额不得超出实际施工人所提起代位权诉讼的标的额，超出部分，人民法院在代位权诉讼中应不予支持，并告知其另行起诉。

【规范指引】

《中华人民共和国民法典》

第五百三十五条 因债务人怠于行使其债权或者与该债权有关的从权利，影响债权人的到期债权实现的，债权人可以向人民法院请求以自己的名义代位行使债务人对相对人的权利，但是该权利专属于债务人自身的除外。

代位权的行使范围以债权人的到期债权为限。债权人行使代位权的必要费用，由债务人负担。

相对人对债务人的抗辩，可以向债权人主张。

《最高人民法院关于审理建设工程施工合同纠纷案件适用法律问题的解释（一）》

第四十四条 实际施工人依据民法典第五百三十五条规定，以转包人或者违法分包人怠于向发包人行使到期债权或者与该债权有关的从权利，影响其到期债权实现，提起代位权诉讼的，人民法院应予支持。

减刑、假释类案办案要件指南

课题组成员

主持人：王蓓华　上海市高级人民法院审判监督庭副庭长

执笔人：董　燕　上海市高级人民法院审判监督庭审判员

陈　磊　上海市高级人民法院审判监督庭审判员

翁永强　上海市第一中级人民法院申诉审查及审判监督庭法官助理

吴　欣　上海市第二中级人民法院申诉审查及审判监督庭审判员

王秋涵　上海市第三中级人民法院破产审判庭法官助理

▶ 精要导读

一、裁判理念

减刑、假释是刑罚执行制度的重要组成部分，对于激励罪犯积极改造，促进罪犯回归、融入社会，实现刑罚目的，具有非常重要的意义。减刑、假释案件的办理应秉承如下裁判理念：

一是实质化审理理念。坚持全面依法审查，既要注重审查罪犯交付执行后的一贯表现，又要注重审查罪犯犯罪的性质、情节、社会危害程度、原判刑罚及生效裁判中财产性判项的履行情况；坚持以审判为中心，强化证据裁判意识，严格审查各项证据材料；坚持主客观改造表现并重，综合罪犯劳动改造、监管改造等客观方面的表现和思想改造等主观方面的表现，判断其是否确有悔改表现，依法作出公平、公正的裁定。

二是宽严相济原则。切实贯彻宽严相济刑事政策，以刑罚个别化原则为指导，从不同罪犯的罪行、主观恶性和改造实际情况出发，针对不同情况，依法采取不同措施，做到同等情况同等对待，不同情况区别对待，获取最佳的刑罚执行效果。

三是严格规范要求。规范案件审理程序，强化司法公开，确保减刑、假释案件依法公示和裁判文书依法上网，对依法应当开庭审理的案件一律开庭审理；统一案件裁判尺度，明确、细化立功、重大立功的具体情形和条件，规范财产性判项履行情况的认定标准；严格把好裁判关，从严掌握减刑、假释的条件要求，切实防止踩点减刑，原则上不得顶格减刑。

二、重点问题

（一）减刑、假释是否是服刑人员的权利

减刑、假释是国家对表现良好的服刑人员的奖励，不是服刑人员的权利。对于罪犯的减刑、假释，刑罚执行机关享有提请（报请）权，检察机关享有监督权，人民法院享有裁决权。目前的法律及司法解释亦未赋予服刑人员减刑、假释的请求权。

（二）减刑、假释案件的审理中如何贯彻宽严相济原则

在减刑、假释工作中贯彻宽严相济原则，要从不同罪犯的犯罪和改造的实际情况出发，针对各罪犯的不同情况，依法采取宽严不同的刑罚变更措施：对罪行重、刑期长的罪犯，应适当延长其减刑起始时间或者间隔时间，严格控制减刑幅度，以保证其较长的实际服刑期间；对于罪行轻、刑期短的罪犯，服刑改造表现较好的，可以优先考虑予以减刑、假释；对于主观恶性深且拒不悔改的罪犯，应当一律不予减刑、假释。

（三）罪犯的财产性判项履行情况对减刑、假释有何影响

履行财产性判项是罪犯的法定义务。罪犯的财产性判项履行情况是普通罪犯减刑、假释案件综合考虑因素之一。对于确有履行能力而不履行或者不全部履行生效裁判中财产性判项的普通罪犯，不予假释，减刑时减刑幅度从严掌握。

对于“三类犯罪”［即职务犯罪、破坏金融管理秩序和金融诈骗犯罪、组织（领导、参加、包庇、纵容）黑社会性质组织犯罪］罪犯，不积极退赃、协助追缴赃款赃物、赔偿损失，或者服刑期间利用个人影响力和社会关系等不正当手段意图获得减刑、假释的，不认为确有悔改表现，不予假释，一般不予减刑。

（四）对于没有履行或者没有全部履行财产性判项的罪犯，是否一律不得减刑、假释

罪犯是否积极履行生效裁判所确定的义务，包括是否积极履行财产性判项，反映了其主观上是否认罪悔罪。但是能否履行或者全部履

行财产性判项和罪犯的履行能力有关。因此，对于没有履行或者没有全部履行财产性判项的，要着重审查罪犯是否有履行能力，如果确实没有履行能力而未履行财产性判项，不能阻却对罪犯确有悔改表现的认定。只有对那些有履行能力而拒不履行或者拒不全面履行的，才不应裁定减刑、假释。

（五）限制减刑是什么意思？限制减刑适用于哪些罪犯

限制减刑是指对判处死刑缓期执行的特定罪犯，虽然可以适用减刑，但其实际执行刑期比其他被判处死刑缓期执行的罪犯减刑后的实际执行刑期更长。

限制减刑仅适用于被判处死刑缓期执行的累犯以及因故意杀人、强奸、抢劫、绑架、放火、爆炸、投放危险性物质或者有组织的暴力性犯罪被判处死刑缓期执行的犯罪分子。限制减刑的决定是人民法院对上述罪犯作出死刑缓期执行裁判的同时作出。

（六）对罪犯减刑主要有哪些方面的限制性规定

《中华人民共和国刑法》（以下简称《刑法》）和相关司法解释的规定从减刑起始时间、减刑间隔时间及每次减刑的幅度这三个方面均作了详细的限制性规定。

对于不同刑期的罪犯，还分别规定了最低实际执行刑期，其中：

被判处管制、拘役、有期徒刑的罪犯，减刑以后实际服刑的刑期，不能少于原判刑期的二分之一；

被判处无期徒刑的罪犯，经过一次或几次减刑后，其实际执行的刑期不能少于十三年；

被判处死刑缓期执行的罪犯，经过一次或几次减刑后，其实际执行的刑期不能少于十五年，死刑缓期执行期间不包括在内；

被限制减刑的死刑缓期执行的罪犯，缓期执行期满后依法减为无期徒刑的，其实际执行的刑期不能少于二十五年，缓期执行期满后依法减为二十五年有期徒刑的，其实际执行的刑期不能少于二十年。

（七）罪犯同时符合减刑条件和假释条件的，为何要优先适用假释

减刑、假释都是刑罚执行制度，有其共同的制度功能。假释制度至少有四点价值是减刑制度所不具有的：一是假释不改变原审裁判，不减少原判刑罚，有利于维护法院生效裁判的稳定性；二是假释标准高于减刑标准，除和减刑共有的“认真遵守监规，接受教育改造，确有悔改表现”外，还要求罪犯执行一定刑期，且经评估“没有再犯罪的危险”，因此，假释犯的整体矫正质量高于减刑犯；三是假释附有考验期，一旦在假释期间违法、犯罪，将导致撤销假释、收监服刑甚至数罪并罚加刑，这极有利于防止再犯；四是假释人员经过社区矫正的过渡适应期，容易顺利融入社会。

（八）减刑、假释案件中如何认定“立功表现”及“重大立功表现”

立功制度在启动减刑程序和放宽减刑幅度方面对罪犯非常有利，例如“重大立功表现”可使罪犯不受减刑起始时间、减刑间隔时间的限制。故对于“立功表现”及“重大立功表现”的审查应秉持最严格的标准，杜绝任何弄虚作假的可能性。要注重以下两个方面：

对于检举、揭发监狱内外犯罪活动，或者提供重要破案线索的，应当注重审查线索的来源。对于揭发线索来源存疑的，应当进一步核查，如果查明线索系通过贿买、暴力、威胁或者违反监规等非法手段获取的，不认定罪犯具有立功或重大立功表现。

在审查程序上，应当采取开庭审理的方式核实相关信息。通过庭审提问环节，要求罪犯自述其详细的立功过程，并能流利回答法庭询问。针对技术革新、发明创造等实践中易出现舞弊行为的领域，应设计详尽的询问程序和证人出庭作证制度，着重审查罪犯是否具备该技术革新、发明创造的专业能力和条件，对于罪犯明显不具备相应专业能力及条件、不能说明技术革新或者发明创造条件原理及过程的，不认定罪犯具有立功或者重大立功表现。

第一部分　减刑、假释案件情况概述

减刑、假释是我国《刑法》《中华人民共和国刑事诉讼法》（以下简称《刑事诉讼法》）等法律规定的一项重要的刑罚执行制度，是宽严相济刑事政策在刑罚执行过程中的具体体现，对于激励罪犯积极改造，促进罪犯回归社会、融入社会，具有非常重要的意义。

一、减刑、假释案件的审理情况

（一）案件整体情况

2016 年至 2021 年，上海全市法院共审结各类减刑、假释案件 20460 件。其中，减刑案件审结 17455 件（2016 年 4201 件，2017 年 2892 件，2018 年 3161 件，2019 年 3132 件，2020 年 2446 件，2021 年 1623 件）；假释案件审结 3005 件（2016 年 1100 件，2017 年 604 件，2018 年 610 件，2019 年 466 件，2020 年 150 件，2021 年 75 件），假释案件占比较低。

在审结的 17455 减刑案件中，法院依法裁定不予减刑的 31 件，占比 0.18%；依法准许刑罚执行机关撤回减刑建议的 128 件，占比 0.73%。在审结的 3005 件假释案件中，法院依法裁定不予假释的 40 件，占比 1.33%；依法准许刑罚执行机关撤回假释建议的 34 件，占比 1.13%；裁定撤销假释的 12 件，占比 0.40%。

（二）"三类犯罪"依法从严的贯彻情况

对职务犯罪、破坏金融管理秩序和金融诈骗犯罪（以下简称金融犯罪）、组织（领导、参加、包庇、纵容）黑社会性质组织犯罪（以下简称涉黑犯罪）等"三类犯罪"罪犯的减刑、假释依法从严。2016 年至2021年全市法院共受理“三类犯罪”罪犯减刑案件1080件。其中，职务犯罪案件453件，金融犯罪案件618件，涉黑犯罪案件9件；占比分别为41.94%、57.22%和0.83%。受理假释案件217件，其中，职务犯罪案件146件，金融犯罪案件71件，占比分别为67.28%、32.72%；无涉黑犯罪案件。上海法院依法对“三类犯罪”罪犯减刑的起止时间、减刑幅度和间隔时间从严把控，严格控制“三类犯罪”罪犯的假释比例。在审结的“三类犯罪”罪犯减刑案件中，依法裁定变更刑罚执行机关提请减刑幅度的占比8.79%；裁定不予减刑的占比2.22%；依法准许撤回减刑建议的占比4.07%。在审结的“三类犯罪”罪犯假释案件中，裁定不予假释的占比0.92%；依法决定准予撤回假释建议的占比1.83%。全市法院“三类犯罪”罪犯的减刑、假释率明显低于全部罪犯的平均减刑、假释率，较好地贯彻执行了中央、最高人民法院对“三类犯罪”罪犯减刑、假释“严抓严管、严防严控”的工作要求。

（三）“五个一律”等程序性机制的执行情况

2014年1月，中央政法委印发了《关于严格规范减刑、假释、暂予监外执行 切实防止司法腐败的意见》，最高人民法院在此基础上提出“五个一律”的要求，即“凡是减刑、假释、暂予监外执行案件一律在立案后将减刑、假释建议书或者暂予监外执行申请书等材料依法向社会公示；凡是职务犯罪、黑社会性质组织犯罪和金融犯罪罪犯减刑、假释案件一律依法公开开庭审理；凡是职务犯罪、黑社会性质组织犯罪和金融犯罪罪犯减刑、假释案件的公开开庭一律邀请人大代表、政协委员或有关方面代表旁听；凡是减刑、假释、暂予监外执行案件的裁判文书一律在中国裁判文书网依法公布；凡是法院工作人员在办理减刑、假释、暂予监外执行案件中有违纪违法行为甚至构成犯罪的，一律依法从重追究责任”。上海法院认真执行上述“五个一律”等规范要求，在办理各类减刑、假释案件的过程中，除依法不宜公开的案件类型外，审理前依法向社会公示率（即“裁前公示率”）和裁判文书依法上网率均为100%。审结的“三类犯罪”罪犯的减刑、假释案件，依法公开开庭率达到了100%。

二、减刑、假释案件的特点

（一）社会关注度高

减刑、假释是激励罪犯改造的刑罚执行制度，是国家对表现良好的服刑人员的奖励。减刑、假释是对原判刑罚的变更，由此产生与刑罚惩罚犯罪、安抚被害人功能的平衡问题。前些年因为对刑罚变更执行的监督漏洞，个别地方出现了有权有钱的罪犯“以权赎身”“以钱买刑”的乱象，引发了社会公众对减刑、假释案件办理规范性的广泛关注。特别是“三类犯罪”罪犯减刑、假释实践中暴露出的某些罪犯被判刑后减刑间隔时间短、减刑幅度大、假释比例高、实际服刑时间偏短等问题，引发了舆情关注和舆论争议。

（二）制度刚性强

减刑、假释案件的敏感性和社会关注度对于案件办理的规范性和透明度提出了更高的要求。近年来，顶层设计和制度规范层面对减刑、假释案件的办理从实体和程序两个维度作出了规范。程序上，对于减刑、假释信息进行网上公示，接受监督；对存在社会上有重大影响或社会关注度高等情形的罪犯的减刑、假释，通过公开开庭、邀请公众旁听等形式接受监督。实体上，将审理重点放到罪犯的服刑表现上，要求严格按照减刑、假释的适用条件，严格按照减刑间隔期、减刑幅度对相关罪犯予以减刑、假释，法官自由裁量的余地非常有限。

（三）信息化程度高

减刑、假释案件的办理涉及刑罚执行机关、检察机关和法院等多个职能部门，这一特点对实现减刑、假释案件的全流程网上办案和无纸化办公提出了更高要求。上海法院认真落实最高人民法院关于推进减刑、假释信息化办案平台建设的工作要求，将减刑、假释信息化建设纳入“206工程项目”，建成“上海法院减刑、假释信息化办案系统”，于2018年1月1日正式上线运行，该系统完成了对原有减刑、假释信息化办案平台的全面升级，基本实现了“全面互联互通、全面网上办案、全面依法公开、全面智能支持”，以确保减刑、假释案件审理工作规范高效运行。

三、减刑、假释案件审理的难点

（一）减刑、假释的规范体系建设有待进一步完善

《刑法》《刑事诉讼法》《中华人民共和国监狱法》等法律从立法层面对减刑、假释作出了制度规范，但较为原则、简单，无法覆盖减刑、假释案件审理的全部领域。为弥补立法的不足，中央政法委出台了《关于严格规范减刑、假释、暂予监外执行 切实防止司法腐败的意见》；最高人民法院先后出台了《关于减刑、假释案件审理程序的规定》《关于办理减刑、假释案件具体应用法律的规定》《关于办理减刑、假释案件具体应用法律的补充规定》《关于适用〈中华人民共和国刑事诉讼法〉的解释》等司法解释和规定；同时，上海市委政法委、上海市高级人民法院也先后出台了相应的实施意见和实施细则。这些司法解释和规定意见对于减刑、假释案件的办理进行了规范，很大程度上填补了法律空白，在实践中成为减刑、假释案件办理的主要依据，为人民法院公平、公正办理减刑、假释案件提供了有力保障。面对纷繁复杂的实践需求，现有规范性文件在诸如“再犯罪危险”的认定标准、职务犯罪的具体罪名范围等具体问题上规定不够明确具体、个别条文存在歧义等问题也日渐显现，有待进一步明确完善。

（二）减刑、假释裁判的程序功能有待进一步强化

目前减刑、假释案件的审理主要有书面审理和开庭审理两种形式。尽管开庭审理的方式提高了减刑、假释案件审理过程的透明度，但由于减刑、假释案件数量多、审限短，大部分减刑案件均采用书面审理，或者采用书面审理并提讯被提请减刑罪犯的方式审理；大部分假释案件均采用书面审理并提讯被提请假释罪犯的方式审理。开庭审理的案

件范围相对较小，一般限于司法解释明确规定必须开庭的几类案件。由于有关减刑、假释案件开庭审理的程序性规范相对简单，实践中，开庭审理走过场、程序流于形式的问题并不鲜见。

（三）财产性判项履行情况的审查缺乏必要关联程序配套

财产性判项履行情况的审查一直是困扰减刑、假释案件审理的难题。《最高人民法院关于办理减刑、假释案件具体应用法律的规定》将其作为综合考察罪犯是否符合《刑法》第七十八条第一款规定“可以减刑”条件的因素之一；“三类犯罪”罪犯不积极退赃、协助追缴赃款赃物、赔偿损失的，不能认定其“确有悔改表现”。但财产性判项涉及了追赃、财产刑、附带民事赔偿三个不同事项，财产刑中罚金和没收财产的执行主体等也存在差异。实践中财产性判项履行率较低，不少判决在罪犯服刑期间仍未得到全部履行，加之各财产性判项履行考察部门之间沟通联系机制不顺畅，财产性判项履行的情况不能及时传达给办理减刑、假释案件的法院，减刑、假释案件承办法官在一个月的审限内要查清罪犯财产性判项履行情况难度很大。

四、减刑、假释案件的审理原则

（一）宽严相济原则

宽严相济原则是刑事审判和刑罚变更执行的基本原则。在减刑、假释工作中贯彻宽严相济刑事政策，是指以刑罚个别化理论为指导，从不同罪犯的犯罪和改造的实际情况出发，针对不同罪犯的不同情况，依法采取宽严不同的刑罚变更措施，获取最佳的刑罚执行效果。如出于人道主义精神考虑，对未成年罪犯、老年罪犯和身患严重疾病的罪犯，在减刑、假释的适用上适当从宽把握；对社会危害性大的职务犯罪罪犯和罪行严重的暴力犯罪罪犯等，在减刑、假释的适用上依法从严掌握。

（二）分工制约原则

减刑、假释案件的办理涉及刑罚执行机关、检察机关和人民法院等多个职能部门。分工制约原则要求明确刑罚执行机关、检察机关和人民法院的各自职能，即刑罚执行机关享有报请权，检察机关享有监督权，人民法院享有裁决权。

（三）实质化审理原则

审理减刑、假释案件应当对刑罚执行机关报送的材料予以全面审查，既要注重审查罪犯交付执行后的一贯表现，也要注重审查罪犯犯罪的性质、具体情节、社会危害程度、原判刑罚及生效裁判中财产性判项的履行情况等；既要注重审查罪犯劳动改造、监管改造等客观表现，也要注重审查罪犯思想改造等主观表现，综合判断罪犯是否确有悔改表现，依法作出公平、公正的裁定。

第二部分　减刑、假释案件审查的一般规则

一、对减刑、假释基本条件的审查

根据《刑法》第七十八条、第八十一条的规定，人民法院在减刑、假释案件审理中，要综合考察罪犯犯罪的具体情况、生效裁判财产性判项履行情况，以及罪犯交付执行后的一贯表现。其中，罪犯交付执行后的表现，可以从罪犯是否“确有悔改表现”、是否有“立功表现”或“重大立功表现”等方面进行审查。

（一）对“确有悔改表现”的审查

减刑、假释的理论基础是人身危险性理论。根据该理论，服刑人员通过被实施矫正，其行为模式得到改善，人身危险性降低，因此可以对其刑罚作出相应调整。而人身危险性降低的判断标准就是其服刑期间具有良好的表现，即服刑人员“确有悔改表现”。因此，“确有悔改表现”成为减刑、假释最基本的实体条件。认定“确有悔改表现”

需同时具备以下条件：认罪悔罪；遵守法律法规及监规，接受教育改造；积极参加思想、文化、职业技术教育；积极参加劳动，努力完成劳动任务。

1. 对认罪悔罪的审查

法院对认罪悔罪的审查主要是以罪犯递交的《认罪悔罪书》为依据，并辅以监区民警制作的《罪犯认罪悔罪评估意见表》。

【审查要点】

《认罪悔罪书》应为罪犯亲笔书写，如果罪犯因系文盲、外国籍，可由他人代笔，但应由罪犯签名并捺手印；对犯罪事实的认识应有针对性。《认罪悔罪书》一般每年不少于两份。

作为参考的《罪犯认罪悔罪评估意见表》应由主管民警签字，监区的评估意见和监狱的审核意见应完整。

【注意事项】

对于罪犯的《认罪悔罪书》《自我鉴定》等自书材料，要结合罪犯的文化程度认真进行审查，对于无特殊原因非本人书写或者自书材料内容虚假的，不认定罪犯“确有悔改表现”。

为了防止《认罪悔罪书》作假，需要注意考察同一监区的《认罪悔罪书》是否为统一格式、统一内容，是否出现同一人的笔迹。

2. 对遵守法律法规及监规，接受教育改造的审查

刑罚执行机关对服刑罪犯遵守法律法规及监规，接受教育改造相关情况的考核是围绕《监狱服刑人员行为规范》，以奖惩加扣分方式进行的，累计一定的分数后对被考核罪犯予以“表扬”，累计多次“表扬”后，符合减刑、假释条件的，由监区汇总，经狱政部门审核，并对相关奖惩加扣分情况汇总说明，作为减刑、假释的依据。

【审查要点】

刑罚执行机关应提供《罪犯遵守监规纪律的情况鉴定》(原《遵守监规纪律情况说明》)《罪犯奖惩审批表》《罪犯计分考评明细表》《罪犯计分考评》和《行政奖惩审核表》等材料。

【注意事项】

对于罪犯的计分考评材料，应当认真审查考评分数的来源及其合理性等，如果存在考评分数与考核期不对应、加扣分与奖惩不对应、奖惩缺少相应事实和依据等情况，应当要求刑罚执行机关在规定期限内作出说明或补充。对于在规定期限内不能作出合理解释的考评材料，不作为认定罪犯“确有悔改表现”的依据。

对于罪犯存在违反监规纪律行为的，应当根据行为性质、情节等具体情况，综合分析判断罪犯的改造表现。罪犯服刑期间因违反监规纪律被处以警告、记过或者禁闭处罚的，可以根据案件具体情况，不认定罪犯“确有悔改表现”。

目前，刑罚执行机关对罪犯的表扬（奖励）主要是依据其在一段时间内的考评分，考评达到相应的分数就能获得表扬。一定程度上造成“唯分是举”等不合理情况。为此，《上海市高级人民法院、上海市人民检察院、上海市公安局、上海市司法局关于办理减刑、假释案件的实施细则（试行）》强调对罪犯一贯服刑表现的考察，对曾有较重违纪行为的罪犯，必须在报请减刑、假释前三个月内没有再违纪的，才可视为遵守监规，准许提请减刑或假释。

3. 对参加思想、文化、职业技术教育的审查

法院对罪犯参加思想、文化、职业技术教育情况的审查，主要是以刑罚执行机关提交的《三课学习统计表》为依据，刑罚执行机关对罪犯开展“三课”教育，并对罪犯进行道德教育、普法教育和心理健康等科目的考试，相关情况和成绩汇入《三课学习统计表》，并在《建议书》中予以反映。对大专文化水平以下的罪犯进行文化教育，获得的单科证书或毕业证书，也予以反映。

【审查要点】

刑罚执行机关应当提供《三课学习统计表》。

对于文盲、小学以下文化程度的罪犯，只要积极参加学习、态度认真，可视为积极参加教育。

【注意事项】

法院在审查时，要查明证据材料是否齐全，形式上是否完整，内容上是否矛盾。鉴于检察机关在刑罚执行机关向法院报请减刑、假释前，已对该案件的相关证据材料及报请减刑、假释程序进行核查，并对具体案件有针对性地出具了《检察意见书》，因此，在办案中要充分重视检察机关的意见。

4.“确有悔改表现”从宽认定的情形

（1）对在报请减刑前不满18周岁，所犯罪行不属于《刑法》第八十一条第二款规定情形的罪犯，认罪悔罪，遵守法律法规及监规，积极参加学习、劳动，应当视为“确有悔改表现”。

（2）老年罪犯、患严重疾病或者身体残疾的罪犯，能够认真遵守法律法规及监规，接受教育改造，应当视为“确有悔改表现”。

【审查要点】

老年罪犯一般指报请减刑、假释时年满65周岁的罪犯。

患严重疾病罪犯，是指患有重病，久治不愈，而不能正常生活、学习、劳动的罪犯。

身体残疾罪犯，是指身体有肢体或者器官残缺、功能不全或者丧失功能而基本丧失生活、学习、劳动能力的罪犯，但是罪犯犯罪后自伤致残的除外。

【注意事项】

一般以刑罚执行机关报送法院《减刑/假释建议书》的落款日期作为确定年龄的标准。

对于刑罚执行机关提供的证明罪犯患有严重疾病或者有身体残疾的证明文件，人民法院应当严格审查。对上述证据材料有疑问的，可以委托有关单位重新诊断、鉴定。

《最高人民法院关于办理减刑、假释案件具体应用法律的规定》

第十九条 对在报请减刑前的服刑期间不满十八周岁，且所犯罪行不属于刑法第八十一条第二款规定情形的罪犯，认罪悔罪，遵守法律法规及监规，积极参加学习、劳动，应当视为确有悔改表现。

对上述罪犯减刑时，减刑幅度可以适当放宽，或者减刑起始时间、间隔时间可以适当缩短，但放宽的幅度和缩短的时间不得超过本规定中相应幅度、时间的三分之一。

《上海市高级人民法院、上海市人民检察院、上海市公安局、上海市司法局关于办理减刑、假释案件的实施细则（试行）》

第六条 罪犯“确有悔改表现”是指同时具备以下条件：认罪悔罪；认真遵守法律法规及监规，接受教育改造；积极参加思想、文化、职业技术教育；积极参加劳动，努力完成劳动任务。

认定罪犯是否“确有悔改表现”，应当实事求是，具体情况具体分析：

（一）对曾有较重违纪行为的罪犯，经教育能够认识错误，并自觉遵守监规的，在报请减刑、假释前三个月内没有再违纪的，可视为遵守监规；文盲、小学以下文化程度的罪犯，只要积极参加学习、态度认真，可视为积极参加教育。

（二）未成年罪犯，且所犯罪行不属于刑法第八十一条第二款规定情形的，认罪悔罪，遵守法律法规及监规，积极参加学习、劳动，应当视为确有悔改表现。

（三）老年罪犯、患严重疾病或者身体残疾的罪犯，能够认真遵守法律法规及监规，接受教育改造，应视为确有悔改表现。

（四）财产性判项的履行能力、履行比例、履行时间、履行方法等，是认定职务犯罪、破坏金融管理秩序和金融诈骗犯罪、组织（领导、参加、包庇、纵容）黑社会性质组织犯罪等罪犯是否“确有悔改表现”的重要因素。

（五）对职务犯罪、破坏金融管理秩序和金融诈骗犯罪、组织（领导、参加、包庇、纵容）黑社会性质组织犯罪等罪犯，不积极退赃、协助追缴赃款赃物、赔偿损失，或者服刑期间利用个人影响力和社会关系等不正当手段意图获得减刑、假释的，不认定其“确有悔改表现”。

对罪犯在刑罚执行期间提出申诉的，要依法保护其申诉权利，对罪犯申诉不应不加分析地认为是不认罪悔罪。

第五十六条 本实施细则所称“老年罪犯”，是指报请减刑、假释时年满六十五周岁的罪犯；

“患严重疾病罪犯”，是指患有重病，久治不愈，而不能正常生活、学习、劳动的罪犯；

“身体残疾罪犯”，是指因身体有肢体或者器官残缺、功能不全或者丧失功能，而基本丧失生活、学习、劳动能力的罪犯，但是罪犯犯罪后自伤致残的除外。

对刑罚执行机关提供的证明罪犯患有严重疾病或者有身体残疾的证明文件，人民法院应当审查，有权出具上述证明文件的医院名单参见沪司发〔2016〕61号《关于指定罪犯暂予监外执行医学诊断医院的通知》。

第五十七条 本细则所称未成年罪犯，是指报请减刑前的服刑期间不满十八周岁的，一般以执行机关报送法院《建议书》的落款日期作为确定年龄的标准。

5. 从严把握“确有悔改表现”的情形

（1）涉及罪名的审查

【审查要点】

属于职务犯罪、金融犯罪、涉黑犯罪等“三类犯罪”。

职务犯罪罪犯的认定。目前，最高人民法院相关司法解释未对职务犯罪所涉及的罪名范围作出明确规定。上海市高级人民法院2014年9月印发的《关于严格规范减刑、假释案件审理的若干意见》（沪高法〔2014〕379号）列明的职务犯罪罪犯为原判罪名为《刑法》分则第八章贪污贿赂罪、第九章渎职罪相关罪名的罪犯。也有观点认为还包括《刑法》分则第一章第一百零九条叛逃罪第二款掌握国家秘密的国家工作人员叛逃境外或者在境外叛逃的情形；以及《刑法》分则第六章第三百四十九条包庇毒品犯罪分子罪第二款缉毒人员或者其他国家机关工作人员掩护、包庇走私、贩卖、运输、制造毒品的犯罪分子的情形。从从严把握减刑、假释条件的角度出发，我们倾向性认为应对职务犯罪所涉及的罪名范围作后述的广义解释。

金融犯罪罪犯的认定。原判罪名为《刑法》分则第三章第四节破坏金融管理秩序罪、第五节金融诈骗罪相关罪名的罪犯。作为单位犯罪的直接责任的主管人员和其他直接责任人员被判处破坏金融管理秩序和金融诈骗犯罪的罪犯是否认定为三类罪犯目前并未明确，因此在实践中存在争议。我们倾向性认为，从从严把握减刑、假释条件的角度出发，破坏金融管理秩序和金融诈骗犯罪的罪名应作广义解释。

涉黑犯罪罪犯的认定。原判罪名为《刑法》分则第六章第二百九十四条第一款组织、领导、参加黑社会性质组织罪，第三款包庇、纵容黑社会性质组织罪的罪犯。

（2）“三类犯罪”罪犯从严认定的把握

【审查要点】

以下两种情况不认定为罪犯“确有悔改表现”：

①不积极退赃、协助追缴赃款赃物、赔偿损失的；

②服刑期间利用个人影响力和社会关系等不正当手段意图获得减刑、假释的。

【注意事项】

罪犯在刑罚执行期间的正当申诉不能不加分析地认为是不认罪悔罪。

【规范指引】

《最高人民法院关于办理减刑、假释案件具体应用法律的规定》

第三条第二款 对职务犯罪、破坏金融管理秩序和金融诈骗犯罪、组织（领导、参加、包庇、纵容）黑社会性质组织犯罪等罪犯，不积极退赃、协助追缴赃款赃物、赔偿损失，或者服刑期间利用个人影响力和社会关系等不正当手段意图获得减刑、假释的，不认定其“确有悔改表现”。

（二）对“立功表现”的审查

罪犯在刑罚执行期间有立功表现的，可以减刑。

【审查要点】

具有下列情形之一的，可以认定为有“立功表现”：

1. 阻止他人实施犯罪活动的；

2. 检举、揭发监狱内外犯罪活动，或者提供重要的破案线索，经查证属实的；

3. 协助司法机关抓捕其他犯罪嫌疑人的；

4. 在生产、科研中进行技术革新，成绩突出的；

5. 在抗御自然灾害或者排除重大事故中，表现积极的；

6. 对国家和社会有其他较大贡献的。

【注意事项】

上述第四项、第六项中的技术革新或者其他较大贡献应当由罪犯在刑罚执行期间独立或者为主完成，并经省级主管部门确认。

（三）对“重大立功表现”的审查

罪犯在刑罚执行期间有重大立功表现的，应当减刑。

【审查要点】

具有下列情形之一的，应当认定为有“重大立功表现”：

1. 阻止他人实施重大犯罪活动的；

2. 检举监狱内外重大犯罪活动，经查证属实的；

3. 协助司法机关抓捕其他重大犯罪嫌疑人的；

4. 有发明创造或者重大技术革新的；

5. 在日常生产、生活中舍己救人的；

6. 在抗御自然灾害或者排除重大事故中，有突出表现的；

7. 对国家和社会有其他重大贡献的。

【注意事项】

上述第四项中的发明创造或者重大技术革新应当是罪犯在刑罚执

行期间独立或者为主完成，并经国家主管部门确认的发明专利，且不包括实用新型专利和外观设计专利；第七项中的其他重大贡献应当由罪犯在刑罚执行期间独立或者为主完成，并经国家主管部门确认。

对于检举、揭发监狱内外犯罪活动，或者提供重要的破案线索的，应当注重审查线索的来源。对于揭发线索来源存疑的，应当进一步核查，如果查明线索系通过贿买、暴力、威胁或者违反监规等非法手段获取的，不认定具有立功或重大立功表现。

对于技术革新、发明创造，应当注重审查罪犯是否具有该技术革新、发明创造的专业能力和条件，对于罪犯明显不具备相应专业能力及条件、不能说明技术革新或者发明创造原理及过程的，不认定罪犯具有立功或重大立功表现。

对于阻止他人实施犯罪活动，协助司法机关抓捕其他犯罪嫌疑人，在日常生产、生活中舍己救人，在抗御自然灾害或者排除重大事故中有积极或突出表现的，除应当审查有关部门出具的证明材料外，还应当注重审查能够证明上述行为的其他证据材料，对于罪犯明显不具备上述行为能力和条件的，不认定罪犯具有立功或重大立功表现。

“较大贡献”或“重大贡献”是指对国家、社会具有积极影响，而非仅对个别人员、单位有贡献和帮助。对于罪犯在警示教育活动中有现身说法的，不认定罪犯具有立功或重大立功表现。

（四）对财产性判项履行情况的审查

一般而言，审理减刑、假释案件时，对罪犯积极履行刑事裁判财产性判项的，可以认定有悔改表现；对确有履行能力而不履行或者不全部履行的，在减刑、假释时应从严掌握。

1. 罪犯所涉财产性判项主要事实的审查

（1）财产性判项的种类及内容

【审查要点】

财产性判项，是指生效裁判确定罪犯承担的附带民事赔偿义务判项，以及追缴、责令退赔、罚金、没收财产等判项。

实践中，罚金及退赔被害人经济损失的数额在生效判决中是明确的，但不少判决认定的事实中对违法所得及被告个人财产的数额未作确定，又在判项中明确“追缴被告人的违法所得”“没收被告人全部财产”，造成罪犯应履行金额不明确。对此，刑罚执行机关可以向负责执行财产性判项的人民法院调取罪犯财产性判项执行情况的有关材料，负责执行的人民法院应当予以配合。刑罚执行机关提交的关于罪犯财产性判项执行情况的材料，可以作为人民法院认定罪犯财产性判项执行情况和判断罪犯是否具有履行能力的依据。

（2）罪犯履行财产性判项的顺序及方式

【审查要点】

履行财产性判项指向不明的，按照附带民事赔偿义务判项、追缴、责令退赔、罚金、没收财产的履行顺序履行。

未成年罪犯有个人财产的，应当由其本人承担履行义务，不足部分由其监护人代为履行。

【注意事项】

审查时应当根据罚没款、代管款单据、财产性判项申报表、大账收支及财产性判项履行情况表、原审法院情况说明、原判执行材料等，查明罪犯履行财产性判项的种类和金额。

2. 对财产性判项未能全部履行罪犯的审查认定

对于财产性判项未能全部履行的罪犯，应从以下几个方面审查是否“确有悔改表现”：

（1）罪犯在刑罚执行期间的消费情况

【审查要点】

负有财产性判项执行、履行义务的罪犯在刑罚执行期间的狱内账户个人消费（以下简称大账消费），应以生活的必要开支为标准，在未履行完财产性判项前一般不能有过高的生活消费，如因疾病等特殊情况需要超出平时消费水平的，刑罚执行机关应出具证明材料。罪犯在刑罚执行期间生活消费过高，且未完全履行财产性判项的，应从严掌握罪犯是否“确有悔改表现”。

（2）罪犯的履行态度和履行能力

【审查要点】

对于履行态度的审查，需要查明罪犯在狱内的大账收支情况。在满足狱内必要生活开支后，用狱内劳动报酬积极履行财产性判项，并且履行财产性判项的金额高于大账消费的，可以认定罪犯履行态度积极。

对于履行能力的审查，需要查明罪犯财产的情况。刑罚执行机关应当向案件的侦查、起诉、审判机关了解罪犯相关财产情况。对于原判财产性判项进入执行程序的案件，应及时与人民法院的执行部门进行沟通，了解罪犯个人的财产、家庭共有财产及其他财产的情况，结合罪犯的自述材料、财产性判项申报表，认定罪犯是否具有履行能力。对于履行困难的证明，必须由罪犯居住地县级以上民政部门出具，证实罪犯个人财产及其他生活来源对履行财产性判项确有困难。

【注意事项】

罪犯虽不能全部履行财产性判项，但如果其履行态度积极，履行财产性判项的金额高于其大账消费，且有证据证明其履行困难的，不影响对其“确有悔改表现”的认定。对于此类罪犯，在减刑幅度上应体现从严，与全部履行财产性判项的罪犯有所区别。

（3）不认定罪犯“确有悔改表现”的情况

【审查要点】

罪犯未履行或者未全部履行财产性判项，具有下列情形之一的，不认定罪犯“确有悔改表现”：拒不交代赃款、赃物去向；隐瞒、藏匿、转移财产；有可供履行的财产拒不履行。

【规范指引】

《最高人民法院、最高人民检察院、公安部、司法部关于加强减刑、假释案件实质化审理的意见》

7. 严格审查罪犯履行财产性判项的能力。罪犯未履行或者未全部履行财产性判项，具有下列情形之一的，不认定罪犯确有悔改表现：

（1）拒不交代赃款、赃物去向；

（2）隐瞒、藏匿、转移财产；

（3）有可供履行的财产拒不履行。

对于前款罪犯，无特殊原因狱内消费明显超出规定额度标准的，一般不认定罪犯确有悔改表现。

3. 确有履行能力而不履行的处理

【审查要点】

对确有履行能力而不履行或者不全部履行生效裁判中财产性判项的罪犯，严格控制其减刑，不予假释。

【注意事项】

罪犯在狱内生活必要开支应当限于满足基本生活需求，罪犯学习大专、大学课程，有利于罪犯的改造和个人成长，但对于负有财产性判项执行、履行义务的罪犯，狱内的劳动报酬在满足必要的狱内生活消费后，应优先用于履行财产性判项。参加大专、大学课程所缴纳的学费，不应属于生活必要开支。

【规范指引】

《最高人民法院关于办理减刑、假释案件具体应用法律的规定》

第二条 对于罪犯符合刑法第七十八条第一款规定“可以减刑”条件的案件，在办理时应当综合考察罪犯犯罪的性质和具体情节、社会危害程度、原判刑罚及生效裁判中财产性判项的履行情况、交付执行后的一贯表现等因素。

第三条第二款 对职务犯罪、破坏金融管理秩序和金融诈骗犯罪、组织（领导、参加、包庇、纵容）黑社会性质组织犯罪等罪犯，不积极退赃、协助追缴赃款赃物、赔偿损失，或者服刑期间利用个人影响力和社会关系等不正当手段意图获得减刑、假释的，不认定其“确有悔改表现”。

第二十七条 对于生效裁判中有财产性判项，罪犯确有履行能力而不履行或者不全部履行的，不予假释。

《上海市高级人民法院、上海市人民检察院、上海市公安局、上海市司法局关于办理减刑、假释案件的实施细则（试行）》

第五十一条 财产性判项，是指生效裁判确定罪犯承担的附带民事赔偿义务判项，以及追缴、责令退赔、罚金、没收财产等判项。

罪犯应当积极努力执行、履行财产性判项，未成年罪犯有个人财产的，应当由其本人承担履行义务，不足部分可以由其监护人代为履行。

罪犯履行财产性判项指向不明的，按第一款履行顺序履行。

第五十二条 负有财产性判项执行、履行义务的罪犯在刑罚执行期间的大账消费，应以生活的必要开支为标准，如因疾病等特殊情况需要超出平时消费水平的，执行机关应出具证明材料。

第五十三条 罪犯虽不能全部履行财产性判项，但其履行态度积极，履行财产性判项的金额高于大账消费，且有证据证明其履行困难的，不影响其“确有悔改表现”的认定。

对确有履行能力而不履行或者不全部履行生效裁判中财产性判项的罪犯，依照本细则严格控制其减刑，或者不予假释。

4. 对“三类犯罪”罪犯的特殊规定

【审查要点】

对于“三类犯罪”罪犯中职务犯罪罪犯、涉黑犯罪罪犯这两类“有钱人”“有权人”罪犯的减刑，实践中，一般要求必须全部履行财产性判项之后，方可减刑。

对于“三类犯罪”罪犯中金融犯罪罪犯，由于犯罪的性质，财产性判项的数额较大，对于此类对象，虽不能全部履行财产性判项，但如果其履行态度积极，履行财产性判项的金额高于大账消费，且有证据证明其履行困难的，可以减刑。

二、几类特殊情形的审查

（一）对几类特定罪犯的从宽规定

1. 适用对象

【审查要点】

（1）报请减刑前不满18周岁的未成年罪犯，且所犯罪行不属于《刑法》第八十一条第二款规定情形的。

（2）报请减刑、假释时年满65周岁的老年罪犯；因患有重病，久治不愈，而不能正常生活、学习、劳动的罪犯；因身体有肢体或者器官残缺、功能不全或者丧失功能，而基本丧失生活、学习、劳动能力的罪犯，但是罪犯犯罪后自伤自残的除外。

2. 从宽适用

【审查要点】

减刑幅度可以适当放宽，或者减刑起始时间、间隔时间可以适当缩短，但放宽的幅度和缩短的时间不得超过司法解释规定相应幅度、时间的三分之一。

【规范指引】

《最高人民法院关于办理减刑、假释案件具体应用法律的规定》

第十九条 对在报请减刑前的服刑期间不满十八周岁，且所犯罪行不属于刑法第八十一条第二款规定情形的罪犯，认罪悔罪，遵守法律法规及监规，积极参加学习、劳动，应当视为确有悔改表现。

对上述罪犯减刑时，减刑幅度可以适当放宽，或者减刑起始时间、间隔时间可以适当缩短，但放宽的幅度和缩短的时间不得超过本规定中相应幅度、时间的三分之一。

第二十条 老年罪犯、患严重疾病罪犯或者身体残疾罪犯减刑时，应当主要考察其认罪悔罪的实际表现。

对基本丧失劳动能力，生活难以自理的上述罪犯减刑时，减刑幅度可以适当放宽，或者减刑起始时间、间隔时间可以适当缩短，但放宽的幅度和缩短的时间不得超过本规定中相应幅度、时间的三分之一。

第三十九条 本规定所称“老年罪犯”，是指报请减刑、假释时年满六十五周岁的罪犯。

本规定所称“患严重疾病罪犯”，是指因患有重病，久治不愈，而不能正常生活、学习、劳动的罪犯。

本规定所称“身体残疾罪犯”，是指因身体有肢体或者器官残缺、功能不全或者丧失功能，而基本丧失生活、学习、劳动能力的罪犯，但是罪犯犯罪后自伤致残的除外。

对刑罚执行机关提供的证明罪犯患有严重疾病或者有身体残疾的证明文件，人民法院应当审查，必要时可以委托有关单位重新诊断、鉴定。

（二）对六类特定罪犯的从严规定

1. 适用对象

【审查要点】

（1）“三类犯罪”罪犯；

（2）危害国家安全犯罪罪犯，恐怖活动犯罪罪犯，毒品犯罪集团的首要分子及毒品再犯；

（3）累犯；

（4）确有履行能力而不履行或者不全部履行生效裁判中财产性判项的罪犯；

（5）因故意杀人、强奸、抢劫、绑架、放火、爆炸、投放危险物质或者有组织的暴力性犯罪的罪犯，简称“严重暴力犯罪”罪犯；

（6）数罪并罚被判处刑罚的罪犯。

2. 从严内容

【审查要点】

（1）减刑、假释起始时间适当延后；

（2）减刑、假释间隔时间适当延长；

（3）减刑幅度适当缩减。

【注意事项】

对《中华人民共和国刑法修正案（九）》施行后，依照《刑法》分则第八章贪污贿赂罪判处刑罚的原具有国家工作人员身份的罪犯适用《最高人民法院关于办理减刑、假释案件具体应用法律的补充规定》，减刑、假释的标准和幅度进一步从严。

【规范指引】

《最高人民法院关于办理减刑、假释案件具体应用法律的规定》

第七条 对符合减刑条件的职务犯罪罪犯，破坏金融管理秩序和金融诈骗犯罪罪犯，组织、领导、参加、包庇、纵容黑社会性质组织犯罪罪犯，危害国家安全犯罪罪犯，恐怖活动犯罪罪犯，毒品犯罪集团的首要分子及毒品再犯，累犯，确有履行能力而不履行或者不全部履行生效裁判中财产性判项的罪犯，被判处十年以下有期徒刑的，执行二年以上方可减刑，减刑幅度应当比照本规定第六条从严掌握，一次减刑不超过一年有期徒刑，两次减刑之间应当间隔一年以上。

对被判处十年以上有期徒刑的前款罪犯，以及因故意杀人、强奸、抢劫、绑架、放火、爆炸、投放危险物质或者有组织的暴力性犯罪被判处十年以上有期徒刑的罪犯，数罪并罚且其中两罪以上被判处十年以上有期徒刑的罪犯，执行二年以上方可减刑，减刑幅度应当比照本规定第六条从严掌握，一次减刑不超过一年有期徒刑，两次减刑之间应当间隔一年六个月以上。

罪犯有重大立功表现的，可以不受上述减刑起始时间和间隔时间的限制。

第九条 对被判处无期徒刑的职务犯罪罪犯，破坏金融管理秩序和金融诈骗犯罪罪犯，组织、领导、参加、包庇、纵容黑社会性质组织犯罪罪犯，危害国家安全犯罪罪犯，恐怖活动犯罪罪犯，毒品犯罪集团的首要分子及毒品再犯，累犯以及因故意杀人、强奸、抢劫、绑架、放火、爆炸、投放危险物质或者有组织的暴力性犯罪的罪犯，确有履行能力而不履行或者不全部履行生效裁判中财产性判项的罪犯，数罪并罚被判处无期徒刑的罪犯，符合减刑条件的，执行三年以上方可减刑，减刑幅度应当比照本规定第八条从严掌握，减刑后的刑期最低不得少于二十年有期徒刑；减为有期徒刑后再减刑时，减刑幅度比照本规定第六条从严掌握，一次不超过一年有期徒刑，两次减刑之间应当间隔二年以上。

罪犯有重大立功表现的，可以不受上述减刑起始时间和间隔时间的限制。

第十一条 对被判处死刑缓期执行的职务犯罪罪犯，破坏金融管理秩序和金融诈骗犯罪罪犯，组织、领导、参加、包庇、纵容黑社会性质组织犯罪罪犯，危害国家安全犯罪罪犯，恐怖活动犯罪罪犯，毒品犯罪集团的首要分子及毒品再犯，累犯以及因故意杀人、强奸、抢劫、绑架、放火、爆炸、投放危险物质或者有组织的暴力性犯罪的罪犯，确有履行能力而不履行或者不全部履行生效裁判中财产性判项的罪犯，数罪并罚被判处死刑缓期执行的罪犯，减为无期徒刑后，符合减刑条件的，执行三年以上方可减刑，一般减为二十五年有期徒刑，有立功表现或者重大立功表现的，可以比照本规定第十条减为二十三年以上二十五年以下有期徒刑；减为有期徒刑后再减刑时，减刑幅度比照本规定第六条从严掌握，一次不超过一年有期徒刑，两次减刑之间应当间隔二年以上。

（三）不得减刑、假释的对象

【审查要点】

1. 拒不交代真实身份或对减刑、假释材料弄虚作假，不符合减刑、假释条件的罪犯；

2. 适用《最高人民法院关于办理减刑、假释案件具体应用法律的补充规定》的特定贪污贿赂罪犯，拒不认罪悔罪的，或者确有履行能力而不履行或者不全部履行生效裁判中财产性判项的，不予假释，一般不予减刑。

【规范指引】

《最高人民法院关于贯彻宽严相济刑事政策的若干意见》

34. 对于危害国家安全犯罪、故意危害公共安全犯罪、严重暴力犯罪、涉众型经济犯罪等严重犯罪；恐怖组织犯罪、邪教组织犯罪、黑恶势力犯罪等有组织犯罪的领导者、组织者和骨干分子；毒品犯罪再犯的严重犯罪者；确有执行能力而拒不依法积极主动缴付财产执行财产刑或确有履行能力而不积极主动履行附带民事赔偿责任的，在依法减刑、假释时，应当从严掌握。对累犯减刑时，应当从严掌握。拒不交代真实身份或对减刑、假释材料弄虚作假，不符合减刑、假释条件的，不得减刑、假释。

……

《最高人民法院关于办理减刑、假释案件具体应用法律的补充规定》

第一条　对拒不认罪悔罪的，或者确有履行能力而不履行或者不全部履行生效裁判中财产性判项的，不予假释，一般不予减刑。

（四）对剥夺政治权利的审查

【审查要点】

1. 被判处有期徒刑的罪犯减刑时，对附加剥夺政治权利的期限可以酌减。酌减后剥夺政治权利的期限，不得少于一年。

2. 被判处死刑缓期执行、无期徒刑的罪犯减为有期徒刑时，应当将附加剥夺政治权利的期限减为七年以上十年以下，经过一次或者几次减刑后，最终剥夺政治权利的期限不得少于三年。

【注意事项】

人民法院依报请或依职权对剥夺政治权利期限进行酌减，酌减后剥夺政治权利的期限不得少于前述规定期限。

【规范指引】

《上海市高级人民法院、上海市人民检察院、上海市公安局、上海市司法局关于办理减刑、假释案件的实施细则（试行）》

第十三条　对有期徒刑罪犯报请减刑时，刑罚执行机关可以对附加剥夺政治权利的期限一并报请缩减，法院审理后就是否同意缩减剥夺政治权利期限作出认定。同意缩减的，缩减后剥夺政治权利的期限不得少于一年，法律、法规另有规定的除外。

法院可以依职权对剥夺政治权利期限进行酌减，酌减后剥夺政治权利的期限按第一款执行。

三、对再审、重新犯罪、漏罪等情形的处理

（一）再审后对原减刑、假释裁定的处理

【审查要点】

人民法院依照审判监督程序重新审理的案件，对原减刑、假释裁定，应当根据再审的结果进行区分处理：

1. 再审裁定维持原判决、裁定的，原减刑、假释裁定继续有效。

2. 再审裁判改变原判决、裁定的，原减刑、假释裁定自动失效，刑罚执行机关应当及时报请有管辖权的人民法院重新作出是否减刑、假释的裁定。重新作出减刑裁定时，不受减刑起始时间、间隔时间和减刑幅度的限制，应综合考虑各方面因素，减刑幅度不得超过原裁定减去的刑期总和。再审改判为死刑缓期执行或者无期徒刑的，在新判决减为有期徒刑之时，原判决已经实际执行的刑期一并扣减。再审裁判宣告无罪的，原减刑、假释裁定自动失效。

（二）重新犯罪后的处理

1. 重新犯罪后对原减刑、假释裁定的处理

【审查要点】

罪犯被裁定减刑后，刑罚执行期间因故意犯罪而被数罪并罚时，经减刑裁定减去的刑期不计入已经执行的刑期。原判死刑缓期执行减为无期徒刑、有期徒刑，或者无期徒刑减为有期徒刑的裁定继续有效。

对于在假释考验期限内重新犯罪的，应当由审理该案件的人民法院撤销假释，并书面通知原审人民法院和执行地社区矫正机构。

2. 重新犯罪对后续减刑的影响

【审查要点】

被判处有期徒刑、无期徒刑的罪犯在刑罚执行期间又故意犯罪，新罪被判处有期徒刑的，自新罪判决确定之日起三年内不予减刑；新罪被判处无期徒刑的，自新罪判决确定之日起四年内不予减刑。

罪犯在死刑缓期执行期间又故意犯罪，未被执行死刑的，死刑缓期执行的期间重新计算，减为无期徒刑后，五年内不予减刑。

被判处死刑缓期执行罪犯减刑后，在刑罚执行期间又故意犯罪的，依照有期徒刑、无期徒刑的罪犯在刑罚执行期间故意犯罪的规定处理。

【规范指引】

《中华人民共和国社区矫正法》

第四十六条 社区矫正对象具有刑法规定的撤销缓刑、假释情形的，应当由人民法院撤销缓刑、假释。

对于在考验期限内犯新罪或者发现判决宣告以前还有其他罪没有判决的，应当由审理该案件的人民法院撤销缓刑、假释，并书面通知原审人民法院和执行地社区矫正机构。

对于有第二款规定以外的其他需要撤销缓刑、假释情形的，社区矫正机构应当向原审人民法院或者执行地人民法院提出撤销缓刑、假释建议，并将建议书抄送人民检察院。社区矫正机构提出撤销缓刑、假释建议时，应当说明理由，并提供有关证据材料。

《最高人民法院关于办理减刑、假释案件具体应用法律的规定》

第三十三条 罪犯被裁定减刑后，刑罚执行期间因故意犯罪而数罪并罚时，经减刑裁定减去的刑期不计入已经执行的刑期。原判死刑缓期执行减为无期徒刑、有期徒刑，或者无期徒刑减为有期徒刑的裁定继续有效。

（三）发现漏罪对原减刑、假释裁定的处理

1. 发现漏罪后对原减刑、假释裁定处理的一般规定

【审查要点】

罪犯被裁定减刑后，刑罚执行期间因发现漏罪而被数罪并罚的，原减刑裁定自动失效。根据发现漏罪的不同原因，作相应的处理：

对于漏罪系罪犯主动交代的，或者罪犯原判时已作交代但检察机关未起诉或人民法院判决未认定的，由刑罚执行机关报请有管辖权的人民法院重新作出减刑裁定。重新作出的减刑裁定，减刑幅度不超过原减刑裁定减去的刑期总和，再次减刑的间隔时间不受本次重新减刑裁定的影响。

对于漏罪系有关机关发现或者他人检举揭发的，由刑罚执行机关报请有管辖权的人民法院，在原减刑裁定减去的刑期总和之内，酌情重新裁定。

对于在假释考验期限内发现漏罪的，应当由审理该案件的人民法院撤销假释，并书面通知原审人民法院和执行地社区矫正机构。

2. 被判处死刑缓期执行的罪犯发现漏罪后的处理

【审查要点】

被判处死刑缓期执行的罪犯，在死刑缓期执行期内被发现漏罪，依据《刑法》第七十条规定数罪并罚，决定执行死刑缓期执行的，死刑缓期执行期间自新判决确定之日起计算，已经执行的死刑缓期执行期间计入新判决的死刑缓期执行期间内，但漏罪被判处死刑缓期执行的除外。

被判处死刑缓期执行的罪犯，在死刑缓期执行期满后被发现漏罪，依据《刑法》第七十条规定数罪并罚，决定执行死刑缓期执行的，交付执行时对罪犯实际执行无期徒刑，死刑缓期执行考验期不再执行，但漏罪被判处死刑缓期执行的除外。在无期徒刑减为有期徒刑时，前罪死刑缓期执行减为无期徒刑之日起至新判决生效之日止已经实际执行的刑期，应当计算在减刑裁定决定执行的刑期以内。

3. 被判处无期徒刑罪犯发现漏罪后的处理

【审查要点】

被判处无期徒刑的罪犯在减为有期徒刑后因发现漏罪，依据《刑法》第七十条规定数罪并罚，决定执行无期徒刑的，前罪无期徒刑生效之日起至新判决生效之日止已经实际执行的刑期，应当在新判决的无期徒刑减为有期徒刑时，在减刑裁定决定执行的刑期内扣减。

无期徒刑罪犯减为有期徒刑后因发现漏罪判处三年有期徒刑以下刑罚，数罪并罚决定执行无期徒刑的，在新判决生效后执行一年以上，符合减刑条件的，可以减为有期徒刑，减刑幅度依照无期徒刑罪犯减刑规定执行。

【规范指引】

《上海市高级人民法院、上海市人民检察院、上海市公安局、上海市司法局关于办理减刑、假释案件的实施细则（试行）》

第四十六条　罪犯被裁定减刑后，刑罚执行期间因发现漏罪而数罪并罚的，原减刑裁定自动失效。如漏罪系罪犯主动交代的，或者罪犯原判时已作交代但检察机关未起诉或人民法院判决未认定的，对其原减去的刑期，由执行机关报请有管辖权的人民法院重新作出减刑裁定，重新作出的减刑裁定，减刑幅度不超过原减刑裁定减去的刑期总和，再次减刑的间隔时间不受本次重新减刑裁定的影响；如漏罪系有关机关发现或者他人检举揭发的，由执行机关报请有管辖权的人民法院，在原减刑裁定减去的刑期总和之内，酌情重新裁定。

第三部分　减刑案件的审查和裁判规则

减刑可以分为狭义的减刑和广义的减刑。狭义的减刑包括变更原判刑种和缩短原判刑期两类。变更原判刑种特指无期徒刑减为有期徒刑。缩短原判刑期是指将原判较长的刑期减为较短的刑期。广义的减刑还包括死刑缓期执行的减刑。

一、被判处死刑缓期执行罪犯的减刑

（一）减刑起算时间的审查

【审查要点】

从判决或者裁定核准死刑缓期执行的法律文书宣告或送达之日起计算。

【注意事项】

死刑缓期执行二年期满后，刑罚执行机关方可启动减刑程序。

【规范指引】

《中华人民共和国刑事诉讼法》

第二百六十一条第二款　被判处死刑缓期二年执行的罪犯，在死刑缓期执行期间，如果没有故意犯罪，死刑缓期执行期满，应当予以减刑的，由执行机关提出书面意见，报请高级人民法院裁定；如果故意犯罪，情节恶劣，查证属实，应当执行死刑的，由高级人民法院报请最高人民法院核准；对于故意犯罪未执行死刑的，死刑缓期执行的期间重新计算，并报最高人民法院备案。

《最高人民法院关于适用〈中华人民共和国刑事诉讼法〉的解释》

第四百九十八条第二款　死刑缓期执行期满，依法应当减刑的，人民法院应当及时减刑。死刑缓期执行期满减为无期徒刑、有期徒刑的，刑期自死刑缓期执行期满之日起计算。

（二）减刑条件的审查

【审查要点】

1. 主体：被判处死刑缓期执行的罪犯。包括《刑法》第五十条第一款规定的被判处死刑缓期执行的罪犯;《刑法》第五十条第二款规定的限制减刑的死刑缓期执行的罪犯;《刑法》第三百八十三条第四款、第三百八十六条规定的仅适用于因贪污受贿犯罪被判处死刑缓期执行，在其死刑缓期执行二年期满依法减为无期徒刑后，终身监禁，不得减刑、假释的罪犯。

2. 条件：罪犯在死刑缓期执行期间，没有故意犯罪或确有重大立功表现。

【注意事项】

被判处死刑缓期执行罪犯的减刑无需罪犯“确有悔改表现”。即使罪犯不认罪也不影响将其刑罚由死刑缓期二年执行减为无期徒刑，剥夺政治权利终身不变。

刑罚执行机关提供的《减刑建议书》应当经法院同级监狱管理机关审核同意。

【规范指引】

《中华人民共和国刑法》

第五十条　判处死刑缓期执行的，在死刑缓期执行期间，如果没有故意犯罪，二年期满以后，减为无期徒刑；如果确有重大立功表现，二年期满以后，减为二十五年有期徒刑；如果故意犯罪，情节恶劣的，报请最高人民法院核准后执行死刑；对于故意犯罪未执行死刑的，死刑缓期执行的期间重新计算，并报最高人民法院备案。

对被判处死刑缓期执行的累犯以及因故意杀人、强奸、抢劫、绑架、放火、爆炸、投放危险物质或者有组织的暴力性犯罪被判处死刑缓期执行的犯罪分子，人民法院根据犯罪情节等情况可以同时决定对其限制减刑。

第三百八十三条第四款 犯第一款罪，有第三项规定情形被判处死刑缓期执行的，人民法院根据犯罪情节等情况可以同时决定在其死刑缓期执行二年期满依法减为无期徒刑后，终身监禁，不得减刑、假释。

第三百八十六条 对犯受贿罪的，根据受贿所得数额及情节，依照本法第三百八十三条的规定处罚。索贿的从重处罚。

（三）减刑幅度的审查

【审查要点】

1. 没有故意犯罪的，二年期满以后，减为无期徒刑；

2. 确有重大立功表现的，二年期满以后，减为二十五年有期徒刑。

【注意事项】

限制减刑和终身监禁均是人民法院在判处罪犯死刑缓期二年执行的同时决定，而非在死刑缓期执行二年期满后减刑时决定。

对被判处终身监禁的罪犯，在死刑缓期执行期满依法减为无期徒刑的裁定中，应当明确终身监禁，不得再减刑或者假释。

【规范指引】

《最高人民法院关于办理减刑、假释案件具体应用法律的规定》

第十五条 对被判处终身监禁的罪犯，在死刑缓期执行期满依法减为无期徒刑的裁定中，应当明确终身监禁，不得再减刑或者假释。

（四）减刑后刑期的计算

【审查要点】

1. 死刑缓期执行期满减为无期徒刑的，刑期从死刑缓期执行期满之日起计算，原剥夺政治权利终身的附加刑不变。

2. 死刑缓期执行期满减为有期徒刑二十五年的，刑期从死刑缓期执行期满之日起计算，原剥夺政治权利终身的附加刑改为剥夺政治权利十年。

【注意事项】

1. 被判处死刑缓期执行的罪犯经过一次或几次减刑后，其实际执行的刑期不得少于十五年，死刑缓期执行期间不包括在内。

2. 被限制减刑的死刑缓期执行罪犯，缓期执行期满后依法减为无期徒刑的，经过一次或几次减刑后，其实际执行的刑期不得少于二十五年；缓期执行期满后依法减为二十五年有期徒刑的，经过一次或几次减刑后，其实际执行的刑期不能少于二十年。

3. 被判处死刑缓期执行的罪犯在缓期执行期间抗拒改造，尚未构成犯罪的，在减为无期徒刑后再减刑时应当适当从严。减刑的间隔时间要适当延长。

【规范指引】

《中华人民共和国刑法》

第七十八条 被判处管制、拘役、有期徒刑、无期徒刑的犯罪分子，在执行期间，如果认真遵守监规，接受教育改造，确有悔改表现的，或者有立功表现的，可以减刑；有下列重大立功表现之一的，应当减刑：

（一）阻止他人重大犯罪活动的；

（二）检举监狱内外重大犯罪活动，经查证属实的；

（三）有发明创造或者重大技术革新的；

（四）在日常生产、生活中舍己救人的；

（五）在抗御自然灾害或者排除重大事故中，有突出表现的；

（六）对国家和社会有其他重大贡献的。

减刑以后实际执行的刑期不能少于下列期限：

（一）判处管制、拘役、有期徒刑的，不能少于原判刑期的二分之一；

（二）判处无期徒刑的，不能少于十三年；

（三）人民法院依照本法第五十条第二款规定限制减刑的死刑缓期执行的犯罪分子，缓期执行期满后依法减为无期徒刑的，不能少于二十五年，缓期执行期满后依法减为二十五年有期徒刑的，不能少于二十年。

第五十七条 对于被判处死刑、无期徒刑的犯罪分子，应当剥夺政治权利终身。

在死刑缓期执行减为有期徒刑或者无期徒刑减为有期徒刑的时候，应当把附加剥夺政治权利的期限改为三年以上十年以下。

《中华人民共和国刑事诉讼法》

第二百六十一条第二款 被判处死刑缓期二年执行的罪犯，在死刑缓期执行期间，如果没有故意犯罪，死刑缓期执行期满，应当予以减刑的，由执行机关提出书面意见，报请高级人民法院裁定；如果故意犯罪，情节恶劣，查证属实，应当执行死刑的，由高级人民法院报请最高人民法院核准；对于故意犯罪未执行死刑的，死刑缓期执行的期间重新计算，并报最高人民法院备案。

《最高人民法院关于办理减刑、假释案件具体应用法律的规定》

第十二条 被判处死刑缓期执行的罪犯经过一次或者几次减刑后，其实际执行的刑期不得少于十五年，死刑缓期执行期间不包括在内。

死刑缓期执行罪犯在缓期执行期间不服从监管、抗拒改造，尚未构成犯罪的，在减为无期徒刑后再减刑时应当适当从严。

《上海市高级人民法院、上海市人民检察院、上海市公安局、上海市司法局关于办理减刑、假释案件的实施细则（试行）》

第三十条 被判处死刑缓期执行的罪犯，在死刑缓期执行期间，如果没有故意犯罪，二年期满以后，减为无期徒刑；如果确有重大立功表现，二年期满以后，减为二十五年有期徒刑。

（一）死刑缓期执行的期间，从判决或者裁定核准死刑缓期执行的法律文书宣告或送达之日起计算。

死刑缓期执行二年期满，执行机关方可对罪犯启动减刑程序。

（二）死刑缓期执行期满减为无期徒刑的，刑期从死刑缓期执行期满之日起计算，原剥夺政治权利终身的附加刑不变。

（三）死刑缓期执行期满减为有期徒刑二十五年的，刑期从死刑缓期执行期满之日起计算，原剥夺政治权利终身的附加刑改为剥夺政治权利十年。

（四）被判处死刑缓期执行罪犯经过一次或几次减刑后，其实际执行的刑期不得少于十五年，死刑缓期执行期间不包括在内。

（五）被限制减刑的死刑缓期执行罪犯，缓期执行期满后依法减为无期徒刑的，其实际执行的刑期不得少于二十五年，缓期执行期满后依法减为二十五年有期徒刑的，其实际执行的刑期不能少于二十年。

（六）死刑缓期执行罪犯在缓期执行期间不服从监管、抗拒改造，尚未构成犯罪的，在减为无期徒刑后再减刑时应当适当从严。

二、被判处无期徒刑（含死刑缓期执行减为无期徒刑）罪犯的减刑

（一）普通被判处无期徒刑罪犯的减刑

1. 减刑条件

【审查要点】

判决执行二年以上，并获得表扬四次以上。

2. 减刑幅度

【审查要点】

（1）确有悔改表现或者有立功表现的，可以减为二十二年有期徒刑；

（2）确有悔改表现并有立功表现的，可以减为二十一年以上二十二年以下有期徒刑；

（3）有重大立功表现的，一般减为二十年以上二十一年以下有期徒刑；

（4）确有悔改表现并有重大立功表现的，可以减为十九年以上二十年以下有期徒刑。

【规范指引】

《最高人民法院关于办理减刑、假释案件具体应用法律的规定》

第八条　被判处无期徒刑的罪犯在刑罚执行期间，符合减刑条件的，执行二年以上，可以减刑。减刑幅度为：确有悔改表现或者有立功表现的，可以减为二十二年有期徒刑；确有悔改表现并有立功表现

的，可以减为二十一年以上二十二年以下有期徒刑；有重大立功表现的，可以减为二十年以上二十一年以下有期徒刑；确有悔改表现并有重大立功表现的，可以减为十九年以上二十年以下有期徒刑。无期徒刑罪犯减为有期徒刑后再减刑时，减刑幅度依照本规定第六条的规定执行。两次减刑间隔时间不得少于二年。

罪犯有重大立功表现的，可以不受上述减刑起始时间和间隔时间的限制。

《上海市高级人民法院、上海市人民检察院、上海市公安局、上海市司法局关于办理减刑、假释案件的实施细则（试行）》

第二十二条　被判处无期徒刑的罪犯在刑罚执行期间，符合减刑条件的，执行二年以上，且获得表扬四次以上方可减刑。减刑幅度为：

确有悔改表现或者有立功表现的，可以减为二十二年有期徒刑；确有悔改表现并有立功表现的，可以减为二十一年以上二十二年以下有期徒刑；对有重大立功表现的，可以减为二十年以上二十一年以下有期徒刑，确有悔改表现并有重大立功表现的，可以减为十九年以上二十年以下有期徒刑。

罪犯有重大立功表现的，可以不受上述减刑起始时间和间隔时间的限制。

（二）属于六类特定从严对象的被判处无期徒刑罪犯的减刑

1. 减刑条件

【审查要点】

判决执行三年以上，并获得表扬六次以上。

2. 减刑幅度

【审查要点】

比照普通被判处无期徒刑罪犯减刑幅度从严掌握，经过一次或几次减刑后，其实际执行的刑期最低不得少于二十年。

【规范指引】

《最高人民法院关于办理减刑、假释案件具体应用法律的规定》

第九条 对被判处无期徒刑的职务犯罪罪犯，破坏金融管理秩序和金融诈骗犯罪罪犯，组织、领导、参加、包庇、纵容黑社会性质组织犯罪罪犯，危害国家安全犯罪罪犯，恐怖活动犯罪罪犯，毒品犯罪集团的首要分子及毒品再犯，累犯以及因故意杀人、强奸、抢劫、绑架、放火、爆炸、投放危险物质或者有组织的暴力性犯罪的罪犯，确有履行能力而不履行或者不全部履行生效裁判中财产性判项的罪犯，数罪并罚被判处无期徒刑的罪犯，符合减刑条件的，执行三年以上方可减刑，减刑幅度应当比照本规定第八条从严掌握，减刑后的刑期最低不得少于二十年有期徒刑；减为有期徒刑后再减刑时，减刑幅度比照本规定第六条从严掌握，一次不超过一年有期徒刑，两次减刑之间应当间隔二年以上。

罪犯有重大立功表现的，可以不受上述减刑起始时间和间隔时间的限制。

《上海市高级人民法院、上海市人民检察院、上海市公安局、上海市司法局关于办理减刑、假释案件的实施细则（试行）》

第二十三条 对被判处无期徒刑的职务犯罪罪犯，破坏金融管理秩序和金融诈骗犯罪罪犯，组织、领导、参加、包庇、纵容黑社会性质组织犯罪罪犯，危害国家安全犯罪罪犯，恐怖活动犯罪罪犯，毒品犯罪集团的首要分子及毒品再犯，累犯以及因故意杀人、强奸、抢劫、绑架、放火、爆炸、投放危险物质或者有组织的暴力性犯罪的罪犯，确有履行能力而不履行或者不全部履行生效裁判中财产性判项的罪犯，数罪并罚被判处无期徒刑的罪犯，符合减刑条件的，执行三年以上，且累计获得表扬六次以上方可减刑，减刑幅度应当比照本实施细则第二十二条从严掌握，减刑后的刑期最低不得少于二十年有期徒刑。

罪犯有重大立功表现的，可以不受上述减刑起始时间和间隔时间的限制。

（三）被判处死刑缓期执行的罪犯减为无期徒刑后的减刑

1. 减刑条件

【审查要点】

无期徒刑刑罚执行三年以上，并获得表扬六次以上。

2. 减刑幅度

【审查要点】

（1）确有悔改表现或者有立功表现的，可以减为二十五年有期徒刑；

（2）确有悔改表现并有立功表现的，可以减为二十四年以上二十五年以下有期徒刑；

（3）有重大立功表现的，可以减为二十三年以上二十四年以下有期徒刑；

（4）确有悔改表现并有重大立功表现的，可以减为二十二年以上二十三年以下有期徒刑。

【规范指引】

《最高人民法院关于办理减刑、假释案件具体应用法律的规定》

第十条 被判处死刑缓期执行的罪犯减为无期徒刑后，符合减刑条件的，执行三年以上方可减刑。减刑幅度为：确有悔改表现或者有立功表现的，可以减为二十五年有期徒刑；确有悔改表现并有立功表现的，可以减为二十四年以上二十五年以下有期徒刑；有重大立功表现的，可以减为二十三年以上二十四年以下有期徒刑；确有悔改表现并有重大立功表现的，可以减为二十二年以上二十三年以下有期徒刑。

被判处死刑缓期执行的罪犯减为有期徒刑后再减刑时，比照本规定第八条的规定办理。

《上海市高级人民法院、上海市人民检察院、上海市公安局、上海市司法局关于办理减刑、假释案件的实施细则（试行）》

第二十五条 被判处死刑缓期执行的罪犯减为无期徒刑后，符合减刑条件的，执行三年以上，且累计获得表扬六次以上方可减刑。减刑幅度为：确有悔改表现或者有立功表现的，可以减为二十五年有期徒刑；确有悔改表现并有立功表现的，可以减为二十四年以上二十五年以下有期徒刑；有重大立功表现的，可以减为二十三年以上二十四年以下有期徒刑；确有悔改表现并有重大立功表现的，可以减为二十二年以上二十三年以下有期徒刑。

（四）被判处死刑缓期执行的从严对象罪犯减为无期徒刑后的减刑

1. 减刑条件

【审查要点】

无期徒刑刑罚执行三年以上，且累计获得表扬七次以上。

2. 减刑幅度

【审查要点】

（1）一般减为二十五年有期徒刑；

（2）有立功表现或重大立功表现的，可以比照普通死刑缓期执行减为无期徒刑后的减刑幅度减为二十三年以上二十五年以下有期徒刑。

【规范指引】

《最高人民法院关于办理减刑、假释案件具体应用法律的规定》

第十一条　对被判处死刑缓期执行的职务犯罪罪犯，破坏金融管理秩序和金融诈骗犯罪罪犯，组织、领导、参加、包庇、纵容黑社会性质组织犯罪罪犯，危害国家安全犯罪罪犯，恐怖活动犯罪罪犯，毒品犯罪集团的首要分子及毒品再犯，累犯以及因故意杀人、强奸、抢劫、绑架、放火、爆炸、投放危险物质或者有组织的暴力性犯罪的罪犯，确有履行能力而不履行或者不全部履行生效裁判中财产性判项的罪犯，数罪并罚被判处死刑缓期执行的罪犯，减为无期徒刑后，符合减刑条件的，执行三年以上方可减刑，一般减为二十五年有期徒刑，有立功表现或者重大立功表现的，可以比照本规定第十条减为二十三年以上二十五年以下有期徒刑；减为有期徒刑后再减刑时，减刑幅度比照本规定第六条从严掌握，一次不超过一年有期徒刑，两次减刑之间应当间隔二年以上。

《上海市高级人民法院、上海市人民检察院、上海市公安局、上海市司法局关于办理减刑、假释案件的实施细则（试行）》

第二十六条 对被判处死刑缓期执行的职务犯罪罪犯，破坏金融管理秩序和金融诈骗犯罪罪犯，组织、领导、参加、包庇、纵容黑社会性质组织犯罪罪犯，危害国家安全犯罪罪犯，恐怖活动犯罪罪犯，毒品犯罪集团的首要分子及毒品再犯，累犯以及因故意杀人、强奸、抢劫、绑架、放火、爆炸、投放危险物质或者有组织的暴力性犯罪的罪犯，确有履行能力而不履行或者不全部履行生效裁判中财产性判项的罪犯，数罪并罚被判处死刑缓期执行的罪犯，减为无期徒刑后，符合减刑条件的，执行三年以上且累计获得表扬七次以上方可减刑，一般减为二十五年有期徒刑，有立功表现或者重大立功表现的，可以比照本实施细则第二十五条的规定减为二十三年以上二十五年以下有期徒刑。

（五）被限制减刑的死刑缓期执行罪犯减为无期徒刑后的减刑

1. 减刑条件

【审查要点】

无期徒刑刑罚执行五年以上，并获得表扬十次以上。

2. 减刑幅度

【审查要点】

比照被判处死刑缓期执行的从严对象的规定执行。

【注意事项】

1. 判决执行之日是指罪犯实际送交刑罚执行机关之日。原为死刑缓期执行减为无期徒刑的，判决执行之日一般是指减刑裁定送达之日。

2. 罪犯有重大立功表现的，可以不受上述减刑起始时间和间隔时间的限制。

【规范指引】

《最高人民法院关于办理减刑、假释案件具体应用法律的规定》

第十三条 被限制减刑的死刑缓期执行罪犯，减为无期徒刑后，符合减刑条件的，执行五年以上方可减刑。减刑间隔时间和减刑幅度依照本规定第十一条的规定执行。

《上海市高级人民法院、上海市人民检察院、上海市公安局、上海市司法局关于办理减刑、假释案件的实施细则（试行）》

第二十七条 被限制减刑的死刑缓期执行罪犯，减为无期徒刑的，符合减刑条件的，执行五年以上，且累计获得表扬十次以上方可减刑。减刑间隔时间和减刑幅度依照本实施细则第二十六条的规定执行。

（六）减刑后最低服刑期限的审查

【审查要点】

被判处无期徒刑的罪犯经过一次或几次减刑后，其实际执行的刑期不能少于十三年，起始时间应当自无期徒刑判决确定之日起计算。无期徒刑判决确定前的羁押期间，不计入无期徒刑的实际执行刑期。

【注意事项】

要正确理解法律和司法解释规定的最低服刑期限，严格控制减刑起始时间、间隔时间及减刑幅度，并根据罪犯前期减刑情况和效果，对其后续减刑予以总体把握。被判处死刑缓期执行、无期徒刑的罪犯减为有期徒刑后再减刑时，在减刑间隔时间及减刑幅度上，应当从严把握。

【规范指引】

《中华人民共和国刑法》

第七十八条第二款 减刑以后实际执行的刑期不能少于下列期限：

（一）判处管制、拘役、有期徒刑的，不能少于原判刑期的二分之一；

（二）判处无期徒刑的，不能少于十三年；

（三）人民法院依照本法第五十条第二款规定限制减刑的死刑缓期执行的犯罪分子，缓期执行期满后依法减为无期徒刑的，不能少于二十五年，缓期执行期满后依法减为二十五年有期徒刑的，不能少于二十年。

《最高人民法院、最高人民检察院、公安部、司法部关于加强减刑、假释案件实质化审理的意见》

10. 严格把握罪犯减刑后的实际服刑刑期。正确理解法律和司法解释规定的最低服刑期限，严格控制减刑起始时间、间隔时间及减刑幅度，并根据罪犯前期减刑情况和效果，对其后续减刑予以总体掌握。死刑缓期执行、无期徒刑罪犯减为有期徒刑后再减刑时，在减刑间隔时间及减刑幅度上，应当从严把握。

（七）剥夺政治权利期限的缩减

无期徒刑减为有期徒刑的，其附加剥夺政治权利的期限应当相应缩减。

【审查要点】

1. 减为有期徒刑二十四年以上二十五年以下的，一般改为剥夺政治权利十年；

2. 减为有期徒刑二十二年以上二十三年以下的，一般改为剥夺政治权利九年；

3. 减为有期徒刑二十一年的，一般改为剥夺政治权利八年；

4. 减为有期徒刑十九年以上二十年以下的，一般改为剥夺政治权利七年。

【规范指引】

《最高人民法院关于办理减刑、假释案件具体应用法律的规定》

第十七条第二款 被判处死刑缓期执行、无期徒刑的罪犯减为有期徒刑时，应当将附加剥夺政治权利的期限减为七年以上十年以下，经过一次或者几次减刑后，最终剥夺政治权利的期限不得少于三年。

三、被判处有期徒刑罪犯的减刑

（一）减刑条件的审查

【审查要点】

1. 原判为不满五年有期徒刑的，一般应当执行一年以上，并获得表扬二次；

2. 原判为五年以上不满十年有期徒刑的，应当执行一年六个月以上，并获得表扬三次以上；

3. 原判为十年以上有期徒刑的，应当执行二年以上，并获得表扬四次以上。

【注意事项】

1. 减刑起始时间自判决执行之日起计算，判决执行之日是指罪犯实际送交刑罚执行机关之日；

2. 罪犯有重大立功表现的，可以不受上述减刑起始时间的限制。

【规范指引】

《最高人民法院关于办理减刑、假释案件具体应用法律的规定》

第六条第一款 被判处有期徒刑的罪犯减刑起始时间为：不满五年有期徒刑的，应当执行一年以上方可减刑；五年以上不满十年有期徒刑的，应当执行一年六个月以上方可减刑；十年以上有期徒刑的，应当执行二年以上方可减刑。有期徒刑减刑的起始时间自判决执行之日起计算。

《上海市高级人民法院、上海市人民检察院、上海市公安局、上海市司法局关于办理减刑、假释案件的实施细则（试行）》

第九条 被判处有期徒刑的罪犯减刑起始时间为：不满五年有期徒刑的，一般应当执行一年以上，并获得表扬二次以上方可减刑；五年以上不满十年有期徒刑的，应当执行一年六个月以上，并获得表扬三次以上方可减刑；十年以上有期徒刑的，应当执行二年以上，并获得表扬四次以上方可减刑。

罪犯有重大立功表现的，可以不受上述减刑起始时间的限制。

（二）减刑间隔时间的审查

【审查要点】

1. 被判处不满十年有期徒刑的罪犯，两次减刑间隔时间不得少于一年，并获得表扬二次以上；

2. 被判处十年以上有期徒刑的罪犯，两次减刑间隔时间不得少于一年六个月，并获得表扬三次以上。

【注意事项】

1. 两次减刑间隔时间不得低于上次减刑减去的刑期。

2. 罪犯有重大立功表现的，可以不受上述减刑起始时间和间隔时间的限制。

【规范指引】

《最高人民法院关于办理减刑、假释案件具体应用法律的规定》

第六条第三款 被判处不满十年有期徒刑的罪犯，两次减刑间隔时间不得少于一年；被判处十年以上有期徒刑的罪犯，两次减刑间隔时间不得少于一年六个月。减刑间隔时间不得低于上次减刑减去的刑期。

《上海市高级人民法院、上海市人民检察院、上海市公安局、上海市司法局关于办理减刑、假释案件的实施细则（试行）》

第十条 减刑的间隔时间：

（一）被判处不满十年有期徒刑的罪犯，两次减刑间隔时间不得少于一年，并获得表扬二次以上方可减刑；被判处十年以上有期徒刑的罪犯，两次减刑间隔时间不得少于一年六个月，并获得表扬三次以上方可减刑。减刑间隔时间不得低于上次减刑减去的刑期。

（二）被判处无期徒刑的罪犯，减为有期徒刑后，又符合减刑条件的，两次减刑间隔时间不得少于二年，并获得表扬四次以上方可减刑。

（三）被判处死刑缓期执行的罪犯，减为有期徒刑后，又符合减刑条件的，两次减刑间隔时间不得少于二年，并获得表扬五次以上方可减刑。

（四）被限制减刑的死刑缓期执行罪犯，减为有期徒刑后，又符合减刑条件的，两次减刑间隔时间不得少于二年，并获得表扬六次以上方可减刑。

罪犯有重大立功表现的，间隔时间可以适当缩短，获得表扬次数可适当减少，但缩短的时间不得超过本细则中相应时间的二分之一。

（三）减刑幅度的审查

【审查要点】

1. 确有悔改表现，获得表扬二次的，一次减刑不超过四个月有期徒刑，获得表扬增加一次，可以增加减刑幅度不超过二个月有期徒刑，但一次减刑不超过九个月有期徒刑；

2. 有立功表现的，一次减刑不超过九个月有期徒刑；

3. 确有悔改并有立功表现的，一次减刑不超过一年有期徒刑；

4. 有重大立功表现的，一次减刑不超过一年六个月有期徒刑；

5. 确有悔改并有重大立功表现的，一次减刑不超过二年有期徒刑。

【注意事项】

被判处有期徒刑的罪犯，减刑以后实际执行的刑期，不能少于原判刑期的二分之一。

【规范指引】

《最高人民法院关于办理减刑、假释案件具体应用法律的规定》

第六条第二款　确有悔改表现或者有立功表现的，一次减刑不超过九个月有期徒刑；确有悔改表现并有立功表现的，一次减刑不超过一年有期徒刑；有重大立功表现的，一次减刑不超过一年六个月有期徒刑；确有悔改表现并有重大立功表现的，一次减刑不超过二年有期徒刑。

（四）剥夺政治权利期限的缩减

【审查要点】

被判处有期徒刑的罪犯减刑时，对附加剥夺政治权利的期限可以酌减。酌减后剥夺政治权利的期限，不得少于一年。

【规范指引】

《最高人民法院关于办理减刑、假释案件具体应用法律的规定》

第十七条第一款　被判处有期徒刑罪犯减刑时，对附加剥夺政治权利的期限可以酌减。酌减后剥夺政治权利的期限，不得少于一年。

（五）对几类从严对象的特殊规定

对于被判处有期徒刑的几类从严对象的减刑，《最高人民法院关于办理减刑、假释案件具体应用法律的规定》等规范性文件从减刑起始时间，减刑幅度，减刑间隔时间，以及减刑需要获得的表扬次数上分别作出更严格的规定。

1. 被判处不满十年有期徒刑的从严对象

（1）适用主体

【审查要点】

①“三类犯罪”罪犯；

②危害国家安全犯罪、恐怖活动犯罪罪犯，毒品犯罪集团的首要分子及毒品再犯；

③累犯；

④确有履行能力而不履行或者不全部履行生效裁判中财产性判项的罪犯。

【注意事项】

上述四类主体的被判处有期徒刑应为不满十年。

（2）减刑条件、间隔及幅度

【审查要点】

执行二年以上，并获得表扬四次以上方可减刑，减刑幅度比照非从严对象从严掌握，一次减刑最高幅度不超过一年有期徒刑。两次减刑之间应当间隔一年以上，并获得表扬三次以上。

【注意事项】

对从严对象一次减刑不超过一年有期徒刑应作如下理解：无论从严对象是否具有重大立功表现，一次减刑的最高幅度都不能超过一年有期徒刑。但罪犯有重大立功表现的，可以不受减刑起始时间和间隔时间的限制。

【规范指引】

《上海市高级人民法院、上海市人民检察院、上海市公安局、上海市司法局关于办理减刑、假释案件的实施细则（试行）》

第十五条第一款、第三款　对符合减刑条件的职务犯罪罪犯，破坏金融管理秩序和金融诈骗犯罪罪犯，组织、领导、参加、包庇、纵容黑社会性质组织犯罪罪犯，危害国家安全犯罪罪犯，恐怖活动犯罪罪犯，毒品犯罪集团的首要分子及毒品再犯，累犯，确有履行能力而不履行或者不全部履行生效裁判中财产性判项的罪犯，被判处不满十年有期徒刑的，执行二年以上，并获得表扬四次以上方可减刑。减刑幅度应当比照本细则第十一条的规定从严掌握，一次减刑不超过一年有期徒刑。两次减刑之间应当间隔一年以上，并获得表扬三次以上。

罪犯有重大立功表现的，可以不受上述减刑起始时间和间隔时间的限制。

2. 被判处十年以上刑期的从严对象

（1）适用主体

【审查要点】

①“三类犯罪”罪犯；

②危害国家安全犯罪罪犯，恐怖活动犯罪罪犯，毒品犯罪集团的首要分子及毒品再犯；

③累犯；

④确有履行能力而不履行或者不全部履行生效裁判中财产性判项的罪犯；

⑤因故意杀人、强奸、抢劫、绑架、放火、爆炸、投放危险物质或者有组织的暴力性犯罪的罪犯，简称“严重暴力犯罪”罪犯；

⑥数罪并罚且其中两罪以上被判处十年以上有期徒刑的罪犯，数罪并罚被判处无期徒刑或死刑缓期执行的罪犯。

（2）减刑条件、间隔及幅度

【审查要点】

对被判处十年以上（包括十年）有期徒刑的，执行二年以上，并获得表扬五次以上方可减刑，一次减刑不超过一年有期徒刑。两次减刑之间应当间隔一年六个月以上，并获得表扬四次以上方可减刑。

被判处无期徒刑，减为有期徒刑后，又符合减刑条件再减刑时，一次减刑不超过一年有期徒刑。两次减刑之间应当间隔二年以上，并获得表扬五次以上方可减刑。

对被判处死刑缓期执行的从严对象，减为有期徒刑后，又符合减刑条件再减刑时，一次减刑不超过一年有期徒刑。两次减刑之间应当间隔二年以上，并获得表扬六次以上方可减刑。

【规范指引】

《上海市高级人民法院、上海市人民检察院、上海市公安局、上海市司法局关于办理减刑、假释案件的实施细则（试行）》

第十五条第二款 对被判处十年以上有期徒刑的前款罪犯，以及因故意杀人、强奸、抢劫、绑架、放火、爆炸、投放危险物质或者有组织的暴力性犯罪被判处十年以上有期徒刑的罪犯，数罪并罚且其中两罪以上被判处十年以上有期徒刑的罪犯，执行二年以上，并获得表扬五次以上方可减刑。减刑幅度应当比照本细则第十一条从严掌握，一次减刑不超过一年有期徒刑。两次减刑之间应当间隔一年六个月以上，并获得表扬四次以上。

第十六条 对被判处无期徒刑的职务犯罪罪犯，破坏金融管理秩序和金融诈骗犯罪罪犯，组织、领导、参加、包庇、纵容黑社会性质组织犯罪罪犯，危害国家安全犯罪罪犯，恐怖活动犯罪罪犯，毒品犯罪集团的首要分子及毒品再犯，累犯以及因故意杀人、强奸、抢劫、绑架、放火、爆炸、投放危险物质或者有组织的暴力性犯罪的罪犯，确有履行能力而不履行或者不全部履行生效裁判中财产性判项的罪犯，数罪并罚被判处无期徒刑的罪犯，减为有期徒刑后，又符合减刑条件再减刑时，减刑幅度应当比照本细则第十一条的规定从严掌握，一次减刑不超过一年有期徒刑。 两次减刑之间应当间隔二年以上，并获得表扬五次以上方可减刑。

第十七条 对被判处死刑缓期执行的职务犯罪罪犯，破坏金融管理秩序和金融诈骗犯罪罪犯，组织、领导、参加、包庇、纵容黑社会性质组织犯罪罪犯，危害国家安全犯罪罪犯，恐怖活动犯罪罪犯，毒品犯罪集团的首要分子及毒品再犯，累犯以及因故意杀人、强奸、抢劫、绑架、放火、爆炸、投放危险物质或者有组织的暴力性犯罪的罪犯，确有履行能力而不履行或者不全部履行生效裁判中财产性判项的罪犯，数罪并罚被判处死刑缓期执行的罪犯，减为有期徒刑后，又符合减刑条件再减刑时，减刑幅度应当比照本细则第十一条的规定从严掌握，一次减刑不超过一年有期徒刑。两次减刑之间应当间隔二年以上，并获得表扬六次以上方可减刑。

3. 适用《最高人民法院关于办理减刑、假释案件具体应用法律的补充规定》罪犯的从严规定

（1）适用主体

【审查要点】

《中华人民共和国刑法修正案（九）》施行后，依照《刑法》分则第八章贪污贿赂罪判处刑罚的原具有国家工作人员身份的罪犯。

（2）减刑起始时间

【审查要点】

被判处十年以上有期徒刑的，执行三年以上方可减刑；被判处不满十年有期徒刑的，执行二年以上方可减刑。

（3）减刑间隔期

【审查要点】

被判处十年以上有期徒刑的，两次减刑之间应当间隔二年以上；被判处不满十年有期徒刑的，两次减刑之间应当间隔一年六个月以上。

【注意事项】

罪犯有重大立功表现的，可以不受上述减刑起始时间和间隔时间的限制。

（4）减刑幅度

【审查要点】

确有悔改表现或者有立功表现的，一次减刑不超过六个月有期徒刑；确有悔改并有立功表现的，一次减刑不超过九个月有期徒刑；有

重大立功表现的，一次减刑不超过一年有期徒刑。

【规范指引】

《最高人民法院关于办理减刑、假释案件具体应用法律的补充规定》

第二条　被判处十年以上有期徒刑，符合减刑条件的，执行三年以上方可减刑；被判处不满十年有期徒刑，符合减刑条件的，执行二年以上方可减刑。

确有悔改表现或者有立功表现的，一次减刑不超过六个月有期徒刑；确有悔改表现并有立功表现的，一次减刑不超过九个月有期徒刑；有重大立功表现的，一次减刑不超过一年有期徒刑。

被判处十年以上有期徒刑的，两次减刑之间应当间隔二年以上；被判处不满十年有期徒刑的，两次减刑之间应当间隔一年六个月以上。

第五条　罪犯有重大立功表现的，减刑时可以不受上述起始时间和间隔时间的限制。

（六）对几类对象的从宽规定

1. 适用对象

【审查要点】

（1）报请减刑前不满18周岁，且所犯罪行不属于《刑法》第八十一条第二款规定情形的；

（2）基本丧失劳动能力、生活难以自理的老年罪犯；

（3）患严重疾病或者身体残疾（不含自伤自残）罪犯。

2. 从宽内容

【审查要点】

减刑幅度可以适当放宽，或者减刑起始时间、间隔时间可以适当缩短，但放宽的幅度和缩短的时间不得超过相应幅度、时间的三分之一。

【规范指引】

《上海市高级人民法院、上海市人民检察院、上海市公安局、上海市司法局关于办理减刑、假释案件的实施细则（试行）》

第十四条　对未成年罪犯，且所犯罪行不属于刑法第八十一条第二款规定情形的，基本丧失劳动能力、生活难以自理的老年罪犯、患严重疾病或者身体残疾（不含自伤致残）罪犯减刑时，减刑幅度可以适当放宽，或者减刑起始时间、间隔时间可以适当缩短，但放宽的幅度和缩短的时间不得超过本细则中相应幅度、时间的三分之一。

四、被判处短刑期罪犯的减刑

（一）短刑期罪犯的认定

【审查要点】

短刑期罪犯是指被判处管制、拘役的罪犯，以及判决生效后剩余刑期不满二年有期徒刑的罪犯。

【注意事项】

审查短刑期罪犯减刑案件时，应首先根据罪犯原审裁判文书查明罪犯判决生效后的剩余刑期，是否符合不满二年有期徒刑的要求。

（二）减刑条件的审查

【审查要点】

符合下列条件之一的，可以减刑，减刑的次数一般不得超过一次：

1. 实际执行的刑期不少于原判刑期的二分之一；确有悔改表现，并获得表扬一次，或者虽未获得表扬，但考评累计分达到210分；无任何违纪扣分，且财产性判项已经全部履行。

2. 确有立功表现的。

【注意事项】

1. 计算短刑期罪犯实际执行刑期时，应当包括罪犯在看守所的服刑时间。

2. 对于确有悔改表现的短刑期罪犯减刑，必须符合无任何违纪扣分且财产性判项已经全部履行的要求。即使罪犯实际执行刑期、获得表扬次数达到一般有期徒刑罪犯减刑的标准，若不符合上述要求，仍不能减刑。

3. 对于有前科的短刑期罪犯的减刑应从严把握，减刑幅度应比同等条件的罪犯减少一半以上。

（三）减刑幅度的审查

1. 判决生效后剩余刑期不满一年有期徒刑的减刑幅度

【审查要点】

获得表扬一次或者确有立功表现的，减刑幅度一般不超过二个月。

获得表扬一次并确有立功表现的，或者确有重大立功表现的，减刑幅度可以超过二个月，但实际执行的刑期不得少于原判刑期的二分之一。

未获得表扬的，根据考评累计分确定减刑幅度：考评累计分达到390分的，可以减一个月以上二个月以下有期徒刑；考评累计分达到300分的，可以减一个月以下有期徒刑；考评累计分达到210分的，可以酌情确定减刑幅度。

2. 判决生效后剩余刑期一年以上不满二年有期徒刑的减刑幅度

【审查要点】

获得表扬一次的，减刑幅度一般不超过二个月；

获得二次表扬或者确有立功表现的，减刑幅度一般不超过四个月；

获得二次表扬并确有立功表现，或者确有重大立功表现的，减刑幅度可以超过四个月，但实际执行的刑期不得少于原判刑期的二分之一。

【注意事项】

判决生效后剩余刑期不满二年有期徒刑的罪犯，如果有前科应从严把握，减刑幅度应比同等条件的罪犯减少一半以上。

3. 被判处管制、拘役罪犯的减刑幅度

【审查要点】

被判处管制、拘役的罪犯，符合减刑条件的，可以酌情减刑，减刑起始时间可以适当缩短，但实际执行的刑期不得少于原判刑期的二分之一。

被判处拘役或者三年以下有期徒刑，并宣告缓刑的罪犯，一般不

适用减刑。如果在缓刑考验期内有重大立功表现的，可以参照《刑法》第七十八条的规定予以减刑，同时应当依法缩减其缓刑考验期。缩减后，拘役的缓刑考验期限不得少于二个月，有期徒刑的缓刑考验期限不得少于一年。

【规范指引】

《最高人民法院关于办理减刑、假释案件具体应用法律的规定》

第十六条 被判处管制、拘役的罪犯，以及判决生效后剩余刑期不满二年有期徒刑的罪犯，符合减刑条件的，可以酌情减刑，减刑起始时间可以适当缩短，但实际执行的刑期不得少于原判刑期的二分之一。

《上海市高级人民法院、上海市人民检察院、上海市公安局、上海市司法局关于办理减刑、假释案件的实施细则（试行）》

第十八条 被判处管制、拘役的罪犯，以及判决生效后剩余刑期不满二年有期徒刑的罪犯，符合下列条件之一的，可以减刑，减刑的次数一般不得超过一次：

（一）实际执行的刑期不少于原判刑期的二分之一；确有悔改表现获得表扬一次，或者虽未获得表扬，但考评累计分达到 210 分；无任何违纪扣分，且财产性判项已经全部履行。

（二）确有立功表现的。

第十九条 符合本细则第十八条规定的罪犯，减刑幅度分别为：

（一）判决生效后剩余刑期不满一年有期徒刑的：

1. 获得表扬一次或者确有立功表现的，减刑幅度一般不超过二个月；

2. 获得表扬一次并确有立功表现的，或者确有重大立功表现的，减刑幅度可以超过二个月，但实际执行的刑期不得少于原判刑期的二分之一；

3. 未获得表扬奖励的，根据考评累计分确定减刑幅度：考评累计分达到 390 分的，可以减一个月以上二个月以下有期徒刑；考评累计分达到 300 分的，可以减一个月以下有期徒刑；考评累计分达到 210 分的，可以酌情确定减刑幅度。

（二）判决生效后剩余刑期一年以上不满二年有期徒刑的：

1.获得表扬一次的，减刑幅度一般不超过二个月；

2.获得二次表扬奖励或者确有立功表现的，减刑幅度一般不超过四个月；

3.获得二次表扬奖励并确有立功表现，或者确有重大立功表现的，减刑幅度可以超过四个月，但实际执行的刑期不得少于原判刑期的二分之一。

第二十条 符合本实施细则第十八条规定的罪犯中，有前科罪犯的减刑应从严把握，减刑幅度应比同等条件的罪犯减少一半以上。

第二十一条 被判处拘役或者三年以下有期徒刑并宣告缓刑的罪犯，一般不适用减刑。

前款规定的罪犯在缓刑考验期内有重大立功表现的，可以参照刑法第七十八条的规定予以减刑，同时应当依法缩减其缓刑考验期。缩减后，拘役的缓刑考验期不得少于二个月，有期徒刑的缓刑考验期不得少于一年。

五、特定贪污贿赂罪犯减刑的特殊规定

（一）适用条件

《中华人民共和国刑法修正案（九）》施行后原具有国家工作人员身份的贪污贿赂罪犯的减刑。

【审查要点】

1.生效裁判作出于《中华人民共和国刑法修正案（九）》施行后（2015年11月1日）的；

2.属于《刑法》分则第八章贪污贿赂罪；

3.原具有国家工作人员身份的。

【注意事项】

对于拒不认罪悔罪或者确有履行能力而不履行或者不全部履行生效裁判中财产性判项的罪犯，一般不予减刑。

（二）减刑起始时间

【审查要点】

被判处死刑缓期执行的罪犯，减为无期徒刑后，符合减刑条件的，执行四年以上；被判处无期徒刑，符合减刑条件的，执行四年以上；被判处十年以上有期徒刑，符合减刑条件的，执行三年以上；被判处不满十年有期徒刑，符合减刑条件的，执行二年以上。

（三）减刑幅度

【审查要点】

1. 被判处死刑缓期执行的罪犯，减为无期徒刑后，确有悔改表现或者有立功表现的，可以减为二十五年有期徒刑；确有悔改并有立功表现的，可以减为二十四年六个月以上二十五年以下有期徒刑；有重大立功表现的，可以减为二十四年以上二十四年六个月以下有期徒刑。

2. 被判处无期徒刑，确有悔改表现或者有立功表现的，可以减为二十三年有期徒刑；确有悔改并有立功表现的，可以减为二十二年以上二十三年以下有期徒刑；有重大立功表现的，可以减为二十一年以上二十二年以下有期徒刑。

3. 被判处有期徒刑（包括无期徒刑减为有期徒刑的），确有悔改表现或者有立功表现的，一次减刑不超过六个月有期徒刑；确有悔改并有立功表现的，一次减刑不超过九个月有期徒刑；有重大立功表现的，一次减刑不超过一年有期徒刑。

（四）减刑间隔时间

【审查要点】

被判处十年以上有期徒刑的（包括无期徒刑减为有期徒刑的），两次减刑之间应当间隔二年以上；被判处不满十年有期徒刑的，两次减刑之间应当间隔一年六个月以上。

【注意事项】

罪犯有重大立功表现的，减刑时可以不受上述起始时间和间隔时间的限制。

【规范指引】

《最高人民法院关于办理减刑、假释案件具体应用法律的补充规定》

第二条 被判处十年以上有期徒刑，符合减刑条件的，执行三年以上方可减刑；被判处不满十年有期徒刑，符合减刑条件的，执行二年以上方可减刑。

确有悔改表现或者有立功表现的，一次减刑不超过六个月有期徒刑；确有悔改表现并有立功表现的，一次减刑不超过九个月有期徒刑；有重大立功表现的，一次减刑不超过一年有期徒刑。

被判处十年以上有期徒刑的，两次减刑之间应当间隔二年以上；被判处不满十年有期徒刑的，两次减刑之间应当间隔一年六个月以上。

第三条 被判处无期徒刑，符合减刑条件的，执行四年以上方可减刑。

确有悔改表现或者有立功表现的，可以减为二十三年有期徒刑；确有悔改表现并有立功表现的，可以减为二十二年以上二十三年以下有期徒刑；有重大立功表现的，可以减为二十一年以上二十二年以下有期徒刑。

无期徒刑减为有期徒刑后再减刑时，减刑幅度比照本规定第二条的规定执行。两次减刑之间应当间隔二年以上。

第四条 被判处死刑缓期执行的，减为无期徒刑后，符合减刑条件的，执行四年以上方可减刑。

确有悔改表现或者有立功表现的，可以减为二十五年有期徒刑；确有悔改表现并有立功表现的，可以减为二十四年六个月以上二十五年以下有期徒刑；有重大立功表现的，可以减为二十四年以上二十四年六个月以下有期徒刑。

减为有期徒刑后再减刑时，减刑幅度比照本规定第二条的规定执行。两次减刑之间应当间隔二年以上。

第五条 罪犯有重大立功表现的，减刑时可以不受上述起始时间和间隔时间的限制。

第四部分　假释案件的审查和裁判规则

一、假释适用条件的审查

被判处有期徒刑、无期徒刑的犯罪分子，实际执行刑期达到一定期限，认真遵守监规，接受教育改造，确有悔改表现，没有再犯罪危险的，可以假释。

（一）实际执行刑期的审查

【审查要点】

1. 被判处有期徒刑的罪犯假释时，实际执行刑期不得少于原判刑期的二分之一以上；

2. 被判处无期徒刑的罪犯假释时，实际执行刑期不得少于十三年；

3. 被判处死刑缓期执行的罪犯减为无期徒刑或者有期徒刑后，实际执行十五年以上。

如果有特殊情况，经最高人民法院核准，可以不受上述执行刑期的限制。

【注意事项】

1. 上述几种情况中，被判处有期徒刑罪犯的假释，执行原判刑期二分之一以上的起始时间，应当从判决执行之日起计算，判决前羁押一日折抵刑期一日；对被判处无期徒刑罪犯的假释，实际执行刑期应当从判决生效之日起计算，不得少于十三年，判决前羁押的时间不能折抵；被判处死刑缓期执行的罪犯减刑后，实际执行十五年以上方可假释，该实际执行时间应当从死刑缓期执行期满之日起计算，加上死刑缓期二年执行的考验期，实际执行的时间大于十七年，判决前羁押的时间不能折抵。

2. 被判处五年以下有期徒刑罪犯的假释，存在生效判决作出前羁押的时间已经达到二年以上，交付监狱执行后就已经达到原判刑期二分之一以上的情况。刑罚执行机关的考察时间从移押至监狱的日期开始，考察时间目前没有具体规定，实践中刑罚执行机关有两种观点：一是认为应执行剩余刑期的一半，才能提出假释；二是认为应当执行一年以上，方可提出假释。本指南倾向于参考《最高人民法院关于办理减刑、假释案件具体应用法律的规定》第六条中“不满五年有期徒刑的，应当执行一年以上方可减刑”的规定。

3. 特殊情况是指具有国家政治、国防、外交等方面特殊需要的情况。该特殊假释可以不受执行刑期的限制，但不能突破禁止假释的规定，且在程序上需层报至最高人民法院核准。

【规范指引】

《中华人民共和国刑法》

第八十一条第一款 被判处有期徒刑的犯罪分子，执行原判刑期二分之一以上，被判处无期徒刑的犯罪分子，实际执行十三年以上，如果认真遵守监规，接受教育改造，确有悔改表现，没有再犯罪的危险的，可以假释。如果有特殊情况，经最高人民法院核准，可以不受上述执行刑期的限制。

《最高人民法院关于办理减刑、假释案件具体应用法律的规定》

第二十三条 被判处有期徒刑的罪犯假释时，执行原判刑期二分之一的时间，应当从判决执行之日起计算，判决执行以前先行羁押的，羁押一日折抵刑期一日。

被判处无期徒刑的罪犯假释时，刑法中关于实际执行刑期不得少于十三年的时间，应当从判决生效之日起计算。判决生效以前先行羁押的时间不予折抵。

被判处死刑缓期执行的罪犯减为无期徒刑或者有期徒刑后，实际执行十五年以上，方可假释，该实际执行时间应当从死刑缓期执行期满之日起计算。死刑缓期执行期间不包括在内，判决确定以前先行羁押的时间不予折抵。

第二十四条 刑法第八十一条第一款规定的“特殊情况”，是指有国家政治、国防、外交等方面特殊需要的情况。

《上海市高级人民法院、上海市人民检察院、上海市公安局、上海市司法局关于办理减刑、假释案件的实施细则（试行）》

第三十三条第一款、第二款 被判处有期徒刑的罪犯，执行原判刑期二分之一以上，被判处无期徒刑的罪犯，实际执行十三年以上，如果认真遵守监规，接受教育改造，确有悔改表现，没有再犯罪危险的，可以假释。如有国家政治、国防、外交等方面特殊需要的情况，经最高人民法院核准，可以不受上述执行刑期的限制。

被判处有期徒刑的罪犯假释时，执行原判刑期二分之一的时间，应当从判决执行之日起计算，判决执行以前先行羁押的，羁押一日折抵刑期一日；被判处无期徒刑的罪犯假释时，刑法中关于实际执行刑期不得少于十三年的时间，应当从判决生效之日起计算。判决生效以前先行羁押的时间不予折抵；被判处死刑缓期执行的罪犯减为无期徒刑或者有期徒刑后，实际执行十五年以上方可假释，该实际执行时间应当从死刑缓期执行期满之日起计算。死刑缓期执行期间不包括在内，判决确定以前先行羁押的时间不予折抵。

（二）可以从宽掌握适用假释的罪犯

主要包括：主观恶性不高的罪犯；综合年龄、身体健康状况假释后再犯罪危险低的罪犯；服刑期间改造表现特别突出的罪犯；家有患病家属、未成年人确需本人照顾的罪犯等四类。

【审查要点】

1. 过失犯罪、中止犯罪及被胁迫参加犯罪的罪犯，但过失犯罪中交通肇事后逃逸的除外。

2. 因防卫过当或者紧急避险过当而被判处有期徒刑以上刑罚的罪犯。

3. 犯罪时未满 18 周岁的罪犯。

4. 基本丧失劳动能力、生活难以自理，假释后生活确有着落的老年罪犯、患严重疾病或身体残疾的罪犯。

5. 年满 80 周岁、身患疾病或者生活难以自理、没有再犯罪危险的罪犯，既符合减刑条件，又符合假释条件的，优先适用假释。

6. 服刑期间改造表现特别突出的罪犯，例如：被判处五年以下有期徒刑，服刑期间具有重大立功表现的；服刑期间能挽回犯罪行为所造成国家和他人的重大经济损失，能积极履行财产性判项，取得被害人谅解的。

7. 因民间矛盾激化、劳动纠纷、管理失当等原因引发的犯罪动机不属恶劣的犯罪，或因被害方过错或者基于义愤引发的或者具有防卫因素的突发性犯罪，并已取得被害方谅解的。

8. 初次犯罪，其主观恶性不深、社会危害性不大，服刑期间财产性判项已全部履行，被判处五年以下有期徒刑的。

9. 被判处有期徒刑且不属于数罪并罚的罪犯，其直系亲属、配偶因患病、残疾，长期生活不能自理，确需本人照顾，或者女性罪犯因丧偶或配偶正在服刑，有不满 14 周岁的子女确需本人抚养的。

10. 具有其他可以从宽假释情形的罪犯。

【规范指引】

《最高人民法院关于办理减刑、假释案件具体应用法律的规定》

第二十六条 对下列罪犯适用假释时可以依法从宽掌握：

（一）过失犯罪的罪犯、中止犯罪的罪犯、被胁迫参加犯罪的罪犯；

（二）因防卫过当或者紧急避险过当而被判处有期徒刑以上刑罚的罪犯；

（三）犯罪时未满十八周岁的罪犯；

（四）基本丧失劳动能力、生活难以自理，假释后生活确有着落的老年罪犯、患严重疾病罪犯或者身体残疾罪犯；

（五）服刑期间改造表现特别突出的罪犯；

（六）具有其他可以从宽假释情形的罪犯。

罪犯既符合法定减刑条件，又符合法定假释条件的，可以优先适用假释。

（三）一般不适用假释的罪犯

【审查要点】

1. 危害国家安全罪犯和故意危害公共安全罪犯；

2. 犯罪数额巨大或者对国家和人民利益造成重大损失的职务犯罪的罪犯；

3. 严重破坏金融管理秩序和金融诈骗数额巨大的罪犯；

4. 恐怖组织犯罪、邪教组织犯罪、黑社会性质的组织犯罪等有组织犯罪的领导者、组织者和骨干分子；

5. 毒品犯罪再犯；

6. 多次被判刑或者在刑罚执行期间又犯罪的罪犯；

7. 在缓刑、假释和暂予监外执行期间又违法犯罪的罪犯；

8. 拒不交代真实身份或对减刑、假释材料弄虚作假的罪犯；

9. 犯罪手段恶劣、后果严重、社会影响巨大的罪犯。

【注意事项】

上述罪犯一般不适用假释，如悔改表现突出，确需假释的，应从严掌握。

（四）不得假释的罪犯

【审查要点】

1. 累犯；

2. 因故意杀人、强奸、抢劫、绑架、放火、爆炸、投放危险物质或者有组织的暴力性犯罪被判处十年以上有期徒刑、无期徒刑的犯罪分子。

因前款情形和犯罪被判处死刑缓期执行的罪犯，被减为无期徒刑、有期徒刑后，也不得假释。

【注意事项】

累犯既包括一般累犯，即《刑法》第六十五条规定的“被判处有期徒刑以上的犯罪分子，刑罚执行完毕或赦免以后，在五年内再犯应当判处有期徒刑以上的刑罚之罪”的罪犯；也包括特殊累犯，即《刑法》第六十六条规定的“危害国家安全犯罪、恐怖活动犯罪、黑社会性质的组织犯罪的犯罪分子，在刑罚执行完毕或者赦免以后，在任何时候再犯上述任一类罪的”以累犯论处的罪犯。

【规范指引】

《中华人民共和国刑法》

第八十一条第二款 对累犯以及因故意杀人、强奸、抢劫、绑架、放火、爆炸、投放危险物质或者有组织的暴力性犯罪被判处十年以上有期徒刑、无期徒刑的犯罪分子，不得假释。

《最高人民法院关于办理减刑、假释案件具体应用法律的规定》

第二十五条 对累犯以及因故意杀人、强奸、抢劫、绑架、放火、爆炸、投放危险物质或者有组织的暴力性犯罪被判处十年以上有期徒刑、无期徒刑的罪犯，不得假释。

因前款情形和犯罪被判处死刑缓期执行的罪犯，被减为无期徒刑、有期徒刑后，也不得假释。

《上海市高级人民法院、上海市人民检察院、上海市公安局、上海市司法局关于办理减刑、假释案件的实施细则（试行）》

第三十六条 对累犯以及因故意杀人、强奸、抢劫、绑架、放火、爆炸、投放危险物质或者有组织的暴力性犯罪被判处十年以上有期徒刑、无期徒刑的罪犯，不得假释。

因前款情形和犯罪被判处死刑缓期执行的罪犯，在被减为无期徒刑、有期徒刑后，也不得假释。

累犯不仅包括刑法第六十五条规定的“被判处有期徒刑以上的犯罪分子，刑罚执行完毕或者赦免以后，在五年内再犯应当判处有期徒刑以上刑罚之罪”的罪犯，也包括刑法六十六条规定的“危害国家安全犯罪、恐怖活动犯罪、黑社会性质的组织犯罪的犯罪分子，在刑罚执行完毕或者赦免以后，在任何时候再犯上述任一类罪的”以累犯论处的罪犯。

（五）减刑后假释间隔时间的审查

【审查要点】

1. 罪犯减刑后又提请假释的，间隔时间不得少于一年；

2. 对一次减去一年以上有期徒刑后，决定假释的，间隔时间不得少于一年六个月；

3. 罪犯减刑后余刑不足二年，决定假释的，可以适当缩短间隔时间，但不得少于八个月。

【规范指引】

《最高人民法院关于办理减刑、假释案件具体应用法律的规定》

第二十八条 罪犯减刑后又假释的，间隔时间不得少于一年；对一次减去一年以上有期徒刑后，决定假释的，间隔时间不得少于一年六个月。

罪犯减刑后余刑不足二年，决定假释的，可以适当缩短间隔时间。

（六）“没有再犯罪危险”的审查

“没有再犯罪危险”，除符合《刑法》第八十一条规定的情形外，对于报请假释的罪犯，还应当认真审查刑罚执行机关提供的反映罪犯服刑期间现实表现和生理、心理状况的材料，并认真审查司法行政机关或者有关社会组织出具的罪犯假释后对所居住社区影响的材料，同时结合罪犯犯罪的性质、具体情节、社会危害程度、原判刑罚及生效裁判中财产性判项履行情况等，进行综合判断。实践中，再犯罪危险评估包括对罪犯的再犯罪危险心理评估和罪犯假释后对社区产生社会影响的评估两个方面。

1. 评估主体

【审查要点】

对罪犯的再犯罪危险心理评估一般应由专业心理师为主进行。目前的实践中，一般是由刑罚执行机关内部的监狱民警经培训上岗，并辅以电脑模型作出评估，并作为证据材料的内容之一。

罪犯假释后对社区产生社会影响的评估由刑罚执行机关委托拟适用假释罪犯居住地的县级司法行政机关进行调查，并提出评估意见。

2. 评估内容

【审查要点】

再犯罪危险心理评估的内容包括犯罪经历、再社会化预期、行为模式等多方面，以综合评估罪犯的再犯罪危险等级。

罪犯假释后对社区产生社会影响的评估内容包括罪犯的居所情况、家庭和社会关系、一贯表现、犯罪行为的后果和影响、居住地村（居）民委员会和被害人意见、拟禁止的事项、社会危险性、对所居住社区的影响等。

3. 评估报告及审核

【审查要点】

相关刑罚执行机关、司法行政机关应根据评估内容形成评估意见。人民法院在审理假释案件时，应审核评估报告，必要时应当面听取评估人员意见。

【规范指引】

《中华人民共和国社区矫正法实施办法》

第十四条 社区矫正机构、有关社会组织接受委托后，应当对被告人或者罪犯的居所情况、家庭和社会关系、犯罪行为的后果和影响、居住地村（居）民委员会和被害人意见、拟禁止的事项、社会危险性、对所居住社区的影响等情况进行调查了解，形成调查评估意见，与相关材料一起提交委托机关。调查评估时，相关单位、部门、村（居）民委员会等组织、个人应当依法为调查评估提供必要的协助。

社区矫正机构、有关社会组织应当自收到调查评估委托函及所附材料之日起十个工作日内完成调查评估，提交评估意见。对于适用刑事案件速裁程序的，应当在五个工作日内完成调查评估，提交评估意见。评估意见同时抄送执行地县级人民检察院。需要延长调查评估时限的，社区矫正机构、有关社会组织应当与委托机关协商，并在协商确定的期限内完成调查评估。因被告人或者罪犯的姓名、居住地不真实、身份不明等原因，社区矫正机构、有关社会组织无法进行调查评估的，应当及时向委托机关说明情况。社区矫正决定机关对调查评估意见的采信情况，应当在相关法律文书中说明。

对调查评估意见以及调查中涉及的国家秘密、商业秘密、个人隐私等信息，应当保密，不得泄露。

《上海市高级人民法院、上海市人民检察院、上海市公安局、上海市司法局关于办理减刑、假释案件的实施细则（试行）》

第四十条 刑罚执行机关可以积极探索对罪犯再犯罪风险评估的办法，可以引进第三方评估机制。对于经评估足以证明罪犯没有再犯罪的风险的结论，人民法院应积极采纳。

刑罚执行机关对拟假释的罪犯，应委托居住地县级司法行政机关进行调查其对所居住社区影响的评估。

刑罚执行机关对拟假释的罪犯，应告知其假释后，应依法接受社区矫正，假释考验期内应遵守刑法第八十四条的规定，以及违反假释相关规定所要承担的法律后果。

作出假释裁定的人民法院可以采取回访、信函等方式，向负责矫正的司法机关了解假释人员的表现情况。相关矫正机关应予配合。

二、假释考验

（一）假释考验的期限

【审查要点】

1. 有期徒刑的假释考验期限，为没有执行完毕的刑期。

2. 无期徒刑的假释考验期限为十年。

（二）假释考验期的起算

【审查要点】

假释考验期限，从假释之日起计算。

【规范指引】

《中华人民共和国刑法》

第八十三条 有期徒刑的假释考验期限，为没有执行完毕的刑期；无期徒刑的假释考验期限为十年。

假释考验期限，从假释之日起计算。

（三）假释考验合格的处理

【审查要点】

在假释考验期限内，依法实行社区矫正，且没有《刑法》第八十六条规定的情形，假释考验期满，即可认为原判刑罚已经执行完毕，并公开予以宣告。

【规范指引】

《中华人民共和国刑法》

第八十五条 对假释的犯罪分子，在假释考验期限内，依法实行社区矫正，如果没有本法第八十六条规定的情形，假释考验期满，就认为原判刑罚已经执行完毕，并公开予以宣告。

三、假释的撤销及处理

被假释的犯罪分子，在假释考验期限内犯新罪，或者被发现在判决宣告以前还有其他罪没有判决的，应当在新罪判决或漏罪裁判中一并作出撤销假释的判决，并依照《刑法》的规定实行数罪并罚。

被假释的犯罪分子，在假释考验期限内，有违反法律、行政法规或者国务院有关部门关于假释的监督管理规定的行为，尚未构成新的犯罪的，应当依照法定程序撤销假释，收监执行未执行完毕的刑罚。

这里讨论的撤销是指上述第二种情形下的撤销。

（一）提起撤销的条件

【审查要点】

1. 无正当理由不按规定时间报到或者接受社区矫正期间脱离监管，超过一个月的；

2. 受到社区矫正机构两次警告，仍不改正的；

3. 其他违反有关法律、行政法规和监督管理规定，尚未构成新的犯罪的。

（二）撤销假释的提起

1. 提起机关

【审查要点】

社区矫正对象的执行地同级社区矫正机构。

【注意事项】

社区矫正对象在多个地方居住的，可以确定经常居住地为执行地。

2. 提起材料

【审查要点】

《撤销假释建议书》及相关证明材料。

（三）撤销假释的办理

1. 办理法院

【审查要点】

一般为原审人民法院；如果原审人民法院与执行地同级社区矫正机构不在同一省、自治区、直辖市的，可以向执行地人民法院提出建议，执行地人民法院作出裁定的，裁定书同时抄送原审人民法院。

2. 办理期限

【审查要点】

人民法院自收到《撤销假释建议书》后 30 日以内依法作出裁定。

3. 裁定送达

【审查要点】

裁定书应送达报请机关，同时抄送人民检察院、公安机关和原刑罚执行机关。

【注意事项】

罪犯在逃的，撤销假释裁定书可以作为对罪犯进行追捕的依据。

【规范指引】

《中华人民共和国刑法》

第八十六条 被假释的犯罪分子，在假释考验期限内犯新罪，应当撤销假释，依照本法第七十一条的规定实行数罪并罚。

在假释考验期限内，发现被假释的犯罪分子在判决宣告以前还有其他罪没有判决的，应当撤销假释，依照本法第七十条的规定实行数罪并罚。

被假释的犯罪分子，在假释考验期限内，有违反法律、行政法规或者国务院有关部门关于假释的监督管理规定的行为，尚未构成新的犯罪的，应当依照法定程序撤销假释，收监执行未执行完毕的刑罚。

《中华人民共和国社区矫正法实施办法》

第四十七条 社区矫正对象在假释考验期内，有下列情形之一的，由执行地同级社区矫正机构提出撤销假释建议：

（一）无正当理由不按规定时间报到或者接受社区矫正期间脱离监管，超过一个月的；

（二）受到社区矫正机构两次警告，仍不改正的；

（三）其他违反有关法律、行政法规和监督管理规定，尚未构成新的犯罪的。

社区矫正机构一般向原审人民法院提出撤销假释建议。如果原审人民法院与执行地同级社区矫正机构不在同一省、自治区、直辖市的，可以向执行地人民法院提出建议，执行地人民法院作出裁定的，裁定书同时抄送原审人民法院。

社区矫正机构撤销假释的建议书和人民法院的裁定书副本同时抄送社区矫正执行地同级人民检察院、公安机关、罪犯原服刑或者接收其档案的监狱。

《最高人民法院关于适用〈中华人民共和国刑事诉讼法〉的解释》

第五百四十五条 人民法院应当在收到社区矫正机构的撤销缓刑、假释建议书后三十日以内作出裁定。撤销缓刑、假释的裁定一经作出，立即生效。

人民法院应当将撤销缓刑、假释裁定书送达社区矫正机构和公安机关，并抄送人民检察院，由公安机关将罪犯送交执行。执行以前被逮捕的，羁押一日折抵刑期一日。

《最高人民法院关于办理减刑、假释案件具体应用法律的规定》

第二十九条 罪犯在假释考验期内违反法律、行政法规或者国务院有关部门关于假释的监督管理规定的，作出假释裁定的人民法院，应当在收到报请机关或者检察机关撤销假释建议书后及时审查，作出是否撤销假释的裁定，并送达报请机关，同时抄送人民检察院、公安机关和原刑罚执行机关。

罪犯在逃的，撤销假释裁定书可以作为对罪犯进行追捕的依据。

（四）假释撤销的后果

【审查要点】

1. 被撤销假释的罪犯，应收监执行未执行完毕的刑罚；

2. 被撤销假释的罪犯，收监后符合减刑条件的，可以减刑，但减刑起始时间自收监之日起计算。

【注意事项】

依照《刑法》第八十六条规定被撤销假释的罪犯，一般不得再假释。但依照该条第二款被撤销假释的罪犯，如果罪犯对漏罪曾作如实供述但原判未予认定，或者漏罪系其自首，符合假释条件的，可以再假释。

【规范指引】

《中华人民共和国刑法》

第八十六条 被假释的犯罪分子，在假释考验期限内犯新罪，应当撤销假释，依照本法第七十一条的规定实行数罪并罚。

在假释考验期限内，发现被假释的犯罪分子在判决宣告以前还有其他罪没有判决的，应当撤销假释，依照本法第七十条的规定实行数罪并罚。

被假释的犯罪分子，在假释考验期限内，有违反法律、行政法规或者国务院有关部门关于假释的监督管理规定的行为，尚未构成新的犯罪的，应当依照法定程序撤销假释，收监执行未执行完毕的刑罚。

《最高人民法院关于办理减刑、假释案件具体应用法律的规定》

第三十条 依照刑法第八十六条规定被撤销假释的罪犯，一般不得再假释。但依照该条第二款被撤销假释的罪犯，如果罪犯对漏罪曾作如实供述但原判未予认定，或者漏罪系其自首，符合假释条件的，可以再假释。

被撤销假释的罪犯，收监后符合减刑条件的，可以减刑，但减刑起始时间自收监之日起计算。

第五部分 程序性事项的审查

一、收案审查

（一）案件管辖的审查

【审查要点】

1. 被判处死刑缓期执行罪犯的减刑和被判处无期徒刑罪犯（含死刑缓期执行减为无期徒刑）的减刑、假释，由罪犯服刑地的高级人民法院管辖。

2. 被判处有期徒刑和被减为有期徒刑的罪犯的减刑、假释，以及被判处拘役、管制罪犯的减刑，由罪犯服刑地的中级人民法院管辖。

【规范指引】

《中华人民共和国刑事诉讼法》

第二百六十一条第二款 被判处死刑缓期二年执行的罪犯，在死刑缓期执行期间，如果没有故意犯罪，死刑缓期执行期满，应当予以减刑的，由执行机关提出书面意见，报请高级人民法院裁定；如果故意犯罪，情节恶劣，查证属实，应当执行死刑的，由高级人民法院报请最高人民法院核准；对于故意犯罪未执行死刑的，死刑缓期执行的期间重新计算，并报最高人民法院备案。

《最高人民法院关于适用〈中华人民共和国刑事诉讼法〉的解释》

第五百三十四条 对减刑、假释案件，应当按照下列情形分别处理：

（一）对被判处死刑缓期执行的罪犯的减刑，由罪犯服刑地的高级人民法院在收到同级监狱管理机关审核同意的减刑建议书后一个月以内作出裁定；

（二）对被判处无期徒刑的罪犯的减刑、假释，由罪犯服刑地的高级人民法院在收到同级监狱管理机关审核同意的减刑、假释建议书后一个月以内作出裁定，案情复杂或者情况特殊的，可以延长一个月；

（三）对被判处有期徒刑和被减为有期徒刑的罪犯的减刑、假释，由罪犯服刑地的中级人民法院在收到执行机关提出的减刑、假释建议书后一个月以内作出裁定，案情复杂或者情况特殊的，可以延长一个月；

（四）对被判处管制、拘役的罪犯的减刑，由罪犯服刑地的中级人民法院在收到同级执行机关审核同意的减刑建议书后一个月以内作出裁定。

对社区矫正对象的减刑，由社区矫正执行地的中级以上人民法院在收到社区矫正机构减刑建议书后三十日以内作出裁定。

《最高人民法院关于减刑、假释案件审理程序的规定》

第一条 对减刑、假释案件，应当按照下列情形分别处理：

（一）对被判处死刑缓期执行的罪犯的减刑，由罪犯服刑地的高级人民法院在收到同级监狱管理机关审核同意的减刑建议书后一个月内作出裁定；

（二）对被判处无期徒刑的罪犯的减刑、假释，由罪犯服刑地的高级人民法院在收到同级监狱管理机关审核同意的减刑、假释建议书后一个月内作出裁定，案情复杂或者情况特殊的，可以延长一个月；

（三）对被判处有期徒刑和被减为有期徒刑的罪犯的减刑、假释，由罪犯服刑地的中级人民法院在收到执行机关提出的减刑、假释建议书后一个月内作出裁定，案情复杂或者情况特殊的，可以延长一个月；

（四）对被判处拘役、管制的罪犯的减刑，由罪犯服刑地中级人民法院在收到同级执行机关审核同意的减刑、假释建议书后一个月内作出裁定。

对暂予监外执行罪犯的减刑，应当根据情况，分别适用前款的有关规定。

（二）报请主体的审查

【审查要点】

监狱、看守所、社区矫正机构等。

（三）案卷材料的审查

【审查要点】

法院收到减刑、假释案卷后，对案件材料进行立案前的形式审查，即审查刑罚执行机关移送的材料是否包括下列内容：

1.《报请减刑 / 假释建议书》；

2.《检察意见书》；

3. 终审法院裁判文书、《执行通知书》、历次减刑裁定书；

4. 罪犯档案资料；

5. 罪犯确有悔改或者立功、重大立功表现的具体事实的书面证明材料；

6. 罪犯《认罪悔罪评估意见表》及罪犯认罪悔罪书；

7. 涉财产性判项的罪犯履行财产刑或附带民事赔偿义务以及追赃、退赔情况的书面证明材料；

8. 罪犯假释后对所居住社区影响的调查评估报告；

9. 罪犯遵守监规纪律的情况鉴定、《三课学习统计表》《劳动情况统计表》《罪犯年度评审表》、罪犯计分考评材料、《罪犯计分考评和行政奖惩审核表》；

10. 老、病、残罪犯及重要罪犯审批表；

11. 身份证明材料（如身份证、户口簿扫描件等）。

对于材料齐备的，法院应当立案；材料不齐的，应当通知刑罚执行机关在三日内补送，逾期未补送的，不予立案。

【注意事项】

减刑、假释案件应建立收案核查制度，刑罚执行机关报请法院的减刑、假释案件电子卷宗，由合议庭法官助理或指定的书记员通过网络核查签收。

【规范指引】

《最高人民法院关于适用〈中华人民共和国刑事诉讼法〉的解释》

第五百三十五条 受理减刑、假释案件，应当审查执行机关移送的材料是否包括下列内容：

（一）减刑、假释建议书；

（二）原审法院的裁判文书、执行通知书、历次减刑裁定书的复制件；

（三）证明罪犯确有悔改、立功或者重大立功表现具体事实的书面材料；

（四）罪犯评审鉴定表、奖惩审批表等；

（五）罪犯假释后对所居住社区影响的调查评估报告；

（六）刑事裁判涉财产部分、附带民事裁判的执行、履行情况；

（七）根据案件情况需要移送的其他材料。

人民检察院对报请减刑、假释案件提出意见的，执行机关应当一并移送受理减刑、假释案件的人民法院。

经审查，材料不全的，应当通知提请减刑、假释的执行机关在三日以内补送；逾期未补送的，不予立案。

《最高人民法院关于减刑、假释案件审理程序的规定》

第二条 人民法院受理减刑、假释案件，应当审查执行机关移送的下列材料：

（一）减刑或者假释建议书；

（二）终审法院裁判文书、执行通知书、历次减刑裁定书的复印件；

（三）罪犯确有悔改或者立功、重大立功表现的具体事实的书面证明材料；

（四）罪犯评审鉴定表、奖惩审批表等；

（五）其他根据案件审理需要应予移送的材料。

报请假释的，应当附有社区矫正机构或者基层组织关于罪犯假释后对所居住社区影响的调查评估报告。

人民检察院对报请减刑、假释案件提出检察意见的，执行机关应当一并移送受理减刑、假释案件的人民法院。

经审查，材料齐备的，应当立案；材料不齐的，应当通知执行机关在三日内补送，逾期未补送的，不予立案。

二、庭前工作

（一）公示要求

1. 公示时间：立案后5日以内。

2. 公示期限：5日。

3. 公示内容：罪犯的姓名、年龄等个人基本情况；原判认定的罪名和刑期；罪犯历次减刑情况；刑罚执行机关的减刑、假释建议和依据；公示期限；意见反馈方式等。

4. 公示方式、地点：通过互联网向社会公示，同时在罪犯服刑场所的公共区域公示。

【规范指引】

《最高人民法院关于适用〈中华人民共和国刑事诉讼法〉的解释》

第五百三十七条 审理减刑、假释案件，应当在立案后五日以内对下列事项予以公示：

（一）罪犯的姓名、年龄等个人基本情况；

（二）原判认定的罪名和刑期；

（三）罪犯历次减刑情况；

（四）执行机关的减刑、假释建议和依据。

公示应当写明公示期限和提出意见的方式。

《最高人民法院关于减刑、假释案件审理程序的规定》

第三条 人民法院审理减刑、假释案件，应当在立案后五日内将执行机关报请减刑、假释的建议书等材料依法向社会公示。

公示内容应当包括罪犯的个人情况、原判认定的罪名和刑期、罪犯历次减刑情况、执行机关的建议及依据。

公示应当写明公示期限和提出意见的方式。公示期限为五日。

（二）开庭案件类型的审查

应当组成合议庭开庭审理的案件类型：

1. 因罪犯有重大立功表现报请减刑的；

2. 报请减刑的起始时间、间隔时间或者减刑幅度不符合司法解释一般规定的；

3. 公示期间收到不同意见的；

4. 人民检察院有异议的；

5. 被报请减刑、假释罪犯系“三类犯罪”罪犯；

6. 社会影响重大或者社会关注度高的；

7. 合议庭根据主审法官建议或案件有关情况，认为应当开庭审理的案件；

8. 其他应开庭审理的案件。

【注意事项】

1. “社会影响重大或者社会关注度高的”一般指：原为县处级以上领导干部罪犯的减刑、假释案件；原为政法机关工作人员罪犯的减刑、假释案件；其他在社会上有重大影响或社会关注度高的案件罪犯的减刑、假释案件。

2. 不公开开庭审理的案件范围：罪犯是未成年人的；涉及国家秘密的；涉及个人隐私的；人民法院认为不宜公开审理的其他情形。

【规范指引】

《最高人民法院关于适用〈中华人民共和国刑事诉讼法〉的解释》

第五百三十八条　审理减刑、假释案件，应当组成合议庭，可以采用书面审理的方式，但下列案件应当开庭审理：

（一）因罪犯有重大立功表现提请减刑的；

（二）提请减刑的起始时间、间隔时间或者减刑幅度不符合一般规定的；

（三）被提请减刑、假释罪犯系职务犯罪罪犯，组织、领导、参加、包庇、纵容黑社会性质组织罪犯，破坏金融管理秩序罪犯或者金融诈骗罪犯的；

（四）社会影响重大或者社会关注度高的；

（五）公示期间收到不同意见的；

（六）人民检察院提出异议的；

（七）有必要开庭审理的其他案件。

《最高人民法院关于减刑、假释案件审理程序的规定》

第六条　人民法院审理减刑、假释案件，可以采取开庭审理或者书面审理的方式。但下列减刑、假释案件，应当开庭审理：

（一）因罪犯有重大立功表现报请减刑的；

（二）报请减刑的起始时间、间隔时间或者减刑幅度不符合司法解释一般规定的；

（三）公示期间收到不同意见的；

（四）人民检察院有异议的；

（五）被报请减刑、假释罪犯系职务犯罪罪犯，组织（领导、参加、包庇、纵容）黑社会性质组织犯罪罪犯，破坏金融管理秩序和金融诈骗犯罪罪犯及其他在社会上有重大影响或社会关注度高的；

（六）人民法院认为其他应当开庭审理的。

（三）开庭通知与公告

1. 通知与公告时间：开庭 3 日以前。

2. 通知内容与对象：开庭的时间、地点通知人民检察院、刑罚执行机关、被报请减刑的罪犯和有必要参加庭审的其他人员。

【注意事项】

“有必要参加庭审的其他人员”是指可以证明罪犯确有悔改表现或者立功、重大立功表现的证人，公示期间提出不同意见的以及鉴定人、翻译人员等其他人员。

【规范指引】

《最高人民法院关于减刑、假释案件审理程序的规定》

第七条 人民法院开庭审理减刑、假释案件，应当通知人民检察院、执行机关及被报请减刑、假释罪犯参加庭审。

人民法院根据需要，可以通知证明罪犯确有悔改表现或者立功、重大立功表现的证人，公示期间提出不同意见的人，以及鉴定人、翻译人员等其他人员参加庭审。

第九条 人民法院对于决定开庭审理的减刑、假释案件，应当在开庭三日前将开庭的时间、地点通知人民检察院、执行机关、被报请减刑、假释罪犯和有必要参加庭审的其他人员，并于开庭三日前进行公告。

三、庭审程序

（一）宣布开庭

1. 宣布内容

（1）审判长宣布开庭，传罪犯到庭，核实被报请减刑、假释罪犯的基本情况，主要包括罪犯的身份信息、原判认定的罪名和刑期、历次减刑情况以及前科情况等。

（2）审判长宣布合议庭组成人员、检察人员、刑罚执行机关代表及其他庭审参加人名单，告知被报请减刑、假释的罪犯或未成年罪犯的法定代理人在庭审中享有的诉讼权利；询问被报请减刑、假释的罪犯或未成年罪犯的法定代理人是否申请回避等。

【注意事项】

在案件审理中，要严格审查罪犯身份信息、患有严重疾病或者身体有残疾的证据材料。对于上述证据材料有疑问的，可以委托有关单位重新调查、诊断、鉴定。对于原判适用《刑事诉讼法》第一百六十条第二款规定判处刑罚的罪犯，在刑罚执行期间不真心悔罪，仍不讲真实姓名、住址，且无法调查核实清楚的，除具有重大立功表现等特殊情形外，一律不予减刑、假释。

2. 回避情形

（1）适用人员：合议庭组成人员、法官助理、书记员，检察人员，刑罚执行机关代表；

（2）回避情形：系被提请减刑、假释罪犯的近亲属；本人或其近亲属与本案有利害关系的；与本案有其他关系，可能影响公正审理案件的。

（二）法庭调查

1. 刑罚执行机关代表宣读《减刑 / 假释建议书》，并说明主要理由；由被报请减刑、假释的罪犯或未成年罪犯的法定代理人就减刑、假释建议书陈述意见。

刑罚执行机关代表出示相关证据，必要时可以申请相关证人出庭作证。

被报请减刑、假释的罪犯或未成年罪犯的法定代理人对刑罚执行机关代表出示的证据陈述意见。

检察人员对刑罚执行机关代表出示的证据发表意见。

2. 被报请减刑、假释的罪犯或未成年罪犯的法定代理人向法庭提供相关证据。

刑罚执行机关代表对被报请减刑、假释的罪犯或未成年罪犯的法定代理人提供的证据发表意见。

检察人员对被报请减刑、假释的罪犯或未成年罪犯的法定代理人提供的证据发表意见。

3. 法庭对被报请减刑、假释罪犯确有悔改表现或立功表现、重大立功表现的事实以及其他影响减刑的情况进行调查核实；法庭就有关事实进行补充调查。

4. 由检察人员发表检察意见。

5. 提问阶段：合议庭组成人员对报请理由有疑问的，可以向被报请减刑、假释罪犯、证人、刑罚执行机关代表、检察人员提问。

（三）最后陈述

被报请减刑、假释罪犯作最后陈述。

【注意事项】

延期审理的情形：合议庭对证据有疑问，需要通知新的证人到庭、调取新的证据或重新鉴定的；刑罚执行机关、人民检察院认为需要补充证据，提出延期开庭审理建议的；被提请减刑、假释的罪犯申请回避，不能进行开庭审理的；被提请减刑、假释的罪犯当庭对原判提出申诉请求，不能进行开庭审理的；合议庭认为需要延期开庭审理的。

为强化对减刑、假释案件的实质化审理，人民法院除了要充分发挥庭审功能外，还应当健全证人出庭作证制度，通知罪犯的管教干警、同监室罪犯、公示期间提出异议的人员以及其他了解情况的人员出庭作证；同时，对于刑罚执行机关提供的罪犯确有悔改表现、立功表现等证据材料存有疑问的，人民法院可根据案件具体情况，采取讯问罪犯、询问证人、调取相关材料、与监所民警座谈、听取相关检察人员意见等方式，在庭外对相关证据材料进行调查核实。

四、案件评议

案件评议时，合议庭成员应当对罪犯是否符合减刑或假释条件、减刑幅度是否适当、财产性判项是否执行履行等情况充分发表意见。对于重大、疑难、复杂的减刑、假释案件，合议庭必要时可以提请院长决定提交审判委员会讨论，提请前应当先经专业法官会议讨论研究。

【规范指引】

《最高人民法院、最高人民检察院、公安部、司法部关于加强减刑、假释案件实质化审理的意见》

11. 充分发挥庭审功能。人民法院开庭审理减刑、假释案件，应当围绕罪犯实际服刑表现、财产性判项执行履行情况等，认真进行法庭调查。人民检察院应当派员出庭履行职务，并充分发表意见。人民法院对于有疑问的证据材料，要重点进行核查，必要时可以要求有关机关或者罪犯本人作出说明，有效发挥庭审在查明事实、公正裁判中的作用。

12. 健全证人出庭作证制度。人民法院审理减刑、假释案件，应当通知罪犯的管教干警、同监室罪犯、公示期间提出异议的人员以及其他了解情况的人员出庭作证。开庭审理前，刑罚执行机关应当提供前述证人名单，人民法院根据需要从名单中确定相应数量的证人出庭作证。证人到庭后，应当对其进行详细询问，全面了解被报请减刑、假释罪犯的改造表现等情况。

13. 有效行使庭外调查核实权。人民法院、人民检察院对于刑罚执行机关提供的罪犯确有悔改表现、立功表现等证据材料存有疑问的，根据案件具体情况，可以采取讯问罪犯、询问证人、调取相关材料、与监所人民警察座谈、听取派驻监所检察人员意见等方式，在庭外对相关证据材料进行调查核实。

14. 强化审判组织的职能作用。人民法院审理减刑、假释案件，合议庭成员应当对罪犯是否符合减刑或者假释条件、减刑幅度是否适当、财产性判项是否执行履行等情况，充分发表意见。对于重大、疑难、复杂的减刑、假释案件，合议庭必要时可以提请院长决定提交审判委员会讨论，但提请前应当先经专业法官会议研究。

《最高人民法院关于减刑、假释案件审理程序的规定》

第十条 减刑、假释案件的开庭审理由审判长主持，应当按照以下程序进行：

（一）审判长宣布开庭，核实被报请减刑、假释罪犯的基本情况；

（二）审判长宣布合议庭组成人员、检察人员、执行机关代表及其他庭审参加人；

（三）执行机关代表宣读减刑、假释建议书，并说明主要理由；

（四）检察人员发表检察意见；

（五）法庭对被报请减刑、假释罪犯确有悔改表现或立功表现、重大立功表现的事实以及其他影响减刑、假释的情况进行调查核实；

（六）被报请减刑、假释罪犯作最后陈述；

（七）审判长对庭审情况进行总结并宣布休庭评议。

第十一条 庭审过程中，合议庭人员对报请理由有疑问的，可以向被报请减刑、假释罪犯、证人、执行机关代表、检察人员提问。

庭审过程中，检察人员对报请理由有疑问的，在经审判长许可后，可以出示证据，申请证人到庭，向被报请减刑、假释罪犯及证人提问并发表意见。被报请减刑、假释罪犯对报请理由有疑问的，在经审判长许可后，可以出示证据，申请证人到庭，向证人提问并发表意见。

第十三条 人民法院开庭审理减刑、假释案件，能够当庭宣判的应当当庭宣判；不能当庭宣判的，可以择期宣判。

五、宣判程序

1. 裁定书内容：罪犯的身份信息，原判情况，历次减刑情况，刑罚执行机关报请情况，确有悔改表现或者立功、重大立功表现的事实和理由，减刑、假释的法律依据，减刑后刑期的起止时间，假释考验期的起止时间。

2. 裁定书送达：裁定书应当在 7 日内送达报请减刑、假释的刑罚执行机关，同级人民检察院以及罪犯本人，裁定或撤销假释的还应当送达社区矫正机构或者基层组织。

3. 裁定书公开：裁定书应当通过互联网依法向社会公布。

【注意事项】

宣判前，应按照《上海法院法定不准出境人员通报备案操作规范》做好假释人员的通报备案工作。

【规范指引】

《最高人民法院关于减刑、假释案件审理程序的规定》

第十七条　减刑、假释裁定书应当写明罪犯原判和历次减刑情况，确有悔改表现或者立功、重大立功表现的事实和理由，以及减刑、假释的法律依据。

裁定减刑的，应当注明刑期的起止时间；裁定假释的，应当注明假释考验期的起止时间。

裁定调整减刑幅度或者不予减刑、假释的，应当在裁定书中说明理由。

第十八条　人民法院作出减刑、假释裁定后，应当在七日内送达报请减刑、假释的执行机关、同级人民检察院以及罪犯本人。作出假释裁定的，还应当送达社区矫正机构或者基层组织。

第十九条　减刑、假释裁定书应当通过互联网依法向社会公布。

六、特殊罪犯的备案审查程序

（一）适用对象

【审查要点】

原县处级以上职务犯罪罪犯。

（二）报备机关

【审查要点】

1. 中级人民法院对原县处级职务犯罪罪犯裁定减刑、假释前，应报请高级人民法院备案审查；对原厅局级以上职务犯罪罪犯裁定减刑、假释后 10 日内，逐级报请最高人民法院备案审查。

2. 高级人民法院对原厅局级以上职务犯罪罪犯裁定减刑、假释后 10 日内，报请最高人民法院备案审查。

（三）报送材料

【审查要点】

报请备案审查的报告，减刑（假释）案件审查报告，刑罚执行机关报请减刑、假释时提供的材料，法院审理减刑、假释案件的相关材料。